T0365585

EL CAMINO DEL HÉROE,

SOÑADOR DE LLUVIA Y GRANIZO

Elementos que conforman el mundo de los graniceros a través de una perspectiva arquetípica

YLEANA ACEVEDO WHITEHOUSE

Order this book online at www.trafford.com
or email orders@trafford.com

Most Trafford titles are also available at major online book retailers.

Printed in the United States of America.

ISBN: 978-1-4907-1369-4 (sc)
ISBN: 978-1-4907-1370-0 (e)

Trafford rev. 02/04/2014

www.trafford.com

North America & international
toll-free: 1 888 232 4444 (USA & Canada)
fax: 812 355 4082

DEDICATORIA

Este libro te lo dedico a ti,
Enrique Manuel Acevedo Ibáñez,
por amarme, ser mi amigo y mi padre en este plano existencial
y seguir siéndolo ahora que trascendiste a otro

AGRADECIMIENTOS

Este libro surgió de una investigación que, gracias a la participación y conocimientos compartidos de muchas personas, concluyó exitosamente en un ensayo que relaciona conceptos antropológicos con elementos de la psicología profunda.

Entre las personas que participaron en este proyecto está el doctor Antonio García de León, a quien agradezco profundamente la gran ayuda en la dirección y asesoría de esta investigación y cuyas sabiduría, orientación y observaciones pertinentes fueron indispensables para dar fruto a este trabajo. Pero, sobre todo, agradezco su amistad y entusiasmo, invaluables cuando se quiere atravesar fronteras interdisciplinarias.

También extiendo el más sincero agradecimiento a las siguientes personas por haberme apoyado con sus comentarios y sugerencias durante la investigación: doctora Yólotl González, doctora Blanca Solares, maestra Alicia Juárez y maestro David Lorente.

Agradezco al antropólogo Julio Glockner por presentarme al mayor don Epifanio y por su ayuda inconmensurable en la orientación del tema y su profundo conocimiento al respecto, así como al maestro Alfredo Paulo Maya por escucharme y darme valiosa información que me permitió comprender mejor el papel de los graniceros.

Dedico un agradecimiento especial a don Epifanio y a su familia por su amistad, sus aportaciones y por permitirme acompañarlos en los rituales de petición de lluvia.

También doy las gracias a mis compañeros del CIDHEM por sus sugerencias al tema y por proporcionarme referencias sobre los graniceros.

Brindo también un enorme agradecimiento al doctor Luis Tamayo por su orientación y presencia en este trabajo, así como al doctor Juan de Dios Bonilla por la aprobación de este proyecto.

A los demás maestros y personal del CIDHEM que directa o indirectamente me ayudaron a terminar esta investigación, gracias.

Finalmente, agradezco profundamente a Francisco Javier Cabrera Roselló, mi amoroso esposo y mejor amigo, quien me apoyó de mil maneras durante todo este proyecto.

A MANERA DE PROLOGO

El vuelo de la niña al país de los sueños...
In ihcuac tepeticpac in mixtin moloni, momoloca, motlatlalia, mopiloa...
mihtoaya ca ye huitzeh in tlaloqueh, ye quiyahuiz,
ye pixahuizqueh in ahuahqueh.[1]
Fray Bernardino de Sahagún, 7, 20

Una profunda transformación sacude desde hace unos cuantos años el juego de espejos de la interpretación social, una revolución documental que permite poco a poco atravesar estos espejos, mirar en su interior y volver a observar la realidad desde dentro. Es un replanteamiento de la historia y de las ciencias sociales en donde la memoria colectiva y la memoria social se revalorizan. Y este interés en la memoria colectiva y en su entrecruzamiento con los acontecimientos, produce los más inesperados destellos, como puede comprobarse en el libro que ahora tienen entre sus manos: la indagatoria ya no se enfoca sólo en los grandes hombres, en los grandes procesos y en los grandes hechos. Ahora pretende ocuparse de todos los hombres, adoptando una nueva jerarquización de los indicios ofrecidos por las fuentes

---

1 "Cuando en la cima de los cerros las nubes se forman y se juntan, cuando se acomodan y se cuelgan allí... se decía que los tlaloques vienen, que pronto va a llover, que los dueños del agua van a regar...".

más diversas. Es el encuentro de la vieja nostalgia del pasado con el sueño del historiador; pues "hace tiempo", como nos cuenta Borges que contaba Herbert Allen Giles que contaba el vulgo de Cantón en la época del legendario Emperador Amarillo,"el mundo de los espejos y el mundo de los hombres no estaban, como ahora, incomunicados". Asimismo, podemos decir que gracias a este bello ensayo, el mundo de los sueños y el de la "realidad" tampoco lo estarán más de ahora en adelante...

El ensayo de Yleana Acevedo, que tuve el honor de "dirigir" como maestro del CIDHEM, me enseñó muchas lecciones inesperadas y me abrió puertas a varias reflexiones, pues de hecho me vi anonadado por el torrente de ideas que surgían de este trabajo a lo largo de su realización. Y es que la "tesis" de Yleana es, de hecho, un excelente ensayo interpretativo, una cadena de muchas tesis que transitan por la vía de los sueños—y por muchas otras sendas—traspasando fronteras, pero también recurriendo a un nivel aun más profundo: el de las ensoñaciones chamánicas y, más particularmente, el de las visiones oníricas que se enlazan con las permanencias arquetípicas del ser humano desde esa fase antigua de la religión que es la magia. Su perspectiva proviene de Jung, pero a diferencia de lo conocido, no se enfoca en las individualidades urbanas europeas, sino en las realidades de un fenómeno rural que tiene sus raíces más profundas en la noche del pasado mesoamericano: en este caso el de los "tiemperos" o "graniceros", los que "trabajan con el tiempo". Los que conjuran el granizo, los que propician la lluvia[2]. Los que acechan las tormentas y el granizo y los envían a otras partes para defender las siembras comunitarias, los que atraen la lluvia dadora de mantenimientos y vida y que se expresan con el lenguaje universal de los símbolos convertidos en magia. Se trata de un aspecto de historia cultural que emerge en la

---

2 En lengua náhuatl, los "tiemperos" son denominados *quiyauhtlazqueh* y los "graniceros", *teciuhtlazqueh.*

socialización histórica de los antiguos ritos de fecundidad asociados a las montañas, pero que se remite mucho más atrás: a la memoria profunda del saber colectivo inconsciente. Pues mientras el cuerpo reposa en su letargo, la imaginación anda suelta, escapando al control y la rutina cotidiana. Como bien lo sabe Yleana, durante el sueño, la razón se desboca y engendra monstruos, pero también proyecta deseos y anhelos que triunfan o sensaciones placenteras que se esfuman al despertar.

Así y de principio, el ensayo de Yleana Acevedo ubica la presencia de la revelación onírica en Mesoamérica, con todas las connotaciones mágicas y rituales del abigarrado mundo de estos especialistas. Después, la autora nos explica tanto el concepto como el modelo del arquetipo y la interpretación de los sueños de varios informantes, hombres y mujeres de la región de la "sierra nevada" del Popocatépetl y el Iztaccíhuatl ("el cerro que humea" y la "mujer blanca"), nativos y ejecutantes rituales de los mismos volcanes rebautizados y personificados con sus nombres coloquiales ("Don Gregorio", "Susanita"...); informantes todos que fueron entrevistados en el diván que Yleana parecía llevar consigo a sus comunidades y en el que se expresaron en ricos relatos que describen los viajes oníricos de los chamanes. Algo mejor de lo que hizo el obispo de Chilapa, don Hernando Ruiz de Alarcón en el pueblo de Jojutla (Xoxouhtla, del Marquesado) a principios del siglo XVII (1629), en un libelo contra la "idolatría"[3] que nos narra los viajes oníricos al Paraíso de doña Ana, mujer de Gaspar Morales, hierofante y curandera de ese pueblo del actual sur de Morelos; así como otros viajes oníricos de un "embustero ciego" de Tlaltizapán, de cuyo nombre no quiso acordarse.

---

3 Me refiero al Tratado de las supersticiones y costumbres gentílicas que hoy viven entre los indios naturales de esta Nueva España.

El libro de Yleana, desprovisto de los prejuicios inquisitoriales y lleno de respeto a sus "informantes", nos lleva así de la mano de los mitos, de los sueños y de los rituales propiciatorios de la lluvia; así como de los diversos elementos simbólicos y sus correspondencias arquetípicas que se remontan al panteón mesoamericano y a fenómenos similares en el mundo rural de la península ibérica; o de Siberia, la Edad Media europea, las creencias esquimales, el Medio Oriente y muchos otros lugares geográficos y temáticos visitados en "vuelo mágico" por la autora. De tiempo en tiempo la explicación erudita y llena de referencias simbólicas se detiene y entonces habla el volcán, pero sobre todo—en hermosas piezas literarias—, habla la autora a través de "la niña", quien, muchas veces con un lenguaje poético, explica más que lo que el campo semántico del discurso académico puede expresar... Es aquí donde la magia, el tema del libro, se enlaza primorosamente con la poesía de la autora. Estas licencias poéticas se prolongan con libertad sin alterar el sentido de los mitos, leyendas o simples cuentos narrados. Y como aquí la autora posee la llave del conjunto de la historia, puede jugar con la creación de tensión en diversas partes de una secuencia explicativa de carácter académico. Así, se yuxtaponen distintas versiones de una leyenda o un mito que, precisamente, pueden invitar a nuevas configuraciones poéticas, pero su credibilidad no se pone en cuestión. Es algo así como la certeza sobrecogedora de la ficción nacida del sueño la que caracteriza precisamente a los mitos de tradición oral.

Y es que esta dilatación de la memoria, y de su reflejo en la historia misma, depende en gran medida del encuentro de la fuente oral, de las indagaciones sobre el discurso que trasciende al testimonio escrito. Y, al parecer, la historia oral—y en este caso la entrevista que penetra al inconsciente—es uno de los mejores recursos para acceder a esa otra visión que el racionalismo y la visión positivista habían dejado de lado. Y si el vocabulario científico contemporáneo oscurece a menudo la interpretación, ciertas palabras nos llegan, o parecen llegarnos—a través del testimonio hablado—, recubiertas de su pureza original, libres de toda reconstrucción, pues emergen del mundo de los sueños. Este testimonio remite a la "pequeña historia" y al enfoque regional y local sin el cual la "gran historia" no tendría vida ni sentido. Porque, a fin de cuentas, una investigación local bien hecha interroga a la transparencia de las relaciones más abstractas y universales, exhibe la mayor parte de las contradicciones y permite una perspectiva múltiple.

Esta ventana abierta al pasado profundo que todos llevamos dentro, construida de la memoria hablada con palabras y silencios, retomará todos estos elementos: desde la más especializada evocación de las sociedades ágrafas, hasta los fragmentos que brotan por todos los poros de la cotidianidad contemporánea de nuestras sociedades relativamente alfabetizadas, pero cada vez más deterioradas por el "progreso" y el "desarrollo": cada vez más incapaces de soñar. Y aquí lo fundamental será el lenguaje; es decir, el empleo de un lenguaje hablado, y luego escrito, que representa una extensión formidable de las posibilidades de alcance de la memoria; de rebasar los límites físicos de nuestro cuerpo—como cuando soñamos—y depositarse después en el limo de la memoria social, en los registros escritos—y grabados—y en todo lo que constituye la materia prima de la historia. El conocimiento que proviene de una experiencia que nos permite trascender el tiempo.

Por todo ello, la memoria profunda constituye la argamasa de las identidades en proceso permanente de reconstitución. En todo esto radica la importancia de un nivel lingüístico-social (de habla y gesto) quizás intermedio entre las estructuras profundas y superficiales del lenguaje: la dimensión narrativa, un sustrato que—del mito a la historia—ha formado parte inseparable de las sociedades humanas. Pues el placer que nos produce el que nos cuenten historias es algo muy diferente de la simple diversión, es un "efecto de vida" que alimenta la imaginación, la ensoñación y la utopía, la nostalgia y la ilusión: ingredientes últimos de la magia, la tristeza y la risa, de todo lo que nos distingue como seres humanos.

Pero mejor dejemos que la niña hable de sus sueños, pues tiene más que narrar que todo lo que yo pueda decir aquí.

Antonio García de León

INTRODUCCIÓN

El agua, la tierra y la fertilidad formaban un núcleo fundamental de la religión mexica, cuyos antecedentes se remontan a épocas muy antiguas de las culturas mesoamericanas. La cosmovisión del mundo de los mexicas guardaba una estrecha relación con la naturaleza, y fue a través de su observación, así como de la de sus ciclos temporales, que los habitantes de épocas pasadas comenzaron a deificar los elementos y a conferirles poderes. La tierra era vista como la gran matriz de la cual brotaba la vida y a la cual regresaba la esencia de hombres, animales y plantas después de completar su ciclo vital. Varios dioses y diosas habitaban este mundo y los demás niveles que conformaban la cosmovisión del universo mexica. Estos dioses, cuyas facetas duales los convertían en seres creadores y dadores al igual que en seres destructores, tenían que ser honrados y apaciguados si se quería mantener el orden y el balance en la conformación de su mundo. Por ello, surgieron hombres especializados en fungir como intermediarios entre el mundo de los dioses y el mundo de los hombres. Hombres cuya sabiduría y poder los hacía sensibles a las manifestaciones de la naturaleza y al mundo sutil que rodea el quehacer cotidiano del ser humano. Llegan hasta nuestros días referencias de las creencias de los antiguos mexicanos como las escritas por Fray Bernardino de Sahagún, quien relata que en la cosmovisión mexica "las montañas se concebían como si fuesen grandes vasos de agua o casas llenas de agua y que los cerros contenían las aguas subterráneas que llenaban el espacio debajo de la tierra.[4] Este espacio era llamado el Tlalocan, por ser el paraíso de los dioses de la lluvia. De él salían las fuentes de agua para formar los ríos, lagos y el mar. Las cuevas eran la entrada a este reino subterráneo sumergido en el agua, ya que se les consideraba lugares de origen o entradas en las entrañas de la tierra."[5]

Los sabios de antaño consideraban que existía un íntimo vínculo entre los ciclos de la naturaleza y el comportamiento de los dioses. Establecer una comunicación con ellos o sus ayudantes era primordial para mantener el equilibrio de los ciclos de la tierra y asegurar el bienestar y la salud de los seres humanos.

Antecedentes en torno a los graniceros

En las antiguas culturas agrarias era de suma importancia controlar los fenómenos meteorológicos que, debido al paisaje de Mesoamérica y las grandes diferencias en las altitudes y los pisos ecológicos, son particularmente variados y pueden ser de una vehemencia imprevisible y destructora. De ahí que surgieran las deidades que controlaban y dominaban las fuerzas de la naturaleza. Estas deidades surgieron como manifestación inconsciente para lograr entender los ciclos de la naturaleza y del tiempo, ya que "el control del tiempo ha sido una de las más grandes preocupaciones de todas las civilizaciones arcaicas, y su sistematización es uno de los logros más destacados de las sociedades agrarias."[6]

---

4 SAHAGÚN DE, Fray Bernardino. Historia general de las cosas de la Nueva España II. Madrid: Ediciones Juan Carlos Temprano.

5 BRODA, Johanna. "El culto mexica de los cerros de la cuenca de México: Apuntes para la discusión sobre Graniceros". En: Graniceros. Cosmovisión y meteorología indígenas de Mesoamérica. México: El Colegio Mexiquense, UNAM, 1997. p. 53.

6 Ibídem, p. 51.

Remontándonos a una de las deidades fundamentales en la concepción de las religiones de Mesoamérica, cuyo nombre varía, pero cuya función es la misma, se abordará el culto de los nahuas a Tláloc, "el cual no sólo era el dios de la lluvia, sino que también lo era de los cerros y de la tierra, y estaba relacionado con el rayo y la tormenta, así como con las serpientes (animales acuáticos) y los dragones (animales celestes)."[7] A través de las deidades, el hombre explicaba el funcionamiento de la naturaleza, asignándoles características animistas a las plantas, animales, piedras, montañas y manifestaciones terrestres y espaciales; sin embargo, se necesitaba encontrar la manera de entender los mensajes de la naturaleza hacia el ser humano. Era imperativo alcanzar el entendimiento de los símbolos y mensajes de los dioses.

Como respuesta a esta necesidad, desde la época prehispánica surgen los graniceros,[8] quienes fungen como agentes mediadores ante las inclemencias del clima y la necesidad de regulación del ciclo agrario para dominar las fuerzas naturales y orientarlas en beneficio del hombre. A partir de esta necesidad de manipulación del medio ambiente se crean la concepción y los rituales que giran en torno a los graniceros, recreando un mundo en el cual figura toda una serie de elementos que, en conjunto, forman el concepto del mundo de los graniceros. Tomando en cuenta la relación del equilibrio y el bienestar corporal con el medio natural en el cual se habitaba, el sacerdote prehispánico pudo haber tenido una importante función médica, como ocurre con los actuales graniceros. Los graniceros no sólo fungían como intermediarios de los dioses, sino como poderosos curanderos y hechiceros. Refiriéndonos al testimonio de Sahagún

---

[7] Ibídem, p. 55.

[8] El nombre granicero es un concepto acuñado en la actualidad, sin embargo, desde el México prehispánico existen hombres y mujeres capaces de controlar el clima, quienes eran llamados de diversas maneras, dependiendo de su ubicación geográfica.

que habla sobre estos hechiceros, se expone lo siguiente: "y para que no viniese el dicho daño en los maizales, andavan unos hechizeros que llamavan tecihutlazques, que es casi estorvadores de granizos, los cuales dezían que sabían cierta arte o encantamiento para quitar los granizos o que no empeciessen los maizales, y para enviarlos a las partes desiertas y no sembradas ni cultivadas, o a las lagunas donde no hay sementeras ningunas."[9] Fray Bernardino de Sahagún los llama nahualli, Tlaciuhqui, Teciuhtazqui, nombres que después de la conquista se convertirían en tiemperos, rayados, graniceros, trabajadores del rayo, misioneros del temporal, y kiatlaske.

Ya en el periodo prehispánico este personaje ostentaba vital significado en su comunidad y era miembro estimado y respetado por sus aparentes poderes mágicos. Actualmente, la concepción del granicero sigue implicando más que ser un simple conjurador de granizo, también tiene una importante función de médico o curandero, pudiendo curar las dolencias relacionadas con enfermedades del agua y del aire, que son su especialidad. Algunos graniceros también tienen dones de videntes, ya que pueden profetizar futuros desastres o conocer dónde es necesario ir a pedir lluvia. Por ello, el pueblo lo veía como "nahual, astrólogo, conjurador del granizo, se decía conocedor del lugar de los muertos, conocedor del cielo. Sabía cuándo iba a llover o si iba a haber sequía. Daba esfuerzo y consejo a los príncipes, a los reyes, a los plebeyos."[10] Tomando en cuenta sus múltiples oficios, el granicero le proporciona a la comunidad lo que ellos por sí solos no pueden y, a su vez, la comunidad le proporciona el "estatus" u "oficio" al granicero en una simbiosis que busca el sustento y la continuación de la vida. De ahí que, desprovisto de su entorno, el granicero carecería de significado,

---

[9] SAHAGÚN. óp. cit., p. 624.

[10] ESPINOSA PINEDA, Gabriel. "Hacia una arqueoastronomía atmosférica". En: Graniceros. Cosmovisión y meteorología indígenas de Mesoamérica. México. El Colegio Mexiquense, UNAM, 1997. p. 93.

por lo que se le debe comprender en su totalidad, en conjunto con todos los elementos que conforman su espacio.

Antecedentes en torno a la simbología y los arquetipos

El mundo objetivo y subjetivo que nos rodea se codifica en simbología y material inconsciente que influencia nuestra percepción cotidiana. De ahí deriva el hecho de que los seres humanos tendemos a simbolizar experiencias y creencias que han sido gestadas de generación en generación en diversas culturas a lo largo del mundo.

Basándonos en las premisas de la psicología profunda y de la antropología simbólica, el hombre está provisto de un inconsciente personal hecho con base en material reprimido y sueños, además de un inconsciente colectivo, el cual se encuentra en un nivel mucho más interno, repleto de sueños y visiones que emergen de su psique. Al hablar del término "inconsciente colectivo", Carl Jung afirmaba que "se trataba de la herencia compartida de los humanos, el cual estaba compuesto de una estructura y coherencia que surge al explorar los sueños y las fantasías del individuo consciente."[11] Aunque no podemos observar directamente el inconsciente, hay evidencia de su estructura arquetípica. El término "arquetipo" fue usado en un principio por San Agustín para designar las ideas principales de la cultura humana. De acuerdo a Kerenyi, son procesos psíquicos primordiales transformados en imágenes que la conciencia puede aprehender, pero sólo a través de símbolos y metáforas.[12] La estructura arquetípica del inconsciente toma las

---

[11] JUNG, Carl Gustav. The Archetypes and The Collective Unconscious. New York. Princeton, 1990.p. 43.

[12] JUNG, C. G. and KERéNYI, C. Essays on a Science of Mythology.United Kingdom.Princeton, 1978.

experiencias y las memorias que se hunden en la mente consciente en formas polares o duales. Porque situaciones extremas en la mente pueden dejar trazos de memoria más profundos, el inconsciente arquetípico está lleno de héroes y villanos, traiciones y fidelidades, eternas odiseas y retornos. Estos contrastes forman un mundo de fuerzas opuestas en equilibrio.

Jung afirmaba que estas imágenes se propagarían a lo largo del tiempo y en una forma universal, que surge gracias a una función psíquica natural. El inconsciente, por tanto, no sólo posee elementos de carácter personal, sino también elementos de carácter impersonal o colectivo expresados en forma de categorías heredadas o arquetipos, predisposiciones innatas que pueden producir realmente imágenes y conceptos poderosos. Es importante destacar que los arquetipos no son contenidos, sino formas que, gracias a la experiencia individual repetida, son despertadas por los eventos con el mundo externo, ordenando.

Los arquetipos son sistemas de aptitud para la acción y, al mismo tiempo, imágenes y emociones. Se heredan con la estructura cerebral. Por un lado, representan un conservatismo instintivo muy fuerte y, por el otro, constituyen el medio más eficaz concebible para la adaptación instintiva. Así que son, esencialmente, la parte "infernal" de la psique, aquélla a través de la cual la psique se une a la naturaleza. Por ello, "los arquetipos no constituyen ideas heredadas, sino posibilidades de ideas heredadas. Tampoco son adquisiciones individuales, sino, principalmente, comunes a todos, como puede deducirse de su presencia universal".[13]

Los arquetipos no pueden ser representados en sí mismos, pero sus efectos son discernibles en imágenes y motivos arquetípicos.

---

[13] SHARP, Daryl. Lexicón jungiano. Chile. Editorial Cuatro Vientos, 1994. p. 28.

Se presentan como ideas e imágenes, al igual que todo lo que se convierte en contenido consciente. Los arquetipos son, por definición, factores y motivos que ordenan los elementos psíquicos en ciertas imágenes caracterizadas como arquetípicas, pero de tal forma que sólo se pueden reconocer por los efectos que producen.

Psicológicamente, el arquetipo como imagen del instinto es una meta espiritual sacada por toda la naturaleza del hombre, es el mar hacia el cual se encaminan todos los ríos, el premio que el héroe extrae de su lucha contra el dragón.

Los arquetipos se manifiestan en el ámbito personal (a través de los complejos) y en el ámbito colectivo (como características de todas las culturas).

No podemos liberarnos legítimamente de nuestras bases arquetípicas, a menos que estemos dispuestos a pagar el precio de una neurosis, tal como no podemos deshacernos de nuestro cuerpo y sus órganos sin cometer suicidio. Si no podemos negar los arquetipos o neutralizarlos de otro modo, nos vemos enfrentados, en cada nueva etapa de diferenciación de la conciencia a la cual aspira la civilización, a la tarea de encontrar una nueva interpretación apropiada para esa etapa, a fin de conectar la vida del pasado que aún existe en nosotros con la vida del presente, que amenaza con escaparse.[14]

El inconsciente colectivo contiene toda la herencia espiritual de la evolución de la humanidad que nace nuevamente en la estructura cerebral de cada individuo. Jung deriva su teoría del inconsciente colectivo de la ubicuidad de los fenómenos psicológicos que no podían explicarse sobre la base de la experiencia personal.

---

[14] Ibídem, p. 30.

Al analizar el mundo de los graniceros, comprendiendo su simbología a través de una perspectiva arquetípica, conociendo los elementos que conforman su mundo, descifrando sus sueños de naturaleza colectiva, se denota el arquetipo común que ha surgido a lo largo de las diversas culturas, posicionando al granicero como un chamán, como un héroe por vencerse a sí mismo.

CAPÍTULO UNO

PRESENCIA DE LOS GRANICEROS EN MESOAMÉRICA

Y habla el volcán...

Me dicen Zencapopoca por humear mucho a momentos,
aunque mi nombre antiguo es Tlachi-
hualtepetl, conocido por los hombres de antaño. He
contemplado el transcurrir de los tiempos
y con ello el devenir de los seres que cumplen su
ciclo vital. Pero mi ciclo vital es más lento,
mis noches son largas y mis amaneceres repentinos,
aunque en mis sueños vigilo el sueño de los
hombres y su proceder. Dicen que mi último despertar
ocurrió alrededor del 820 de nuestra era,
cuando repentinamente cobré conciencia de mí mismo.
Los hombres de diversas épocas y tiempos han sido
atraídos por mis tierras fértiles y las lluvias
abundantes que emanan de mis entrañas, llamados
por los tesoros que en mí encuentran, por lo
que a manera de reciprocidad me regalan una parte suya.[15]

---

[15] La tierra volcánica es la más rica del mundo. En sus laderas se siembran aguacates, duraznos y manzanos, grandes nopales y maíz, entre otras cosas.

Traspasando el tiempo, entro al espacio de los hombres para escuchar sus requerimientos y vislumbrar la huella finita que deja su paso por mi geografía. Por ello, he acudido en sueños a los hombres que aún creen en mí, para escuchar sus peticiones y manifestar las mías.

Conceptualización del universo en Mesoamérica

"Hace 4500 años, asentamientos agrícolas de pueblos cultivadores de maíz forjaron el concepto de lo que hoy se llama Mesoamérica."[16] Fue en estas mismas tierras fértiles donde los hombres de aquellas épocas comenzaron a asentarse, dejando a un lado su proceder nómada, y donde cultivaron el maíz, el alimento sagrado, el sustento, el cuerpo del hombre. Estos hombres mantuvieron una existencia autónoma que se prolongó por cuatro milenios, ajenos a mundos distintos del suyo, inmersos en sus creencias y tradiciones. "La tradición mesoamericana puede denominarse una sola unidad de base cultural con diversas expresiones en el tiempo y en el espacio, del cual surgen tradiciones, mitos y ritos similares en su concepción primaria, aunque particulares en sus rasgos distintivos".[17]

Mesoamérica abarcó la mitad meridional de México y una buena parte de Centroamérica (Guatemala, Belice, El Salvador, parte de Honduras, Nicaragua y Costa Rica).[18] Esta extensa zona goza de una enorme variedad climática, teniendo la parte central ricos valles de clima templado, ríos caudalosos, fértiles planicies y

---

[16] LÓPEZ AUSTIN, Alfredo. Breve historia de la tradición religiosa mesoamericana. México. UNAM, 2002. p. 13.

[17] Ibídem, p.14.

[18] Ibídem. p.13.

terrenos pantanosos, todos propicios para alimentos variados y una abundante actividad agrícola.

Aunque la siembra siempre ha sido fundamental para los mesoamericanos, su territorio es en realidad muy accidentado, acentuado por dos cadenas montañosas: la Sierra Madre Oriental y la Occidental. Mesoamérica está situada casi en su totalidad al sur del trópico de cáncer, siendo sus límites septentrionales las tierras áridas en las que no fue posible cultivar el sustento del hombre: el maíz de temporal[19] y que, por ende, fueron pobladas por recolectores-cazadores.

En lo referente a las diversas áreas de actividad cultural, Mesoamérica se divide en seis áreas: occidente, norte, centro, golfo, el espacio que conforma Oaxaca y el sureste. Sin embargo, al contar con una sola identidad cultural—que varía en sus expresiones—, de su seno surge una concepción religiosa similar, marcada por diferentes matices dependiendo del tiempo y espacio de su ubicación.

Y es que, desde los primeros tiempos, los hombres en su transitar por la tierra observaban la magnífica naturaleza que los rodeaba y la deificaban o alababan de acuerdo a sus necesidades. Ahí tenemos las figurillas femeninas del preclásico que indican la importancia de los arquetipos del cultivo agrícola en las ideas religiosas de los hombres mesoamericanos. La madre tierra era reverenciada, su fertilidad considerada principio vitalicio para la subsistencia de la humanidad, por lo que debía ser alabada y atendida. Sin embargo, cuando los antiguos cultivadores de maíz abandonaron sus prácticas de traslados estacionales, la mente del hombre comenzó a cambiar y con ella su concepción del cosmos y de las deidades que lo poblaban. Si antes sólo la figura femenina matriarcal era la depositaria de la

[19] Ibídem.

vida, ahora el hombre comenzaba a figurar, al igual que el concepto de la tierra y de la propiedad. Por ello, se puede afirmar que las concepciones prevalecientes de las tradiciones religiosas actuales son remanencias de las sociedades agrícolas que dejaron su andar errabundo en búsqueda de instancias fijas en las que la tierra fuera sustento y porvenir.

Pero las culturas nómadas también legaron a las sedentarias un aspecto de la vida que solía traspasar las materialidades cotidianas. Ya desde tiempos ancestrales, los nómadas se preocupaban por la intercomunicación del mundo de los hombres con el de los dioses, pues, además del eterno cuestionamiento humano concerniente sobre el más allá, era indispensable mantener ambos mundos ligados si se quería subsistir en condiciones tan precarias. Las sociedades nómadas creían en la posibilidad de tránsito entre el mundo material y el espiritual, pero sabían que era peligroso, debido a que el hombre se enfrentaba a los seres divinos que asolaban esas regiones. Sólo unos cuantos podían enfrentar la travesía, comunicándosela posteriormente a los demás miembros del clan. Las culturas sedentarias que surgieron después seguían creyendo en estos dos mundos, el físico y el intangible y en la importancia de entenderlos. El elemento común de todos los hombres—y en este caso de los pobladores de Mesoamérica—fue observar los fenómenos naturales que los rodeaban y construirse un panteón de dioses y deidades que controlaran estos eventos a veces magníficos, a veces temibles; por ello, en las creencias y las prácticas de los pueblos mesoamericanos se podría afirmar que existió el mismo núcleo duro religioso.[20] De hecho, la historia de la religión mesoamericana se divide en dos etapas: la formativa y la etapa del desarrollo. La primera se ubica en el preclásico temprano, que abarca del 2500 a.C. al 1200 a.C. y que es donde se integra el

[20] Según López Austin, el "núcleo duro" es el centro de la religión. Es la parte medular que cohesiona todos los elementos, los organiza y les da sentido.

núcleo duro; y la segunda conforma el preclásico medio, que va del 1200 a.C. hasta la época de la Conquista.[21]

Este núcleo duro formó una serie de creencias, mitos y rituales que, a pesar de sus diferencias, permeaban todo Mesoamérica. De hecho, "si comparamos las bases de los calendarios, las fiestas, los rituales, los mitos centrales, la concepción de la estructura y del movimiento del cosmos, la organización sacerdotal, los procedimientos mágicos y adivinatorios y las vías del éxtasis, existen muchas similitudes. Es como si fuera una sola religión que contuviera un código común, afectada en el tiempo y espacio.[22]

La religión mesoamericana prevaleció autónomamente hasta la Conquista, a pesar de que en el periodo que vivió con autonomía hubo un elevado número de guerras, alianzas, transposición de ideas, de creencias y de prácticas. En esa constante transposición de ideas se desajustaban algunas de sus partes como si fuera un intricado tablero de ajedrez, pero tendiendo siempre a la recomposición periódica a través de nuevos ajustes. Mesoamérica, como muchas otras grandes civilizaciones, jamás llegó a un total equilibrio— estado que al parecer es ajeno al hombre—, sin embargo, como todo sistema, se ajustaba incorporando las ideas que le fueran de utilidad, de acuerdo al periodo en el que transitara.

El equilibrio precario en el cual se sostenía fue casi destruido con la incorporación del hombre europeo a su sistema, luego del descubrimiento de América. La religión mesoamericana dejó de existir como tal en el siglo XVI, al extinguirse la autonomía indígena. Pero, afortunadamente, la evangelización no fue total.

---

21 LÓPEZ AUSTIN. óp. cit., 2002. p. 20.

22 Ibídem, p. 19.

Los elementos del antiguo núcleo duro de las religiones de antaño resistieron los embates de la dominación, persistiendo aun hoy día.[23]

La base de todos los conceptos que permean la actividad humana está centrada en un intricado sistema de creencias; éstas influyen en las diversas actividades del quehacer humano. De las creencias que los hombres pensantes legan a los demás miembros de la población, surgen las ideas y los mitos, común denominador de las diversas civilizaciones que han aflorado sobre la tierra. En la historia de las distintas religiones, la creencia se vuelve mito, y el mito, verbo y ritual. Éste se construye para explicar las verdades del mundo. Por ello, como afirma López Austin, en el mito mesoamericano hay tres tiempos: el tiempo en que los dioses existen sin crear; el tiempo en que los dioses entran en actividad produciéndose la aventura mítica; y el tiempo en que la aventura mítica queda congelada con la creación del mundo del hombre. Después, a lo largo de las diversas culturas que afloran en Mesoamérica, el hombre recrea el mito primario a través de ritos para fundamentar sus acciones.[24]

La base para comprender la filosofía religiosa del hombre mesoamericano, se encuentra en los conceptos de vida y muerte, los cuales no eran vislumbrados como lo hacen las culturas de hoy en día. Observando la naturaleza y los procesos que intervenían en ella, la vida y la muerte no eran extremos de una línea recta, sino dos puntos de un círculo en movimiento.[25] Absolutamente integrados a su entorno, los hombres mesoamericanos observaron que la vida nace de la semilla, crece, se reproduce, esparciendo su propia simiente para morir dignamente, transformándose en alimento para futuras semillas. La idea de la muerte no era un final definitivo, una barrera por la cual no se podía pasar, la muerte era

---

[23] Ibídem. p. 22.

[24] LÓPEZ AUSTIN, Alfredo. Tamoanchan y Tlalocan. México. FCE, 1994. p. 21.

[25] Ibídem. p. 174.

generadora de vida: gracias a ella, la vida continuaba, la semilla florecía, el hombre comía y después también moría, contribuyendo al eterno ciclo de la creación.

Además de esta visión circular tan característica de las diversas religiones mesoamericanas, otro concepto fundamental era la concepción de la dualidad. Para el hombre mesoamericano, la vida se ponía en movimiento a través de una serie de contrastes, de polaridades que lo mantenían a flote. No se podía concebir un extremo de la polaridad sin la otra. La visión unilateral en la mente mesoamericana carecía de sentido, de hecho, esta concepción dual es similar a muchas otras filosofías mundiales. Se expresa bajo símbolos de valor binario como el arriba y el abajo, lo femenino y los masculino, lo negro y lo blanco. Toda la naturaleza era regida por la concepción dual, siendo inconcebible una polaridad sin la otra.[26]

El descubrimiento de la relación existente entre las influencias cósmicas y la vida del hombre debió provocar fuertes impresiones en los hombres de antaño. De hecho, la supervivencia humana dependía cada vez más de la regularidad de los fenómenos cósmicos y meteorológicos, y la imaginación del primitivo incitaba al hombre apenas emergido de la era pre mítica y animista a ver estas fuerzas benéficas u hostiles como intencionales.[27]

En las creencias mesoamericanas, la explicación del mundo en el cual el hombre vivía estaba sujeta a una premisa fundamental: la explicación del origen de las cosas, cómo emergió el mundo, cómo se constituyeron los objetos y los hombres. Aunque varían ligeramente las creencias de los diversos grupos que poblaron Mesoamérica, se revisarán los mitos de origen a partir de aquéllas de los grupos nahuas

---

[26] LÓPEZ AUSTIN. óp. cit., 2002. p. 39.

[27] RUBINO, Vicente. Símbolos, mitos y laberintos. Buenos aires. Editorial Lumen, 1994. p. 74.

que poblaron parte de esta región. Por ello, analizando el entorno, la constitución de los seres tanto divinos como mundanos se explicó inicialmente a partir de una diosa original, descrita por la mitología nahua como acuática, caótica y monstruosa. Sin embargo, esa unidad inicial debía de tener su polaridad y por ende dividirse, por lo que la diosa[28] fue separada en dos partes. Su naturaleza se conservó en la parte inferior representándose con ello la parte femenina y la parte superior adquirió las características masculinas.[29]

Para poder mantener la dualidad, sinónimo de movimiento y vida, la diosa, así desgarrada, se mantuvo separada con postes para impedir que retornara a su forma inicial. De esta división inicial surgieron los polos masculino y femenino, fundamentando la base del cosmos. Además de iniciarse la visión dual y polar con la separación de la diosa, los cuatro postes que se yerguen separándola simbolizan los cuatro puntos cardinales y los cuatro elementos con los cuales se formó el mundo, además de ser el lugar por donde transitaban los dioses. De este hecho se retoma otro factor fundamental de la creencia mesoamericana: el concepto de la cuadruplicidad en el mundo.

Los cuatro postes[30] que separan lo femenino de lo masculino, el cielo de la tierra, se vuelven los caminos de los dioses, ya que por sus cuerpos huecos corrían las esencias divinas opuestas, que eran los flujos de las dos mitades del cuerpo de la diosa. De ahí surge la creencia de la creación del tiempo en el cual habitamos los hombres, el tiempo primordial al cual estamos anclados en este mundo terrenal.[31] Como refiere López Austin, del encuentro pecaminoso

---

[28] En la cosmovisión nahua, la diosa de la tierra se llama Cipactli.

[29] LÓPEZ AUSTIN. óp. cit., 1994. p. 18.

[30] Se les conoce también como árboles.

[31] El estrato intermedio en el cual habitamos los hombres se llama Tlalticpac, según los antiguos nahuas.

de los flujos celestiales y terrenales, explota el tiempo mismo que se extiende sobre el espacio formado por la separación del cielo y de la tierra.[32] La concepción de los postes cósmicos—o de los árboles—hace alusión al símbolo de la cuadratura, misma que se refleja en las diversas expresiones culturales de los pueblos mesoamericanos.

Para ejemplificar lo dicho acerca de esta creencia en el pensamiento mesoamericano, en el mito de origen en la cultura nahua surge la división de los espacios celeste y terrenal: los pisos celestes, llamados Ilhuicatl; las profundidades de la tierra, o Mictlan; y el mundo de los mortales, situado en la capa intermedia, llamada Tlalticpac, en la que habitamos los humanos.[33]

Fue con el mito de origen de la tierra recreada que los hombres explicaron los fenómenos naturales que los rodeaban, impresionados por la majestuosidad de la naturaleza y conscientes de sus polaridades, de los opuestos presentes en un mismo fenómeno natural. Estas polaridades manifiestas en las creencias de antaño explican el sincretismo de las que aún reinan en nuestros grupos indígenas, mismo que muestran en sus actos y rituales festivos y cotidianos.

Impulsados por la concepción dual, los dioses son creados en polares opuestos: existen dioses luminosos, creadores del fuego, como Tonacatecuhtli y Quetzalcóatl; y dioses acuáticos, creadores de la luna, como Tlalocantecuhtli. En ello vemos reflejado otra vez el código binario que permea las creencias mesoamericanas.

Otra creencia común entre las diversas culturas mesoamericanas era la de la necesidad del sacrificio o del ofrecimiento ritual para la creación o el surgimiento del otro. La sed de muerte de los dioses

---

32 LÓPEZ AUSTIN. óp. cit., 1994. p. 20.

33 Ibídem, p. 20.

es imperativa para que la existencia del mundo de los hombres sea posible. Hay en permanencia un sacrificio del dios hacia el hombre, sacrificio que le confiere vida. Sin embargo, es ahí donde surge el compromiso que mantiene al hombre en deuda eterna con el dios y dispuesto a servirlo y a honrarlo, ya que él es causa de su existencia y en su agradecimiento está su vivir. Pero aunque el dios ya cometió sacrifico, ya se ofrendó para el hombre, su muerte sacrificada figura sólo en la aventura mítica, el dios nunca desaparece de su lugar en el cosmos. Su "estar" es lo que le explica y valida al hombre el entorno natural, el funcionamiento de las cosas. Sin la esencia divina, la naturaleza no sería comprendida, la naturaleza sería ultrajada y el hombre, en consecuencia, moriría.

Además del concepto de entrega-sacrifico de los dioses—concepto que se encuentra en Pachacamac,—ante los ojos del hombre mesoamericano los dioses se repiten en diversas culturas: el sacrificio del Prometeo,[34] Gucumatz[35] o Pachacamac,[36]—ante los ojos del hombre mesoamericano los dioses podían estar en múltiples lugares y estratos cósmicos simultáneamente. Un dios no tenía un espacio único, la concepción lineal, uni-espacial del estado humano no aplica al ente mitológico. Su espacio es múltiple; su andar, variado; su manifestación, polifacético; su expresión, dual, cuádruple. Por ello, en el panteón mesoamericano los dioses podían estar simultáneamente en los diferentes pisos celestes y en los del inframundo simultáneamente. La linealidad terrestre no se puede adjudicar al espacio sagrado sobrenatural.

---

[34] En la mitología griega es el responsable de la enseñanza a los hombres de muchos conocimientos, entre ellos el dominio del fuego.

[35] En la mitología maya es el dios de la tempestad y del huracán, que enseñó a los hombres a producir el fuego.

[36] En la mitología inca es el ser supremo que enseñó las artes a los hombres. Los incas lo consideran como dios del sol y también del fuego subterráneo.

La similitud en las creencias mesoamericanas forma conceptos arquetípicos por su constancia. En los mitos mesoamericanos, los dioses habían muerto para permanecer en el interior de los seres creados. Al morir los dioses se convirtieron en la esencia o en el alma de las cosas.[37] De hecho, el concepto de alma, de esencia o de corazón de las variantes de la naturaleza está implícito en las creencias religiosas de Mesoamérica. Todo ente natural tenía un corazón comprendido como su esencia o, bien, era visto como un dios que lo regía, que lo tenía, que lo abarcaba. La divinidad residía en el objeto, formando parte de sí y rigiéndolo, simultáneamente.

Esta idea se aplicaba a todo objeto natural, por lo que surge un sin número de divinidades que se multiplican o que sostienen diversos nombres siendo parte del mismo ente superior.

Pero el factor que adhirió la concepción común a toda Mesoamérica, el común denominador de su cosmovisión y de su unidad histórica, fue el cultivo del maíz, su natural sustento, centrando sus creencias en torno a la producción agrícola, siendo éste el vehículo central de los diversos pueblos mesoamericanos.

Esta cosmovisión está basada en la concepción del divino sustento, del maíz que contiene dentro de sí lo necesario para que el hombre sobreviva en la Tierra. El cuidado del sustento divino permite que éste renazca, crezca y se multiplique al término de su ciclo natural, retribuyendo su esencia al hombre para que él también se multiplique. De las creencias iniciales de esta cosmovisión se produjeron mitos que se tradujeron en ritos que fueron ejecutados por los diversos pueblos a lo largo de enormes periodos de tiempo. Estos principios, al repetirse, formaron patrones normativos en diversos campos de acciones creando así arquetipos, ya que la formación arquetípica

[37] LÓPEZ AUSTIN. óp. cit., 1994. p. 23.

nace de las prácticas reiteradas milenarias que se tornan sobre un núcleo de percepción y de acción frente al universo.

Y habla el volcán...

Y de mí hacen versos y cuentan leyendas y dicen que en mis oquedades aguarda silenciosa la diosa, que como savia fluye por mis senderos y se desliza entre mis paredes, mis laderas y mis llanos, porque soy entrada a la vez que salida. En mí confluyen varios mundos, mundos repletos de riquezas y de abundancia eterna, mundos de castigos severos donde el ingrato recata y acepta; porque soy fuego a la vez que soy agua, porque al igual mojo que quemo con mis brazos ardientes que se deslizan por mis laderas queriendo asirse de mi amada, porque cuando la pasión explota es el hombre que ofrenda su vida a mí, como yo a diario la ofrendo a ellos, los que me aman, los que viven en mí...

Dioses y emisarios de la lluvia

Aunque figuran muchos dioses en el panteón mesoamericano, en el complejo mítico de los pueblos de tradición náhuatl existe uno que, por procurar el sustento del hombre, es uno de los más importantes: el dios de la lluvia, señor de lo criado, señor de la vida, la divinidad Tláloc.

Este ser sobrenatural es una constante en las variadas culturas mesoamericanas, ya que todos apuntan a la creencia de una deidad que conforma y controla la naturaleza, que se encuentra en las montañas, que se vislumbra dentro de las oquedades, que se muestra en la densa vegetación, que puebla los bosques y laderas, que fluye en los manantiales y ríos, que se percibe en el reino animal. Este ser polifacético, de innumerables caras y funciones, es servido por pequeños seres, que algunos describen como "enanos" y que fungen como sirvientes, mensajeros, colaboradores y guardianes de los mundos en los que la deidad habita.

Portadora voluble de beneficios y daños, esta imponente deidad se muestra constantemente en el convivir del hombre con la naturaleza, por ello el mito de Tláloc puede considerarse como el reconocimiento del hombre y la conducta que debió de observar respecto a los recursos del agua y de la tierra que lo rodeaban. Este mito estaba fundamentado en tres aspectos importantes: la concepción del ciclo anual que se percibía en la naturaleza, los variados fenómenos meteorológicos que afectaban la vida del hombre, y los terribles castigos que se esperaban si el ser humano no respetaba y honraba la naturaleza.

Los mitos relacionados con Tláloc, sus manifestaciones y sus servidores, exhortan al respeto y a la alabanza de la naturaleza. En diversas culturas alrededor del mundo los mitos mencionan a los espíritus protectores de los montes, árboles y agua que aguardan con sigilo el paso del hombre, atentos a cualquier desviación en su proceder.

Algunos investigadores han estudiado el complejo mítico de Tláloc, basándose en los testimonios de Duran, Sahagún y Chimalpain (1579-1660), así como en la historia de los mexica por sus pinturas, La leyenda de los soles y en La relación de Texcoco de Juan Bautista Pomar. Según el testimonio de Pomar, escrito a finales del siglo XVI, Tláloc era una de las deidades más antiguas. De hecho, fue adoptado por los culhuaques como el dios de las aguas y reverenciado en el cerro Tláloc. El testimonio de Chimalpain en la relación de Chalco-Amaquemecan cuenta que "en la cima del monte hoy llamado Amaqueme, existía el ara y el adoratorio que llamaban Chalchiuhmomozco, porque allí era adorado y reverenciado el agua. Habitaban allí los macehuales, nombrados xochtecas, olmecas, quiyahuiztecos, cocolcas que eran brujos llovedizos que podían provocar a voluntad la lluvia."[38]

Este testimonio denota el culto a Tláloc, relacionado con la magia y los rituales de propiciamiento de lluvias que existió por su importancia desde tiempos remotos. De hecho, el mito de Tláloc estaba envuelto en rituales, en donde la obtención de un buen cultivo era menester. Por ello, se veneraba a la naturaleza como obsequio de los dioses a quienes se pedía lo necesario para la existencia, mediante la colaboración humana con alabanzas y trabajo.

Ahora bien, es importante indagar quién es esta deidad de la naturaleza, representada en las diversas culturas con diferentes nombres y atuendos, pero fungiendo en su centro arquetípico como el mismo ser. Sus representaciones varían un poco, su indumentaria cambia, pero el centro inequívoco es el mismo. Por ejemplo, en la antigua cultura olmeca la deidad aparece con la máscara del tigre-serpiente, representada en las hachas colosales y en las figuras de barro. Los mayas la concebían con una nariz ganchuda. En el periodo clásico es característica la imagen de Tláloc con grandes ojeras circulares de jade; casi siempre se le representa con una máscara que, vista de frente, parece llevar anteojos y bigote. La máscara está formada por dos serpientes entrelazadas que forman un cerco alrededor de los ojos y juntan sus fauces sobre la boca.[39]

---

[38] ANZURES Y BOLAÑOS, María del Carmen. "Tlaloc, señor del monte y dueño de los animales". En: Historia de la religión en Mesoamérica y áreas afines. México. UNAM, II Coloquio, 1990. p. 136.

[39] CASO, Alfonso. El pueblo del sol. México. FCE, 2000. p. 60.

Referente a esta deidad, Durán afirmaba que "la estatua de Tláloc era de piedra labrada, de un efigie de un espantable monstruo, la cara muy fea, a manera de sierpe con unos colmillos muy grandes, muy encendida y colorada, a manera de un fuego encendido, en el cual denotaba el fuego de los rayos y relámpagos que el cielo echaba, cuando enviaba tempestades y relámpagos; el cual para denotar lo mismo tenía toda la vestidura colorada."[40]

Esta descripción hace alusión a lo portentoso de esta deidad por tener a su cargo las variaciones climáticas, tanto las benévolas como los aspectos dañinos y temidos por el hombre. Casi siempre la máscara característica de Tláloc está pintada de azul, simbolizando con ello las nubes y el cielo; su cuerpo y rostro se muestran negros, representando la nube tormentosa; y, de otra parte, el tocado de plumas de garza está plasmado en blanco y muestra el cúmulo de nubes aterciopeladas que adornan el cielo.

Tláloc habita bajo el cobijo de varios nombres y acepciones y funge como una de las deidades más importantes y antiguas de México y Centroamérica.[41] Entre sus diversos nombres encontramos "el que hace brotar", por ser dios de la lluvia y el rayo. Durán se refiere a Tláloc como el "camino debajo de la tierra" o "cueva larga", refiriéndose con ello al camino subterráneo que conduce al Tlalocan, reino de este Dios crepuscular.[42] Otra de sus acepciones es Xoxouhqui, que significa "el verde" o "el crudo", ya que todo lo que brota de él es verdor, florecimiento y crecimiento. Aunque su nombre cambió en los diversos espacios geográficos y tiempos, su significado y función permanecen intactos. Los mayas solían

40 DURÁN, Fray Diego. Historia de los indios de la Nueva España e islas de Tierra Firme. México, 1867.

41 CASO. óp. cit., 2000. p. 57.

42 ANZURES Y BOLAÑOS. óp. cit., 1990. p. 126.

llamarlo Chac; los totonacos, Tajín; los mixtecos, Tzahui; los zapotecos, Cocijo.

Todos estos nombres aluden al concepto de "corazón". Es el corazón del cerro, la esencia divina de las cosas, a manera de semilla que los carga con su simiente divina. Tláloc, fungiendo como corazón, es la fuerza de los antepasados, los que transmitieron de la naturaleza divina a la mundana su fuerza en los orígenes del mundo y del tiempo. El corazón les es dado a los seres de este mundo para que crezcan y se reproduzcan.[43]

En los mitos nahuas el nacimiento de Tláloc denota que no es un dios creador, sino que fue creado como los otros dioses, por los hijos de la pareja divina primordial.

Como menciona Alfonso Caso en su libro El pueblo del sol: "... y para criar al dios y a la diosa del agua se juntaron todos cuatro dioses e hicieron a Tlalocatecuhtli y a su mujer Chalchiuhtlicue, a los cuales criaron por dioses del agua y a éstos se les pedía cuando tenían de ella necesidad."[44]

Como controlador del agua y sus conformaciones, Tláloc es un dios benéfico por proveer la lluvia que alimenta al sustento del hombre: el maíz, pero también es temido por su cólera, ya que al desatarse provoca las inundaciones, la sequía, el granizo, el hielo y los rayos. Por ello, como se abordará más adelante, los grupos nahuas de la época prehispánica, al igual que los de ahora, dependían de esta deidad por su actividad económica. Necesitaban hacer algún ritual propiciatorio para contenerlo y alabarlo; es por ello que surge un complejo de hombres temidos a manera de brujos, que podían hacer llover o quitar la lluvia a voluntad, invocando a la terrible deidad.

---

43 LÓPEZ AUSTIN. óp. cit., 1994. p. 170.
44 CASO. Óp. cit., 2000. p. 59.

El poder de Tláloc radicaba en ser el dios de la lluvia y de quien dependía la suerte de todos los mantenimientos. De hecho, Tláloc no sólo es dios de la lluvia, sino que es un dios de lluvia, ya que contiene dentro de sí este vital líquido. Era y es un dios generoso y dador porque envía desde el Tlalocan todo lo que los mortales necesitan para la vida. Pero los hombres que poblaban Mesoamérica lo temían en su furia, ya que se manifestaba a través del granizo, el relámpago y el rayo, además de los elementos de peligro que los hombres encontraban en los ríos, lagos y mares.

Tláloc, al igual que los otros dioses mesoamericanos, se había sacrificado por los hombres, por ello, también los hombres tenían que entregarse a él. Éste fue un dios al cual se le ofrendaban muchos sacrificios debido a su importancia para la supervivencia. Constantemente se le hacían rogativas sacrificándole a prisioneros, cautivos y niños, vestidos como él.

Dentro de las creencias mesoamericanas, como se afirmó con anterioridad, la idea de la dualidad era de vital importancia, ya que se veía manifestada tanto en la naturaleza como en los dioses. Tláloc, en la mente mesoamericana, es un dios dual, multifacético, omnipresente. Tláloc y su consorte Chalchiuhtlicue son desdoblamientos de la misma divinidad, son dos polos complementarios del mismo ser. La diosa, como consorte, es la que distribuye el agua entre los hombres manando a través de ríos, lagos y oquedades. Es el agua quieta, procedente de la matriz de la tierra que emerge y fluye por las escarpadas terrestres y trae consigo la vida en múltiples formas de existencia, manifestación de ella misma en su entrega para la subsistencia del hombre. En su polaridad femenina, la diosa del agua terrestre libera sus riquezas acuáticas abriendo sus manos para que se llenen las inmensidades de los ríos y lagos que manan de la tierra. En su polaridad masculina, el dios funge como el agua celeste que baja de los cielos trayendo consigo el maná divino que alimentará la cosecha sagrada del hombre.

Como compañera de Tláloc, Chalchiuhtlicue se atavía con una falda de jade reflejando las profundidades acuáticas que narran su esencia. Existen diversas leyendas sobre la procedencia de la consorte del dios, por ejemplo en las que se afirma que Chalchiuhtlicue no era la esposa, sino la hermana del dios, ya que Tláloc había tomado primero por esposa a la diosa Xochiquetzal, patrona de las flores, misma que le fue robada por Tezcatlipoca, de modo que Tláloc toma posteriormente a Matlalcueitl, la de las faldas verdes, nombre antiguo de la montaña de Tlaxcala, que actualmente se conoce como la Malinche.[45] Sin embargo, la acepción dual del dios, con polaridad femenina y masculina, es muy importante, ya que arquetípicamente el ser humano tiene los dos polos en su manifestación inconsciente y no puede operar sin ambos como ser íntegro.

Otra manifestación de la dualidad hombre-mujer en esta deidad es la personalidad que se le confiere a su conjunto Tlaltechutli, fungiendo como señor o dueño de la tierra, así como nuestra madre al mismo tiempo que nuestro padre.

Además de la dualidad masculina y femenina, Tláloc se desdobla en otras dos polaridades: “el dios pluvial y terreo, portador de la vida y el crecimiento y el dios bélico”,[46] iracundo portador de las aflicciones de la humanidad.

Remontándonos al concepto de la omnipresencia, Tláloc opera en dos lugares simultáneamente, además de vivir en el paraíso terrenal perenne y proveer a los hombres su sustento, Tláloc es el señor del infierno, por lo que también tiene un aspecto de deidad del inframundo.

---

45 *Ibídem*. p. 59.

46 LÓPEZ AUSTIN. *óp. cit.*, 1994. p. 176.

Esta dualidad se manifiesta como partícipe de la concepción mesoamericana del universo, sin embargo lo cuádruple, el sagrado tetraedro, vital en la simbología mesoamericana, ha sido alegoría universal del universo en muchas otras culturas. Por ende, Tláloc, cuyo punto cardinal es el sur, también es el dios cuádruple, llamado Nappatecuhtli. Al desdoblarse en cuatro, Tláloc era colocado simbólicamente como postes o árboles cósmicos en los confines del mundo sosteniendo el cielo de la Tierra. Nappatecuhtli se desdoblaba, a su vez, en los cuatro tlaloques que separaban a la diosa primordial. Pero en los postes cósmicos no solo se manifiesta la cuadruplicidad de Tláloc, sino que también refleja los cuatro puntos cardinales y elementos primordiales de la Tierra y los cielos.

Tláloc, como dios de lo acuático y manifestación cuádruple, "también es dueño de un templo de cuatro cuartos en medio de un patio donde están cuatro barreñones de agua".[47] El agua procedente de esos barreñones puede ser benéfica o nociva. En un barreñón, el agua ayuda al crecimiento de las plantas, pero en otras daña la cosecha, la pudre o la lastima por su dureza.

Como narra Sahagún, "la una agua es muy buena, y desta llueve cuando se crían los panes y semillas y enviene en buen tiempo: otra es mala, cuando llueve y con el agua se crían telarañas en los panes, y se añublan, otra es cuando llueve y se hielan, otra cuando llueve y no granan o se secan."[48]

En las creencias nahuas, el templo del dios de la lluvia se llamaba Ayauhcalli, mismo que tenía los cuatro aposentos rituales orientados hacia los cuatro rumbos del mundo. La creencia de la existencia de un espacio en donde habita la deidad de la lluvia expresa la

---

47 *Ibídem*. p. 178.

48 SAHAGÚN DE, Fray Bernardino. *Historia general de las cosas de la Nueva España II*. Madrid. Ediciones Juan Carlos Temprano. p. 622.

concepción de un mundo que mezcla lo divino con lo humano. El templo del dios de la lluvia llena un espacio. "El espacio no es nunca el vacío geométrico euclidiano: es un conjunto de lugares, análogos, homólogos, es una extensión vital con un arriba y un abajo, un interior y un exterior, un delante y un detrás, una derecha y una izquierda, un cenit y un nadir, un norte y un oriente".[49] El espacio simbólico se ubicaba en varios estratos simultáneamente, varias regiones de un mismo tiempo, por ello, la cuadruplicidad era un concepto vital en el pensamiento mesoamericano.

La cuadruplicidad en Tláloc también se reflejaba en sus ayudantes o asistentes, llamados tlaloques en el centro de México. De hecho, existe toda una creencia sobre estos seres sobrenaturales que asistían al dios de la lluvia en sus labores, fungiendo como extensiones de él mismo. La creencia sobre la cuadruplicidad se plasma en los cuatro tlaloques, fungiendo como los postes cósmicos, o los árboles cósmicos dotados de un color distinto para representar los diversos rumbos del universo. Sus colores son blanco y amarillo, oscuro y rojo, rojo y blanco, amarillo y oscuro. Los cuatro forman una cruz que sostiene el cielo, además de que distribuyen las cuatro clases de lluvia.

Llamados de muchas maneras, no sólo en el mito mesoamericano se les encuentra. También existen como arquetipo universal de los seres elementales, ayudantes de las deidades de la naturaleza. Por ello, los tlaloques se reflejan en diversas mitologías, con mínimas diferencias a lo largo del mundo. La mitología nahua los describe como enanos de largos cabellos enmarañados, muy claros u obscuros, que cuidaban los manantiales y los ríos.[50] López Austin habla en su libro Tamoanchan y Tlalocan de la creencia del ahuizotl,

---

[49] DURAND, Gilbert. *Ciencia del Hombre y tradición.* Barcelona. Paidós, 1999. p. 50.

[50] LÓPEZ AUSTIN. *óp. cit.*, 1994. p. 195.

una especie de nutria ayudante del dios de la lluvia que, a manera de cola, tenía una mano humana.

Estos ayudantes, al igual que su polifacético amo, podían ser bondadosos o crueles. Podían esconder la lluvia y llevarse la cosecha, el sustento del hombre, pero también podían ayudar al ser humano manteniendo y cuidando la naturaleza, sobre todo los manantiales, las fuentes, las corrientes del agua y todos los cuerpos acuáticos existentes, además de propiciar que cayera lluvia y soplaran los vientos. Como refiere Alfonso Caso: "Y este dios del agua para llover crió muchos ministros pequeños de cuerpo, los cuales están en los cuartos de la dicha casa y tienen alcancías en que toman el agua de aquellos barreñones y unos palos en la otra mano y cuando el dios del agua les manda que vayan a regar algunos términos, toman sus alcancías y palos y riegan del agua que les manda y cuando atruena es cuando quiebran las alcancías con los palos y cuando viene rayo es de lo que tenían dentro o parte de la alcancía."[51]

Ayudantes de Tláloc, los diosecillos tlaloques son guardianes de la naturaleza y sancionadores de quienes transgreden sus leyes. "Se encargan de desencadenar los rayos, truenos, relámpagos y tempestades y de volcar sobre la tierra los cántaros."[52]

Como en cualquier elemento del mundo mítico, son diversas las hipótesis sobre la existencia de los tlaloques. Algunas personas dicen que son las almas cautivas de los vivos, extraídos de los seres humanos por una fuerte impresión.

Otros afirman que los tlaloques son almas de los que mueren y que fungen como entidades anímicas tras la muerte, cumpliendo funciones en los dominios de Tláloc. "A las entidades anímicas que

---

[51] CASO. *óp. cit.*, 2000. p. 59.

[52] ANZURES Y BOLAÑOS. *óp. cit.*, 1990. p. 122.

producen lluvia se les suele llamar palos y cuando viene rayo es de lo que tenían dentro o parte de la alcancía."[53]

Todos los nombres y designaciones de los tlaloques apuntan a que el mito de los diosecillos, guardianes de la naturaleza, conjuga los principios fundamentales para la vida y la convivencia de los hombres con los dioses implicados en los ritos de fertilidad. El mito de los tlaloques está relacionado con los númenes del agua y de la tierra, del aire y del fuego, de los montes y de los volcanes, y de los hacedores de lluvia. Asociados al complejo de ritos de la fertilidad, estos seres propician la reproducción y el crecimiento tanto del mundo animal como del vegetal. Cuidan la tierra, que es matriz y tumba, para que a la vuelta de su ciclo se torne otra vez en matriz. Se han encontrado figurillas de la diosa primordial enterradas en la matriz de la tierra, pertenecientes a la época paleolítica, que expresan la necesidad de evocar la relación tierra-útero-fertilidad. Y la naturaleza misma expresa su fertilidad a través de los mantos acuíferos que emanan de ella y de la variedad de plantas y animales que hablan en su nombre. Estos seres son, mitológicamente, parte de la deidad dual y aguardan silenciosamente. En las creencias de los nahuas, algunos de estos seres habitan el mundo subterráneo de tierra y agua. Ahí hay fuente de "aires", que son enfermedades de naturaleza fría que aquejan a los hombres que cometen una falta en contra de la naturaleza. Es de esperarse que estas enfermedades se curen si el agresor repara su falta y se disculpa ofrendando su pesar a tiempo.

Y habla el volcán.

Han habido algunos que desean internarse en mi esencia, que como audaces guerreros pene- tran mis entrañas buscando las riquezas que en ellas escondo. No conocen el velo misterioso

[53] LÓPEZ AUSTIN. óp. cit., 1994. p. 195.

que circunda mis entradas, desconcertando al más osado, perdiéndolo para siempre. Ilusiones que juegan con los ojos inocentes, me manifiesto como niño, como chaneque, como aire, como risas que pierden al viajero ambicioso, conduciéndolo a reinos cercados en donde el tiempo se desvanece y solo danza la lluvia en un crepitar incesante, donde se escucha el crecer del pasto y la caída de la fruta madura. Donde aromas exóticos inundan el ambiente para mostrar entre abismos a mi diosa, a mi amada, interna en mi centro. O tal vez, el viajero fatigado, aterrado por el laberinto, por su cara reflejada en cada manantial, en cada gota, permanece en un infierno fatídico, demasiado cansado para ver más allá de él mismo.

Concepción del Tlalocan

Además de existir arquetípicamente una deidad de la lluvia y la naturaleza, es importante abordar el espacio físico el cual ocupa dicha deidad, ubicando su lugar de residencia.

Tanto Tláloc como sus ayudantes se encuentran mitológicamente en el contexto de creencias nahuas, en un espacio llamado El Tlalocan. A este lugar de residencia se le han designado diversos nombres. Los nahuas de la sierra norte de Puebla afirman que dos de los nombres del Tlalocan son Tepeyolo y Tepeyolomej, mismos que significan "los corazones del cerro".[54]

Según precisa el padre Garibay, Tlalocan es también llamado Cincalco, "la casa del maíz", símbolo del alimento humano, ya que somos carne de maíz y hombres de maíz.[55] Algunos indígenas se

[54] *Ibídem*, p. 186.
[55] ANZURES Y BOLAÑOS. *óp. cit.*, 1990. p. 121.

refieren a la leyenda tolteca de Cincalco, cuyo amo era Huemac, señor de Cincalco. Éste se parece al Tlalocan, ya que se describe como "un lugar muy ameno y recreable donde los hombres vivían para siempre, un sitio exuberante repleto de aguas cristalinas, mucha fertilidad, comida y flores."[56]

Después de la conquista, en las descripciones del Tlalocan los cristianos vieron las flores, los frutos eternos, el agua corriente, la vegetación espesa y la comida abundante, por lo que supusieron que los indígenas se referían a su concepción de paraíso.

A decir de Sahagún: "A donde se ivan las animas de los difuntos es el paraíso terrenal, que se nombra el Tlalocan, en el cual hay muchos regocijos y refrigerios, sin pena ninguna. Nunca jamás faltan las mazorcas de maíz verde, y calabazas, y ramitas de bledos, y axí verde, y xitomates, y frixoles verdes en vaina y flores."[57]

Los nahuas afirman que el Tlalocan es un gran depósito de agua contenido dentro de una montaña hueca, del que surgen tanto las lluvias como las corrientes terrestres. Este pensamiento muestra que existe una correlación en las creencias mesoamericanas que asocian las montañas y volcanes con la lluvia y las condiciones climáticas. Aun hoy día persisten estas creencias asociativas, sobre todo en los pueblos que habitan las laderas de los volcanes, ya que están en contacto con los númenes que habitan estos lugares y tienen una relación constante y recíproca con ellos.

Otros afirman que "el Tlalocan se puede imaginar como el vasto espacio de vegetación que se extiende debajo de la tierra."[58] Este espacio paradisíaco tiene su corazón ubicado en el centro del

[56] LÓPEZ AUSTIN. *óp. cit.*, 1994. p 191.
[57] SAHAGÚN. *óp. cit.*. Libro III, cap. 2°, p. 299.
[58] LÓPEZ AUSTIN. *óp. cit.*, 1994. p. 187.

mundo, el centro es representado por un árbol, acerca del cual el investigador López Austin afirma que es el árbol de tamoanchan, en cuyas esquinas se yerguen cuatro postes, representando con ello la unidad, lo cuádruple y lo quíntuple. Dicho en otras palabras, se muestra el arriba y abajo, los cuatro puntos cardinales y el centro.

El Tlalocan también es morada de los muertos que van al inframundo. "Al Tlalocan iban los elegidos por Tláloc, como premio que daba el dios a quienes quería, ya por el contagio de su fuerza o como castigo por los que lo ofendían."[59]

El inframundo se concebía como una montaña hueca llena de frutos, porque en ella había eterna estación productiva. Al inframundo de la deidad de la lluvia iban los muertos que estaban bajo su protección tutelar, como afirma Sahagún:

"Y los que van allá son los que matan los rayos, o se ahogan en el agua y los leprosos, y bubosos y sarnosos y gotosos e hidrópicos. Y el día que se morían de las enfermedades contagiosas e incurables no les quemavan, sino enteravanlos cuerpo de los dichos enfermos y les ponían semilla de bledos en las quixadas sobre el rostro. Y mas poníanles color azul en la frente con papeles cortados y más en el colodrillo poníanles otros papeles y les vestían con papeles y en la mano una vara."[60]

Así como el Tlalocan forma un concepto arquetípico dual fungiendo por un lado como lugar paradisíaco de eterno reposo y, por otro, como lugar de castigo y destino del inframundo, el Tlalocan se ubica también arquetípicamente en la mente de los hombres. De hecho, "el Tlalocan se ubicaba en el oriente porque el oriente es su gran

---

59 *Ibídem*, p. 183.

60 SAHAGÚN. *óp. cit*. p. 299.

réplica, siendo el lugar del nacimiento arquetípico por excelencia del sol."[61]

En la tierra de los hombres, el Tlalocan tenía, en la sierra, una réplica que recibía su nombre y el cerro más importante de ella se llamaba como su morador, el dios Tláloc.

También el relato legendario de los mexicas implica la analogía con Tlalocan. Ordenados por Motecuhzoma Ilhuicamina, sus magos hicieron un viaje en busca de sus orígenes, de la casa de sus antepasados: Aztlan-Colhuacán-Chicomoztoc. Al retornar de su viaje, la descripción que refiere López Austin del viaje mítico es muy parecida a la de Tlalocan:

"Rodeada de médanos y lagunas, es florida y rica en mantenimientos vegetales y animales, tierra de deleites y descansos, donde nadie envejece ni se cansa, donde no hay necesidad de nada. En sus sementeras unas plantas germinan; otras crecen, otras maduran, sin que jamás falte la producción. En la parte central, se levanta la montaña Colhuacan llena de cuevas. De allí extrajeron los mexicas las semillas de maíz, chile, tomates, huautli y frijoles que sembraron después en su lugar de asentamiento definitivo. Cuando los mexicas salieron de ese lugar maravilloso, crecieron espinos y todo el entorno se llenó de fieras y alimañas que no les permitieron regresar. Allí vive Coatlicue, madre de Huitzilopochtli."[62]

Tanto el Tlalocan, como el Cincalco, el Chicomoztoc, el Wirikuta de los huicholes o el Mayonikna de los mayos, recuerdan al concepto del edén. Esto muestra que, independientemente del nombre, hay un patrón universal que se repite, existiendo consciente o inconscientemente la necesidad de creer en un lugar utópico y

---

[61] LÓPEZ AUSTIN. *óp. cit.*, 1994. p. 190.
[62] LÓPEZ AUSTIN. *óp. cit.*, 1994. p. 193.

paradisíaco que provee a los hombres con sus frutos y sustento, habitado por una divinidad cuya naturaleza se funda en la protección y manejo de las fuerzas naturales, una deidad dual, masculina, femenina; pacífica, bélica; generosa por conceder abundancia a los que le ofrendan, e iracunda con los que interfieren con su creación.

Y habla el volcán....
Y comenzando el sueño, me vestí de charro, y bajé
al pueblo a escuchar solicitudes, y visité
la milpa quebrada, entristecida, y visité el llano
que en vano lucía hierba fresca y anduve
por arroyos cuyos caudales se habían interrumpido,
y visité pueblos con caras sombrías
e iglesias y santuarios vacíos y lloré por lo
envilecido, por la profanación, por el olvi-
do. Y soñé y los hombres soñaron y recordaron. Y
observaron el cielo y las estrellas, y el
movimiento de los astros y las estaciones y se
acordaron de los tiempos y las oscilaciones y
recuperaron el movimiento que yacía muerto en su
interior y escucharon. Y soñando vi que
algunos vieron y ofrendaron y así el universo
cumplió su ciclo y hubo sembradío, milpa y
hierba verde y rostros alegres y santuarios repletos.

Ciclo agrario y ciclo ritual

Partiendo de la cosmovisión prehispánica que se centraba en el cultivo de la tierra, la comprensión y presencia del ciclo temporal era vital para la subsistencia de los agricultores mesoamericanos. La distinción entre época de secas y de lluvias y lo que implicaban ambas en la vida de los agricultores, era de suma importancia. De hecho, en la naturaleza misma se reflejaba la polaridad del mundo, el hombre sabía que debido a la existencia de los contrarios su subsistencia se garantizaba. Como ya he mencionado, la dualidad del mundo era asunto cotidiano y, por ende, creencia implícita de los pobladores mesoamericanos. Por ello, entre los símbolos más importantes que vinculaban las dos épocas del año se encontraban el de la vida y el de la muerte. El periodo de lluvias simbolizaba la muerte y tenía lugar de mayo a noviembre; por su parte, el período de secas simbolizaba la vida y tenía lugar de diciembre a abril. Debido a ello, las creencias suscitadas por la observación de la naturaleza eran de orden causal, porque veían a la muerte como dadora de vida y a la vida misma transformarse en muerte, tras cumplir su ciclo.

En sus creencias, el esplendor del dominio de los seres subterráneos y de la muerte duraba medio año. Era el tiempo femenino, el del jade. Después, llegaba el dominio celeste con el calor y la luz radiante que maduraba los frutos, dando a la mazorca el color del oro y del sol.[63]

Durante el tiempo de secas, esperando su momento de participar en el ciclo temporal, aguardaban las semillas, durmiendo, latentes, en su hogar subterráneo. Se creía que los espíritus que le daban fuerza de crecimiento a las diversas semillas, aunados con la esencia del agua que manaba desde los cielos, también reposaban aguardando su turno en el gran ciclo cósmico.

Cuando el ciclo de secas terminaba, el dios de la lluvia iniciaba su trabajo cíclico abriendo sus oquedades, mostrando sus entrañas reflejadas en cuevas y cavernas, para que se liberara todo lo que estaba contenido dentro él y se esparciera como presente en el mundo de los hombres. Por ello, las nubes, repletas de lluvias, dominaban con su presencia el cielo, precipitándose hacia la tierra

---

[63] LÓPEZ AUSTIN. *óp. cit.*, 2002. p. 40.

para que germinara y brotara la vida, presencia misma del dios en la tierra.

Sin embargo, los hombres le temen a los dioses y saben leer en el cielo y la naturaleza sus indicios y pasiones, por lo que las estaciones de secas y de lluvia, aunque eran factor definitivo para el crecimiento de la cosecha en Mesoamérica, podían sufrir ciertas alteraciones. En estas ocasiones la falta o el exceso de lluvia, podían dañar la adquisición del sustento del hombre. De ahí surgió toda una serie de rituales y cultos que giraban en torno al mantenimiento del sustento a través de la regulación del clima.

"Estos rituales tenían la finalidad de propiciar la lluvia en los campos recién cultivados y de agradecer los beneficios obtenidos de los campos recién cosechados".[64] Una de las primeras evidencias de este tipo de rituales de culto proviene de Chalcatzingo, Morelos, "sitio preclásico donde se alababa a los dioses a través de la petición de lluvias."[65]

Muchos de los rituales de petición de lluvias parten de concebir a los cerros como lugares repletos de riquezas que fungían como paraíso terrenal, como lugar de los ancestros y de los muertos y como agentes propiciadores del ciclo agrícola. De hecho, como afirma Johanna Broda: "A las montañas se les daba culto en su función de proveedores de agua y lugares que controlaban el temporal. Eran concebidas como deidades telúricas que mandaban las tormentas y el granizo, además de ciertas enfermedades como la gota y el reumatismo, pero también eran responsables de las lluvias benéficas que hacían crecer las plantas y eran necesarias para la agricultura. Su culto estaba relacionado con el ciclo estacional."[66]

---

64 GLOCKNER, Julio. Los volcanes sagrados. México. Grijalbo, 1996. p. 65.

65 BRODA. óp. cit., 1997. p. 65.

66 Ibídem, p. 68.

Fray Bernardino de Sahagún testimonia que en la cosmovisión mexica, las montañas se percibían como si fueran casas llenas de agua, o vasos de agua, y que los cerros contenían las aguas subterráneas que llenaban el espacio debajo de la tierra. Este espacio, como se mencionó con anterioridad, era el Tlalocan, el paraíso de los dioses de la lluvia y de él salían las fuentes hacedoras de ríos, lagos y mares.

Por ello, desde la época prehispánica, basados en esas creencias, se llevaban a cabo rituales en torno a cuevas, montes y montañas, estableciendo una relación recíproca entre los seres que habitaban esos lares. Estas cuevas fungían como entradas a los reinos subterráneos de los dioses, sumergidos en el agua. También eran sitios venerados y respetados, ya que se les consideraba como lugares de origen y entradas a las entrañas de la tierra.

Los grupos nahuas que habitaban en la zona alrededor de los volcanes, en lo que hoy son los estados de México, Morelos y Puebla, también percibieron la relación existente entre las sierras y la lluvia, lo que les hizo dar el nombre de Tláloc a la montaña que forma parte de la cordillera del Iztaccíhuatl.[67] Este monte fue uno de los santuarios más importantes de alta montaña que existían en esa zona.

Asentando la cosmovisión del cielo en la Tierra, venerando los montes, las cavernas y la naturaleza, los hombres que vivieron en la época prehispánica construyeron templos que fungían como réplicas del mundo en el cual vivían. Así, edificaron reproducciones a menor escala de los lugares sagrados o míticos. Por ejemplo, "las pirámides eran edificios que reproducían las figuras de los cerros."[68] Pero no sólo se construían grandes pirámides en las ciudades para

---

[67] CASO. óp. cit., 2000. p. 59.
[68] LÓPEZ AUSTIN. óp. cit., 1994. p. 171.

honrar a los cerros y montes, también había pequeños santuarios en las cumbres de muchos de ellos y en las laderas de los volcanes más importantes, como el Popocatépetl, el Iztaccíhuatl, el Nevado de Toluca (Xinantécatl), La Malinche (Matlalcueye) y el Pico de Orizaba (Poyauhtécatl). Estos santuarios estaban dedicados al dios Tláloc y tenían una relación importante con el culto agrícola de la fertilidad, del agua y de la petición de lluvias.

Además de ofrendar a montes y cerros, los volcanes, en particular, tenían una gran importancia, ya que formaban una especie de estrella en comunión con otros volcanes de la meseta central de México. También "tenían importancia ritual, algunos cerritos de poca elevación, de los cuales se podía divisar todo el valle, tales como El Cerro de la Estrella, Tepetzintli, Zacatepetl, Mazatepetl, Cocotiltan. Todos estos cerros eran los lugares predilectos en donde los antiguos mexicanos hacían ceremonias en honor a los pequeños tlaloques, siendo el prototipo de estos lugares el cerro Tláloc".[69] Sin embargo, el volcán más importante de la región que circundaba el valle de México, era el volcán Popocatépetl. Durán narra cómo se fabricaban imágenes de tzoalli[70] de todos estos cerros y volcanes y cómo se ponían en torno al volcán y a la volcana, su pareja, la Iztaccíhuatl. También Sahagún cuenta cómo en las festividades religiosas que se hacían para propiciar la lluvia y alabar al dios Tláloc, se fabricaban las imágenes de los cerros con tzoalli, adornándolos con dientes de pepitas de calabazas y ojos de frijoles negros.

Para comprender la manera en que el ciclo agrario se vinculaba con el ciclo ritual, es importante recalcar que el culto a la naturaleza y las peticiones a la misma, se ven reflejados en el calendario nahua. Si nos remontamos a su interpretación, en cada uno de los 18 meses del calendario hay una relación directa o indirecta al culto de Tláloc.

---

[69] BRODA. óp. cit., 1997. p. 60.

[70] Tzoalli: amaranto.

Está claro que este culto era sumamente importante, ya que la vida humana es imposible sin el sustento: el sagrado maíz que provee la tierra. Sin las cosechas de maíz y demás verduras y frutos, los animales y el hombre morirían. Por ello, Tláloc y sus ayudantes eran tenidos en gran estima, centrándose prácticamente todas las actividades rituales en torno a ellos.

Si analizamos el calendario náhuatl, de veintena en veintena se verá cómo era festejada esta deidad, ya sea directa o indirectamente. En el primer mes, llamado *Cuahuitlehua* o "cuando empiezan a levantarse los árboles" y que según Sahagún se celebraba del 1 al 21 de febrero, se festejaba a los pequeños tlaloques, pidiéndoles un año fértil. En esta celebración se pronosticaban las lluvias del año y las venidas de las aves. A través de las lágrimas de los niños que sacrificaban se aseguraba un año repleto de lluvias.

En el segundo mes, llamado *Tlacaxipehualiztli*o "el desollamiento de los hombres" y que se celebraba del 22 de febrero al 13 de marzo, se hacían ofrendas a las mazorcas de maíz, llevándoles la piel de los desollados, además de papel, hule y copal en el monte y en las cuevas.

El tercer mes, conocido como *Tozoztontli*o "pequeña velada", que se desarrollaba del 14 de marzo al 2 de abril, se iniciaba la fiesta de Tláloc, ya que se bendecían las sementeras para asegurar buena siembra.

El cuarto mes, referido como *HueyTozoztli*o "gran velada", tenía lugar del 13 al 22 de abril y durante este período se celebraban acontecimientos de gran importancia, relacionados con la deidad de la lluvia. De hecho, esta fiesta se dividía en tres etapas: los cultos generales, la fiesta de los cerros y la santificación de las aguas. En "los cultos generales" se festejaba a las deidades del agua, de las simientes y de las legumbres. Entre las deidades celebradas se encontraban diversas advocaciones del dios del agua, como *Chalchiuhcueye, Chalchiuhcihuatl, Chicomecoatl, Xilonen, Cinteotl y AtlanTonan*, nuestra madre del agua.

Posteriormente, "la fiesta de los cerros" se celebraba yendo al cerro Tláloc situado entre Coatlinchan y Coatepec. Ahí pedían buen año, refiriéndose al maíz que habían sembrado y que acababa de brotar. Por último, en la tercera fase de la fiesta, llamada "la santificación de las aguas", se realizaban ofrendas y se hacían sacrificios frente al templo de Tláloc. Los celebrantes bailaban ante el "cu" del dios, el cual era un árbol recto y elevado que llamaban *totah*, "nuestro padre", y en torno suyo ponían cuatro arbolitos representando a sus tlaloques con el árbol *totah*, con sogas de paja retorcida, llamada *nezahualmecatl*, que era la penitencia de los servidores de los dioses.[71]

El quinto mes, llamado *Toxcatl*o "sequedad y falta de agua", ubicado entre el 23 de abril y el 12 de mayo, aunque era dedicado a Tezcatlipoca tenía una relación importante con el ciclo agrario, ya que se sacrificaba a las imágenes de los dioses que representaban a *Xochiquetzal, Xilonen, AtlanTonan* y *Uixtocihuatl*, todas deidades vinculadas al agua y a las flores.

El sexto mes, llamado *Etzalcualiztli*o "comida de tamales de maíz y frijol", fechado del 13 de mayo al 1 de junio, era una fiesta expresamente dedicada a los dioses de la lluvia o a los pequeños tlaloques para que ayudaran a que se regara el campo y creciera el maíz y los demás frutos.

---

71 ANZURES Y BOLAÑOS. *óp. cit.*, 1990. p. 128.

El séptimo mes, denominado *Tecuilhuitontli*o "fiestezuela de los señores", estaba fechado del 2 al 21 de junio y se festejaba a Uxitocihuatl, diosa de la sal y hermana mayor de los pequeños tlaloques.

El octavo mes, *HueyTecuilhuitl*o "gran fiesta de los señores", iba del 22 de junio al 11 de julio y estaba dedicado a *Chicomecoatl*[72] y a *Xilonen*,[73] ambas deidades relacionadas con el maíz.

El noveno mes, llamado *Micailhuitontli*o "fiesta pequeña de los muertos", celebrado del 12 al 31 de julio, tenía como función a través de sus rituales asegurar que no se murieran las sementeras con el hielo. El décimo, denominado *XócotlHuetzi*o "cae fruto", se celebraba del 1 al 20 de agosto y era cuando se alababa al dios del fuego, *Xiuhtecuhtli*, haciendo hincapié en las cosechas recogidas.

En el undécimo mes, conocido como *Ochpaniztli*o "barrido de caminos", del 21 de agosto al 9 de septiembre, se honoraba a *Toci*, madre de los dioses. En honor a ella se limpiaban las fuentes, se barría la casa y se purificaba a los enfermos.

El duodécimo mes, llamado *Teotleco*o "advenimiento de los dioses", iba del 10 al 29 de septiembre; en él se celebraba a *Huitzilopochtli y Xochiquetzalli*.[74]

El mes decimotercero, nombrado *Tepeilhuitl*o "fiesta de los cerros", iba del 30 de septiembre al 19 de octubre, período durante el cual Durán distingue la fiesta que se celebraba al volcán Iztaccíhuatl y

---

72 Llamada también "Siete-serpientes", es la más importante de las deidades de la vegetación. También era conocida como "La diosa de los mantenimientos". Es diosa de la fecundidad de la tierra y también de la fecundidad humana.

73 *Xilonen* es la mazorca tierna o la espiga de maíz.

74 Esta diosa es la personificación de la belleza y el amor, además de ser diosa de las flores.

al Popocatzin. En la fiesta de los volcanes se construían réplicas de los mismos a base de amaranto, honrándolos con ceremonias y ofrendas, para después sacrificar a los ídolos de amaranto y comérselos. También se sacrificaban esclavos para honrar no sólo a los volcanes, sino a muchos cerros circunvecinos.

El decimocuarto mes, denominado *Quecholli*o "flecha arrojadiza", tenía lugar del 20 de octubre al 8 de noviembre y se celebraba a *Mixcoatl,* dios de la cacería. La gente iba al cerro Zacatepec, honrando a las quebradas, arroyos, árboles y animales que encontraban en su peregrinar.

El decimoquinto mes era llamado *Panquetzalizitli*o "ensalzamiento de banderas", duraba del 9 al 28 de noviembre y era donde se veneraba a *Huitzilopochtli* y su ayuda bélica.

El decimosexto mes, *Atemoztli*o "desencadenamiento del agua", corría del 29 de noviembre al 18 de diciembre. Según Durán, en ese mes un niño llamado "agua" bajaba del cielo pidiendo agua para la primavera. Por ello, esta fiesta iba dirigida a los dioses de la lluvia y se hacía penitencia para honrar a los tlaloques. El decimoséptimo mes era conocido como *Títitl*o "estirar", se llevaba a cabo del 19 de diciembre al 7 de enero y era cuando se conmemoraba a *Camaxtle*.

Durante el decimoctavo mes, llamado *Izcalli* o "crecer", del 8 al 27 de enero se celebraba a *Tláloc* y a *Matlalcueye*, ambos dioses de la lluvia, por la futura estación lluviosa.

Todos los rituales reafirmaban el ciclo agrario y su importancia, sin embargo, de entre los que eran rendidos al dios de la lluvia, los más celebrados en los cerros eran los sacrificios de niños, diminuta personificación de los servidores de esta deidad. Los infantes representaban a los tlaloques que vivían en los cerros, pero que, además, estaban encargados de las milpas y su crecimiento. De alguna manera existía una relación mágica entre ambas.

El concepto del sacrificio en el ciclo temporal era y es de vital importancia; al ofrendar al niño, esclavo o cautivo, se llevaba a cabo un intercambio ritual con los dioses, quienes en el origen mítico se habían sacrificado por los hombres. Preservar el equilibrio del cosmos dando y recibiendo el sustento sagrado, contribuía a que el Universo continuara en orden. La relación con los servidores del dios de la lluvia y sus diversas manifestaciones era también de suma importancia. Se tenía la creencia de que los seres guardianes de lagos, manantiales, cuevas y lugares naturales similares—los llamados *tlaloques*—eran fieles servidores del dios de la lluvia, de modo que también a ellos había que mantenerlos felices, pues de ellos dependía en parte el buen proceder del mundo natural.

Los mitos y rituales alrededor del dios de la lluvia siguen presentes en la actualidad. La lluvia misma está relacionada con el mito del dios Quetzalcóatl, conocido como "el viento que barre los caminos para que pueda fluir libremente el mundo del dios de la lluvia". Por ello, el aire es un elemento que juega una parte fundamental en los rituales de petición de lluvia, ya que es necesario barrer el cielo, dominio de Quetzalcóatl, para, de este modo, abrir canales que eviten el estancamiento del agua y la ayuden a fluir libremente.

De todas las festividades y rituales que se realizaban en la época prehispánica, aún hoy en día se conservan lugares de culto en honor a las deidades del agua y de las tempestades. En las inmediaciones de los volcanes existen numerosas cuevas y cerros donde se venera a Tláloc, lo que da muestra del sincretismo con el santoral católico, ya que el dios de la lluvia sigue presente en las viejas ceremonias.

Los cerros, montes, montañas y volcanes también continúan venerándose, ya que persiste la creencia que tenían los hombres de antaño, en la cual concebían al monte como el gran depósito de agua dentro del cual hubiese una enorme olla que era cuidada y custodiada por el dios de la lluvia y sus servidores. Esta devoción alude también al mito de origen del maíz y a cómo éste fue entregado al hombre. En el mito, "es el dios Quetzalcóatl el que extrae el maíz del Tonalcatepetl, donde los dioses guardaban los granos."[75]

Cabe resaltar que en las creencias de los antiguos mexicanos, la "bodega mítica"—o sea el cerro o el monte—, se encuentra llena de tesoros que salen de sus entrañas y retornan a ellas cíclicamente. El sustento proveniente de la bodega mítica muestra un comportamiento periódico: el hombre ha de esperar a que se cumpla el ciclo para tener nuevamente sus frutos, sin embargo, debe ofrendar recurrentemente a los tlaloques en retribución, ya que éstos pueden sustraer a voluntad la entrega del sustento.

Los ritos que actualmente se observan en estas cuevas y santuarios están repletos de simbolismos que reflejan las creencias católicas y la cosmovisión prehispánica, además de la integración de ambas que hizo el campesino colonial.

Como muestra de la importancia que juega el papel de la madre tierra en el campesinado mexicano actual, encontramos algunos pueblos nahuas que siguen teniendo la creencia que remite a las prácticas de sus ancestros en las que comparaban metafóricamente la vida del ser humano con la vida vegetal. Cuentan los ancianos que, al nacer el niño, el cordón umbilical era cortado y enterrado en alguna parte de la casa o del campo, a manera de ofrenda. Le decían al recién nacido: "Es tu salida en este mundo. Aquí brotas

---

[75] LÓPEZ AUSTIN. *óp. cit.*, 1994. p. 205.

y floreces." La vida del niño era como la vida de una mazorca, el discurso mostraba que, en ambos casos, necesitaban de la esencia para poder sobrevivir.[76] El hombre y la naturaleza estaban relacionados, todo lo vivo sobre la faz de la tierra necesitaba de "la esencia" para subsistir.

La observación del ciclo agrario se encuentra en estrecha vinculación con el ciclo ritual. Los hombres han adaptado sus actividades y cultos a su cosmovisión, adaptando sus rituales a las necesidades que la naturaleza les presenta. Actualmente, "el ciclo ritual católico es una extensión del calendario agrario. Comienza y termina cíclicamente con la temporada de secas, lluvias y heladas."[77] El calendario funge como un eterno círculo que se trastoca infinitamente, sucediéndose una estación tras otra y de cuyas polaridades depende la subsistencia humana. El ciclo ritual católico de 365 días está conectado con el ciclo ritual agrario de 210, formando un calendario común.[78]

Al igual que antaño, actualmente se observan diversas fases del ciclo agrario por las que atraviesa el proceso de siembra, crecimiento, maduración y cosecha. La primera, concierne al almacenamiento del grano, mediante el cual se aseguran para el próximo ciclo las mazorcas de las cuales se obtendrá la futura semilla. Anteriormente, la troje o el *cuescomate*[79] se concebía como una réplica del cerro o el monte. Ahí se encontraba el grano, el corazón mismo del maíz latente que esperaba pacientemente salir a la tierra para recomenzar su ciclo. Incluso, antes de plantar las mazorcas eran llevadas al

---

[76] Testimonio oral de doña Presciliana, entrevistada por Julio Glockner, cerca de Tetela del volcán.

[77] RUÍZ RIVERA, César Augusto. *San Andrés de la Cal: Culto a los señores del tiempo en los rituales agrarios*. México. UAEM, 2001. p. 131.

[78] *Ibídem*, p. 135.

[79] La troje, el cuescomate y el horeo gallego son muestras del sincretismo religioso que arquetípicamente conjuga la fertilidad con lo sagrado.

templo de Chicomecóatl para bendecirlas. Con la bendición y la ayuda de la naturaleza misma brotarían y llenarían el campo de verdor. Actualmente, los diversos santos bendicen la futura cosecha.

Una vez extraído el maíz de la troje, se podía comenzar la siembra. En esta fase ritual, el conjurante se dirigía al maíz como a un ser personificado. En un conjuro del siglo XVI que relata Ruiz de Alarcón, el conjurante habla de la protección que recibió de su madre la troje durante el tiempo del depósito,[80] figura simbólica que en el ritual agrario representa a la diosa madre, la tierra, dando a luz desde sus entrañas a su hijo, el maíz, para alimentar a los hombres, que en un ciclo determinado volverán también a ella. Actualmente, el santo patrono o la virgen son invocados en el momento de la siembra.

Antes de sembrar, el agricultor bendecía sus instrumentos, pidiendo la colaboración del bastón plantador, pronunciando su nombre secreto; después, se dirigía a la tierra y le decía que depositara en ella el grano de maíz, porque las lluvias ya se estaban esparciendo por los cielos ayudados por los servidores del dios, los tlaloques o tlamacazques.

Cuando la mazorca ya estaba tierna, se purificaba. Este ritual correspondía a la veintena de *hueitecuhilhuitl*, dedicada a la diosa Xilonen, la que vivió como maíz tierno. Sin embargo, el maíz tierno aún no tenía corazón y tenía que regresar a la cosecha, que lo llenaría de su esencia sagrada. En una fase más del ritual agrario, se le confería al maíz el corazón del que carecía, ya que estaba a punto de ser ingerido por los hombres. Estas festividades, correspondientes a Ochpaniztli, mostraban la madurez de la cosecha. En ellas, la diosa Toci, cumplía con la tarea de entregar el maíz ya maduro al hombre para que prosiguiera el ciclo eterno de la vida.

---

80 LÓPEZ AUSTIN. *óp. cit.*, 1994. p. 201.

Aunque el maíz ya circulaba libremente entre los hombres, la idea de la restitución era muy importante para entender el fin del ciclo agrario: el maíz ya fue entregado, las lluvias ayudaron en la ardua tarea y el maíz fue repartido entre los hombres; el hambre se había ido de la personas. Pero había que devolverles a los dioses ritualmente la energía y la fuerza necesarias para volver a producir lo recibido. La ofrenda se hacía tanto para pedir como para dar. Es un fenómeno dual en el que se piden favores a la deidad en tanto se le agradece y devuelve lo dado para que el ciclo pueda comenzar nuevamente.

Todas estas fases del ciclo temporal, en las que a través de las distintas festividades se reconoce la naturaleza y sus diversas manifestaciones plasmadas en imágenes de deidades, son importantes para la subsistencia del hombre. La falta de culto traería como consecuencia la ruptura del ciclo. Según el mito, las prácticas rituales existieron desde el tiempo de los primeros hombres, los cuales ofrecían a la tierra una hierba preciosa a fin de que ésta les diera de comer.[81]

En tiempos prehispánicos, las ceremonias de petición de lluvias estaban integradas por los sacerdotes, quienes entregaban ofrendas de amaranto que serían ingeridas por hombres que padecían enfermedades que se creían relacionadas con el agua, y a los que se consideraba favoritos del dios de la lluvia.[82] Después de la Conquista, estas ceremonias continuaron siendo realizadas por hombres sabios especializados, denominados actualmente como *graniceros* o *claclasqui*, quienes siguen teniendo entendimiento y respeto hacia la naturaleza. En una muestra de sincretismo se

---

81 RUÍZ RIVERA. *óp. cit.*, 2002. p. 204.

82 Estos hombres usualmente padecían enfermedades correspondientes a este dios. Entre ellos estaban los cojos, los paralíticos, los tullidos y los hidrofóbicos.

comenzaron a utilizar símbolos del calendario ceremonial católico, uniéndose ambos calendarios y practicándose festividades que integraran creencias de antaño junto con las actuales, ambas en relación al aseguramiento y protección de la cosecha. Actualmente, el fenómeno de petición de lluvias es un ritual agrario para obtener un favor específico de los señores del tiempo: la lluvia.[83]

Y habla el volcán...

Y un día desperté del sueño y me encontré en el suyo y mis ojos lo vieron, lo percibieron, el hombre viril, la mujer valiente, que no pedía para sí mismo, que no buscaba riquezas, ni la inmortalidad, ni el poder supremo, sino servir al prójimo, sino alabar a todo ser animal, vegetal o mineral que yace por la tierra. Y entendí su proceder, hablando el mismo idioma, contando los mismos cuentos, bailando los mismos bailes, entonando los mismos cantos, como un solo instrumento, como una sola nota, orquestamos sinfonías de tierra y aire, de agua y fuego y encontramos un espacio común y bailamos una danza única que no se ha dejado de ejecutar.

Antecedentes del granicero

No se puede divisar al hombre desprovisto de su contexto natural. El hombre y la naturaleza son extensiones de una misma fuerza vital y, por ende, es importante que convivan en armonía. Los antiguos pobladores de Mesoamérica observaban su entorno, percatándose de los ciclos agrarios que se repetían año con año y del minucioso equilibrio que se establecía para que la tierra nutriera al hombre con el fruto de sus cosechas. Impulsados por la necesidad

---

[83] RUÍZ RIVERA. *óp. cit.*, 2002. p. 127.

de su subsistencia, evocaban en sus rituales agrarios a las diversas deidades para obtener, a través de pactos recíprocos, el sustento requerido para vivir.

Estas prácticas se realizaban sistemáticamente hasta que llegaron los españoles al Nuevo Mundo. Una vez que se conquistaron las nuevas tierras, parte de la conquista implicó la imposición de las creencias de los conquistadores sobre las antiguas prácticas. Inicialmente, los indígenas seguían manteniendo sus rituales y creencias, mismas que albergaban deidades y espíritus naturales que los protegían y guiaban.

Conforme la ideología española fue permeando los estratos de la sociedad indígena, los nahualli[84] incorporaron "las nuevas tradiciones católicas para no entrar en contradicción con la ideología dominante y poder preservar su conocimiento."[85] Muchos de estos curanderos fueron perseguidos por la Inquisición. Aunque algunos fueron tolerados, ya que sabían sobre el cuerpo humano y eran expertos en herbolaria, los conocimientos mágicos que tenían sobre el entorno fueron reprimidos. Despojados de la magia, se les dejaba seguir realizando sus rituales, como un medio para atender a los grupos dominados.

En el período prehispánico y en la época colonial el común de los indígenas sostenía firmes creencias sobre el mundo natural, hecho plasmado en sus altares familiares y comunales, ya que éstos se encontraban repletos de dioses y deidades. Sin embargo, sólo algunos hombres podían transitar entre el mundo cotidiano y el divino. Estos hombres, denominados actualmente *brujos*, *chamanes*

---

84 Fray Bernardino de Sahagún refiere que así se llamaba a los brujos, sabios o conocedores de las artes ocultas.

85 QUEZADA, Noemí. *Enfermedad y maleficio*, México. UNAM-Antropológicas, 1989. p. 30.

o *curanderos*, eran una necesidad social, por el conocimiento y la especialización que tenían. El pueblo recurría a ellos porque participaban en la misma cosmovisión y sus conocimientos y medicina conformaban un aspecto integral del medio ambiente.

Aunque había una gran cantidad de curanderos y brujos que atendían toda clase de aflicciones, existía un grupo en particular que estaba relacionado con los procesos meteorológicos. Pedro Ponce relata en *Breve relación de los dioses y ritos de gentilidad*, que existían unos hombres llamados *estorbadores de granizo* o *teciuhpeuhque*y que "en las partes del valle los hay que ahuyentan las nubes y conjuran y los mas pueblos los tienen señalados y los libran del trabajo colectivo, hazen con las manos muchas señas y soplan los vientos."[86] La existencia de estos evocadores del clima se testimonia también en el *Códice Florentino*, L.VII, cap. VI, que cita: "y para que no granice, para que no sea granizada, para que no sea muerta por granizo la mata del maíz, entonces empujan las nubes, las ahuyentan los arrojadores del granizo, los arrojadores de la lluvia".

Pese al intento de eliminar cualquier connotación mágica de los rituales de los indígenas, la magia siguió operando clandestinamente, disfrazado con elementos del santoral católico. El sincretismo que surgió de ambas creencias, se puede ejemplificar con el análisis de un caso que Gruzinski extrae de documentos del siglo XVI, donde se muestra el proceso al que fue sometido un personaje muy particular. Se trata de un indígena, llamado Antonio Pérez,[87] "mismo que reformuló y sintetizó elementos prehispánicos

---

86 PONCE, Pedro. "Breve relación de los dioses y ritos de la gentilidad". En: Jacinto de la Serna y otros, "Tratado de las supersticiones, dioses, ritos, hechicerías y otras costumbres gentilicas de las razas aborígenes de México". Notas, comentarios y un estudio de Francisco del Paso y Tronocso. 2v, México, Ediciones Fuente Cultural, 1953. VI. p. 379.

87 Sánchez Reséndiz narra en su libro *De rebeldes fe*, que Antonio Pérez crea un movimiento de corte nativista, en busca de una república indiana. En el

con elementos católicos creando un catolicismo indio."[88] Se decía que este hombre sabía curar con yerbas, pero también se le atribuían rituales para controlar los fenómenos meteorológicos, generando tormentas o deteniéndolas cuando era demasiada su fuerza destructora. En su práctica curativa, Antonio empleaba imágenes y plegarias católicas, así como brebajes especiales. También ingería plantas alucinógenas como los pipiltzitzintli, que le dictaban qué medicamento debía usar. Como señor del tiempo o granicero, "espantaba a las tormentas rezando el Credo y la Salve, echando bendiciones y poniendo después lumbre en el tepalcate y sobre ella romero, laurel y otras hierbas".[89]

El caso de Antonio Pérez muestra la síntesis de la religiosidad popular a partir de interpretaciones y reinterpretaciones de la religión católica, como de los conceptos religiosos prehispánicos, tanto por parte de los indígenas como de los frailes que ayudaron en este proceso.[90]

El origen del concepto del granicero se encuentra muy ligado al fenómeno de petición de lluvias de antaño. Hernando Ruiz de Alarcón, en su *Tratado de las supersticiones* se refiere al uso en el siglo XVII de adoratorios o montones de piedras donde se veneraba

---

culto que crea aparecen elementos que conforman a los actuales graniceros, así como el culto y la importancia que se le da a las cuevas y a los cerros como lugares sagrados. Su culto fue paralelo a la institución de la iglesia católica, criticándola en muchas instancias, aunque utiliza mucho de sus conceptos en sus rituales. Su prédica se extendió por el sur del valle de México, a la región norte de las Amilpas, hasta Tepoztlán, Yautepec, Itzamatitlán, etc. Aunque su culto como tal se reprimió, las ceremonias en los calvarios siguen vigentes hasta nuestros días.

88 MORATAYA MENDOZA, L. Miguel. "La tradición de los aires en una comunidad del norte del estado de Morelos: Ocotepec". En: *Graniceros, cosmovisión y meteorología indígena de Mesoamérica.*, México. El Colegio Mexiquense, UNAM, 1997. p. 220.

89 SANCHEZ RESENDIZ, Víctor Hugo. *De rebeldes fe.* México. FOECA, 1998. p. 125.

90 MORATAYA MENDOZA. *óp. cit.*, 1997. p. 225.

a los dioses de la lluvia, los llamados *nahualli.* Sahagún, en sus crónicas menciona los ritos que los indígenas celebraban en las montañas y los cerros cuando escaseaba la lluvia. Éstos conocían el firmamento dado que observaban las nubes y demás fenómenos naturales y relacionaban su proceder con las deidades que trabajaban bajo el dominio de Tlalocatecuhtli. Dice Sahagún: "cuando se veían las nuves espesas encima de las sierras altas, dezian que ya venían los tlaloques que eran tenidos por dioses de las aguas y de las lluvias[91] y cuando veían encima nuves muy blancas dezian que era señal de granizo, los cuales venían a destruir las sementeras y ansi tenían muy gran miedo".[92]

Sahagún también hace referencia a los altos sacerdotes que fungían como servidores de las autoridades, mismos que no vivían con la gente del pueblo, sino dentro de un templo especial, llevando una vida muy diferente por estar en contacto con las divinidades. Estos hombres constituían los sacerdotes de la religión oficial del Estado, siendo los dueños del poder religioso. Los altos sacerdotes estaban versados en meteorología, conocían las variantes de los ciclos agrícolas y de los momentos adecuados para sacrificar y ofrendar. Eran ellos "quienes aconsejaban el destino del imperio, dotando de sangre humana a las deidades del Tlalocan, que centralizaban sin duda los esfuerzos de un ejército de funcionarios. Con la llegada de los españoles desaparecieron totalmente".[93] Sin embargo, aunque los sacerdotes de Tláloc, podrían ser considerados como parte fundamental de los antecedentes de las ceremonias de petición de lluvias y de los graniceros actuales, la sociedad prehispánica estaba estratificada en diversos niveles. Por un lado estaban los altos dignatarios, cercanos a la nobleza, pero también los maechuales

91 SAHAGúN DE, Fray Bernardino. *Historia general de las cosas de la Nueva España II.* Madrid. Ediciones Juan Carlos Temprano. p. 624.

92 *Ibídem*, p. 623.

93 ESPINOSA PINEDA. *óp. cit.* p. 97.

tenían sus hombres instruidos, compuestos por todo tipo de brujos o magos que entendía al pueblo y aconsejaba o ayudaba a resolver sus problemas de subsistencia. Ellos debieron de ser los verdaderos antecesores de los actuales graniceros.

Y habla el volcán....
Sin importar el nombre o sus atributos y designaciones,
vienen a mí humildemente trayendo
presentes, invocando uno a uno mis nombres que
escucho en todos los lares, puesto que mis
oídos son las oquedades en cuyo centro retumban las
peticiones, puesto que mis ojos son los ár-
boles que vigilan mis laderas, puesto que mi respuesta
es el susurro de los mil arroyos que como
brazos bajan por mis laderas, puesto que mis entrañas
son las cuevas que conducen a mi centro.

Origen del granicero que habita en torno a los volcanes

De entre los brujos que ofrecían sus servicios a la comunidad, los que hacían llover o curaban aflicciones procedentes del dios de la lluvia mantenían una relación intrínseca con los volcanes. El volcán era visto como una deidad suprema, el cual, al igual que los montes, se encontraba repleto de agua. Las tierras fértiles que de él emanaban, los arroyos y manantiales que fluían de sus oquedades y las cavernas y riscos existentes, ofrecían espacios ideales para procedimientos sagrados y mágicos. Por ello, los indígenas que se asentaron alrededor del volcán lo honraban. Fray Diego Durán relató la llegada de los xochimilcas, los cuales se asentaron en torno a los volcanes en 902. En su *Historia de las Indias* menciona el fraile que la nación Xuchimilca se extendió hasta los pueblos que hoy en día son Ocuituco, Tetela y Hueyapan. Además de los xochimilcas, otros pueblos, como los tepanecas, chalcas, culhuas, tlahuicas y tlaxcaltecas, se establecieron alrededor del volcán. Fray Diego describe en sus relatos a una diosa llamada Chalchihtlicueye, que era adorada como deidad que moraba en los manantiales y arroyos. Esta diosa acuática era venerada por los indígenas, ya que la región del volcán estaba repleta de arroyos de agua transparente y fría que brotaba de sus concavidades. En las últimas décadas del siglo XVI, el corregidor de Tetela y Hueyapan, Cristóbal Godinez, afirmó que en los peñascos, las cuevas, los riscos, las quebradas y las cimas de los cerros donde antiguamente los indios iban a hacer sus sacrificios y a ofrecer sus ofrendas, hoy se invocaba a Jehová, la virgen María de las nubes, Jesucristo y a los espíritus de los cerros y volcanes.[94] Actualmente, las ceremonias agrícolas se siguen realizando en torno a los volcanes, aunque cada vez sean menos las generaciones que creen en las tradiciones de antaño.

Y habla el volcán...

Aun después de tantas inhalaciones y exhalaciones,
de tantos poemas épicos, desastres y bien-
aventuranzas, algunos siguen acudiendo a mí. Cuando
oran en el campo, cuando miran hacia
la cima nevada de mi ser, cuando su milpa se llena
de lluvia que reverdece lo seco, cuando
aguardan la respuesta del cielo porque de ello
depende su vida. Cuando siguen año con año
venerando cada monte, cada arroyo, cada árbol.
Cuando reconocen que lo vivo se encuentra
en todas partes, floreciendo bajo la piedra, escuchando
en la sombra de los grandes árboles,
proyectándose en la nieve que como una capa cubre
mis espaldas, entonces yo reconozco lo vivo
en ellos, y los alabo y los respeto.

---

94 GLOCKNER, Julio. *Así en el cielo como en la tierra.* México. Grijalbo, 2000. p. 52.

Definición de granicero y sus funciones

El granicero ha sido definido de muchas maneras, aunque todas coinciden en describirlo como un hombre o una mujer que reside en dos mundos, pudiendo transitar de uno a otro para contactar a espíritus y guardianes de la naturaleza, ante quienes intercede por los demás hombres de su comunidad. Remontándonos a los primeros testimonios documentados, Fray Bernardino de Sahagún afirma que los sacerdotes se llamaban *nahualli*, *tlaciuhqui*, *teciuhtazqui*, quienes después de la Conquista serían conocidos como *graniceros*.[95] De acuerdo con sus conocimientos y funciones, se le atribuían diversos nombres que significaban determinada habilidad con lo paranormal: *teciuhtlazqui*, como el que arroja granizo; *teciupeuhqui*, como el que vence al granizo; y *ehecatlazqui*, como el que arroja los vientos y las nubes.

En la época prehispánica, el tiemperos o granicero era visto como astrólogo, conjurador de granizo, conocedor del inframundo y el supra mundo, vidente y consejero tanto de la realeza como del pueblo. Actualmente, al granicero "se le percibe como un ser poderoso que hace predicciones de gran envergadura que trascienden ampliamente el ámbito de lo local."[96] Su presencia se puede considerar como un fenómeno mundial, ya que está vinculado con los brujos capaces de dominar las entidades celestiales y las tormentas. Se le conoce con diversos nombres, dependiendo de su procedencia; por ejemplo, en Galicia estos brujos son conocidos como *nubeiro*, *nuberu*, *escolere*, *tronante* o *renubero*.[97] Otros los conocen como *rayado*, ya que la mayoría de los graniceros son iniciados a través de un rayo que les pega o cae en sus inmediaciones.

---

95 BRODA. *óp. cit.*, 1997. p. 73.

96 ESPINOSA. *óp. cit.*, 1997. p. 95.

97 CALLEJO, Jesús e INIESTA, José Antonio. "Los dueños de las tormentas". En: *Testigos del prodigio*. Madrid. Editorial Oberón, 2001. p. 63.

"En la región de los volcanes del centro de México es conocido como *agorero*, término que podría derivarse de *zahorí*, refiriéndose al mago con poderes sobre meteoros, o agorero implicando que hace augurios con el tiempo."[98] Aunque a veces se le confunde con espiritista y nagual, el aurero dice que sus poderes provienen de arriba, de fuerzas superiores que controlan el tiempo y los meteoros. Alrededor de los volcanes se le llama *claclasqui*, designando, de manera específica, al individuo encargado de ir a los cerros y pedir el agua para el temporal. "Cuando se les ve trabajando en grupo se les conoce como aguadores, pedidores de agua o temporalistas."[99] De hecho, la palabra *temporalista* evoca el concepto de trabajar con el tiempo. Actualmente, los graniceros se nombran de esta manera porque afirman que los señores del tiempo los han escogido para curar. Son contactados a través de sueños en los que se les entregan los dones para manipular el clima y curar. Afirman que si no hacen caso a las instrucciones dadas en el sueño, un rayo los alcanzará y les producirá un período de inconsciencia durante el que recibirán el don para curar y manejar las cosechas. En su estado inconsciente son instruidos por los señores del tiempo. Si la persona muere al momento de la descarga eléctrica del rayo, entonces se convierte en señor del tiempo.

Aunque las definiciones anteriores aluden al concepto de granicero como un término masculino, también las mujeres participan en este complejo mágico. Se dice que las mujeres tocadas por un rayo están destinadas a trabajar como parteras y tienen, al igual que los graniceros, su propio templo en alguna cueva de la montaña, sus altares domésticos y sus cruces.[100]

---

[98] BONFIL, Guillermo. "Los que trabajan con el tiempo. Notas etnográficas sobre los graniceros de la Sierra Nevada, México". En: *Obras escogidas de Guillermo Bonfil*, Tomo 1. México. CONACULTA, INI, CIESAS, INAH. p. 241.

[99] MAYA, Alfredo Paulo. "Clalcasquis o aguadores de la región del volcán de Morelos". En: *Graniceros: Cosmovisión y meteorología indígenas de Mesoamérica*. México. El Colegio Mexiquense, UNAM, 1997. p. 258.

[100] BONFIL. *óp. cit.*, p. 243.

El granicero, a manera de hombre sabio realiza varias funciones en su comunidad. Se le percibe como un actor social que puede entablar contacto con las entidades de otro mundo. Además, controla los fenómenos de la naturaleza y los seres sobrenaturales que forman parte de la cosmovisión campesina. Aparte de alejar el granizo de una milpa, predice una hambruna o el carácter de toda una estación lluviosa, por lo que es un excelente conocedor del cielo.

Las funciones de los graniceros se dividen en tres: algunos fungen como adivinos en sus comunidades, otros tienen la habilidad para sanar, y todos la de invocar la lluvia o de desaparecer el granizo.

Los graniceros, en su función de adivinos, mediante ciertos rituales pueden conocer las actividades meteóricas de su localidad, además de los próximos acontecimientos para sus comunidades. Se les conocía entre los nahuas del México prehispánico como *paini*o "mensajeros", ya que usaban alucinógenos para entrar en trance mágico, diagnosticar y efectuar la curación o localizar cosas extraviadas.[101] Algunos *claclasqui*[102] podían incluso predecir el futuro o reconstruir los hechos del pasado, mediante la ingestión de hongos. De esta manera, decían ser poseídos por seres divinos que les indicaban lo que sucedería. Queda claro que la función de adivinos de los graniceros actuales se remonta a rituales de la época prehispánica; hoy por hoy los graniceros eventualmente consumen plantas, porque afirman que se albergan dioses dentro de ellas y se tiene la creencia de que quien las ingiere es poseído por los dioses y adquiere lo necesario para visitar el supra mundo. Otras técnicas adivinatorias que utilizan los graniceros hoy en día fueron implementadas por los antiguos nahuas, como la interpretación de enfermedades a través de un huevo; o la adivinación arrojando granos de maíz a un recipiente con agua, según la cual, la

---

[101] QUESADA. *óp. cit.*, 1989. p. 70.

[102] Viene de *tlatlazqui*: "el que arroja algo".

interpretación depende de su comportamiento.[103] Actualmente, muchos graniceros practican la predicción a través de la lectura de cartas españolas, iniciándose la sesión cuando un paciente quiere hacer una pregunta.[104]

Aunque algunos graniceros sean doctos en la adivinanza y ejerzan de videntes para su comunidad, muchos de ellos están destinados específicamente a curar, aliviando los males que aquejan al pueblo. Se les reconoce por sanar todos aquellos padecimientos relacionados con la naturaleza, como los del temporal, granizo, viento, arroyo y aire de rayo.[105] Estos graniceros también atienden a las personas que han sido alcanzadas por un rayo o que han contraído un aire;[106] en estos casos es necesario hacer "una limpia".[107] Cuando los graniceros curan a quienes han contraído enfermedades por aires muy malignos, hacen la limpia con hierba chía, incienso, copal y estoraque.[108] En cambio, cuando curan a quienes son "pegados" por un rayo, practican cuatro limpias. De hecho, entre los graniceros la concepción del cuatro está asociado con varios aspectos rituales como la cruz o los puntos cardinales. En otras limpias, los graniceros emplean huevos, agua y flores, o la palma bendita y la escoba, que son sus elementos rituales característicos. Utilizan "estos utensilios cuando levantan el cuerpo de alguien que murió de rayo y también para espantar a las nubes"[109] y el uso de hierbas aromáticas en las limpias tiene el propósito de atraer al supra mundo. Como afirma

[103] QUESADA. *óp. cit.*, 1989. p. 68.

[104] MAYA. *óp. cit.*, 1997. p. 274.

[105] *Ibídem*, p. 268.

[106] Los aires se adquieren, por lo regular, en una cueva o cerca de algún barranco en el que habitan espíritus malignos o donde el comportamiento de la persona dañó el entorno.

[107] BAYTELMAN, Bernardo. "Acerca de plantas y de curanderos". En: *Etnobotánica y antropología médica en el estado de Morelos*, México. INAH, Colección Divulgación, 1993. p. 350.

[108] Palabra del español antiguo que significa "incienso".

[109] BONFIL. *óp. cit.*, p. 264.

López Austin, "el aroma invoca lo alto, los estratos sagrados y ahuyenta lo que es del inframundo".

Como señores del tiempo o graniceros controlan el temporal a través de la petición de lluvias; de incursiones en el mundo onírico donde hablan con el volcán, el cual les ayudará a generar la lluvia; o a través de rituales frente a su altar, donde invocan a Dios, a la Virgen, y a deidades de la lluvia, además de santos diversos para cumplir con su misión.

Como la función del granicero cumple un rol social, todos los conocimientos que éstos tienen y las diversas competencias que desempeñan ante sus comunidades tienen el objetivo de ayudar a los demás. Los graniceros no actúan solos, forman parte de un complejo en el cual sus conocimientos se interrelacionan para mantener en equilibrio el dinamismo del sistema. El grupo específico en el cual se desenvuelven crea diversidad en cuanto a sus funciones, métodos y procedimientos; sin embargo, todos comparten un sustrato común, una misma cosmovisión antigua, ancestral, arquetípicamente grabada en su inconsciente funcionando con creencias católicas que se expresan simultáneamente en diversas localidades. Cada región donde existan graniceros, tiemperos o aureros, tendrá mitos e historias un tanto diferentes, por lo que los conjuradores, aunque tienen un sustrato determinado, varían en cuanto a los detalles de sus procedimientos locales.

Como sucede con todo grupo humano, los graniceros también se organizan para funcionar mejor. De hecho, los graniceros del estado de Morelos forman un grupo selecto, una corporación de escogidos. "Para ser uno de ellos se requiere haber sido llamado desde arriba, siendo exigidos para prestar servicios en la tierra a los poderes sobrenaturales que gobiernan el tiempo. Reciben el llamado los que son tocados por un rayo",[110] aunque algunos son iniciados también a través de sus sueños, recibiendo las instrucciones para desempeñar su función en el mundo onírico. "Cada año son alcanzadas por un rayo 600 personas en todo el mundo, de las cuales suele morir al instante un 98%. El 2 % que se salva vuelve a la vida con la misión de curar a los enfermos."[111]

Los graniceros que fallecen trabajan desde el supra mundo, pero aquellos que sobreviven tienen marcada su misión: trabajar con el tiempo. Si se niegan a escuchar su destino, estarán permanentemente enfermos, esperando que otro rayo les vuelva a pegar y se los lleve.

El destino es muy preciso y no sólo señala qué tipo de trabajo desempeñará quien ha sido tocado por el rayo, sino también qué jerarquía ocupará dentro de la corporación de aureros, si mayor,[112] orador o simple discípulo, así como si está capacitado o no para trabajar ciertas artes adivinatorias y curativas.[113]

Los graniceros adquieren ciertas obligaciones junto con los dones conferidos. Su misión implica estar al pendiente de los designios superiores. Entre más edad tenga el granicero, mayor será el respeto de la concurrencia, ya que se le verá como un individuo que ha sido escogido por Dios para que sirva de intermediario entre Su reino y sus hijos, que habitan en la Tierra. Aunque los claclasqui o graniceros tienen la misión de hacer el bien en su comunidad, hay algunos que se dedican a hacer trabajos para afectar a los enemigos. A través de ciertos procedimientos, dirigen sus conocimientos para perjudicar al prójimo. Por ejemplo, un granicero con intenciones

---

[110] *Ibídem*, p. 244.

[111] CALLEJO e INIESTA. *óp. cit.*, 2001. p. 79.

[112] Los *mayores* son los jefes de la corporación, los discípulos reconocen la autoridad del mayor y los oradores dirigen el canto de alabanzas durante las ceremonias.

[113] BONFIL. *óp. cit.*, p. 244.

negativas "se hinca en la mitad del terreno, saca una jícara con cuatro algodones en los extremos y reza para pedirle a los vientos que traigan a las nubes cargadas de granizo."[114] Sin embargo, éstos serán regularmente repudiados por la comunidad y los otros graniceros, tachándolos de brujos.

Y habla el volcán...
Aún existen hombres sabios que han percibido al Dios que existe en ellos, y en todos los demás seres. Por ello, han dejado de rezarle al dios del aire, porque ellos mismos por momentos son aire, han dejado de orarle al dios del agua, porque por sus venas fluye ésta repleta de vida, han dejado de invocar al dios de la tierra, porque sus milpas constituyen la promesa de la vida eterna, han dejado de convocar al fuego, porque en sus ojos se dibuja la flama concentrada de la lucha diaria contra la adversidad. Han dejado de ver hacia fuera y ahora contemplan hacia dentro y han visto y han encontrado el camino nuevamente, porque yo soy ellos, porque ellos me conforman a mí.

Creencias en torno a los graniceros

En casi todas las culturas del mundo existen ciertos mitos y ritos que manifiestan la importancia que el ser humano le ha concedido a las tormentas. La vida estaba relacionada con el agua de la lluvia, por lo que surgieron infinidad de creencias que se relacionaban con la fertilidad. En las leyendas de diversas culturas, "los dioses se mostraban ante los ojos humanos por medio de la luz o de la descarga eléctrica, fecundando a las mujeres humanas, fertilizándolas con

114 MAYA. *óp. cit.*, 1997. p. 265.

la chispa divina y con el agua de la vida".[115] Estas creencias dan muestra de la concepción de los hombres de culturas antiguas en la que el mundo natural no únicamente es creado por los dioses, sino también habitáculo de los mismos. Las culturas prehispánicas creían que los dioses eran, a la vez, la naturaleza misma y su agente regulador. Por ello, el hombre que se encontraba en contacto con el medio natural tomaba de él, pero también necesitaba devolver ritualmente para mostrar su gratitud y reciprocidad. Hoy en día, "el campesino que trabaja su milpa no sólo considera como presencia los distintos parajes que lo distancian de la casa, también los distintos espíritus que en ellos habitan y la presencia de Dios que está en todas partes."[116] Por ello, los rituales agrarios también se hacen en favor de estos espíritus guardianes, que viven en constante comunión con el hombre. A lo largo del tiempo, los nombres de las deidades y espíritus menores han cambiado, aunque no su naturaleza, misma que continúa mostrándose año con año, sembrada en la memoria de los campesinos que por generaciones han labrado la tierra, sacralizado su espacio, deificando a la naturaleza. Con la llegada de los españoles y la destrucción y apropiación del espacio, los dioses mesoamericanos comenzaron a erradicarse, sin embargo, a pesar de que sus imágenes talladas o plasmadas en diversos objetos o códices fueron destruidas, no pudieron ser eliminados de la naturaleza misma, ya que el dios en sí era el agua que fluía por los cauces, o el viento que barría los cielos, o las plantas creciendo y floreciendo en abundancia, su ser residía y era a la vez el mundo natural. Las deidades de antaño han sido suplantadas por nombres de santos, pero su función básica, su memoria, sigue persistiendo en la mente de los campesinos. "La desaparición de la figuras que representaban a los antiguos dioses en las prácticas rituales y su lenta sustitución por la cruz y el santoral cristiano, dieron como resultado que la idolatría pagana resurgiera una y otra vez, distinta

[115] CALLEJO e INIESTA. *óp. cit.*, 2001. p. 76.
[116] GLOCKNER. *óp. cit.*, 2000. p. 61.

y la misma, disfrazada de cristiana, impregnada del simbolismo y la ética predicada por evangelizadores de todo tipo durante siglos".[117] En los graniceros y sus prácticas alrededor de los volcanes y en los montes y cerros circunvecinos, se comprueba que las antiguas creencias no se han erradicado por completo, ya que la memoria colectiva de los pueblos es responsable de que continúen estos preceptos y tradiciones. Como la mayoría de las personas que habitan los pueblos de Morelos siguen en contacto con la actividad agrícola, aunque cada vez en menor escala por los sistemas modernos de riego, las deidades o santos asociados con este proceso siguen requiriendo de la atención de los pobladores para asegurar sus necesidades. Desde tiempos prehispánicos se reconocía la presencia de espíritus bondadosos y vengativos con los hombres, por ellos la lucha actual entre Lucifer y San Miguel Arcángel—jefe de las milicias celestiales—persiste. Los mensajeros de la oscuridad siguen poblando la tierra y los mensajeros de dios caminan sobre el viento. Como narra don Epifanio[118] en la entrevista que le hace Julio Glockner: "Dios quiere que los hombres coman, por ello envía las lluvias y los sueños con sus mensajeros para alertar a los misioneros sobre los lugares que han sido perturbados por el mal. El diablo quiere que los hombres padezcan hambre, así que perturba los buenos temporales y desata la sequía y el granizo".[119]

El teólogo Jacinto de la Serna fue el primero en plantear la existencia de lo que hoy conocemos como "sincretismo religioso". La relación del diablo y de dios con los antiguos dioses prehispánicos sigue vigente hoy en día. De hecho el panteón mesoamericano pudo

---

117 *Ibídem*, p. 78.

118 Don Epifanio es mayor e importante misionero del temporal de un grupo de graniceros que habita en uno de los pueblos que colinda con el volcán Popocatépetl, en el estado de Morelos. Ha narrado muchas de sus experiencias en el mundo onírico, ya que cuando sueña tiene contacto con el volcán, el cual le enseña dónde ofrendar y peticionar.

119 GLOCKNER.*óp. cit.*, 2000.p. 70.

encontrar un equivalente en el santoral cristiano: Omeyotl, ser supremo, invisible e inmaterial, al que los antiguos mexicanos ya eran devotos. Además, no fue difícil integrar la concepción trinitaria gracias a que la abundancia de deidades menores que conformaban el panteón mesoamericano se asemejaba a la multiplicidad de espacios que ocupaban los dioses católicos y la proliferación de santos. Los indios adoptaron las creencias cristianas buscando deidades que añadirían nuevas fuerzas a las ya existentes, produciendo mayor fuerza en sus rituales. De hecho, la adopción de las deidades cristianas no implicaba un renunciamiento a la parte vital de la cosmovisión indígena, que consistía en una relación de correspondencia con la naturaleza divina. Sin embargo, tanto en el pensamiento religioso mesoamericano como en el cristiano, la concepción de lo sagrado se limitaba a las figuras divinas, aunque los motivos eran diferentes: el primero multiplicaba sus formas al concebir el vasto y variado mundo como la casa de los dioses y el cristianismo convertía lo sagrado en una abstracción fundamentada en un acto de fe.[120] El acto de petición de lluvia de los graniceros contiene la multiplicidad de santos patronos que ayudan a que se cumpla el ciclo agrario y se propague el buen temporal, pero también implica un acto de fe en la certeza de que existe lo divino, como agente regulador de las actividades de los hombres. Actualmente, se perpetúa la tradición en algunos pueblos de Morelos en los que se realizan ofrendas para agradecer a los aires y a los señores del tiempo que se hayan logrado las milpas.[121]

Y habla el volcán....

Cuando el hombre se encuentra, celebra. Su vida se vuelve una danza que gira en su propio eje, y comienza a crear realidades que reflejan su abundancia interna y entonces conforma su

---

120 GLOCKNER.*óp. cit.*, 1996.p. 116.

121 MORATAYA MENDOZA. *óp. cit.*, 1997. p. 223.

mundo. Y se deposita la comida, y se ofrenda la bebida
y los aromas exóticos ascienden al cielo
para exaltar a los espíritus que conforman las cosas.
Y las plegarias se entonan para celebrar la
belleza, y las súplicas se dicen para confortar a los
muertos. Y yo miro desde lejos el proceder
del hombre y celebro con ellos, acogiéndolos en mis
laderas, en mis cuevas, en mis oquedades.
Y danzan junto conmigo y con ellos, los pequeños
guardianes que habitan ocultos entre mundos,
demasiado sutiles para ser percibidos por el ojo
común, demasiado livianos para entremezclar-
se con las cotidianidades y el mundo se torna regocijo
y deseo, un entramado de realidades.

Festividades en torno a los graniceros

Los graniceros realizan celebraciones que giran en torno al ceremonial de la petición de lluvias. Estas celebraciones se llevan a cabo en parajes sagrados, casi siempre montes, cerros, cuevas, ojos de agua o volcanes. Actualmente, las ceremonias se celebran de acuerdo a las fechas marcadas en el santoral católico, pero anteriormente se celebraban en relación directa con el calendario prehispánico. Sin embargo, aunque se introdujeron elementos del santoral católico, estas festividades están relacionadas con el ciclo agrario. Sahagún narra que en los primeros días de mayo—en el hoy conocido como Día de la Santa Cruz—se fabricaban imágenes humanoides hechas de *tzoalli*,[122] las cuales tenían esta forma en representación de la imagen humana de la deidad de la montaña o del cerro. En la fiesta de los dioses, Sahagún cuenta que: "todos los macehuales comían maíz cocido hecho con arroz y los tlamacazques—haciendo referencia a los tlaloques—andaban

[122] Significa "amaranto" en español.

bailando y cantando por las calles; en una mano traían una caña de maíz verde y en otra una olla con asa. Por este modo andaban demandando que les diesen maíz cocido y todos los macehuales les echaban en las ollas que traían de aquel maíz cocido. Estos dioses decían que hacían las nubes y la lluvia y el granizo y la nieve y los truenos y los relámpagos y los rayos."[123]

Las ceremonias que actualmente efectúan los graniceros coinciden con las fiestas de las veintenas prehispánicas y el ciclo agrario ritual que seguían. Sahagún cuenta en sus crónicas que los antiguos señalaban que: "en términos de ciento y veinte días helaba en cada un año y que comenzaba el hielo desde el mes que llamaban Ochpaniztli hasta el mes llamado Títitl, porque cuando venía este mes o fiesta, toda la gente vulgar decía que ya era tiempo de beneficiar y labrar la tierra y sembrar cualquier género de semillas y así se aparejaban todos para trabajar,.... y hace referencia a los graniceros diciendo que para que no viniese el dicho daño de maizales, andaban unos hechiceros que llamaban tecihutlaques que es casi estorbadores de granizo, los cuales decían que sabrían cierta arte o encantamiento para quitar los granizos o que no empeciesen los maizales y para enviarlos a las partes desiertas y no sembradas ni cultivadas o a las lagunas donde no hay sementeras ninguna."[124]

Aunque todas las veintenas del calendario prehispánico se relacionaban de alguna manera con el dios de la lluvia o con el concepto de fertilidad, las ceremonias ofrecidas a las antiguas deidades para invocar específicamente a la lluvia comprendían los cuatro primeros meses: *Atlcahualo, Tlacacipehualiztli, Tozozontli*y *HueyTozozotli*, es decir, del 2 de febrero al 22 de abril de nuestro calendario.

---

123 SAHAGÚN. *óp. cit.* p. 623.
124 *Ibídem*, p. 624.

Con los implementos modernos de aspersión, las ceremonias basadas en el riego de temporal han ido perdiendo su importancia; sin embargo, el campesinado mexicano sigue estando en su mayoría, en contacto con la naturaleza y en muchas zonas rurales de Morelos se realizan estas ceremonias para el bien de la comunidad.

Existen fechas de celebración para los campesinos que habitan las inmediaciones del volcán Popocatépetl. La división cuádruple del año que se continúa guardando estaba íntimamente ligada con el calendario agrícola prehispánico. Los días esenciales para los graniceros por las variaciones en los ciclos naturales son: el 12 de febrero, el 1° de mayo y el 1° de noviembre. La fecha exacta de la celebración puede variar uno o dos días, dependiendo de la región, pero es significativa la división que se hace del año.

Las dos fiestas más importantes en este sentido son la fiesta de la Santa Cruz, celebrada el 3 de mayo—aunque en algunos lugares se celebra desde el 1° de mayo o desde los días de muertos, a partir del 1° de noviembre—. Dichas por un granicero, estas fiestas abren y cierran el temporal.[125] La ceremonia que se efectúa en mayo tiene por objeto pedir lluvias abundantes durante el año, en tanto que la de noviembre se hace para dar gracias por el temporal que para esa fecha ya ha terminado. La primera es una ceremonia propiciatoria y la segunda de agradecimiento.[126]

En cuanto al calendario católico, el año litúrgico comienza el 2 de febrero, cuando se levantan los nacimientos de la Navidad, correspondientes a los 40 días del nacimiento de Jesús. Ese día se hacen tamales como ofrenda y se bendicen las semillas. Esta fecha corresponde al día de la Candelaria. Durante la Cuaresma se hacen retiros espirituales, jubileos y carnavales, ritualizando la Cuaresma.

---

[125] BRODA. *óp. cit.*, 1997. p. 71.
[126] BONFIL. *óp. cit.*, p. 257.

Posteriormente, el Sábado de Gloria se festeja cargando una cruz grande que se pasea por las calles de los pueblos para recordar la pasión de Jesús, simbolizando la Semana Santa.

En esta época el Domingo de Ramos se lleva a cabo la bendición de las palmas que se usarán para ahuyentar el mal temporal.

El 12 de marzo también se festeja, particularmente en los pueblos que guardan una estrecha relación con el volcán Popocatépetl, por ser el día de San Gregorio, su santo. Los pedidores de lluvia ofrendan al volcán con un regalo que le llevan a sus santuarios.

Posteriormente, el 3 de mayo se celebra a la Santa Cruz. Ese día se hacen ceremonias en torno a las cruces en los campos realizando ofrendas e invocaciones. Los rituales que se celebran en ellos recuerdan a las tradiciones de antaño, ya que se bendicen: la lluvia prometida que caerá en los campos; los aires, los santos y espíritus relacionados con la lluvia venidera. El 15 de mayo se bendicen las semillas, las herramientas agrícolas y los animales. En esta fecha se acentúan las peticiones de lluvias y se unen los dos calendarios rituales: el agrícola y el católico. En esta fecha se celebra a San Isidro Labrador. El 30 de agosto, día de Santa Rosa de Lima, algunos campesinos del estado de Puebla llevan a cabo una ceremonia en el Iztaccíhuatl[127] en honor de la volcana como signo de gratitud a su fertilidad y generosidad. Del 28 al 29 de septiembre se ofrenda a San Miguel Arcángel,[128] colocándole una cruz en las casas y las milpas. Este día también se bendicen los primeros frutos cosechados, pues se tiene la creencia de que San Miguel pasa en la

[127] Pudiera ser que se confunda con el término *Iztaccihuatl*, que significa "la mujer de sal", y que se trate de una fusión de éstas, pues a ambas se les invoca.

[128] En esta fecha Dios mandó a San Miguel para que expulsara al diablo del Paraíso, por ello es que en estos días es cuando anda suelto, haciendo maldades en las milpas y lugares sin protección.

noche bendiciendo la tierra, combatiendo al mal engendrado en el diablo que acomete contra los hombres.

Del 30 de octubre al 3 de noviembre se le celebra a los antepasados y a los muertos, colocándoles ofrendas. Es en estas fechas cuando se cierra el periodo de lluvias y comienza el de secas; el 12 de diciembre se alaba a la Virgen de Guadalupe, el 23 se bendice al Niño Dios y el 24 se le arrulla.

Y habla el volcán...

A mis faldas había un altar con varias cruces dispuestas en diversas direcciones. Flores blancas y rosas decoraban las cruces, y un pozo de agua limpia se ofrecía en la sombra de un viejo árbol que le servía de cobijo. Dispuesta al pie de las cruces había comida abundante, cuyo olor inundaba el ambiente cercano. Un festín de colores aguardaba al espectador meditabundo que con voz piadosa y urgente invocaba a santos y espíritus con cantos y alabanzas. Mujeres de rostros serios observaban el cielo, atentas a los movimientos de las nubes y al vuelo del pájaro. Niños callados y quietos observaban a los mayores, aprendiendo los movimientos e invocaciones como si se tratara de una acrobacia entretejida, dedicada a solo unos cuantos. Mientras que yo, parado al pie de la cueva. los observaba solemne, mirando los ojos grises de una pequeña niña que asombrada me sonreía.

Ceremonias de los graniceros de Morelos

Las fechas celebradas en el santoral cristiano ofrecen un sincretismo paradójico en la región. Aunque los frailes quisieron derruir las viejas creencias, sólo fusionaron y crearon una serie de rituales nuevos que se ajustaron a los cambios provocados por la colonización. Hoy día, la plantación de las cruces en la cima de los cerros, la colocación de las ofrendas en las cuevas y nacimientos de agua sirven para invocar a la Santísima Trinidad y a Tláloc, aunque algunos pedidores del temporal niegan invocar al antiguo ídolo, confundiéndolo con un demonio que está relacionado con los poderes de la tierra. La cristianización infiltró estas creencias, sin embargo, a través de los rituales se conserva la relación con la tierra como fuente de fertilidad y sustento para el hombre.

En el catolicismo, los antiguos ritos agrarios encontraron un espacio físico, una organización ceremonial y un pensamiento mítico en los cuales preservarse, continuando hasta nuestros días.

Existen varias maneras de realizar una ceremonia. El factor fundamental radica en la concepción del espacio sagrado, que tiene una connotación diferente al mundo cotidiano en donde los hombres realizan sus labores diarias.

Actualmente los graniceros realizan sus ceremonias de curación y petición de lluvias en cierta zona de sus casas, en los calvarios, las iglesias y los templos. Además del solar que conforma una parte esencial de la casa del campesinado mexicano, las casas de los graniceros destinan una habitación donde se yergue un altar, medular para el funcionamiento armonioso de los habitantes de la vivienda. Este altar es considerado un lugar sagrado por la iconografía y los utensilios depositados en él, además de las ceremonias y creencias que giran en su torno. Está compuesto por una sencilla mesa que se encuentra pegada a la pared y que tiene una gran cantidad de objetos sobre ella, como una serie de veladoras, floreros, sahumerios, imágenes de santos, huevos e incienso; en ocasiones también tiene una bandera patria. Alrededor de la mesa, a veces dispuestas sobre la mesa o colgadas de la pared se encuentran las imágenes de San Miguel Arcángel, Santiago Apóstol, San Pedro, el señor de Chalma, el señor de Tepalcingo, la Virgen de Guadalupe, Cristo y otras vírgenes, como la de la Candelaria.

Aunque la mayoría de los altares tienen las figuras descritas con anterioridad, llama la atención el altar de don Lucio Campos[129]. Su altar resalta por la iconografía y los elementos que se encuentran concentrados en él. Tiene un par de figuras labradas en tierra que representan a Tláloc y a Quetzalcóatl, deidades de la lluvia, el viento y el rayo. Cerca de ellas se encuentran imágenes de la Virgen de Guadalupe, San Miguel Arcángel, tres figuras de santa Bárbara y otra Guadalupana con el volcán arrojando ceniza, una representación de la Santísima Trinidad, un niño Jesús, tres santos niños de Atocha, un cirio pascual con la imagen del Espíritu Santo y varios crucifijos de metal y madera. Un Cristo sin barba capta peculiarmente mi atención, así como una gran cruz de madera a la que las personas que acuden con el granicero han insertado sus peticiones. También hay veladoras y figuras hechas de papel periódico. El altar de don Lucio es una muestra del sincretismo de creencias en el campesinado mexicano, mezcla de devoción, fe, magia y una estructura de pensamiento mesoamericano arquetípico que sigue vigente en la memoria colectiva.

El altar doméstico de los graniceros es muy importante porque los objetos dispuestos en él, representan simbólicamente el espacio ritual en donde efectúan sus ceremonias. Funge como un microcosmos que los ayuda a trabajar en el macrocosmos: el mundo. El mundo del altar, con los elementos dispuestos en particular orden se asemeja a una casa de dios en escala pequeña. Los grupos nahuas de antaño veneraban a los *tepictoton* quienes eran dioses domésticos

---

129 Granicero entrevistado por Jacobo Grinberg y Julio Glockner, a quien tuve oportunidad de visitar.

considerados como custodios y protectores de las familias. Su veneración recuerda a la devoción que se practica actualmente a santos e imágenes en los altares domésticos.

Los rituales ante el altar doméstico son, en su mayoría, llevados a cabo de manera individual o con un grupo reducido de familiares o externos. Sin embargo, las ceremonias comunales, en donde participan varias personas de la comunidad, se realizan en los calvarios.

Se llama *calvarios* a ciertos cerros distribuidos en las laderas del volcán Popocatépetl, en los que se realizan las ceremonias religiosas. En ellos se encuentran los espíritus encargados de cuidar las ofrendas y los objetos sagrados y de servir como intermediarios ante los seres sobrenaturales que guardan una estrecha relación con el bienestar de los humanos.

Las ceremonias religiosas en los calvarios son llevadas a cabo por los graniceros en la creencia de seguir el ejemplo de Jesucristo, quien eligió un cerro para rezar, recibir la fuerza divina de Dios y morir.

Alfredo Paulo Maya relata en su artículo acerca de los *clalcasquis* o *aguadores* de la región del volcán del lado de Morelos, sobre los diversos calvarios a los que acuden los graniceros de ese estado a efectuar sus peticiones.

Uno de los calvarios más importantes para la petición de lluvias es el Santo Rostro, una cueva ubicada en la base del Popocatépetl a la que se asiste en casos muy especiales, por ejemplo cuando comienza el ciclo temporal o cuando termina. De carácter sagrado, el Santo o Divino Rostro se encuentra a unos cuatro mil metros sobre el nivel del mar y los tiemperos caminan alrededor de nueve horas para llegar a él.[130] Los graniceros instruidos reconocen su sacralidad, ya que sueñan con el lugar, el cual les pide y les instruye cuándo y cómo hacer un pedimento. Don Epifanio, de Metepec, narra cómo en sus sueños se le revela que debe ir a ofrendar al calvario.[131] De hecho, en el sincretismo de creencias este lugar se ha revelado en sueños a los graniceros como espacio sagrado donde labora Jesucristo. Asistir al Santo Rostro del volcán se considera como una de las prácticas religiosas de mayor importancia del año, se trata de una peregrinación ritual en la que se sacrifica una parte de sí a manera de ofrenda, como reciprocidad ante la naturaleza. Se requiere enfrentar dificultades como el frío, las nevadas, el cansancio, el hambre y el ataque de los aires. El sufrimiento es señal de que los peregrinos están desalojando sus pecados.

Paulo Maya señala otro lugar de importancia: el Cerro de las Campanas, localizado a cinco horas y considerado peligroso por su ubicación.

Un calvario de gran importancia a donde acuden mucho los graniceros es el Zempualtepec, en donde se encuentra un altar de tres cruces dispuesto ahí por los frailes procedente de épocas coloniales en un intento por erradicar las viejas costumbres. Fusionando las creencias de antaño con las nuevas, se siguen realizando las ceremonias agrícolas, sobre todo durante las fechas importantes. El calvario se encuentra a tres horas a pie desde los pueblos que se encuentran en la base del volcán en las inmediaciones del estado de Morelos.

Durante la época de temporal, a manera de agradecimiento y para mantener contentos a los espíritus y santos protectores, todos los domingos se acude al cerro Metepetzin. Pero hay otros calvarios

---

130 MAYA. *óp. cit.*, 1997. p. 45.
131 GLOCKNER. *óp. cit.*, 2000. p. 16.

donde se realizan pedimentos, como el cerro de la Cruz, el cerro del Granicillo, el cerro Capulín, la Torre, el cerro Picacho, el cerro de la Mina, Tecamachalco, campos de Mahoma, entre otros.[132]

Además de los calvarios, las ceremonias para honrar al santo protector o patrón de cada localidad también se realizan en las iglesias, donde los graniceros ofrendan flores y velas en el altar del santo festejado, con lo que garantizan el favor del santo y el buen temporal.

Los lugares sagrados de los graniceros mantienen una estrecha relación con los volcanes. Además de los cerros, montes, cuevas, altares de iglesias y templos, los volcanes juegan un papel vital en la cosmovisión del granicero. Ya sea a través del mundo onírico o del cotidiano, se guarda una relación de reciprocidad con el espíritu que habita el volcán Popocatépetl.

En las crónicas de Fray Diego Durán se hace alusión al papel que los volcanes jugaban en las creencias de los pueblos prehispánicos. Con masa de semilla de bledos se modelaban los volcanes durante la fiesta de los cerros, haciéndose una figura para cada adoratorio o volcán. A estas figuras se les ponía caras y ojos y se les vestía con papel de estraza. Una vez moldeada la figura, se ponía al Popocatépetl y a la Sierra Nevada en medio de los demás volcanes,[133] que revestían la zona central de México.

En el campesinado mexicano existe actualmente un entramado de creencias. La agrupación de graniceros, claclasquis, pedidores o misioneros del temporal son testimonio viviente de que estas creencias están vigentes. Para los graniceros, el volcán es como la

---

[132] MAYA. *óp. cit.*, 1997. p. 258.

[133] Estos volcanes son el Pico de Orizaba o Citlaltepetl, la Malinche o Matlalcueye, el Nevado de Toluca o Xinantecatl y el volcán de Colima.

montaña de Cristo: "Ellos conciben al volcán como una hierofonía, como una montaña en la que se manifiesta lo sagrado y con la cual es posible tener un intercambio benéfico mediante un trato ceremonial".[134] La visión del volcán como ser sagrado lleva consigo la creencia de que éste goza de una vida espiritual propia. El culto en su honor se confunde actualmente con el culto a Tlaloc que se hacía antaño, probablemente porque ambos son vistos como proveedores de los hombres, debido a las riquezas que conllevan. Metafóricamente, la concepción sincrética de la figura del volcán se traslapa a la figura del padre, por su rol en el cuidado de sus hijos.

El concepto de la dualidad del mundo es una concepción importante para entender las ceremonias de los graniceros. Sólo los hombres instruidos podrán acceder al mundo sobrenatural. Estos hombres tienen la capacidad de transitar entre dos mundos, pueden entrar a uno y regresar a otro trayendo consigo las instrucciones pertinentes para ofrendar y pedir buen temporal. El volcán como calvario simboliza para los graniceros la puerta de entrada a un espacio y tiempo sagrados.

La personificación del volcán es otro concepto fundamental para entender los rituales de los graniceros. En algunos pueblos y parajes, el volcán cobra vida y es visto caminando como hombre o mujer por los pueblos. A veces se le ve vestido de charro, o como un anciano callado, observando el entorno. Muchas veces visita a los graniceros en el mundo onírico. El ver a los volcanes en su forma humana puede significar que se le ha descuidado y que es necesario ofrendarle, o que un inminente desastre para la comunidad se aproxima.

También la Volcana es personificada a través de una mujer que visita a los graniceros, a veces en el mundo cotidiano y otras en el

[134] GLOCKNER. *óp. cit.*, 1996. p. 38.

onírico. Los dones destinados a la volcana se siguen ofrendando en dos cuevas ubicadas a más de cuatro mil metros de altura existiendo un trato de familiaridad que se expresa en una relación madre-hijo. La volcana solicita atenciones, pero a cambio confiere sustento y protección a los sembradíos.

Julio Glockner afirma, luego de las entrevistas con graniceros de las regiones que rodean al volcán, "que éste guarda una actitud paternal hacia los tiemperos, con cierta condescendencia como la que tendría un sabio poderoso con sus recién iniciados".[135]

Los graniceros invocan al volcán en sus rituales y con ello refuerzan el vínculo sagrado que éste le confiere a la zona. Ellos participan a través de sus invocaciones recíprocas del orden meteorológico.

Según los misioneros, la fuerza del temporal que se manifiesta en nubes cargadas de lluvia por voluntad divina llega desde el mar al volcán y ahí se distribuye para regar los campos del mundo. Por ello, el volcán debe ser honrado.

Y habla el volcán....

El viento soplaba con insistencia, llevándose las hojas que todavía se encontraban esparcidas por la tierra. Un pequeño remolino de hojas y tierra se levantó por los aires, danzando en un baile errático que lo conducía al transparente arroyo rodeado de musgo. De entre la hierba un ser pequeño, de grandes ojos negros, observaba el jugar de las plantas. La niña llegó despacio cargando sus utensilios, su incienso, sus varas de membrillo. Sus pies cansados por la larga

[135] *Ibídem*, p. 105.

subida, por la cuesta empinada, descansaba metiendo
sus dedos al agua fresca del manantial.
Las cruces estaban caídas, la comida había sido
maltrecha. La niña sabía que eran pocos los
que creían, pero ella todavía lo hacía, porque había
soñando, porque soñaba aún, y yo, como un
padre compasivo miraba a la pequeña que había guiado hasta mí.

Elementos rituales de los graniceros

En sus ceremonias, los graniceros crean espacios sagrados en los que realizan su ritual. Un espacio sagrado permite obtener un punto fijo y orientarse en la homogeneidad caótica. Lo que le da unidad al hombre, constituyendo su esencia, es la creación de los espacios sagrados, ya que éstos permiten que las comunidades se organicen en torno a ellos. Estos espacios son lugares que la divinidad ha elegido y revelado a los hombres y mujeres que participan de la concepción dual del mundo. El ritual religioso busca celebrar sus fiestas en tiempos y lugares privilegiados, otorgando al acontecimiento una doble dimensión espacio-temporal. Los santuarios en donde se realizan los rituales de los graniceros se encuentran en lugares que en épocas prehispánicas eran importantes centros de veneración y peregrinación por considerarse representaciones microcósmicas del macrocosmos universal.

La concepción de los cuatro puntos cardinales y el centro son elementos que conforman el ritual del granicero. El uso de la cruz en los rituales también es una alusión a dichos puntos, ya que los graniceros piensan que el mundo está formado por cinco espacios que en conjunto dan origen a una especie de cruz, constituida por un centro, rodeado por cuatro puntos cardinales. El Popocatépetl está situado en el centro de la tierra, mientras que cada uno de los cuatro puntos cardinales coincide con la ubicación de un volcán o "iglesia espiritual."[136]

Hoy en día, aunque las grandes fiestas y rituales colectivos han desaparecido, las prácticas mágico-religiosas permanecen esparcidas por todo el territorio, gracias a una vigorosa memoria colectiva que trasciende determinado espacio temporal.

Los procedimientos que los viejos magos usaban son los mismos que usan los tiemperos actuales. Los graniceros de hoy establecen un vínculo con el mundo natural que les permite tener acceso a los poderes ocultos que gobiernan las fuerzas de la naturaleza. En sus rituales observan los movimientos de las nubes en el cielo y las fuerzas de los vientos que las juntan o dispersan. Estos movimientos son producidos por una voluntad que reside en la naturaleza, sobre la cual se puede actuar mediante la magia y la plegaria.

Los ritos de petición o rechazo del temporal consisten en súplicas y amenazas a las nubes y los vientos, en violentos movimientos corporales y de la cabeza para dispersar las nubes cargadas de granizo y en fuertes soplos hacia el rumbo que desean conducir el temporal. Algunos graniceros, referidos como "Los Ahuizotes" dicen que en sus invocaciones es importante ir nombrando todos los parajes por donde se desea que se retiren las nubes para que sepan hacia donde dirigirse. La invocación oral en las ceremonias procede del sustrato cultural indígena que, a través de las palabras y conjuros, confiere un sentido protector.

Cuando los graniceros ofrendan en los lugares sagrados tienen que "plantar el espíritu" para que los seres invocados puedan participar del ritual. "Plantar el espíritu" implica purificar y bendecir el lugar

[136] Como afirma don Epifanio cuando se le interroga respecto a la ubicación de los volcanes.

donde las ánimas invocadas descenderán a beber el agua limpia depositada en la fuente y a alimentarse de los aromas que despiden los alimentos ofrendados.[137]

En los rituales que efectúan los graniceros es inimaginable la presencia de un sacerdote, pero se emplean objetos, oraciones y conceptos del ritual católico, convocando a santos para que ayuden con sus dones a apaciguar la naturaleza. Antonio Pérez, ejemplo de la fusión sincrética de culturas ajenas entre sí, espantaba las tempestades rezando el Credo y la Salve, echando tres bendiciones y poniendo sobre el tepalcate hierbas como romero o laurel, profiriendo más bendiciones y postrándose en el suelo. Con ello se aquietaba el espíritu del aire. Estos procedimientos son similares a las ceremonias actuales.

En algunos rituales de los graniceros se usan plantas alucinógenas u hongos para poder acceder a otros mundos. En Hueyapan, a mediados de este siglo, el guía de la persona que se iba a iniciar como pedidor de agua le ofrecía hongos sagrados al neófito. Cuando éste los ingería se tenía un sueño en que aparecían los espíritus del agua.[138] Algunos graniceros ingieren los llamados "niños" o *pipiltzitzin*, que son unos pequeños frijoles que introducen al consumidor a un estado de trance que lo hace ver a los espíritus del supra mundo.

Conclusiones

Los graniceros siguen formando un complejo digno de estudio y comprensión que habita en torno a los volcanes. Su interacción cotidiana con la tierra, que aún trabajan, y con la proximidad del Popocatépetl y el Iztaccíhuatl, hace de sus costumbres y creencias

---

137 GLOCKNER.*óp. cit.*, 2000. p. 113.
138 GLOCKNER.*óp. cit.*, 1996. p. 119.

hoy en día un conocimiento sincrético, con raíces profundamente cimentadas por tradiciones milenarias. Estos hombres y mujeres impactan a su comunidad por los servicios que otorgan, por su conocimiento de la tierra y, sobre todo, por su ayuda en la regulación del tiempo. Además, muchos de ellos tienen habilidad de curanderos, resolviendo problemas que aquejan a las comunidades rurales. Se les distingue de los demás brujos o curanderos por haber sido tocados por un rayo o contactados a través de sus sueños por entes sobrenaturales, con los cuales interactúan, curan o predicen acontecimientos futuros. Fungen como los chamanes de las comunidades rurales, jugando un papel primordial en la vida de la comunidad. Por ello, persisten en la memoria colectiva de las generaciones, por sus hechos y conocimientos como aquellos hombres y mujeres que saben trascender lo cotidiano y penetrar en otros mundos para regresar transformados, contribuyendo con sus conocimientos y enriqueciendo la vida de los demás.

CAPÍTULO DOS

CONCEPTO Y MODELO DEL ARQUETIPO

Y habla la niña...
Desde pequeña he soñado. Recuerdo que me costaba trabajo diferenciar las jornadas cotidianas y el mundo de los sueños. Más de una vez me dijeron que era necesario distinguir la separación de las cosas, que había claras fronteras entre la lucidez y el sueño, entre el día y la noche, entre el trabajo y el descanso, entre lo bueno y lo malo; sin embargo, para mí era como si las cosas formaran un todo continuo, donde una cosa era continuación de otra, fundiéndose hasta abarcarse ambos y no poder distinguir principio ni fin.

Teoría del pensamiento unificante

Porque las ideas que subyacen las acciones son más importantes; porque éstas le confieren movimiento al mundo; porque del desglosamiento de las creencias y las imágenes que conllevan se puede comprender mejor al hombre y su quehacer, algunos planteamientos expuestos aquí se basan en conceptos de la antropología estructural, la cual considera a los sistemas culturales compuestos por una especie de colectividad: la mente humana. Más interesada en las ideas que en los hechos objetivos, la perspectiva estructuralista hace mayor hincapié en lo que se dice que en lo que se hace; por ello, la mitología y las creencias implícitas en ella juegan un papel prioritario en el análisis de los grupos sociales.

Otro elemento fundamental por su importancia en clarificar y penetrar los senderos ocultos de la psique humana, es la teoría del pensamiento unificante y los conceptos de la moderna psicología de las profundidades para comprender mejor las costumbres, creencias y tradiciones de determinados pueblos.

Pese a que el hombre que se llama a sí mismo "civilizado" pone una distancia cada vez más grande entre sus actos y sus pensamientos, algunas posturas antropológicas y psicológicas humanistas comprenden que en vez de percibir al hombre y su entorno como elementos aislados y sujetos de estudio individuales, se deben tomar en cuenta como un todo orgánico que, en conjunción, se devele a sí mismo. Como decía Paracelso hace muchísimo tiempo, es importante percibir "el lazo que une las cosas del universo con las partes y los humores del hombre". Este concepto no está lejos de los principios arquetípicos que se exponen en la moderna psicología de las profundidades.[139] Y partiendo de esta concepción, el estudioso de las tradiciones literarias, de la mitología, de la religión, de la psique del ser humano, se está percatando que se repiten los mismos temas, las mismas estructuras y ritos de un extremo a otro del planeta. Por ello, es menester sostener una concepción unitaria del cosmos.

Diversos pensadores han defendido una postura unificante del hombre. Entre ellos se encuentra Jean-Baptiste Morin de

---

[139] DURAND. *óp. cit.*, 1999. p. 38.

Villefranche, un importante astrólogo del siglo XVII, quien mostraba unas relaciones caracterológicas arquetípicas sumamente precisas, bastante semejantes a las de Jung. Otro pensador importante fue Gaston Bachelard, quien reafirmó la existencia de múltiples cismas, en tanto que Jung llegaba mediante la teoría compuesta de *animus* y *anima* a las concepciones más tradicionales del ser humano bipolar o cuadripolar.[140] También Mircea Eliade, gran estudioso de las religiones, veía la ciencia como si no estuviera ya separada ni fuera separadora del deseo fundamental del hombre.

Estos pensadores plantearon el concepto de una ciencia del hombre, la cual proporcionara una visión de la estructura fundamental del lenguaje, del arte, de la religión y del mito para entenderlo como un todo orgánico. Comprendían que se necesitaba traspasar el velo de la psique, para indagar sobre las creencias y los símbolos fundamentales que sostenían las diversas culturas. En su quehacer como investigadores del hombre, abordaron elementos subjetivos para los estándares de la ciencia positivista. Pero la ciencia actual insiste en que lo ideal es que todo se verifique a través de la experimentación. La antítesis es aceptar todo lo que viene de dentro y no puede ser verificado.[141] Como afirma Gilbert Durand: "La ciencia actual positivista no admite que las cosas tengan un envés en el que se albergaría su verdad oculta, cuya razón se encontraría en lo invisible detrás de lo visible, por eso no conoce más que problemas y no secretos".[142] Es como si la ciencia moderna buscara la verdad absoluta que regularmente está absolutamente vacía. Pero para los creadores de la teoría del pensamiento unificante no hay un corte entre lo múltiple y lo único: la unidad simbólica descubierta en el mundo se refleja en un solo yo experimentado y diverso.

---

140 *Ibídem*, p. 42.

141 JUNG, Carl Gustav. *Four Archetypes*. London. Routledge Classics, 2001. p. 9.

142 DURAND. *óp. cit.*, 1999. p. 48.

La psicología de las profundidades y la postura humanista buscan explicar al hombre también a través de la concepción de la conciencia. El hombre ha desarrollado su conciencia lenta y laboriosamente en un proceso que tomó muchos años para llegar a su estado "civilizado" actual. El desarrollo y la evolución de la conciencia han pasado por varios estadios. El primer nivel evolutivo de la conciencia se dio en el hombre arcaico, en el que predominaba el pensamiento concreto y profano, ideal para sobrevivir en un mundo inexplicable. El segundo nivel evolutivo fue el mágico, en el que se insinuó lo sagrado y donde el hombre se encontró inmerso en acontecimientos naturales y sin tener conciencia del tiempo ni del espacio, sino una conciencia durmiente atemporal y aespacial.[143] Donde surgió la conciencia mítica fue en el tercer nivel. Ahí se arraigó la sacralidad y se originaron los mitos y las leyendas. Se descubrió el alma y la conciencia del tiempo y el espacio en la vida.

Básicamente, la conciencia se orienta hacia la experiencia a través de los siguientes conceptos: sensación, pensamiento, sentimiento e intuición. Sin embargo, ahora que el hombre ha llegado a un punto de declarar que tiene una conciencia civilizada, se ha vuelto tan enajenado con lo externo que lo interno, los instintos básicos que todos poseemos, parecen haber desaparecido de la superficie del ser. Pero como afirma Jung, estos instintos no han desparecido totalmente, sólo han perdido su contacto con nuestra conciencia y, por lo tanto, se asumen de una manera indirecta.[144]

Jung decía que una manera de traer los instintos perdidos o la mente primaria a la conciencia es a través de la observación de nuestros sueños, ya que ellos contienen los símbolos de nuestro inconsciente. Más allá del significando objetivo, como afirma

---

143 RUBINO. *óp. cit.*, 1994. p. 41.

144 JUNG, Carl Gustav. "Approaching the unconscious". In: *Man and His Symbols*. London. Picador, 1978. p. 72.

Gilbert Durand, "las cosas, el pensamiento y el universo tienen un sentido, contienen una cualidad oculta, que no puede vislumbrar el pensamiento directo, razonante".[145]

Y habla la niña...

Entendía el lenguaje de los seres, de las plantas, de los animales, del viento y el agua. Escuchaba las suaves entonaciones del manantial cuando murmuraba complacido y el enojo de la tormenta que destruía las cosechas. Comprendía la avidez del maíz que surgía sinuosa desde la humedad de la tierra. Lamentaba las querellas de las aves cuando se peleaban por unos granos y la alegría manifiesta que exhibían cuando el sol se asomaba cada mañana. Así fue como comencé a hablar su mismo lenguaje y a entender sus silencios en las tempranas horas del día, cuando observaba al amanecer desplazarse perezoso, inundando de luz el cielo.

Surgimiento del lenguaje

Como afirma René Guénon, "el mundo es como un lenguaje divino para aquellos que saben comprenderlo".[146] De hecho, el hombre no puede vivir su vida sin expresarla. La misma cultura puede ser entendida como el proceso de la evolutiva auto liberación del ser humano. En este proceso están implícitos el arte, la religión y el mito. A través de la observación y la experiencia, el hombre se relaciona con lo que lo rodea, nombrándolo. Con sus actividades le da significado al mundo, lo construye, ya que al nombrar a los

145 DURAND. *óp. cit.*, 1999. p. 48.

146 GUÉNON, René. *Símbolos fundamentales de la ciencia sagrada.* Buenos Aires. Editorial Universitaria de Buenos Aires, 1969. p. 9.

seres que lo rodean crea un lenguaje que es la expresión nominal de los sentidos y significaciones que ha ido confiriendo a los seres en su quehacer diario. Así comienza el hombre a expresarse y al expresarse se concretizan las ideas. Por ello, toda expresión es un símbolo del pensamiento, al cual se traduce exteriormente. De hecho, el propio lenguaje no es otra cosa que un simbolismo.[147] Asimismo, podemos ver que, desde la antigüedad, muchas ciencias y artes tradicionales como la alquimia, la geomancia y la quirología ofrecían un modelo del lenguaje elemental metalingüístico, operando puramente sobre figuras y emblemas. El uso de éstas, a manera de simbolismo, apoya la noción de que el símbolo es mas bien sintético e intuitivo, volviéndose más apto que el mismo lenguaje para servir de punto de apoyo a la intuición intelectual que está por encima de la razón.

El hombre utiliza el lenguaje para representarse a sí mismo o para expresar su mundo. Michel Foucault ha mostrado que el lenguaje se encuentra a medio camino entre las figuras visibles de la naturaleza y las conveniencias secretas de los discursos esotéricos, es decir, el sentido humano dado a las cosas. Cuando el lenguaje evoluciona, el pensamiento evoluciona creándose una red simbólica.

Y habla la niña...

La tierra es una vasija que cuenta miles de cuentos
en sus huecos y hondonadas. Cuando
miro el vasto cielo, descubro los mensajes arcaicos
que mis antepasados imprimieron en las
estrellas y cuando observo los ríos y los lagos, aprendo
el secreto acuático que nutrió miles de
seres. En el fuego de la hoguera leo las labores
cotidianas que mi abuela pasó de generación

[147] *Ibídem*, p. 8.

en generación y en los campos sembrados aprendo
del sentido cíclico del tiempo que mi padre
me legó mientras, paciente, esperaba largas jornadas,
hasta que fuera tiempo de cosechar lo
eternamente deseado.

Pensamiento simbólico

A través del lenguaje surge el pensamiento simbólico. El origen del simbolismo se remonta al periodo neolítico, cuando el hombre comenzó a crear y a organizarse, distinguiéndose de su entorno. Hasta ese momento la evolución de la humanidad había comportado las etapas de animismo, totemismo y cultura megalítica lunar y solar. Desde ese cruce temporal se sucede el ritual cósmico, el politeísmo, monoteísmo y la filosofía moral.

Ernst Cassirer considera que "entre el sistema receptor y el sistema efector que se halla en todas las especies animales, encontramos en el hombre algo que podemos llamar «sistema simbólico»".[148] El pensamiento de Cassirer es fundamental para la antropología filosófica, ya que se basa en una concepción del hombre partícipe de una esfera inconsciente que se expresa mediante un lenguaje simbólico. Para Cassirer "el hombre más que un animal racional es un animal simbólico".[149]

Existen varias maneras de interpretar el pensamiento simbólico. Filósofos como Paracelso buscaban, a través del pensamiento simbólico, la quintaesencia de las cosas, vislumbrando al universo mediante una concepción más profunda y hermenéutica. Otros pensadores como Freud, criticado por Guénon, "sostenían que el

---

148 CASSIRER, Ernst. *Antropología filosófica.* México. FCE, 1965.

149 *Ibídem*, p. 49.

pensamiento simbólico era un simple producto de la imaginación humana, variable de un individuo a otro, sin nada de común verdaderamente con el auténtico simbolismo tradicional".[150] Por su parte, Carl Jung hablaba de un tiempo cualitativo y simbólico que se adhería a los lugares y a las cosas en donde la ubicuidad de lo imaginario respondía al anacronismo de los acontecimientos, a su sincronicidad. Para René Guénon, la verdadera analogía simbólica es la que tiene lugar entre el nivel de la realidad fenoménica y el nivel del espíritu, recordando con esto las ideas de Platón.

A través del reconocimiento del sistema simbólico se transforma la vida humana, ya que el hombre vive de esta forma en una realidad de mayor magnitud y en una nueva dimensión del cosmos; no sólo vive en un universo puramente físico, también vive en un universo simbólico. El pensamiento simbólico es común a todos los seres humanos, está implícito en la existencia humana, apareciendo inclusive antes del lenguaje y del razonamiento discursivo. Como decía Paracelso, para el pensamiento simbólico hay un tiempo local. Adelantado para su época a los conceptos de física cuántica actuales, sostenía que el pensamiento se puede transmitir de un extremo a otro del océano.

Pareciera que el simbolismo estuviera especialmente adaptado a las exigencias de la naturaleza humana, que no es una naturaleza puramente intelectual, sino que ha menester una base sensible para elevarse hacia las esferas superiores.[151]

El simbolismo emergente se organiza en un sistema de relaciones muy complejas, sin embargo, lo dominante es siempre la síntesis de los opuestos que conforman la estructura dialéctica entre el aspecto manifiesto y su sentido oculto, entre el mundo físico y el

---

150 GUÉNON. *óp. cit.*, 1999. p. 35.

151 *Ibídem*, p. 8.

metafísico.[152] Se puede afirmar que el principio del pensamiento simbólico es la existencia de una relación de analogía entre la idea y la imagen que la representa.

El pensamiento simbólico hace posible que, a través de nuestra imaginación, reagrupemos dos entidades o un conjunto de entidades materiales o abstractas que ordinariamente se presentan en contextos muy distintos. Etimológicamente, *imaginación* está relacionada con el *imago,* el cual es una representación o imitación. La imaginación reproduce los modelos ejemplares, las imágenes, las cuales al reproducirse se reactualizan y se repiten en un proceso sin fin.[153] Aunque el pensamiento simbólico recae en la imaginación, el tener imaginación implica disfrutar de una riqueza de vida interior y un continuo flujo de imágenes. Pero la espontaneidad no significa invención arbitraria.[154] Por ende, todo lo esencial e indestructible del hombre es llamado *imaginación,* la cual se crea en los umbrales del simbolismo y vive aún a través de mitos arcaicos y teologías, ya que para el pensamiento simbólico todos los acontecimientos naturales son portadores de presagios.

Actualmente, el ser humano no puede enfrentarse con la realidad de una manera inmediata. La realidad física retrocede al mismo tiempo que avanza su actividad simbólica. Es como si el hombre en vez de asirse de las cosas, de la realidad misma, se envolviera en formas lingüísticas, en símbolos míticos, en rituales religiosos, en donde no puede ver o entender nada sino a través de la interposición de las estructuras simbólicas subyacentes. Pero estos símbolos han perdido su contenido, su sacralidad, su contexto subyacente, por lo que se han vuelto meros signos fríos y vacíos.

---

152 RUBINO, *óp. cit.*, 1994.p. 42.

153 ELIADE, Mircea. *Images and Symbols.* Mitos. Princeton University Press, 1999.p. 20.

154 *Ibídem*, p. 19.

"En la antigüedad los hombres no reflexionaban sobre sus símbolos, vivían a través de ellos y eran animados inconscientemente por sus significados."[155] Pero hoy día, el ser humano se siente solo, aislado del mundo, porque ha dejado de estar involucrado con la naturaleza. El ser humano ha perdido su identidad inconsciente emocional con los fenómenos naturales y éstos han silenciado sus implicaciones simbólicas. Esta falta de símbolos vivientes, propia de nuestra época, es el resultado de la pérdida de la mentalidad simbólica. Esta incomprensión se debe a la degradación del sentido del símbolo—evemerismo, naturalismo, materialismo—y el estudio únicamente exterior de los símbolos. Sin embargo, cada hombre tiene consigo una gran cantidad de humanidad prehistórica—repleta de simbolismos—escondida en su interior, aguardando en su inconsciente. Esta parte no histórica del ser humano es cargada por los hombres como el recuerdo de una existencia más plena, completa y calmada.[156]

Y habla la niña...

Cuando nací, mi madre me dijo que había llovido muy fuerte. Mi madre dio a luz cuando un rayo partió el árbol de encino que teníamos en el patio. Entre lluvia y llanto llegué al mundo. Mi madre lloraba por mí, yo lloraba por el mundo y el árbol nos lloraba a ambas, porque conocía mi destino y su muerte significaba mi vida, portadora como era de un presagio, de un símbolo irrevocable de mi destino en la tierra.

---

155 JUNG. *óp. cit.*, 1978.p. 69.
156 ELIADE. *óp. cit.*, 1999.p. 13.

Signos, señales y símbolos

La comunicación humana se realiza por medio de acciones expresivas que funcionan como señales, signos y símbolos. Entre estos tres términos existen grandes diferencias. Una señal forma siempre parte de una secuencia de causa y efecto. Tiene su origen en una causa anterior y después funciona como una causa que produce un efecto posterior. Siempre hay un intervalo de tiempo entre una señal y su consecuencia.[157] Se podría decir que las señales son una parte de nuestra naturaleza animal, volviéndose los componentes más básicos de nuestro sistema de comunicación. Otra manera de distinguir una señal es que ésta es automática, no contiene una respuesta intencional por parte del receptor, pero tampoco es absolutamente mecánica, porque su buena transmisión está condicionada a la respuesta sensorial del receptor, del cual nunca se puede tener una absoluta certeza.

Por otro lado, el signo es una expresión semiótica, una abreviatura convencional para una cosa conocida.[158] El signo no se presenta aislado; de hecho, un signo es siempre miembro de un conjunto de signos contrastados que funcionan dentro de un contexto cultural específico. Como afirma Edmund Leach, "toda palabra—como imagen acústica—está absolutamente unida a una representación mental interiorizada o completa. El término «signo lingüístico» alude a una combinación de imagen acústica y concepto".[159]

Jung distinguió entre símbolo y signo: "Para abordar el material inconsciente—sueños / fantasías—las imágenes se pueden interpretar en forma semiótica, como signos sintomáticos de

[157] LEACH, Edmund.*La lógica de la conexión de los símbolos*. Madrid. Siglo XXI, 1978. p. 31.

[158] RUBINO. *óp. cit.*, 1994. p. 36.

[159] LEACH. *óp. cit.*, 1978. p. 24.

hechos conocidos o en forma simbólica como expresiones de algo esencialmente desconocido".[160] Los símbolos son productos naturales y espontáneos. No sólo aparecen en sueños, sino en una gran variedad de manifestaciones psíquicas como pensamientos. Por ello, el signo es siempre menos que el concepto que representa, mientras que un símbolo representa más que su significado obvio. Las relaciones simbólicas son afirmaciones arbitrarias de semejanza, principalmente metafóricas, mientras que las relaciones de signo son contiguas y, principalmente, metonímicas.

En conclusión, tratándose de signos, señales o símbolos, todos éstos se agrupan como conjuntos, dependiendo sus significados de su distinción.

Y habla la niña...
De chica pensaba que el cielo se desplomaba sobre la tierra tratando de sofocarla. Pero a veces veía a la tierra alzarse hacia el cielo como si quisiera rasgar su superficie inmóvil. Había momentos en que ambos estaban en paz, cuando la tierra se dejaba poseer por el cielo, como si fuera un amante tierno en busca de refugio. También había otros momentos cuando la tierra sorprendía al cielo en un acto de traición, ya que miraba absorto a la bellísima luna huidiza quien se le escapaba una jornada más.

Origen y definición de los símbolos

¿Cómo se origina el símbolo? ¿De qué manera rasga la superficie de nuestra conciencia? Para unos pensadores de tendencia hermenéutica

[160] SHARP. *óp. cit.*, 1994. p. 183.

como René Guénon, el origen del símbolo conlleva mayor espacio que la limitada esfera humana, ya que se basa en la correspondencia entre dos órdenes de realidades, fundamentándose en la naturaleza misma de los seres y las cosas; por lo tanto, la naturaleza entera es un símbolo en sí misma. Paul Diel afirma que "el símbolo es un vehículo a la vez universal y particular; universal porque trasciende la historia, y particular por corresponder a una época precisa".[161] Mircea Eliade, al igual que Carl Jung manifiesta que los símbolos surgen de las profundidades de la psique, que son partes implícitas del ser humano y que se encuentran en cada situación existencial del hombre en el cosmos. Partiendo de la postura de la psicología de las profundidades, "la formación de un símbolo no puede ocurrir hasta que la mente no haya reflexionado sobre los hechos elementales, hasta que las necesidades internas o externas del proceso de vida no hayan provocado una transformación de la energía".[162]

El símbolo por sí solo se define como la mejor expresión posible de algo desconocido. Es la unidad sintética de sentido entre dos polos diádicamente opuestos: lo manifiesto y lo oculto. Tras su sentido objetivo, visible, se oculta otro más profundo.[163] "El símbolo también se entiende como un modo autónomo de cognición".[164]

Jung afirmaba que los símbolos son maneras naturales de unir opuestos dentro de la psique. El término que denominamos "símbolo" puede ser algo familiar en la vida diaria, pero que tiene connotaciones específicas que implican algo vago y desconocido, además de su significado convencional y obvio. De hecho, muchos símbolos son tan antiguos y poco familiares al hombre moderno que difícilmente puede entenderlos o asimilarlos conscientemente. Otra

---

161 DIEL, Paul. *El simbolismo en la mitología griega.* Barcelona. Labor, 1976. p. 43.
162 SHARP. *óp. cit.*, 1994. p. 184.
163 RUBINO. *óp. cit.*, 1994. p. 27.
164 ELIADE. *óp. cit.*, 1999. p. 9.

manera de definir al símbolo es como la unidad sintética de sentido que une la expresión manifiesta y su significado oculto. Es aquello que unifica, congrega, religa, integra. Su polo opuesto es lo que separa, divide, desliga, degrada. El símbolo se vislumbra como la representación sensible de una idea; de hecho las palabras también son símbolos, por eso el lenguaje también es un caso particular de simbolismo.[165]

Se podría decir que, en su proceder abstracto, los símbolos son ideas religiosas y en su forma concreta de acción se traducen en ritos y ceremonias. De esta idea se desprende el hecho de que el símbolo es una realidad dinámica repleta de valores ideales y emocionales, cargada de vida, lo cual permite al ser humano introducirse en el universo mítico que surge a través de narraciones que apelan al lenguaje olvidado y arquetípico que constituye el sueño de los pueblos. Por lo tanto, el símbolo, al estar cargado y repleto de significados se encuentra vivo, desprovisto de esta energía, de esta fuerza vital que lo imbuye, solamente queda como mero signo. Mediante la característica de elusividad, el símbolo es la manera más adecuada de transmitir significados no conceptuales, ya que simplemente sugiere, no expresa realidades absolutas.

Estas definiciones indican que todo fenómeno psicológico debe ser considerado como símbolo, ya que expresa o significa algo más, algo distinto de lo manifestado, algo incognoscible, lo cual no se puede aprehender a través de actos conscientes. Por ello, al privilegiar el nivel psíquico y hacer a un lado la imagen de lo material y físico, se encuentra el significado profundo del símbolo.

Jung se interesaba en la simbología porque decía que en los símbolos reside su capacidad para transformar y dirigir la energía

---

[165] GUÉNON. *óp. cit.*, 1999. p. 30.

instintiva. Por ello, "los símbolos no deben de ser explicados, sino comprendidos, ya que sugieren antes que expresan, por lo que muestran ciertos aspectos de la realidad, los aspectos más profundos de la misma".[166] El símbolo sirve de soporte para elevarse al conocimiento de la verdad. "Su ambigüedad vela y revela la realidad y su carácter polisémico posibilita su interpretación en diversos planos u órdenes de la realidad".[167]

Y habla la niña

*Mi abuela siempre me habló del poder de los presagios.
Decía que había enseñanza en todas
las cosas que hay sobre la Tierra. Solía decir que la
gente ya no miraba como antes y por eso
no entendía los mensajes de los dioses y los santos y
los ángeles. Debajo de cada roca se encontraba un mensaje de Dios, un símbolo oculto para
aquel que lo supiera descifrar. Decía que las
nubes dejaban entrever el rastro secreto de los ángeles
y que el gotear de la lluvia mostraba las
lágrimas de la tierra vanidosa que se conmovía
al verse reflejada en el cielo.*

Interpretación simbólica

Tanto el mundo de la realidad cotidiana, en el que transcurre nuestro hacer diario, como el mundo onírico, se encuentran repletos de símbolos. Estos símbolos contienen información valiosa para comprender mejor el entorno, las creencias, la mitología y las concepciones religiosas que profesamos hoy en día. En esta diversidad de símbolos hay diversas perspectivas desde las cuales se pueden interpretar: los símbolos se pueden dividir y entender

166 ELIADE. *óp. cit.*, 1999. p. 12.
167 GUÉNON. *óp. cit.*, 1999. p. 31.

mediante una perspectiva psicológica, social, histórica y ontológica. Independientemente desde qué perspectiva simbólica se parta, cabe recalcar que es menester tomar en cuenta los siguientes aspectos: en el mundo simbólico nada es indiferente; todo expresa algo y es significativo. Ninguna forma de realidad es independiente: todo se relaciona de alguna manera, puesto que todo es serial y sistémico.[168] Además los símbolos individuales contienen estratos de significación que dependen de qué cosa se opone a otra. Sin embargo, por lo general los símbolos aparecen en conjuntos, por lo que el significado de los símbolos particulares se debe de encontrar en su oposición frente a otros símbolos, antes de interpretarlo por sí solo. Por ende, es fundamental saber que, al interpretar una imagen como tal o como un conjunto de imágenes, éstas no contienen un solo significado ni un preciso marco de referencia.

Cuando hablamos de percepción simbólica, ésta se puede expresar de una manera gráfica o artística, pero también puede aparecer en el mundo onírico o surgir a través de ensoñaciones, fantasías y visiones. Al aparecer las imágenes provenientes de nuestra psique también contienen una connotación simbólica que influye nuestros actos, creencias y decisiones.

Independientemente de dónde hayan surgido, "las imágenes simbólicas por su propia estructura son multivalentes".[169] Esta multivalencia debe ser tomada en cuenta cuando comienza la interpretación simbólica, ya que un símbolo particular creado en un sueño u otra manifestación simbólica de tipo no verbal no logrará transmitir información a los demás hasta haber sido explicado por otros medios.[170] Es decir, el símbolo por sí solo no comunica

---

[168] Por *sistémico* se entiende que todo está relacionado, que una cosa afecta a las demás, ya que todo parte de un "sistema".

[169] ELIADE. óp. cit., 1999.p. 15.

[170] LEACH. óp. cit., 1978. p. 17.

hasta que no sea digerido o interpretada su condición o aparición, expresándose de variadas maneras.[171] De hecho, un punto nodal de toda interpretación simbólica es el tema de la instrumentalidad de la analogía, la cual es una relación entre dos hechos entre los que hay similitud o igualdad elemental.[172]

En la actualidad, la civilización ha perdido contacto con sus instintos primarios y los designios de éstos, de ahí que el problema central y más arduo para el ser humano moderno radique en la realización de una adecuada interpretación simbólica. Pero la actualización del símbolo no es automática, depende de los ritmos cósmicos y de los tiempos sociales vividos. Por ello, dicha actualización a veces resulta en la pérdida de su energía vital, porque ya no comunica su designio ancestral y se vuelve un producto mercantil, carente de valor y significado. Es por eso que algunos semiólogos caen en el error de reducir la imagen o el símbolo a una terminología concreta, restringiéndola de sus marcos contextuales de referencia, acción aún peor que mutilarlo, ya que se aniquila como instrumento de cognición.[173]

Al analizar y descomponer analíticamente determinado símbolo o la imagen manifiesta de una estructura simbólica, encontraremos, en primera instancia, al objeto en sí, abstraído de toda relación. Acto seguido, se encuentra el objeto ligado a su función utilitaria, a su realidad concreta en el mundo tridimensional. De este resultado surge aquel, lo que permite que se le considere como *símbolo.*

---

171 En los pueblos aledaños al volcán Popocatépetl, la interpretación simbólica de los soñantes se comunica y pone de manifiesto a través de un consejo local que se encarga de escuchar y entender la naturaleza simbólica procedente del mundo onírico.

172 RUBINO. óp. cit., 1994. p. 30.

173 ELIADE. óp. cit., 1999. p. 15.

Con el transcurrir del tiempo, y la creación y destrucción de diversas creencias, las imágenes o símbolos han cambiado su forma. Para poder sobrevivir adoptan una forma familiar, se ajustan a los nuevos esquemas, reposicionándose en la mente del ser humano.

El símbolo agrega un nuevo valor a un objeto o acción, sin por ello atentar contra sus valores propios, inmediatos e históricos. Por ejemplo, el rol de los símbolos religiosos es dar significado a la vida del ser humano.[174] A través de ellos el ser humano responde, ya que el símbolo acciona las respuestas primarias del ser. En el mundo cotidiano, repleto de signos, son los símbolos los que apelan a las manifestaciones profundas del ser humano, ya que una palabra o imagen es simbólica cuando implica algo más que su significado inmediato y obvio. Tiene un aspecto mayor inconsciente que no puede ser definido o explicado en detalle. De hecho, la palabra o imagen *per se* carece de significado y está vacía; adquiere vida y significado cuando se toma en cuenta su sacralidad y su relación con los individuos vivos. Pero, actualmente le hemos quitado el misterio y la sacralidad a las cosas, ya casi nada es sagrado.

Como afirmaba Jung, en estos tiempos materialistas ninguna voz proveniente de las piedras, las plantas y los animales le habla al hombre, ni él habla con ellos creyendo que no lo pueden escuchar. Su contacto con la naturaleza se ha ido, y con ella la profunda energía emocional que esta conexión simbólica proveía. Para la mayoría de los hombres, actualmente, el trueno ya no es la voz de un dios enojado, ni el relámpago es la venganza de una deidad, ningún río contiene un espíritu, ningún árbol es el principio vital del hombre, ninguna serpiente la personificación de la sabiduría, ninguna cueva o montaña el hogar de un gran demonio. Hay una gran ausencia de valor simbólico en nuestro tiempo que aqueja a

[174] JUNG. óp. cit., 1978. p. 76.

la mayoría de la sociedad, pero existen todavía algunas personas que interpretan y le confieren su verdadera importancia a la red simbólica que nos rodea.

Dentro de la interpretación simbólica es importante diferenciar entre los símbolos culturales y los naturales. Los símbolos culturales son aquellos que han sido usados para expresar verdades eternas y que todavía se usan en muchas religiones. Estos símbolos evocan una gran respuesta emocional en algunos individuos. Por el contrario, los símbolos naturales derivan del contenido inconsciente de la psique y representan una enorme diversidad de variaciones de las imágenes arquetípicas esenciales. Se les puede rastrear a sus raíces arcaicas, a ideas e imágenes que se manifiestan en sociedades primitivas.[175]

Carl Jung considera que el hombre de las culturas "primitivas" le consagraba al mundo de los símbolos ese lenguaje olvidado que los pueblos proyectaron en forma de mitos, leyendas y cuentos. Empleando signos y símbolos se pueden proyectar conceptos generados mentalmente sobre cosas y acciones del mundo exterior, ya que los símbolos y los mitos no son simples recursos estilísticos, sino auténticas traducciones de la realidad última.

"Los mismos símbolos e imágenes que posteriormente se tradujeron en mitos y arquetipos no son creaciones irresponsables de la psique; responden a una necesidad, a un motivo que gira en torno al traer a la luz las modalidades más escondidas del ser".[176] La sustancia de la vida espiritual está formada por los símbolos, las imágenes y los mitos, los cuales pueden ser mutilados o degradados, pero nunca extirpados. Sin importar lo positivista de la cultura actual, aunque los símbolos y mitos decaen y se transforman, estos nunca desaparecerán.

---

[175] *Ibídem*, p. 83.

[176] ELIADE.*óp. cit.*, 1999.p. 12.

Y habla la niña...
Prefiero la noche que el día, porque entonces sólo hay silencio y puedo escuchar lo que dicen los árboles. Los árboles siempre hablan, pero es más fácil escucharlos de noche cuando relatan sus sueños diurnos a sus condiscípulos. Mirando el bosque en la cercanía, observo desde mi ventana el relato de los encinos. Murmurando se quejan del invierno que marchita sus hojas y del verano que los quema sin clemencia; pero lo que más les preocupa es el hombre que día a día avanza sin clemencia hacia ellos, cortando sus sueños de árbol a temprana edad, tan ciegos al daño que se hacen ellos mismos en un mundo carente de árbol o planta.

La concepción de la *psique* y el inconsciente

El ser humano, al igual que los animales, posee una psique similar a su especie, misma que revela rasgos particulares rastreables en su herencia familiar. Esta psique contiene una vida propia y reacciona a las influencias que provienen de cada rama de la experiencia humana. Por ello, ésta debe ser entendida como una realidad autónoma de carácter enigmático, que parece diferir de los procesos psicoquímicos. De este modo, si vemos a la psique como un factor independiente, "debemos de concluir que hay una vida psíquica que no está sujeta a los caprichos de nuestra voluntad".[177] Es como si la psique tradujera procesos físicos en secuencias de imágenes que no tienen una conexión reconocible con el proceso objetivo.

Aunque el ser humano se ha interrogado desde la antigüedad acerca del funcionamiento de la mente y sobre qué cosa era ésta, como

[177] JUNG. *óp. cit.*, 1990.p. 58.

científico occidental, Freud fue el primero en intentar la exploración empírica del umbral del inconsciente.

Diversas filosofías y posturas orientalistas habían arrojado ya datos sobre el inconsciente, pero éste no había sido estudiado en occidente a través de una postura más positivista y científica. Ése fue el mérito de Freud. Él sostenía la hipótesis de que los sueños no son circunstanciales; sino que están asociados con los deseos y frustraciones de los individuos que sueñan. En sus investigaciones alentaba al soñador a hablar de las imágenes de sus sueños, ya que los pensamientos de ahí surgidos revelarían el marco inconsciente que aquejaba a la persona. De ello surgió la concepción de un estrato de la psique llamada "inconsciente". Estos primeros planteamientos sostuvieron la hipótesis de que la psique inconsciente, además de ser muy antigua, es capaz de penetrar dentro de un futuro muy remoto. La psique se comenzó a vislumbrar como la encargada de modelar a la especie humana, formando parte del cuerpo del hombre. Se percibía como un elemento muy antiguo común a todos los seres humanos. La parte de la psique que llamamos inconsciente ha preservado características primitivas que formaban parte de nuestra mente original. Contiene recuerdos del pasado, ideas nuevas y creativas y sabiduría ancestral que rara vez emerge al consciente. Para nuestro infortunio, el hombre moderno ha aprendido a descartar las asociaciones fantasiosas de su lenguaje y pensamiento. Solamente guardado como tesoro enterrado, el inconsciente alberga las asociaciones psíquicas que cada idea u objeto posee. El hombre "primitivo", o aquel que aún guarda contacto con la naturaleza, todavía está consciente de las propiedades psíquicas de los elementos y confiere a animales, plantas y piedras poderes que encontramos diferentes a nuestras concepciones cotidianas.

La psique contiene dentro de sí varios niveles de conciencia. Aunque creemos que la mayor parte de nuestros actos son regidos por la conciencia, muchas de nuestras creencias y actitudes provienen del inconsciente, el cual es visto como una zona enigmática y obscura, difícil de entender, asir y aprehender. El inconsciente se podría definir como el portador de aquellos fenómenos psíquicos que carecen de la cualidad consciente.[178] Sin embargo, el inconsciente contiene las fuerzas instintivas de la psique, además de las formas y categorías que la regulan, conocidas como *arquetipos*.

Las interpretaciones acerca de la esencia de la psique han sido muy variadas. Aunque Freud, como científico occidental haya sido uno de los primeros en estudiarla, el inconsciente para él era de una naturaleza puramente personal, aunque no descartaba que hubiera dentro de ella pensamientos mitológicos y arcaicos. Sin embargo, la explicación que Freud le confería al inconsciente se encontraba limitada a denotar los contenidos reprimidos u olvidados. Esta capa, llamada por el padre del psicoanálisis "inconsciente personal", contenía los recuerdos, las ideas dolorosas, las creencias reprimidas y las percepciones subliminales que aún no estaban listas para emerger a la conciencia.[179] Pero Freud no se percató de que había algo más allá del inconsciente personal, una capa, un estrato mucho más profundo que no provenía de una experiencia puramente personal, aunque fuera innata al individuo.

Para algunos pensadores y filósofos como Carus y von Hartmann, el inconsciente era un principio metafísico, una especie de mente universal sin rastro de personalidad o ego-conciencia; lo consideraban, por ende, un estrato vasto e inagotable. En él no solamente se encuentra lo desconocido o aquello que se ha reprimido, también se hallan contenidos que se pueden hacer o se volverán conscientes, ya que "el inconsciente está formado por una multitud de pensamientos, impresiones e imágenes vagas

---

[178] SHARP. *óp. cit.*, 1994.p. 101.

[179] *Ibídem*, p. 106.

que, aunque parecen estar perdidas, influencian nuestra mente consciente".[180]

Normalmente, el inconsciente colabora con el consciente sin fricción o disturbio. Pero cuando un grupo social se aleja demasiado de sus fundamentos instintivos, entonces se experimenta el pleno impacto de la fuerza del inconsciente. De hecho, no se puede vislumbrar al consciente y al inconsciente como entes separados. Los dos son aspectos íntegros de la vida; es más, para el bienestar de nuestra estabilidad emocional, ambos deben estar conectados y funcionar paralelamente. Si funcionan por separado o están disociados, puede haber problemas psicológicos.[181]

Y habla la niña...

Hay cosas que sé porque me las han enseñado, porque mi madre y mi abuela me las platicaron y yo las vi repetir las mismas acciones que sus madres y abuelas. Otras cosas me las enseñó mi padre, quien, a su vez, aprendió de su padre y su abuelo; y así sé que las enseñanzas se transmiten de generación en generación para que no olvidemos lo que somos, lo que creemos, lo que supieron los ancestros, lo que aprendieron de las estrellas. Para que no olvidemos nuestro origen divino, nuestro destino como especie, nuestra comunión con los elementos. Para que sigamos el plan trazado con absoluta paciencia, con total devoción, con completa entrega y continuemos, entonces, aprendiendo lo que implica ser humano.

---

180 JUNG. *óp. cit.*, 1978.p. 18.

181 *Ibídem*, p. 37.

Función del inconsciente

Existen estudios avanzados sobre la psique y la mente, pero a la función del inconsciente dentro de la psique, le es dada muy poca importancia. Sin embargo, y pese al materialismo imperante, el hombre más consciente comienza a cuestionarse sobre el papel que el inconsciente juega en los seres humanos: cómo nos define y a qué nos somete, ya que todas nuestras emociones nacen de este estrato arcaico. Es más, las emociones se generan a este nivel e influencian nuestro comportamiento diariamente. Por ello, aunque se conciba al inconsciente como un estrato alejado de nuestro hacer cotidiano, éste funciona de manera inteligente y propositiva diariamente; de hecho, aun cuando actúa en oposición a la conciencia, su expresión es todavía compensatoria de una manera inteligente, como si estuviera buscando restablecer el balance perdido a través de la integración de ambos estratos mentales.

Freud fue el pionero en Occidente en incursionar en los obscuros rubros de la mente y su aportación fue vital para su entendimiento; sin embargo, no abarcó todos los aspectos que contiene la psique. Siguiendo inicialmente los pasos de Freud, Carl Gustav Jung se percató que a su predecesor le hacía falta algo en su explicación del funcionamiento de la psique. Para Jung, además de nuestro consciente inmediato existe un sistema psíquico secundario, colectivo y universal de naturaleza impersonal, el cual es idéntico en todos los individuos. La característica de este inconsciente colectivo es que no se desarrolla individualmente, sino que es heredado de generación en generación.[182] De acuerdo con Jung, el inconsciente personal se encuentra conformado por todos los contenidos que alguna vez fueron conscientes, pero que desparecieron mediante la represión y el olvido. Sin embargo, los contenidos del inconsciente

[182] JUNG. *óp. cit.*, 1990.p. 43.

colectivo nunca han sido conscientes y tampoco han sido adquiridos individualmente, por lo que la herencia los sigue transmitiendo de un individuo a otro. "El inconsciente personal maneja contenidos llamados por Freud 'complejos', fungiendo como la parte personal y privada de la vida psíquica, mientras que los contenidos del inconsciente colectivo se les conoce mejor como 'arquetipos'."[183] Por ello, Jung derivó su teoría del inconsciente colectivo de la ubicuidad de los fenómenos psicológicos que no podían explicarse en base a la experiencia personal. Había un sustrato en la psique que no se podía esclarecer a través del análisis individual, se tenía que recurrir a una interpretación más profunda basada en motivos universales.

Y habla la niña...

Desde que recuerdo, mi abuela le hablaba a la lluvia.
Cuando le pregunté por qué hacía eso,
me dijo que la lluvia siempre escucha y es buena
consejera. También mi padre le habla a la
lluvia, pero no sólo a ella, también al trueno y al
relámpago, y en las noches de granizada,
cuando los animales se protegen en su covacha, le
grita a la tormenta y al granizo y la lumbre
se crispa y el viento aúlla con más fuerza, como si
respondiera a las invocaciones de mi padre.
Mi padre me contó que a él le enseñó mi abuela, pero
que también tuvo sueños y visiones que le
recordaron que no sólo él, sino que generaciones
enteras antes que él, sabían esto y lo utiliza-
ban para asegurarse el sustento diario, esperando
que las visiones siguieran para recordarle a
los hombres del mañana que no olvidaran su proceder.

183 JUNG. *óp. cit.*, 2001.p. 2.

Inconsciente colectivo

Jung se percató con sus primeros estudios sobre la naturaleza de los sueños, fantasías y alucinaciones de sus pacientes que éstos contenían símbolos e ideas que no podían ser explicados enteramente como productos provenientes de su historia personal. Tales símbolos manifestaban imágenes y temas de las grandes mitologías y religiones del mundo. Por ende, Jung concluyó "que los mitos, sueños, alucinaciones y visiones religiosas surgen de la misma fuente, un inconsciente colectivo que es compartido por todas las personas".[184] Con el planteamiento de la existencia del inconsciente colectivo se escribió una página más en la historia de la comprensión de la mente humana. Ya sea histórica o individualmente, nuestra conciencia se ha desarrollado a partir de la oscuridad del inconsciente primario. Desde la aparición de los primeros hombres hubo procesos psíquicos y funciones de pensamiento, mucho antes de que la conciencia "ego" existiera. El pensamiento como tal existió mucho antes de que el hombre dijera "estoy pensando". Impulsado por sus necesidades, el hombre realizaba lo necesario para sobrevivir cometiendo diariamente actos inteligentes sin percatarse que los hacía y transmitiendo, por ende, sus conocimientos a las generaciones posteriores. Las nuevas generaciones nacían y reaccionaban de la misma manera que sus ancestros, aplicando los conocimientos adquiridos como si todos los seres humanos estuvieran unidos por una gran mente colectiva, que abarca mucho más que la limitada personalidad individual.

Esta mente colectiva, que forma parte de la psique, contiene información arcaica y universal. Puede ser entendida como un estrato más profundo denominado "inconsciente colectivo", porque, aunque forma parte del inconsciente, no es individual sino

[184] TALBOT, Michael. *The Holographic Universe.* New York. Harper Perennial, 1992.p. 60.

universal, ya que no debe su existencia a una adquisición personal. A diferencia del inconsciente personal, el inconsciente colectivo tiene los contenidos y modos de conducta que son más o menos semejantes en todos los lugares y con todos los individuos.[185] De hecho, "el inconsciente colectivo es la capa estructural de la psique humana que contiene elementos heredados, ya que contiene toda la herencia espiritual de la evolución de la humanidad que nace nuevamente en la estructura cerebral de cada individuo".[186]

En consecuencia, se puede afirmar que el inconsciente colectivo es idéntico en todos los hombres, constituyendo un sustrato psíquico común de una naturaleza supra-personal, la cual está presente en todos los seres humanos.

El inconsciente colectivo es la objetividad pura, amplia como el mundo y abierta a todo el mundo. Ahí soy el objeto de todo sujeto, en completo sentido opuesto a mi conciencia ordinaria donde yo soy el sujeto que tiene un objeto. En el inconsciente colectivo soy uno con el mundo.[187] La teoría del inconsciente colectivo recuerda a los postulados de unificación que refieren Paracelso y Hermes desde la antigüedad. Es la noción de la unión con todo lo que es y existe, que se expresa en la individualidad de cada ser humano.

A través de la teoría del inconsciente colectivo se manifiesta que el símbolo es anterior al pensamiento individual y que, incluso, lo trasciende mediante las manifestaciones simbólicas del inconsciente, en las cuales se expresan los grandes temas universales inherentes al ser humano. Según Jung, aún en la actualidad, en este mundo tan falto de valores y rituales, la mente inconsciente del hombre moderno preserva la capacidad de hacer símbolos que de antaño

---

185 *Ibídem*, p. 2.

186 SHARP. *óp. cit.*, 1994.p. 105.

187 JUNG. *óp. cit.*, 1990.p. 22.

se expresaban en sus creencias y rituales.[188] Los contenidos estructurales de estos símbolos irrumpen espontáneamente en la mente colectiva de las distintas comunidades y culturas, existiendo, por lo tanto, una unidad original de la especie humana, una similitud de mitos, leyendas, imágenes primordiales, creencias, rituales, folklores y estructuras lingüísticas.

Por la profundidad de la raíz secreta de todos los sistemas de significaciones que se expresan fundamentados en el origen espiritual del inconsciente colectivo, parece ser que hay un fondo general y un origen único de las tradiciones simbolistas occidentales y orientales; este hecho conlleva la hipótesis del surgimiento espontáneo de las imágenes primordiales, ideas, alegorías y símbolos en diferentes latitudes y sin aparente relación histórica entre sí.

En todos los seres humanos, el inconsciente se expresa de varias maneras. El inconsciente personal lo hace a través de sueños de carácter personal y fantasías. Sin embargo, el inconsciente colectivo se expresa mediante sueños y fantasías impersonales que no pueden reducirse a experiencias pasadas del individuo y por eso no se pueden explicar como algo adquirido individualmente. Las imágenes de las fantasías y los sueños tienen sus análogos más cercanos en los tipos mitológicos. Además, a las tendencias del inconsciente colectivo manifestado en sueños—sean éstos sueños del pasado o sueños anticipatorios—se les ha visto menos como regresiones históricas que como anticipaciones del futuro. Porque todo lo que pasará, basado en lo que ha sido, consciente o inconscientemente todavía existe en el rastro de memoria. Mientras ningún hombre sea completamente nuevo, sino que continuamente repita los estados de desarrollo último alcanzado por su especie, contiene inconscientemente la entera estructura psíquica desarrollada tanto

[188] JUNG. *óp. cit.*, 1978.p. 98.

hacia delante como hacia atrás de sus ancestros en el transcurso de las edades.[189]

El inconsciente colectivo también se expresa en el mito. Rudolf Steiner y Otto Rank afirmaban que el mito es el sueño de los pueblos y comunidades, es decir que los contenidos estructurales de los mitos irrumpen en ellos como proyección de la mente colectiva de las distintas comunidades y culturas, existiendo una unidad original de la especie humana. Es por ello que "el inconsciente colectivo parece estar constituido por motivos mitológicos o imágenes primordiales, por lo cual los mitos de todas las naciones son sus verdaderos exponentes."[190]

Aunque bastante difícil de asirse, se puede interpretar y estudiar al inconsciente colectivo en la mitología o en el análisis del individuo y sus sueños. Toda la mitología y los sueños de carácter universal pueden considerarse como una proyección del inconsciente colectivo, digno de interpretación simbólica.

Y habla la niña...

Yo observo el proceder de mi padre. Lo sigo al campo
y lo ayudo a sembrar el maíz. Lo observo
cuando ara la tierra y cuando bendice al grano.
Como una sombra silenciosa me desplazo a
su lado, siempre atenta a sus más ínfimos movimientos.
Cuando caminamos por los campos
y bendice los arroyos o deposita un ramillete de
flores en las esquinas de sus tierras, yo hago
lo mismo. No hablamos mucho mi padre y yo, pero
en el silencio compartido compenetramos
nuestras almas y nos acercamos más el uno al otro.
En esas caminatas silenciosas, cuando esta-

---

189 *Ibídem*, p. 280.

190 SHARP. *óp. cit.*, 1994.p. 105.

mos atentos a los mensajes cifrados de la tierra, sé
que encajo perfectamente en el esquema del
universo y, por ende, sólo voy donde mi ser me llama,
donde mi instinto me lleva, guía inmutable
que me acompañará toda mi vida.

El concepto de *instinto*

La hipótesis del inconsciente colectivo no es más atrevida que el hecho de asumir que hay instintos. En primera instancia, hay que admitir que la actividad humana está influenciada en un alto grado por los instintos, independientemente de las motivaciones racionales de nuestra mente. Estos instintos son inherentes a la especie humana desde tiempos prehistóricos. La misma mente del ser humano ha sufrido un largo proceso evolutivo, partiendo del hecho de que la mente del hombre arcaico guardaba una relación muy estrecha con el inconsciente y el mundo de los instintos. El hombre primitivo estaba gobernado por sus instintos, mucho más que el hombre "civilizado", que ha aprendido a controlarse. En este proceso civilizante el hombre ha dividido abismalmente su conciencia, relegando el mundo instintivo del inconsciente en aras de la desmedida dominación de la esfera de lo consciente. Sin embargo, este hecho ha producido la pérdida de contacto con los estratos arcaicos, profundos, cargados de una sabiduría instintiva. Este hecho propicia la situación actual de los seres humanos, vacíos y carentes de significados.

Aunque estrechamente ocultos, los instintos siguen siendo fuerzas que se manifiestan en los hombres diariamente. "No son vagos e indefinidos por naturaleza, sino que son motivos formados por fuerzas específicas, los cuales antes y a pesar de la conciencia buscan cumplir sus metas inherentes".[191] De hecho, si se asevera que

[191] JUNG.*óp.cit.*, 1990.p. 43.

nuestra imaginación, percepción y pensamiento son influenciados por elementos innatos e universalmente presentes, entonces parece normal que esta idea sea bastante parecida a la de los instintos.

Los instintos se pueden explicar a través de la herencia, por la que adquirimos talentos y habilidades que pueden ser rastreados a lo largo de generaciones enteras. No sólo el hombre hereda estos regalos, también el resto del mundo animal recibe complicadas acciones instintivas. Sin embargo, éstas muchas veces se suscitan en animales que nunca han visto a sus padres y que, por lo tanto, no se les pudo haber enseñado el mismo patrón de respuestas.

De los instintos surgen los arquetipos que parecen actuar como imágenes inconscientes de los instintos, fungiendo como patrones instintivos de conducta.

Y habla la niña...

Cuando cierro los ojos, sigo viendo aunque no igual que en el mundo cotidiano. Colores vivos y formas geométricas se desplazan por los contornos de mis ojos, invitándome a un mundo tan distinto al nuestro. Muchas veces cierro mis ojos para seguir viviendo en este mundo quimérico. Ahí no sólo escucho a los árboles, sino que percibo la esencia que los habita, no sólo oigo el trinar del pájaro, sino que miro el pájaro celestial, el que en sí solo abarca a todos los pájaros del mundo. Con mis ojos cerrados, los manantiales cobran vida y conozco a los seres transparentes que habitan a diario su superficie. Con los ojos cerrados, percibo a los dueños que habitan en el corazón de los cerros y los montes. Pero sólo con los ojos cerrados consigo ver mejor.

Imágenes primordiales

El concepto de "imágenes primordiales" ha sido manifestado desde muy diversas perspectivas, pero siempre apelando a la idea de un sustrato universal común a la especie humana.

El primer etnólogo que propuso la teoría de las ideas primordiales fue Adolf Bastian. Posteriormente Hubert y Mauss, investigadores de las religiones comparadas, mencionaron las diversas categorías de la imaginación. Y más tarde, Hermann Usener reconoció la preformación inconsciente bajo el disfraz del pensamiento inconsciente. Simultáneamente, en las investigaciones mitológicas las formas definitivas de la psique fueron llamadas *motifs*, mientras que en la psicología de los primitivos estudiados por Lévy-Bruhl se les denominó "representaciones colectivas". A su vez, Jung se refirió al concepto de imágenes primordiales planteando la idea de la existencia de un inconsciente colectivo y de los arquetipos que se manifiestan en ella. Jung afirmaba que no existía una sola idea importante o punto de vista que no poseyera sus propios antecedentes históricos. Para él, todas las ideas estaban fundadas en los arquetipos primordiales cuya concreción databa de un tiempo en el que la conciencia no pensaba, sino que percibía, expresándose a través de impulsos psicológicos llamados *instintos*, o a través de fantasías, delatando su presencia a través de imágenes simbólicas. Estas imágenes no tenían un origen conocido y se reproducían sin tiempo en cualquier parte del mundo, aunque no hubiera habido migración ni transmisión hereditaria.[192]

Por ende, para Jung, las costumbres, creencias y rituales de las diversas culturas que originariamente no tenían conexión entre sí, formaban un sinfín de patrones arquetípicos que no eran sujetos de

---

[192] JUNG. *óp. cit.*, 1978.p. 58.

reflexiones conscientes. Jung demostró que las imágenes primordiales y los arquetipos no estaban diseminados sólo por la tradición, el lenguaje y la migración, ya que pueden surgir espontáneamente en cualquier tiempo y lugar, y sin influencia externa.

Aunque las imágenes primordiales surgen de la mente inconsciente, éstas se determinan respecto a su contenido sólo cuando se han vuelto conscientes y, por lo tanto, se han llenado con el material de la experiencia consciente.[193] A través de las fantasías y los sueños, las imágenes primordiales se tornan visibles y, entonces, el concepto de arquetipo se aplica, ya que los arquetipos son los patrones fundamentales de la formación de los símbolos, que se repiten a través de los contenidos de las mitologías y los sueños de todos los pueblos en la humanidad entera, surgiendo desde los obscuros tiempos de la prehistoria humana.

Y habla la niña...

La primera vez que lo vi, se me erizó la piel. Estaba sentada afuera de mi casa viendo a la gente pasar camino al mercado. De pronto se me acercó un anciano. Caminaba despacio y encorvado, como si llevara consigo todo el mundo a cuestas. Vendía estampillas que sacaba de su grande canasta. Parecía no haber vendido muchas ese día, puesto que la canasta estaba rebosante. Me dio tristeza y lástima verlo tan viejo y encorvado y tan lleno de estampillas rechazadas. Cuando se acercó, cogí los 50 centavos que me había regalado mi padre y se los extendí. El anciano me miró fugazmente con unos inquietos ojos sorpresivamente lúcidos y vivos. Me dio

---

193 JUNG. *óp. cit.*, 2001.p. 12.

una pequeña estampilla de San Miguel Arcángel con
su espada y capa. Sorprendida porque no
me dejó escoger, le repliqué al instante, pero el anciano
se había ido tan rápido y veloz como si
se tratara del mismísimo santo. Entonces sopló el viento.

El concepto de *arquetipo*

Todo comenzó con la Idea. Ejemplificado en su alegoría de la caverna, Platón fue el primero en plantear el concepto "arquetípico de la realidad". Para él, la Idea de las cosas, por encima de las mismas, expone una unidad subordinada y preexistente a toda fenomenología que se manifiesta más allá de las individualidades terrenales.

También San Agustín refiere al concepto de Idea, exponiendo con ella su postura arquetípica de unidad universal. Posteriormente, Jung se apropió del término refiriéndose a los arquetipos "como manifestaciones de vida por sí mismas, fungiendo como imágenes que están integralmente conectadas al individuo o a una cultura determinada a través de las emociones".[194] Al igual que los instintos, los arquetipos se heredan con la estructura cerebral, son su aspecto psíquico. Sin embargo, los arquetipos no sólo fungen como ideas heredadas, sino como posibilidades de ideas heredadas. Además no son adquisiciones individuales, sino comunes a todos, como se deduce por su presencia universal.[195]

De hecho, no podemos asumir que cada animal recién nacido cree sus propios instintos como una adquisición individual, y no debemos suponer que los humanos individuales inventan sus propios instintos

[194] JUNG.*óp.cit.*, 1978.p. 87.
[195] SHARP. *óp. cit.*, 1994.p. 14.

con cada nuevo nacimiento. Como los instintos, el patrón de pensamientos colectivos de la mente humana es innato y heredado. Funciona cuando la ocasión lo amerita, casi siempre de la misma manera en todos nosotros. Estrechamente ligados a la adaptación del ser humano, estos patrones representan un conservatismo instintivo muy fuerte y constituyen el medio más eficaz concebible para la adaptación instintiva. Para Jung, el arquetipo es la parte infernal de la psique, la parte a través de la cual ésta se une a la naturaleza.

Esencialmente, el arquetipo se define como un contenido inconsciente que es alterado al volverse consciente y ser percibido, tomando el color de la conciencia individual o cultural donde aparece. Al tornarse consciente, el arquetipo se presenta como una idea, imagen o emoción que genera acción. Por ello, es importante afirmar que los arquetipos son tanto imágenes como emociones. De hecho, uno puede comprender un arquetipo si y sólo si estas dos características existen simultáneamente. Cuando únicamente hay una imagen, se habla de una imagen-palabra de poca monta. Pero cuando la imagen está cargada de emoción, gana sacralidad o energía psíquica y se vuelve dinámico, por ende, consecuencias diversas emanan de ella. Nadie puede afirmar que se encuentre carente de arquetipos, éstos están presentes en todas las psiques de manera inconsciente; sin embargo, con regularidad se tornan disposiciones vivas, activas, ideas en el sentido platónico, que hacen e influencian continuamente nuestros pensamientos, sentimientos y acciones.

Al tratarse de la mente, no hay una fórmula específica y objetiva para la interpretación de los arquetipos; aunque debe procurarse la explicación a través del contexto cultural del cual proceden, ya que funcionan como agentes primarios motivadores de vida en la psique individual, además de ser las pautas psicológicas totales de culturas enteras plasmadas en manifestaciones de fuerzas arquetípicas.[196] Sin embargo, el investigador cauteloso sabe que los arquetipos no pueden ser exhaustivamente interpretados, porque son ambiguos, llenos de significados a medias, e ilimitados. Stanislav Grof, psiquiatra e investigador del Centro de Investigación Psiquiátrica de Maryland, investigó por muchos años sobre el LSD y su funcionamiento en el cerebro, lo cual le condujo a rubros del inconsciente hasta entonces desconocidos. A través de sus experimentos llegó a la conclusión de que sus pacientes podían acceder a la conciencia de sus parientes y ancestros, además de penetrar en memorias raciales y colectivas. Parecían conocer la sensación de existir en la forma de cada animal, planta o árbol de la escala evolutiva. Era como si el LSD proveyera a la conciencia humana la llave de acceso a un sistema infinito de laberintos y túneles resguardados en el inconsciente, que conectaban a cada cosa en el universo con todo lo demás.[197] Por ello, Grof apoyaba la noción mediante la cual la interconectividad holográfica, producto de la mente y del inconsciente, explica la producción arquetípica en el ser humano, sea ésta ambigua o confusa.[198]

De tal forma, el arquetipo que hay detrás de una idea cualquiera—religiosa o no—tiene, como todo instinto, su energía específica, la cual no se pierde aunque la mente consciente la ignore. Esto explica por qué aunque el hombre moderno hace caso omiso a los símbolos, éstos continúan presentes de manera inconsciente, manifestándose de diversas formas en la vida diaria.

Y habla la niña...

Mi padre cree en los santos, sobre todo en San Miguel Arcángel. Dice que es el protector de los

---

[196] RUBINO.*óp. cit.*, 1994.p. 31.

[197] TALBOT. *óp. cit.*, 1992. p. 70.

[198] GROF, Stanislav. *Realms of the Human Unconscious.* New York. E. P. Dutton, 1976. p. 20.

hombres y que lo debemos tener siempre en cuenta. Pero también cree en los chaneques o, como decía mi bisabuela, en los pequeños tlaloques que cuidan nuestras tierras. Mi padre me dice que sueña con ellos cuando la siembra escasea o cuando hemos descuidado mucho la cosecha. Dice que los ve claramente en sus sueños vestidos de charros con sus calzones blancos y sus grandes sombreros. Dice que algunos son feos y otros no tanto, pero que ninguno es malo, a menos que se sienta ignorado o maltratado por los hombres. Entonces su ira es terrible y mi padre les habla tratando de aquietar sus almas inquietas que se estremecen con el viento. Mi padre se preocupa cuando se estremecen demasiado, porque si se van de nuestras tierras todo se volverá gris e inerte y la tierra se llenará de polvo y suciedad al encontrarse vacía de esencia.

Manifestaciones e interpretaciones arquetípicas

Las manifestaciones emocionales a las que los patrones de pensamiento pertenecen son reconocidas en casi todo el mundo. Al igual que los demás animales, el hombre tiene instintos específicos y su mente también cuenta con rastros evolutivos que se expresan a través de arquetipos. Los patrones de pensamiento, los gestos entendidos universalmente y muchas actitudes forman un patrón que fue establecido mucho antes de que el hombre desarrollara su conciencia reflexiva.

Los arquetipos se manifiestan de varias formas. Por constar de contenidos generales y ambiguos, la mayoría se expresa a través de las metáforas, las fantasías y los sueños. Vistos desde la perspectiva de la psicología profunda,[199] los arquetipos se manifiestan en el ámbito personal—a través de los complejos—y en el ámbito colectivo—como características de la cultura—. También se les encuentra en los mitos, el folklore y en los cuentos de hadas. La conciencia los reconoce cuando se percibe la numinosidad y el fascinante poder que conlleva la imagen arquetípica. Sin embargo, muchas de las imágenes arquetípicas están tan llenas de significados en sí mismas, que la mayoría de las personas no se pregunta qué es lo que realmente significan. Jung pensaba que era tarea de cada generación comprender en forma diferente los contenidos y efectos de los diversos arquetipos.[200] Pero como el contenido numinoso de los arquetipos es relativamente autónomo, éstos no pueden ser integrados sencillamente por medios racionales, sino que requieren de un proceso dialectal, donde aparece una gran cantidad de símbolos que los conforman.[201]

Hay muchos símbolos que no son individuales sino colectivos en su naturaleza y origen. Se trata casi siempre de imágenes religiosas que son representaciones colectivas, provenientes de sueños ancestrales y fantasías creativas.

Estas imágenes son manifestaciones involuntarias y espontáneas. Muchos de los símbolos que conforman al arquetipo se producen de esta manera y generalmente a través de los sueños. Es mediante sueños, creencias y rituales que el inconsciente colectivo canaliza las ideas arquetípicas.

Pero, como ya hemos dicho, actualmente impera una época carente de símbolos e interpretaciones simbólicas. La condición del hombre

---

[199] La psicología profunda estudia el inconsciente percibido a través de sueños, fantasías y ensoñaciones en la conciencia. La mayoría de los estudios de psicología profunda se basan en la teoría de los arquetipos de Jung.

[200] SHARP. *óp. cit.*, 1994.p. 15.

[201] JUNG. *óp. cit.*, 2001.p. 4.

moderno recuerda lo sucedido al final del Imperio Romano, cuando reinaba la decadencia y los dioses y los símbolos implícitos en ellos morían. Ahora, también los dioses y símbolos cristianos comienzan a perecer, porque la gente ya no medita ni cree en ellos. Desde la iconoclasia de la Reforma se hicieron estragos con las imágenes sagradas, por lo que, una tras otra, han ido desapareciendo. Con las conquistas y las mezclas culturales, con la imposición, la incredulidad, la falta de respeto y el pensamiento positivista imperante, los símbolos están desfalleciendo, quedando como imágenes inertes carentes de numinosidad y sacralidad.

Sin embargo, la psique mantiene esas imágenes olvidadas en el inconsciente. Éstas se han introyectado, creciendo su complejidad en proporción directa con la des espiritualización de la naturaleza. Mientras, los dogmas han tratado de reemplazar al inconsciente colectivo. Éstos formulan contenidos a gran escala que buscan reprimir a los arquetipos innatos que surgen por naturaleza y que constan de gran poder. Aun con estas acciones, las imágenes arquetípicas aguardan cautelosas en la psique humana.

Y habla la niña...

En noches de luna nueva, cuando las estrellas iluminan
la tierra, aprovechando la ausencia de
la diosa, yo voy en su búsqueda, segura de hallarla
tendida sobre algún ojo de agua, escondida
entre los pequeños manantiales que se encuentran
en nuestro valle. La he buscado en estas
noches desde que la vi dibujada en el arroyo cercano
al volcán donde llevamos alabanzas. Su
rostro era tan bello que me pareció ver a la virgen
misma escondida en el agua. Su cabello largo
flotaba espeso, enmarcando su cara, y sus serenos
ojos miraban pacientes los míos como si

esperasen que la reconociera. Desde aquella noche la he buscado una y otra vez, fiel a su reflejo límpido que se prendió de mi corazón, como camino eminente para reencontrarme a mí misma.

Tipología de arquetipos

Aunque existen muchos tipos de arquetipos que surgen de las profundidades de la psique, hay algunos que, para fines de este estudio, merecen nuestra atención: el á*nima/animus*, el arquetipo de la madre, el arquetipo del héroe y el arquetipo del hombre de la naturaleza.

El concepto de "ánima" es puramente empírico y su objetivo es darle nombre a un grupo de fenomenología psíquica. El ánima proviene de la palabra *alma*, que designa algo maravilloso e inmortal; sin embargo, el ánima no es el espíritu en un sentido dogmático, sino un arquetipo natural que satisfactoriamente suma todos los hechos del inconsciente, de la mente primitiva, de la historia, del lenguaje y de la religión.[202]

A lo largo de las épocas, la conceptualización del ánima ha cambiado, pero su esqueleto medular se conserva; de ahí que sea un arquetipo. Para los hombres de la antigüedad, el ánima semejaba una diosa o bruja, mientras que el hombre de la Edad Media reemplazó la diosa por la reina de los cielos y la madre de la Iglesia. En las civilizaciones precolombinas, el ánima figura en las diosas madre, manifestándose en sus diversos aspectos.

---

[202] SHARP. *óp. cit.*, 1994.p. 15.

El arquetipo del ánima remite al mundo de los dioses. Su presencia indica que surgirá lo numinoso, lo peligroso, lo mágico, el tabú, lo irracional.

Aunque el ánima es un arquetipo muy importante, no es la característica del inconsciente en su totalidad, ya que es sólo uno de sus aspectos. Sin embargo, su presencia simboliza a la vida misma.

Aunque a todos los arquetipos se les puede contemplar desde su carácter colectivo, dentro de la psique masculina el ánima funciona como alma, influyendo en sus ideas, actitudes y emociones. La relación del hombre con el ánima es una prueba de coraje y una aventura para sus fuerzas espirituales y morales. Al comprender al ánima se encuentran factores psíquicos que nunca han estado en posesión del hombre, ya que siempre los encontraba afuera de su territorio psíquico en la forma de proyecciones, porque, cuando el ánima es inconsciente, todo lo que representa es proyectado.

Por su naturaleza mágica, intuitiva y numinosa, se afirma que el ánima se caracteriza por ser la forma caótica de la vida. Pero comprendiendo su significado, algo muy diferente yace en ella, un conocimiento secreto, una sabiduría escondida que contrasta con su naturaleza irracional. Desde la perspectiva clínica, Jung sugirió que el llegar a vivir en armonía con el ánima es una obra maestra. Aceptando su presencia y entendiéndola, se transforma de molesta adversaria en ente vinculatorio de la conciencia y el inconsciente. Jung llamó a esta conquista del ánima "complejo autónomo".[203]

Distinguió cuatro etapas esenciales del ánima análogas a los niveles del culto de eros: Eva, Helena, María y Sofía. El ánima del hombre pasa por estas etapas a medida que envejece.[204] En la etapa de Eva,

---

203 *Ibídem*, p. 21.

204 *Ibídem*, p. 18.

el ánima es indistinguible de la madre personal, ambas se funden en una sola, proveyendo cuidados y protección. En la etapa de Helena, el ánima es una imagen sexual colectiva e ideal. En la de María, se manifiesta en sentimientos religiosos o en la capacidad de mantener relaciones duraderas.

En la etapa de Sofía, el ánima del hombre funciona como guía de la vida interior, llevando a la conciencia los sentidos y símbolos del inconsciente.

El arquetipo del ánima se personifica en los sueños a través de imágenes de mujeres de tan diversas personalidades como las seductoras, las magas o las guías espirituales.

Es interesante verificar que el ánima en el ámbito colectivo se encuentra históricamente en todas las entidades que contienen dentro de sí a la dualidad.

La dualidad se encuentra representada en diversas mitologías primitivas, en las especulaciones gnósticas, en la filosofía china con el equilibrio del yin y del yang, y en la conceptualización del universo de las etnias indígenas precolombinas, donde existen diversos pares cosmogónicos.

Así como existe el ánima, también existe el animus. El animus funge como el aspecto masculino interno de la mujer. En él se depositan todas las experiencias ancestrales masculinas que tiene la mujer, además de que se expresa y actúa como mediador entre lo consciente y lo inconsciente.

Como un aspecto de la personalidad interna, el ánima o el animus complementan a la persona y se sitúan en una relación compensatoria con ella.

Por ende, sin importar el grupo social al cual se pertenece, en el inconsciente de cada hombre hay una personalidad femenina escondida y en el de cada mujer hay una masculina.

La localización del anima/animus en la estructura psíquica se encuentra en los estratos más profundos del inconsciente. Por ello, traen a nuestro consciente efímero una vida psíquica desconocida que pertenece a un pasado remoto. Es la mente de nuestros ancestros desconocidos, su manera de pensar y sentir, de experimentar la vida, el mundo, los dioses y los demás seres humanos. Como se mencionó con anterioridad, el ánima o el animus influyen ya sea personal o colectivamente en los individuos, pero, al igual que ellos, hay un arquetipo que se manifiesta de forma colectiva bajo muy diversas manifestaciones. Éste es el arquetipo de la madre.

Desde la remota prehistoria existen vestigios del culto a lo femenino, a la madre. Por ejemplo, son características del período paleolítico superior figuras labradas en arcilla representando mujeres obesas, como la Venus de Willendorf.[205] Estas estatuillas tienen muy marcados los atributos femeninos de fertilidad, como resaltando su importancia y su relación con la tierra misma y los seres que surgen y mueren en ella. Otras figurillas femeninas del preclásico también fueron descubiertas en Tlatilco, éstas ponen de manifiesto la importancia arquetípica del culto a lo femenino. Aún después, cuando el hombre se volvió sedentario, y las sociedades patriarcales surgieron, la importancia ancestral de la madre era vital para el sustento y la procreación de la especie. Su huella continuó percibiéndose a lo largo de las diversas culturas, ya que su reminiscencia ancestral no se ha podido borrar, incluso hoy día.

---

[205] Descubierta en 1908 por el arqueólogo Josef Szombathy, cerca del pueblo de Willendorf, en Austria, esta estatuilla data del año 24000 - 22000 a.C.

A lo largo de la historia de la humanidad, en las diversas culturas la diosa es invocada de variadas maneras. El arquetipo de la madre conlleva la protección, el alivio, el cuidado de todo aquello que está solo o desamparado. Se encuentra en el arquetipo de la madre, en la diosa, representada como la madre de Dios, como la Virgen y como Sofía, que es sinónimo de "sabiduría". En la mitología se aprecia las diversificación de la madre con infinidad de nombres, pero apuntando siempre al mismo significado oculto. También, como toda figura arquetípica, la figura de la madre puede poseer un doble significado, una doble acepción, tanto positiva como negativa. Para poder encontrar su totalidad, el equilibrio y la continuación del sistema, el arquetipo que engendra lo contrario, lo negativo, resulta indispensable. Por ello, la connotación negativa del arquetipo de la madre implica lo obscuro, lo oculto, el abismo, la muerte, todo lo que devora, seduce y envenena.[206]

Bajo una perspectiva holística, totalizadora, el arquetipo de la madre muestra una conexión intrínseca con la naturaleza. Este arquetipo, asociado con cosas y lugares que denotan fertilidad y abundancia, puede formar parte de una cueva, una piedra, un arroyo, un pozo, un receptáculo. Puede estar oculto entre las piedras que bordean un arroyo, entre las cuevas húmedas que sirven de entrada a las entrañas de un cerro, o entre los árboles frondosos que acarician el agua de un estanque en clama. Se le percibe en cualquier lugar que implique una conexión directa con la tierra, por su carácter fecundo y su esencia femenina, y debido a la protección que implica, el círculo mágico o el mandala pueden ser una forma de este arquetipo.[207] En el campo de las religiones comparadas se atribuye el arquetipo de la gran madre a todas las manifestaciones de lo fértil, de lo terrenal, de la humedad, de la tierra, de la semilla expresada en los diversos tipos de diosas madres.

---

206 JUNG. *óp. cit.*, 2001.p. 15.
207 *Ibídem*, p. 14.

El arquetipo de la madre, como agente totalitario, enarbola la compasión, la autoridad mágica, la sabiduría, la exaltación espiritual, el instinto de ayuda, todo lo que nutre y sostiene, aquello que alberga crecimiento y fertilidad. La transformación mágica, el renacimiento y el viaje al inframundo son presididos por ella misma. Manifiesto en diferentes culturas, el arquetipo de la madre se caracteriza por la naturaleza que nutre, por la emocionalidad orgiástica y por su profundidad espiritual. El hombre, la mujer o la cultura misma que reconozca este arquetipo, implica un profundo contacto con lo fértil, lo intuitivo y lo mágico. Chamanes, magos, alquimistas, sacerdotes y todos aquellos conocedores de la transformación del ser humano, sabían de la existencia de este estrato psíquico contenido en cada individuo y de la importancia de contactar con él.

Otro arquetipo de vital importancia en el desarrollo de las diversas culturas, encontrado sobre todo en su mitología, es el del héroe. Éste ha existido desde tiempos inmemoriales por la necesidad del hombre de trascenderse a sí mismo. La principal hazaña del héroe es vencer al monstruo de la oscuridad, a la sombra, a la maldad encontrada en él mismo. Al vencer se da el triunfo largamente esperado de la conciencia sobre el inconsciente. Para que el héroe se encuentre, tiene que vencer a su sombra, representación de la dualidad de este arquetipo. La sombra es el lado oscuro que personifica todo lo que el sujeto se rehúsa a reconocer en sí mismo y, sin embargo, encuentra en los demás. El arquetipo del héroe casi siempre se encuentra dentro de las esferas del inconsciente personal, aunque también aplica culturalmente en el inconsciente colectivo. Desde su nacimiento, el héroe está predestinado a trascenderse a sí mismo. Mitológicamente, la meta del héroe es encontrar el tesoro, la princesa, el anillo, el huevo de oro, el elixir de la vida. Al arriesgarse a luchar con el dragón y salir vencedor, consigue el tesoro escondido, dicho en otras palabras: el triunfo del héroe encarna el arquetipo de la confianza en sí mismo, al enfrentar la luz y oscuridad de su ser y haber salido ileso, se transforma.[208] Un aspecto importante de este arquetipo es que, además de su nacimiento humano, está condenado a sufrir un segundo nacimiento. En el segundo nacimiento contacta con lo divino y renace de ello. En varias religiones, el rol del bautizo o de la imagen del renacimiento lo juega este arquetipo. De hecho, el bautizo surge de la creencia de la pérdida de la conexión con la conciencia arquetípica instintiva, por lo que al recién nacido se le otorgan unos padrinos, los cuales son responsables de la espiritualidad de su ahijado, representando ellos los pares de dioses que aparecen en el nacimiento, la imagen del nacimiento dual.[209]

Otro arquetipo que interesa en este trabajo por su eminente conexión con la naturaleza y los fenómenos relacionados con ésta, es el arquetipo del hombre de la naturaleza. Este arquetipo se relaciona tanto con Orfeo como con Dionisio, transformándose posteriormente en el arquetipo de Cristo. Implica la conexión con lo natural, con la exaltación de los sentidos y con la luz, elevándose a la categoría del arquetipo de Dios expresado como arquetipo de luz. Éste es el prototipo de toda la luz, está preexistente y subordinado a todo fenómeno de luz.

Y habla la niña...

Me gustan los sueños porque me dicen cosas que los demás poco saben. Siempre recuerdo mis sueños, desde que decidí que los quería recordar al igual que recuerdo mis lecciones de historia. Pero no todos los sueños son iguales, hay sueños sencillos en donde cocino junto a mi madre o le ayudo a mi padre en el campo. En estos sueños el mundo continúa siendo lo que siempre ha

[208] SHARP. *óp. cit.*, 1994.p. 88.
[209] JUNG. *óp. cit.*, 1990.p. 68.

sido y yo soy lo que ahora soy. Pero también hay otros sueños donde veo cosas que no conozco y voy a lugares lejanos que sólo aparecen en mis libros de texto de geografía. En esos sueños yo dejo de ser yo misma y me convierto en otro ser que me abarca a mí y a muchos otros seres. Dotada de poderes inimaginables, puedo hacer cualquier cosa y vencer cualquier obstáculo. Mi mundo no se limita a este valle y a estos volcanes que cuidan nuestras tierras; en estos mundos hay muchos valles y volcanes y ríos y yo los reconozco a todos porque yo conocía esas tierras de antaño. Esos sueños se los cuento a mi padre quien con aire grave me escucha con atención. A veces encuentro a mi padre en mi sueño quien me sonríe, divertida su mirada. En la mañana sólo impera el silencio de dos cómplices y un día más de labores cotidianas.

Teoría de los sueños

Los sueños siempre han fascinado al ser humano. Por ser tan vagos, efímeros e inaprensibles, guardan dentro de sí un secreto difícil de descifrar. La idea de la existencia de una vida psíquica que se desarrolla más allá de nuestra limitada conciencia ha inquietado a pensadores y filósofos a lo largo del tiempo. El ser humano advierte que cuando se adentra al mundo onírico, toma control el inconsciente, relegándolo a mero espectador de su obra teatral.

Existen varias aproximaciones para entender el infinito entramado de los sueños. Desde una postura con acepción metafísica, Paracelso afirmaba que "durante el sueño, el cuerpo sideral del hombre podía ser proyectado fuera del cuerpo físico por el poder de la imaginación y actuar a distancia con un objetivo determinado".[210] Esta óptica metafísica confiere a los sueños un poder especial, un don que trasciende lo que nuestra mente analítica pudiera realizar durante la vigilia. Otros pensadores piensan que los sueños poseen una historia propia, planteamiento rechazado por la teoría clásica de Freud y de Jung, quienes afirman que los sueños tienen dos niveles de significado: el individual y el universal. Sin embargo, parece ser que existe un tercer nivel que se encuentra ubicado entre los otros dos, fungiendo como el nivel cultural o social de los sueños. Desde esta perspectiva integradora, habría tres niveles de sueños: el individual, el cultural y el universal, este último concerniente a todos los seres humanos, sin importar su cultura o ubicación, edad o género. El nivel universal se comporta como una supra mente que abarca mayor espacio que la reducida conciencia individual. Montague Ullman, fundador del Laboratorio de Sueños, en el Centro Médico Maimonides en Brooklyn, Nueva York, afirma que, a través de los sueños arquetípicos y universales se denota la interconectividad que impera en el universo. Ullman asegura que los sueños son una manera de erradicar la compulsión humana de fragmentar el mundo.[211]

Aunque el carácter universal de los sueños es de vital importancia en el entendimiento arquetípico del inconsciente, los sueños culturales son de gran interés, ya que muestran patrones simbólicos similares dependiendo de la cultura de la cual provienen. Este hecho lleva a reflexionar sobre la existencia de ciertos sueños que son determinados por la cultura en la cual se sueñan. Un ejemplo de un sueño de pauta cultural procede de los indios de Norteamérica, de los Ojibwa, quienes vivieron en lo que hoy es Michigan y Ontario.

---

210 DURAND. *óp. cit.*, 1999. p. 50.

211 ULLMAN, Montague. "Psi and Psychology", conferencia dada en la American Society for Psychical Research Conference on Psychic Factors in Psychotherapy.Noviembre 8, 1986.

"Como ritual de paso, los muchachos participaban en un ayuno de sueños para acceder a la condición de adultos".[212] Se creía que los seres sobrenaturales acudirían para aconsejarles. Los soñantes reportaban sueños de la misma índole, siendo éstos por lo general sueños transformativos.

Pareciera que sí hay sueños de pautas culturales, ya que en muchos casos la expectativa de soñar algo determinado influencia el tipo de sueño que se sueña. Burke sostiene que "se sueña influenciado por los símbolos fundamentales de determinadas culturas".[213] Al respecto, el también antropólogo Jackson S. Lincoln explicó que en las culturas primitivas se daban dos tipos de sueños, ambos con significaciones sociales. El primer tipo era el sueño espontáneo o individual, cuyo contenido reflejaba la cultura, mientras que el contenido del segundo tipo era universal. Este planteamiento fue llamado la "pauta cultural", cuyo estereotipo era determinado por la cultura en cuestión.[214] Sin embargo, aunque la cultura indiscutiblemente influencia el tipo de sueño que se sueña, existen sueños comunes a todos los seres humanos que trascienden particularidades culturales y de los cuales nos ocuparemos aquí, ya que conciernen a la humanidad entera.

Estos sueños contienen dentro de sí determinadas imágenes simbólicas. Al respecto, María Zambrano distingue dos tipos de manifestaciones, aquellas que sentimos nacer de la memoria o de la imaginación, y esas otras que se nos aparecen como estando ahí antes de haber sido percibidas. Estas otras imágenes que han estado ahí desde siempre, como imágenes primordiales o arquetipos,

---

212 BURKE, Peter. "La historia cultural de los sueños". En: *Formas de historia cultural.* Madrid. Alianza Editorial, 1999. pp. 41-64. p .43.

213 *Ibídem*, p. 44.

214 *Ibídem*, p. 43.

se expresan en nuestros sueños mostrando la comunión de la humanidad.

Y habla la niña

¿De qué están fabricados los sueños? ¿Cuál es el material del que se cortan?¿Será éste tan sutil y fino, como la tela de una araña que con mirarla demasiado se desvanece en el aire? ¿Tendrán la textura de una caricia o de una ilusión cumplida, o se tornarán grises y fugaces como esos momentos de vigilia tras un sueño profundo cuando intentamos asirnos de los matices de la materia onírica para hacer que perdure la fantasía un poco más? ¿Será acaso que el sueño sea un simple producto de la mente que busca liberarse de las locuras del día para imbuirse de las corduras de la noche? O tal vez es el mundo verdadero el que se desarrolla paralelamente y al cual sólo tenemos acceso cuando decimos que soñamos, aunque ahí realmente estamos viviendo. ¿Será que todo es un gran telón y sólo cuando cerramos los ojos éste se abre para que podamos ver el escenario? No lo sé, sólo sé que noche tras noche, recuerdo un poco más.

Definición de *sueño*

Los sueños tuvieron gran importancia en las antiguas culturas de Oriente y Occidente y en el mundo indígena anterior al contacto con Europa. Hoy en día, la mayoría de las personas le confiere muy poca importancia a los sueños, sin percatarse de que éstos se encuentran llenos de simbología rica en imágenes, dispuestos a orientarnos en nuestras labores cotidianas. Es por eso que, al no centrar nuestra atención en ellos, los sueños se vuelven fragmentos de actividad psíquica involuntaria, apenas conscientes como para que sean reproducidos en el estado de vigilia.[215]

Jung definía al sueño como una pieza teatral interna que tiene manifestaciones independientes y espontáneas del inconsciente.[216] Bajo la perspectiva jungiana, el autor e intérprete de los sueños es uno mismo y el mundo, por ser, al fin y al cabo, ambos la misma cosa. Por provenir de la psique, "los sueños refieren una actitud definitiva de conciencia y una situación psíquica definida, pero sus raíces yacen profundamente en los resquicios de la mente inconsciente".[217]

Para algunos investigadores, los sueños no parecen ser un componente integral de nuestra vida psíquica consciente, sino que son más bien ocurrencias accidentales. Desde esta perspectiva positivista, los sueños fungen como remanentes de una peculiar actividad psíquica que se lleva a cabo durante el sueño. Pero muchos de estos sueños tienen un elemento de mucha mayor profundidad, que no es soñado por accidente. El adentrarse al mundo onírico y comprender los sutiles secretos que devela, es conectarse con el velo platónico de las ideas, del principio de las cosas, en cuyo interior hay acceso al mundo entero.

Y habla la niña...

Hace tres años comencé a soñar con él. No sabía
al principio que era él, aunque mi corazón
me lo decía y yo, empecinada, me negaba a entender.
No lo había vuelto a ver desde que me dio la estampilla del santo.
De hecho, en ese entonces me pareció un hecho
raro y no pensé más sobre el asunto.

---

215 JUNG, Carl Gustav. *Dreams*.Princeton.Princeton Bollington, 1974.p. 68.
216 SHARP. *óp. cit.*, 1994, p. 191.
217 JUNG. *óp. cit.*, 1974, p. 3.

Hasta que soñé y lo vi, ahora con otra forma y en otro tiempo.
Esta vez tampoco habló. Montaba su corcel negro
y corría tan veloz que el mismo aire se
doblaba ante su presencia. Fue entonces que me
percaté de que su corcel estaba volando. Rápi-
damente se desplazaba sobre los campos recién
sembrados, sacudiendo los cimientos perezosos
de las plantas, incitándolos a subir a la superficie y entregarse a la vida.
Yo lo seguí con mi vista, ofreciéndole el
ramillete de flores que traía conmigo
para depositar en las cruces. Esta vez, al igual que la pasada,
desapareció ante mis ojos en una pequeña oquedad al borde del volcán.
Sólo el relincho de su caballo negro se escuchaba
perdiéndose en la distancia. Una flor roja
yacía al borde de la cueva inexistente.

Estructura de los sueños

Como se afirmó, en materia del inconsciente nos referimos a un inconsciente personal y a otro colectivo, que yace a un nivel mucho más profundo y alejado de la conciencia que el inconsciente personal. En este nivel profundo, donde aguarda el inconsciente colectivo, se encuentran los grandes sueños universales, vitales para la comprensión de los hombres.[218]

En muchos de estos grandes sueños se emplean numerosas mitologías y motivos cargados de símbolos que caracterizan la vida del héroe o de un gran hombre o mujer quien es semidivino por naturaleza.[219] A estos motivos mitológicos o *mitologemas*, Jung les ha designado el término de "arquetipos". Estos arquetipos se entienden como grupos y formas de imágenes específicas que ocurren no sólo en todos los tiempos y lugares, sino también en

---

218 *Ibídem*, p. 77.
219 *Ibídem*, p. 79.

sueños individuales, fantasías y visiones. Su frecuente aparición en casos individuales, así como su distribución universal, prueban que la psique humana es única, subjetiva y personal sólo en parte, ya que lo demás es colectivo y objetivo.[220]

Para comprender la estructura e interpretación de los sueños, es frecuente la comparación de las imágenes típicas en los sueños con aquellos provenientes de la mitología. A este respecto, Nietzsche decía que el pensamiento a través del sueño debe de ser visto filogenéticamente como un modo más viejo de pensamiento. Afirmaba que "así como el cuerpo tiene rastro de su desarrollo filogenético, también la mente humana, por lo tanto no hay nada más sorprendente que la posibilidad de que el lenguaje figurativo de los sueños sea una supervivencia de un modo más arcaico de pensamiento".[221]

Sin lugar a dudas, no todos los sueños son de igual importancia. Aún las culturas antiguas distinguían entre los grandes y los pequeños sueños, o los clasificaban como sueños significativos o insignificantes.

Aunque para el investigador actual todos los sueños son importantes por el sólo hecho de ser sueños y por la información que conllevan, sí existen sueños típicos. Los motivos o imágenes típicas en los sueños son de mucho interés, ya que permiten una comparación con las imágenes clásicas de la mitología.

Regularmente, los grandes sueños se distinguen de otros por el rico contenido simbólico en imágenes, mismos que encontramos a lo largo de la historia de las mentalidades de los seres humanos. Es importante recalcar que el soñante no necesita conocer o saber de la

---

[220] *Ibídem*, p. 77.
[221] *Ibídem*, p. 34.

existencia de estas grandes imágenes para soñarlas. En este hecho radica la concepción arquetípica del sueño.

Como regla de estructuración del mundo onírico, el fenómeno inconsciente se manifiesta de manera caótica. Los sueños no muestran un orden aparente y ninguna tendencia de sistematización.[222] Contrario a nuestra ordenada vida consciente, el sueño no sigue leyes claramente determinadas ni modos regulares de comportamiento. De hecho, de todos los fenómenos psíquicos, los sueños presentan el mayor número de factores irracionales. Parecen poseer una mínima coherencia lógica de jerarquía de valores mostrado por otros contenidos del consciente, por lo que son menos transparentes y comprensibles.

Sin embargo, tienen una estructura psíquica que es diferente de las estructuras conscientes, porque muestran un desarrollo continuo típico—aunque caótico—de contenidos conscientes.[223]

Las combinaciones de ideas en un sueño son predominantemente fantásticas y se unen en secuencias bastante distintas a nuestro pensamiento cotidiano consciente, además de que su procesamiento es opuesto a las secuencias lógicas de ideas que consideramos una característica especial del proceso mental consciente. Además, en la estructuración de los sueños se tienden a relativizar los opuestos, lo cual es una característica notable del inconsciente.

Aunque los sueños muestran un aparente caos, a éstos sí se les puede conferir una estructura dramática clásica. En ella hay una exposición que contiene en sí el lugar, tiempo y personajes, en donde se muestra la situación inicial del soñador. Después, hay un desarrollo de trama donde ocurre la acción, acto seguido, una

---

[222] JUNG. *óp. cit.*, 1990.p. 276.

[223] *Ibídem*, p. 23.

culminación o clímax, al producirse un evento decisivo. Finalmente, la *lisis,* resultado o solución concluye el sueño.[224]

Y habla la niña...
La neblina se levanta de los contornos de mi mente
y sé que estoy durmiendo. Ahora sí veo
lo real, lo verdadero. Percibo los campos sembrados
de trigo y todos aquellos seres que
cuidan del maíz y que aguardan silenciosos hasta
que madure. En mis sueños vuelo sobre
ellos y ayudo a derramar los cántaros de agua
sobre la cosecha sedienta. Mis manos no
son simplemente manos, sino largas ramas que
acarician el cielo. En mis sueños subo a los
montes y los cerros y platico con los seres de la
tierra que habitan en ellos, detrás de cada
flor, de cada arbusto. Mis oídos no son simplemente
receptáculos de las palabras, sino que
son vasija de una infinidad de idiomas y sonidos.
En mis sueños rezo a las cruces y éstas
se tornan vivas, repletas de espíritus danzantes que
las entrecruzan dichosos por saber que
no son olvidados. Mis oraciones no son simplemente
dichos, sino intenciones vivientes,
desbordantes de energía.

Función de los sueños

Por pertenecer a nuestra psique—al igual que todo lo que poseemos—, los sueños tienen una marcada función en nuestras vidas. Al estar centrados individual y culturalmente en nuestro quehacer consciente, el inconsciente ha sido relegado, por lo que el

[224] SHARP. *óp. cit.*, 1994.p. 193.

ser humano funge como ente incompleto. Como todo lo vivo lucha por completarse, la inevitable mitad de nuestra vida consciente continuamente es corregida y compensada por el ser universal dentro de nosotros, cuyo objetivo es la integración total del consciente con el inconsciente o, dicho de otro modo, la asimilación del ego en una personalidad más abarcante.[225]

Como el sueño es un fenómeno psíquico, debemos suponer que su función obedece a leyes y propósitos similares a los de otros productos psíquicos. Por ende, los sueños conllevan en un lenguaje figurativo a través de la imaginaria sensorial, pensamientos, juicios, puntos de vista, directivas y tendencias que están inconscientes porque fueron reprimidos o no se percató el soñante de su existencia.

Jung distingue entre una "función prospectiva" y otra "función compensatoria" de los sueños. La función prospectiva es una anticipación en el inconsciente del futuro o de futuros logros. Su contenido simbólico a veces ofrece una solución de un conflicto. La función compensatoria le añade a la situación consciente todos los elementos del día previo que permanecieron subliminalmente a causa de la represión o porque eran demasiado débiles para emerger a la conciencia. Ésta es una función autoregulante del organismo psíquico.[226]

Ya sea como sueño cotidiano o como gran sueño, éste utiliza figuras colectivas porque tiene que expresar un problema que se repite infinitamente y no es tan sólo un desajuste en el equilibrio personal.[227] Por su naturaleza compensatoria, el sueño se ocupa tanto de la salud como de la enfermedad, ya que, por su fuente en el inconsciente, muestra variadas percepciones subliminales

---

225 JUNG. *óp. cit.*, 1974.p. 25.

226 *Ibídem*, p. 41.

227 *Ibídem*, p. 78.

que expresan información relevante. En el ámbito fisiológico, "la función de los sueños es tratar de restablecer el balance psicológico al producir sueños que restablecen de una manera sutil nuestro equilibrio psíquico."[228] A través de los recursos simbólicos, los sueños describen la situación actual de la psique, desde el punto de vista del inconsciente.

Es importante mencionar que por el hecho de provenir del inconsciente, los sueños fungen como velos transparentes que no permiten engañar el ojo de quien los mira con apreciación, ya que los sueños no son creaciones deliberadas ni arbitrarias, sino fenómenos naturales que sólo son lo que pretenden ser. No engañan, no mienten, no distorsionan, ni disfrazan nada. Invariablemente, buscan expresar algo que el ego sabe y no comprende.

Aunque Jung reconoció que en algunos casos, los sueños cumplen la función de satisfacer deseos y proporcionar un buen dormir, basándose en la teoría proveniente de Freud, o que en otros revelan una lucha infantil de poder, teoría sostenida por Adler; Jung se concentró en el contenido simbólico del mundo onírico y del rol compensatorio en la autorregulación de la psique al revelar aspectos de uno mismo que normalmente no son conscientes. Para Jung, los sueños le agregan a una situación psicológica consciente todos esos aspectos que son esenciales desde un punto de vista absolutamente diferente.

Y habla la niña...

Donde vivo hay un grupo de mayores que escuchan a los soñadores relatar sus sueños. Mi padre me llevó ante ellos cuando se dio cuenta que soñaba vívidamente con mucha frecuencia. Los

[228] JUNG. *óp. cit.*, 1978.p. 34.

mayores también sueñan, pero se dedican más a escuchar a los sueños de los otros y ayudarles a entenderlos mejor. Muchos son ancianos venerables que ya no ven con el ojo ordinario, sino con uno más interno que según mi padre despierta después de escuchar muchos relatos. Estos hombres y mujeres dicen que en cada generación hay soñantes que tienen la misión de explicarle al resto de los hombres los designios del más allá. Por lo tanto, me pidieron que prestara mucha atención a mis sueños y que dejara que éstos se desenvolvieran sin oponerme a nada, como si fuera una hoja que fluye despreocupada por el cauce de un río. Yo me reí bajito, porque en mis sueños yo ya no soy yo, sino la hoja que está a punto de convertirse en río.

Interpretación de los sueños

Mientras soñamos no existe el tiempo; es al despertar que nos es devuelto.[229] Las grandes civilizaciones pasadas eran conscientes de lo atemporal de los sueños. Los sacerdotes y sacerdotisas, magos, hechiceros y chamanes de antaño ponían particular atención a los sucesos y la simbología del mundo onírico. Era el momento en que la mente se liberaba de las ataduras carnales para abrirse paso al entramado infinito del inconsciente. Ahí se encontraban los mensajes y presagios de las divinidades para con el ser humano. Sin embargo, la modernidad desplazó estos arrojos repletos de símbolos y mensajes cifrados del mundo onírico, aunque algunas de sus propiedades fueron rescatadas por afanosos científicos de la psique.

Como los precursores de las investigaciones del inconsciente y de los sueños en las sociedades occidentales modernas, Freud y Jung,

---

229 GLOCKNER.*óp. cit.*, 1996.p. 39.

revolucionaron el concepto de la "psique". Los descubrimientos de Freud fueron los primeros esfuerzos por tratar de encontrar el significado verdadero de los sueños. Su trabajo merece el término de "científico" porque ha evolucionado hasta ser una técnica usada por muchos otros científicos para comprender la mente con mayor precisión.

Tanto Freud como Jung sabían que, por tratarse de productos del inconsciente, no se les podía adjudicar a los sueños una interpretación determinada, como si hubiera una fórmula o unas instrucciones específicas para comprenderlos. De hecho, ambos autores estaban interesados en las analogías entre el sueño y el mito, pero había una crucial diferencia: Freud interpretaba los mitos en términos de sueños, mientras que Jung interpretaba los sueños en términos de mitos. Sin embargo, ninguno de los dos autores consideraba a los productos del mundo onírico una instancia fija. Sabían que los símbolos eran elementos cambiantes y subjetivos, difíciles de asir.

Actualmente, el conocimiento de la función reductiva del inconsciente reflejado en los sueños se debe específicamente a Freud. "Su interpretación de sueños se limitó a las represiones de la persona, sobre todo en el ámbito sexual. Investigaciones posteriores han demostrado el puente entre los elementos arcaicos a las funciones residuales provenientes de lo supra-personal, lo histórico y lo filogenético que reside en el inconsciente."[230]

Freud afirmaba que se tenía que tratar el sueño analíticamente, como cualquier otro producto psíquico, hasta que la experiencia repetida enseñara una mejor manera. El punto de vista freudiano para la interpretación de sueños era esencialmente una función

[230] JUNG. *óp. cit.*, 1974.p. 44.

de realización de deseos muy angosta, aunque la función compensatoria biológica era correcta.[231] Para él, la función compensatoria sólo estaba interesada en una porción limitada con el estado de sueño, importándole más el estado consciente. Jung, por su parte, sostenía que los sueños eran compensatorios a la situación consciente del momento.[232]

Al contrario de los métodos de libre asociación de Freud, los métodos jungianos abordaban el material fantasioso, imaginativo, producto de los mitos o de la mente colectiva, al observar más de este material que se adicionaba al fragmento de una manera natural.[233] Jung rechazó las ideas freudianas sobre los contenidos de los sueños, ya que sostenía que estaban demasiado influenciados por opiniones preconcebidas y la realización de deseos reprimidos. Afirmaba que se tenía que coleccionar tanto material como fuera necesario para entender el significado del sueño. Un buen investigador del proceso onírico, además del material recopilado para poder buscar un criterio psicológico al sueño, debía saber cuáles eran las experiencias previas que componían al individuo. De hecho, se debían rastrear todos los elementos del cuadro soñado.[234] El material adquirido proveniente del sueño debía ser examinado de acuerdo con los principios que siempre eran aplicados al análisis histórico o a cualquier otro material empírico. El método era de naturaleza comparativa.

El Talmud dice que el sueño es su propia interpretación. Los contenidos de los sueños son simbólicos y guardan más de un significado. Freud lo sabía. De hecho, su gran logro fue sistematizar la interpretación onírica. Reconoció la imposibilidad de interpretar

[231] *Ibídem*, p. 38.
[232] *Ibídem*, p. 38.
[233] JUNG. *óp. cit.*, 1990.p. 49.
[234] JUNG. *óp. cit.*, 1974.p. 26.

los sueños sin el soñante. Las palabras involucradas en una narrativa de sueños no tienen un solo significado, sino muchos.[235] Estos conceptos fueron retomados por Jung posteriormente. Jung sabía que toda interpretación de un sueño es un dicho psicológico de parte de su contenido. Afirmaba que en la interpretación tiene validez inmediata para el soñante y el escucha el ponerse de acuerdo con el contexto sobre el cual referenciar al sueño. Delimitar esto es de vital importancia. Sólo el material que está expuesto con claridad y visiblemente parte del sueño debe de ser usado para interpretarlo. Además, ningún símbolo del sueño puede estar separado del individuo que lo sueña y no hay ninguna interpretación directa del mismo.[236]

El investigador simplemente refleja y guía las interpretaciones del soñante, pero de ninguna manera dictamina. Los motivos ulteriores del sueño fluyen entre ambos al ser revelados por la lógica simbólica que se manifiesta del inconsciente a la conciencia. En resumidas cuentas, se podría afirmar que los dos puntos fundamentales para lidiar con sueños son éstos: primero, el sueño debe ser tratado como un hecho; y, segundo, el sueño es una expresión específica del inconsciente. Debe recordarse que el sueño y su contexto no se entenderán desde un punto de vista objetivo, aunque los sueños sí tienen un significado propio.

Jung sostiene, frente a la perspectiva freudiana, que ve a los sueños como la realización de deseos reprimidos, que hay que observar en los sueños a la auto-imagen espontánea, en forma simbólica de la situación actual del inconsciente. Si se quiere interpretar a un sueño correctamente, se necesita saber la situación consciente del momento, porque el sueño contiene el complemento inconsciente, es decir, el material que la situación consciente ha constelado al inconsciente.

---

235 *Ibídem*, p. 70.

236 JUNG. *óp. cit.*, 1978.p. 18.

Desde la postura jungiana, en un sueño todos los personajes son personificados como características de la propia personalidad del soñante.[237] Esta postura es retomada en la psicología humanista al afirmar que todo lo manifestado en los sueños es la persona, fungiendo como una parte alienada de la misma. La psicología humanista resuelve, al igual que Jung, que todo el trabajo de sueños es esencialmente subjetivo y el sueño es el teatro en el cual el mismo soñante es el escenario, el productor, el actor, el público y el crítico.[238]

Los sueños siempre se encuentran repletos de símbolos y existen dos maneras de interpretarlos. Depende de si son considerados desde el punto de vista causal o final. El punto de vista causal—proveniente de la escuela freudiana—se da cuando hay un deseo o añoranza reprimida que se manifiesta a través de un sueño; por ejemplo, todos los objetos largos representan falos y los objetos redondos, vaginas. El punto de vista final le confiere a las imágenes de un sueño un valor intrínseco propio, determinado por el soñante y su contexto.

Jung y sus seguidores desarrollaron un procedimiento para la interpretación de sueños llamado "retomando el contexto". Este procedimiento consiste en hacer que cada tonalidad de significado que emerge del sueño a los ojos del soñante sea determinada por la asociación del soñador mismo. Otra manera de interpretar los sueños sería recurrir al pasado y reconstruir las experiencias futuras a través de ciertas imágenes asociadas al mismo. Cuando se analizan los sueños a través de las fantasías en ellas, el resultado revive el inconsciente y produce material rico en imágenes arquetípicas y asociaciones.[239]

---

237 JUNG. *óp. cit.*, 1974.p. 52.

238 SHARP. *óp. cit.*, 1994.p. 193.

239 JUNG. *óp. cit.*, 1990.p. 49.

Aunque existen muchas maneras de acercarse a la interpretación del mundo onírico, es importante cuestionar cómo llegar a un significado plausible, que permita confirmar la certeza de la interpretación. Para ello, existen tres preguntas fundamentales que guían al intérprete onírico: ¿cuál es el propósito de este sueño?; ¿qué efecto debe tener?; y ¿para qué fue soñado con esos simbolismos?

En cualquier área la pregunta de por qué y para qué surge, porque cada estructura orgánica consta de una complicada red de funciones y propósitos, y cada una de esas funciones puede ser resuelta en una serie de hechos individuales con una orientación propositiva.

Un método más subjetivo que científico, utilizado por los estudiosos de la psique, es predecir resultados futuros de los sueños a través de un diario y así verificar su interpretación a través de eventos sucesivos, asumiendo que el significado yace en la anticipación del futuro. Otro aspecto de vital importancia en la interpretación onírica es la intuición. Ya sean sueños de anticipación o pronóstico, es importante guiarse por la intuición para comprenderlos mejor. Como los significados de la mayoría de los sueños no están de acuerdo con las tendencias de la mente consciente, sino que muestran una peculiar desviación, se debe asumir que el inconsciente, la matriz de los sueños, guarda una función independiente a la cual se accede a través de la sutil vela de la intuición.

Sin embargo, nada de esto sería importante sin considerar un elemento fundamental en la interpretación simbólica y sus significados: saber y aprender si estas representaciones están relacionadas con una experiencia puramente personal, colectiva o universal.[240] En algunos lugares los sueños siguen los estereotipos de la cultura local. Por ejemplo, entre los indios hopi, según la

240 JUNG. *óp. cit.*, 1978.p. 86.

antropóloga Dorothy Egan, los niños aprenden los mitos a través de rituales dramáticos, y sus sueños parecían estar influenciados por ellos.[241] Así, incorporando los conceptos de varias posturas de interpretación simbólica de los sueños, es importante sostener una posición integradora, ya que, cuando intentamos entender símbolos, no sólo estamos confrontados por el mismo, sino que estamos afrontando la complejidad del individuo produciendo símbolos. Esto implica un estudio de los antecedentes culturales del individuo o de uno,[242] aunado a lo cual y tomándolo en cuenta para su posterior análisis, es imprescindible sustraerse de la concepción del ser aislado dentro de sí mismo y su cultura y, por el contrario, vislumbrarlo integrado a la totalidad de la creación, como sujeto de una gran mente que abarca dentro de sí a todos y cada uno de los seres humanos que pueblan el planeta.

Y habla la niña...

En mi tercer sueño con él, ya no era un hombre. Era algo más grande, mucho más inmenso que abarcaba muchas cosas dentro de su ser. Era visto con respeto, incluso con temor por muchos hombres; sin embargo, los que habían vivido a sus faldas, los que despertaban cerca de él cada mañana, los que le hablaban constantemente de sus preocupaciones y añoranzas no le temían.

Yo no le temía porque él me había escogido. Me lo susurró al oído y me pareció escuchar toda el agua de una cascada deslizándose por mi cuerpo. Me pidió que viajara hacia él algunas noches, cuando me sintiera desamparada o quisiera hacerle una petición en nombre de mi gente. A cambio sólo me pedía que no lo olvidara, porque hasta los viejos volcanes se mueren de soledad

241 BURKE. *óp. cit.*, 1999.p. 45.

242 JUNG. *óp. cit.*, 1978.p. 81.

y hastío al dejar de ser necesitados.

Sueños arquetipos

Ligados a la mente colectiva, a la supramente que reina en todos los seres humanos, se encuentran los sueños arquetípicos. Éstos constan de imágenes que no necesariamente pudieron ser conocidas por el soñante, ya que trascienden a éste. Estas imágenes se muestran funcionalmente en su sueño, de tal manera que coinciden con el funcionamiento arquetípico conocido de fuentes históricas. De hecho, hay sueños y visiones de carácter tan impresionante que algunas personas no admiten que pudieron ser originados en la psique inconsciente. Prefieren decir que tales fenómenos derivaron de una especie de supraconciencia, o de una conciencia superior que corresponde a lo que en el oeste llamamos *inconsciencia*. Sin embargo, algunos sueños, visiones y experiencias místicas sí sugieren la existencia de una conciencia en la inconsciencia.[243]

Un punto medular de los sueños arquetípicos, producto del inconsciente colectivo, es que éstos ya no están interesados en experiencias personales, sino en ideas generales cuyo significado mayor radica en su significado intrínseco y no en una experiencia personal y sus asociaciones.[244] Las experiencias repetidas y los patrones de pensamiento similares en diversos individuos de culturas distintas y separadas, muestran que hay formas arquetípicas que no corresponden a patrones estáticos. Hay factores dinámicos que se manifiestan en impulsos, tan espontáneamente como los instintos. Determinados sueños, visiones o pensamientos pueden aparecer de repente y sin aparente razón.

---

[243] JUNG. *óp. cit.*, 1990.p. 283.

[244] JUNG. *óp. cit.*, 1974.p. 77.

Freud incluso afirmaba que en un sueño puede haber elementos que no son individuales y que no pueden provenir de la experiencia personal del soñador. Estas imágenes y símbolos están relacionados con ideas, mitos y ritos primitivos que conciernen a todos los individuos. Estos elementos fueron llamados "remanentes arcaicos", cuya presencia no puede ser explicada individualmente y parece ser inherente a la mente humana.

Basándose en esto, Jung sostuvo su teoría de los sueños arquetipos, ya que le preocupaba el contenido manifiesto de los mismos. Sabía que dentro de ellos había algunos símbolos oníricos universales—como el de la gran madre o el héroe, entre otros—, todos procedentes del inconsciente colectivo y presentes en individuos que carecían de conocimientos conscientes de ellos. Parecía ser que, con la evolución del cuerpo embriónico, repitiéndose a través de la historia, también la mente se desarrolló a través de unos estadíos prehistóricos. La función principal de los sueños es traer de vuelta una "recolección" de lo prehistórico, al igual que "el mundo infantil de los primeros pobladores" hacia el nivel de los instintos primitivos.[245]

Actualmente nos encontramos en un tiempo sin dioses. Los viejos dioses se han escondido en los límites de nuestra mente inconsciente, esperando a que los invoquemos de nuevo. Reinan actualmente sus pobres sustitutos materiales que han hecho que el hombre moderno se sienta cada vez más solo y alienado. Con la creciente pobreza del simbolismo hemos redescubierto nuestros dioses renuentes a dejarnos, disfrazados de factores psíquicos, conocidos en términos mundanos como los "arquetipos del inconsciente". Aun relegados al olvido, persisten en hacernos recordar que no nos han abandonado del todo.

---

245 JUNG. *óp. cit.*, 1978.p. 89.

Conclusiones

La mente del ser humano se ha ido desarrollando, como en todas las especies, hasta alcanzar la conciencia que tiene ahora. La psique contiene dentro de sí dos aspectos igual de importantes e útiles para mantener en equilibrio a los individuos: la mente consciente y la mente inconsciente. Pese al enorme potencial mental que posee el ser humano, transcurre la mayor parte de su tiempo percatándose de los hechos que le transmite su mente consciente, desplazando a la inconsciente a un lugar inferior en su escala de atenciones. Sin embargo, esta mente inconsciente es vital para comprender el quehacer humano. Se encuentra dotada a su vez de un aspecto inconsciente personal donde se albergan todos los recuerdos y experiencias que se decidieron dejar en el olvido por contener episodios demasiado fuertes para lidiar con ellos abiertamente. A veces a través de sueños, fantasías o complejos estos episodios buscan escaparse de las garras del olvido y recordar que siguen latentes para volver a ser aceptados. Pero hay otro aspecto de la mente inconsciente aún mucho más profundo y antiguo que se desarrolló desde los tiempos prehistóricos, como lo hicieron los instintos de los primeros hombres. Esta mente inconsciente es colectiva y alberga dentro de sí todas aquellas experiencias y recuerdos que el hombre comparte como especie y que se manifiestan de diversas maneras a lo largo de las múltiples culturas, aunque no hayan podido conocerse ni transmitirse entre sí. El inconsciente colectivo se expresa en los hombres a través de sueños y fantasías que contienen un alto contenido simbólico compartido por generaciones enteras de seres humanos. Muchos de estos contenidos simbólicos adquieren mayor significado cuando se afirman a través de mitos universales que buscan enseñar la esencia de lo humano. Ya sea a través de símbolos o imágenes primordiales, a estos contenidos colectivos se les ha denominado *arquetipos* por contener dentro de sí la simbología universal y la fuerza emotiva que los prende de significado. Estos arquetipos son comunes a todos los seres humanos; mediante ellos se puede entender la similitud de creencias y rituales en diversas culturas, sin importar las diferencias en tiempo y espacio, ya que guardan un fondo común que se manifiesta subyacente desde que los primeros hombres poblaron esta tierra.

CAPÍTULO TRES

MITOS Y ARQUETIPOS: CHAMANES Y GRANICEROS

Y habla el volcán...
Nunca he entendido porqué los hombres me miran
con temor. Si exhalo una leve bocanada,
contenedora de sueños incontables que buscan
despertar, tiemblan con terror ancestral como
si en su interior hubiera presagios de acontecimientos
funestos que clamaran por evidenciarse
una y otra vez. Pero yo sólo me sacudo lentamente,
como si en un instante de conciencia infinita
pudiera mostrarles el universo que se encuentra dentro de ellos y de mí.

Arquetipos y mitos

Los símbolos y los temas míticos siguen gestándose en la psique del hombre contemporáneo. Historiadores de la religión y de la psicología de las profundidades han redescubierto la simbología de antaño, mostrándose en arquetipos comunes a toda la humanidad, sin importar credo ni raza. Los arquetipos que han de ser descubiertos y asimilados son precisamente aquellos que han inspirado a través de los anales de la cultura humana, las imágenes básicas del ritual, de la mitología y la visión.[246]

Las imágenes arquetípicas de las cuales surgen los mitos están contenidas en la psique y afectan al inconsciente. Éste, por su parte, se ajusta, adecua y sufre con el drama cotidiano del ser humano, mostrándose a través de analogías en el universo que rodea al hombre. Estas imágenes están compuestas por símbolos, cuya misión es, según Mircea Eliade, integrar al hombre fragmentado en dimensiones más amplias como la cultura, la sociedad y el universo. Esa integración total puede contenerse en un fragmento significativo, ya que en cada fragmento del microcosmos se repite el macrocosmos. Un árbol se convierte en sagrado sin dejar de ser árbol, en virtud del poder que manifiesta y, si se convierte en árbol cósmico, es porque lo que manifiesta repite punto por punto lo que expresa el orden total.[247] Jung decía que los símbolos nacen de la creatividad espontánea de la psique, de esa área común en todos los seres humanos que denominó "inconsciente colectivo". Sin importar de qué manera se manifiesta un símbolo de la psique, raramente éste se presenta de manera aislada, más bien, se une creando así composiciones simbólicas. De las composiciones simbólicas que surgen es menester fijarse en todo elemento, trazo o detalle, ya que todos tienen un significado escondido. Contrario a Freud, quien decía que una imagen simbólica no era más que un síntoma patológico, para Jung el arquetipo y el símbolo son constitutivos también del pensamiento más elevado de la humanidad.[248] Estas imágenes simbólicas comunes a todos, llamadas *arquetipos*, se expresan de variadas maneras en el quehacer humano.

Las imágenes arquetípicas, como pautas o motivos universales que provienen del inconsciente colectivo, constituyen el contenido básico

---

[246] CAMPBELL, Joseph. *El héroe de las mil máscaras*. México. FCE, 1997. p. 25.

[247] RUBINO. *óp. cit.*, 1994. p. 55.

[248] DURAND. *óp. cit.*, 1999.p. 96.

de religiones, cuentos de hadas, leyendas y mitologías.[249] Además, pueden producir mitos y filosofías que influyen las diversas épocas y naciones en su ámbito histórico. El mito cosmogónico emergente de las diversas civilizaciones conlleva la idea de ser inherente al ser humano, ya que en él se plantea la creación de su mundo y de sí mismo. Con la ayuda de estos mitos emergentes, las estaciones del año, las fases lunares y las diversas expresiones de la naturaleza se muestran a través de expresiones simbólicas provenientes del inconsciente. Debido a que este proceso psíquico es inconsciente, se denota que el ser humano se ha empeñado en explicar todo, menos su propio proceso psíquico para entender el surgimiento del mito. Sin embargo, al intentar comprender los mitos que surgen de las imágenes o símbolos primordiales inconscientes, el individuo se comienza a conocer mejor. Deshilvanando los mitos, se encuentra el significado latente en la base misma de la imagen. Es como si a estos niveles más profundos se añadieran capas de experiencia y complicados y abstractos sistemas de símbolos.[250] Pero el arquetipo base permanece sin variar en su forma más elemental y primitiva, ya que el inconsciente no modifica nada. Por eso se le puede reconocer. Como afirma Gastón Bachelard, el hecho de que generaciones enteras crean en un mito o una leyenda, implica que existían razones íntimas provenientes de sus estratos más profundos para creer en ella.

Actualmente sería muy difícil volver a los tiempos de nuestros antepasados, en donde se compartía la creencia en una mitología ortodoxa y literal. Hoy día se requiere de una forma de conciencia que reconozca las necesidades perdurables de aquel enigmático soñador susceptible del mito que todavía espera bajo la superficie

---

249 SHARP. *óp. cit.*, 1994.p. 18.

250 LARSEN, Stephen. *La puerta del chamán.* España. Editorial Martínez Roca, 2000. p. 51.

de la conciencia, nuestro ser más antiguo y profundo.[251] Se trata de cambiar la manera de percibir nuestra conciencia. Cuando cambiamos nuestra conciencia también cambiamos nuestra relación con el mito, ya que trabajamos con pautas míticas. Estas pautas míticas funcionan como la base catalizadora para modificar nuestra percepción del sí mismo. Además, se centran más bien en representaciones porque, más que ser reflejos de una realidad determinada, muestran ese oculto estado interior, encontrando así su significado básico, primario.

Las pautas míticas, a través de la magia y el ritual, muestran que el universo está interconectado debajo de la ilusión de una supuesta independencia. Podría suponerse que estas pautas míticas se encuentran desligadas de cualquier tipo de planteamiento o razonamiento científico, pero no es así, ya que forman parte de un sistema bien articulado e interdependiente, en donde se relacionan a través del planteamiento analógico por actuar como una expresión metafórica de los planteamientos científicos. Por ello, como afirma Lévi-Strauss, en vez de oponer magia y ciencia, sería mejor colocarlas paralelamente, como dos modos de conocimiento desiguales en cuanto a los resultados teóricos y prácticos; pero no por la clase de operaciones mentales que ambos suponen y que difieren; menos en cuanto a la naturaleza que en función de las clases de fenómenos a las que se aplican.[252]

En este trabajo se pretende analizar los mitos arquetipos de determinadas personas, ubicando en primera instancia el lugar geográfico y su función social para proyectar en ellos las características generales que los distinguen de los demás miembros de su grupo, mismos que contienen dentro de sí trazos universales aplicables a su proceder, los cuales se repiten en diversos tiempos y espacios.

---

[251] *Ibídem*, p. 33.

[252] LÉVI-STRAUSS, Claude. *El pensamiento salvaje.* México. FCE, 1984. p. 30.

Por ello, es importante mencionar que, aunque existe una relación singular entre la generación de mitos provenientes de arquetipos, es importante equiparar un paralelismo válido entre los símbolos arquetípicos y las mitologías en donde se averigua si el símbolo mitologizado tiene un contexto similar y, por lo tanto, un significado en común.[253]

Contemplando la mitología como un hecho en sí, ésta nunca es una biografía de los dioses, aunque le pudiera parecer así al observador, porque narra el nacimiento, infancia, acontecimientos y muerte de los dioses. El mito es más que una biografía porque, aunque no nos diga algo que se relaciona orgánicamente con un período de vida particular, abarca los ciclos mismos con realidades sin tiempo.[254] Esto se afianza con las propuestas de Freud, Jung y sus seguidores, ya que ellos han demostrado que en los tiempos modernos, donde la mitología parece haber quedado suprimida, la lógica, los héroes y las hazañas del mito sobreviven aún. En las narraciones, mitos y leyendas, al igual que en los sueños, existen hechos sucesivos que se hallan expresados como hechos simultáneos y como esenciales acontecimientos narrativos, es decir, intemporales por su esencia.

Y habla la niña...

Mi padre me contaba que hacía mucho tiempo, cuando vivieron los primeros hombres, las montañas, los volcanes y los ríos contenían seres iguales que nosotros. Decía que esos primeros hombres podían hablar con aquellos seres que habitaban la naturaleza. Decía que les enseñaron cómo pedir y cómo agradecer lo recibido. Esos primeros hombres entendían los indicios y

---

253 JUNG. *óp. cit.*, 1990. p. 50.

254 JUNG / KERÈNYI.*óp. cit.*, 1978.p. 25.

augurios de las plantas, los animales y los parajes sagrados. Pero un día se les olvidó el idioma de estos seres y desde entonces sólo unos cuantos logran traducir sus designios. Ahora los primeros hombres han muerto y sólo quedamos nosotros.

Orígenes del mito

La concepción del mito ha existido desde tiempos remotos. En los tiempos prehistóricos el hombre vivía el mito, ya que éste estaba repleto de una fuerza sagrada que permeaba y exaltaba todos los acontecimientos que se rememoraban y se reactualizaban a través de rituales. Estos mitos vivenciados mostraban la confluencia del mundo sagrado en el mundo profano, vividos diariamente con gran intensidad.

Platón mismo confiere verosimilitud al mito, argumentando que en algunos campos es la única validez a la que puede aspirar el discurso del ser humano. En el *Timeo*, Platón le escribe a Sócrates: "Si pues, ¡oh! Sócrates, en multitud de cosas, en multitud de cuestiones relativas a los dioses y al nacimiento del cosmos, en alguna manera llegamos a hacernos capaces de aportar razonamientos totalmente coherentes y llevados a su más extrema exactitud, no os sorprenda esto; pero si aportamos razonamientos que no ceden a ningún otro en verosimilitud, hay que felicitaros por ello, recordando que yo, el que habla, y vosotros, que juzgáis, no somos más que hombres, de manera que en estas materias nos basta aceptar una narración verosímil".[255]

Para Platón, los mitos correspondían a una etapa del saber mismo, relacionados con una forma de expresión contraria a lo producido por el pensamiento lógico y matemático; sin embargo, para él

[255] PLATÓN. Timeo. Buenos Aires, 1981. p. 95.

también los mitos fungían como fuente de conocimiento que fluía y cambiaba constantemente. Esta concepción platónica valida el concepto del mito, ya que sostiene que existen algunas verdades que se encuentran en otro nivel de procesamiento, discordantes con el nivel lógico, pero que, sin embargo, sirven para comprender el mundo. Para Platón, el mito contiene el lenguaje que expresa el mundo del devenir, de lo que no es, pero siempre devendrá. Platón consideraba al mito como un arte parecido a la poesía, ya que ambos tienen especial interés en la materia y el sujeto.

Otro pensador que sostiene una concepción importante sobre el mito es Salustio, el neoplatónico—siglo IV d.C.—, quien en su tratado *Sobre los dioses y sobre el mundo* afirmaba que los mitos representan a los dioses, a las creaciones de éstos y a sus diversas actividades en el mundo terrenal y espiritual. Por esto, en sus comienzos, el pensamiento filosófico fundamentado por los pensadores presocráticos guardó una concepción ambivalente entre la postura mítica y la verdad filosófica, pero Cassirer aclara esta dicotomía con la siguiente afirmación: "esta doble perspectiva se revela clara y marcadamente en el concepto que los primeros filósofos griegos crearon para resolver ese problema: el concepto del arjé".[256] Los sofistas separaron el mito del logos, pero no siempre admitieron la narración mitológica como base o fundamento de la verdad filosófica.

Por su parte, Cassirer, como pensador importante de la antropología simbólica, afirma que el mito se fundamenta en la conciencia mítica, la cual también es una manera de mostrarse la conciencia humana. La perspectiva de Cassirer es que al analizar a los mitos se manifiesta la estructura de la conciencia, expresándose la función que el mito tiene en la misma cultura y conciencia humana.

---

[256] CASSIRER, Ernst. Filosofía de las formas simbólicas. México. FCE, 1972. p. 17.

De hecho, existe una fuerza real que toma la conciencia en el mito viviente, el cual no se encuentra en control de la conciencia ordinaria. Esta fuerza se encuentra en lo más profundo y recóndito de nuestro inconsciente, el cual contiene lo arcaico de la psique, cuyo poder influencia individuos o pueblos. Al ser autónomo, ejerce un completo control sobre las comunidades y sus miembros.

Otra concepción mítica importante fue sostenida por el pensador Giovanni Battista Vico, quien designó al mito como una expresión de una verdad histórica que funge como una manera de pensar marcada por sus propias características condicionantes o propiciadoras de la expresión de algunas formas de vida fundamentales.

La actual preponderancia del pensamiento científico y positivista ha convertido las aseveraciones sobre la naturaleza de algunos aspectos del universo en mitos, diciendo que estos no se pueden verificar. Este hecho ha causado que perdamos nuestros sentimientos inmediatos para las realidades del espíritu, ya que en este mundo toda la mitología verdadera permanece perdida a causa de nuestra harto eficiente ciencia.[257]

Y habla el volcán.....

Suelen decir que un volcán no tiene conciencia, que
es materia viva, tierra, fuego y energía,
que no siente, no palpita, no sueña, no piensa. Pero
no es así. En los tiempos primigenios,
cuando los primeros hombres rondaban por la tierra,
nosotros, los volcanes, hablábamos con
ellos. Y nuestros diálogos eran largos y profundos y
nuestro entendimiento mutuo crecía; porque
los hombres entonces sabían lo que era ser un volcán
y los volcanes sabíamos lo que era ser un

257 JUNG / KERÉNYI.óp. cit., 1978.p. 1.

hombre. Pero el tiempo en que eso sucedió ya no existe. Ahora sólo somos volcanes y ellos sólo son hombres y el puente que nos unía entonces, ahora nos separa aún más...

Definición de *mito*

Como afirma Friedrich Schelling, "aun cuando no hubiese aparecido ninguna mitología, el arte la hubiera alcanzado por sí mismo, y hubiera inventado los dioses si no los hubiese encontrado ya existentes". Pero ¿qué es realmente un mito? ¿Cómo se define? Existen muchas definiciones al respecto, y muchas posturas a favor y en contra de ello. Aquí se expondrán algunas. Visto a través de la perspectiva de la psicología de las profundidades, el mito es la máscara siempre cambiante que la mente del que contempla coloca sobre una realidad que nunca ha visto verdaderamente.[258] Mircea Eliade define al mito como un elemento que pretende conferir un significado que es válido en cualquier momento que aparezca. Además, para él el mito funge como un relato ejemplar, ya que integra elementos fundadores que se vuelven numinosos, sagrados y arquetípicos. Por ello, el mito es intemporal y repleto de dinamismo interno, el cual pertenece al ámbito de la vida espiritual.

Por su parte, Mark Schorer define al mito como una gran imagen controladora que da significado filosófico a los hechos de la vida corriente; esto es, tiene un valor de organización para la experiencia, ya que sin tales imágenes la experiencia sería caótica, fragmentaria y meramente fenoménica.[259] Desde una perspectiva psicoanalítica, para Joseph Campbell el mito es la entrada secreta por la cual las inagotables energías del cosmos se vierten en manifestaciones

---

258 LARSEN. óp. cit., 2000. p. 41.

259 SCHORER, Mark. "The Necessity of Myth". En: Myth and Mythmaking. New York. H. A. Murray, 1960. p. 355

culturales humanas.[260] El mito es el punto donde confluyen divinidad y humanidad, rozándose ambas al alcanzar los hombres la madurez mental. Desde esta concepción, el mito debe ayudar a crear una visión del individuo reconciliando su propia conciencia con la conciencia universal. El mito también se puede percibir como un producto, una manifestación del pensamiento cristalizado, un elemento analizable y comparable. Por ello, el mito actúa como un complejo de creencias.[261] Estas creencias moldean las acciones de los seres humanos y su devenir histórico.

El mito también se define como una realidad social y una realidad cultural compleja. Existe primeramente como relato, como narración sagrada en donde se expone un hecho que pasó en el origen de los tiempos, en los tiempos sin tiempo, en los albores de la creación. Esta postura lo muestra como el relato de algo fabuloso que se supone aconteció en un pasado remoto y casi siempre impreciso.[262] En ella el mito actúa como relato, ya que está compuesto a base de símbolos y arquetipos que le dan coherencia. Esto hace que se vuelva la más científica de las facultades, porque es el único que comprende la analogía universal, semejanza fundamental que no es otra cosa que el entendimiento humano de la interioridad, del cosmos y de los dioses.[263]

Por todo ello, es importante aclarar que aunque la expresión de un mito es un acto mítico, el mito por sí solo es la creencia implícita del acto. Así, el mito en su estado primario es la creencia que mueve. Aunque existan varias aproximaciones a lo que es y significa el mito, algunos autores encuentran en él demasiados elementos de subjetivización como para tomarlo como objeto asible y confiable.

---

260 CAMPBELL. *óp. cit.*, 1997. p. 11.

261 LÒPEZ AUSTIN, Alfredo. *Los Mitos del Tlacuache.* México. UNAM, 1998. p. 45.

262 RUBINO. *óp. cit.*, 1994. p. 63.

263 DURAND. *óp. cit.*, 1999. p. 107.

Claro ejemplo de ello es la postura de Paul Ricoeur, quien sostiene que el mito es el modelo de toda subjetivización, de la letra muerta que se vuelve obsoleta por la ciencia y la técnica. Las posturas que pregonan acercamientos negativos hacia el mito, que desmitologizan al ser humano y su relación con el mismo, establecen el corte en la letra misma; no es ya hermenéutica de edificación, de construcción, de sentido espiritual sobre el sentido literal, sino una perforación del sentido literal, una destrucción, es decir, una desconstrucción de la letra misma.[264]

Bronislaw Malinowski, fundador de la antropología funcionalista, sostiene en sus estudios sobre las Islas Trobriand que el mito en una sociedad primitiva, en su forma original, no es un mero cuento dicho, sino que es una realidad vivida. Es una realidad viva, creída, que ocurrió en tiempos primordiales y que sigue influenciando en el transcurso de los tiempos el mundo y los destinos del ser humano. Pero Malinowski niega dos cosas muy importantes: el carácter simbólico y el ateológico del mito vivo. Para él, el elemento simbólico del mito se refiere al reconocimiento del que lo vive, en donde el mito cuenta algo directamente sobre lo que pasó en tiempos pasados. No es una explicación elaborada ni simbólica de la realidad, sino el resurgimiento de una realidad primordial, expresada de manera narrativa.

Para otros, como Marcel Mauss, el mito es una institución social. Éste se exterioriza como producto social, surgido de innumerables fuentes, cargado de funciones, persistente en el tiempo, pero no inmune a él. Como todo producto social, adquiere verdadera dimensión cuando es referido a la sociedad en su conjunto.[265] También puede ser visto como una especie de discurso donde no es particularmente trascendente el mensaje. En este orden de ideas,

---

264 *Ibídem*, p. 80.

265 LÒPEZ AUSTIN. *óp. cit.*, 1998. p. 26.

Roland Barthes encuentra la esencia del mito en una relación de segundo orden que se da entre significante, significado y signo. La conclusión de Barthes es que el mito no oculta nada ni pregona nada, deforma; el mito no es ni una mentira ni una confesión; es una inflexión.[266]

Del mito surge la creencia mítica que se manifiesta en los actos rituales y en variados elementos de la expresión humana. En la creencia mítica que se plasma en la mitología surge el movimiento de la materia, el cual es simultáneamente sólido, pero fluido; estático y en movimiento, ya que se transforma constantemente. La mitología también es pictórica, ya que un torrente de imágenes mitológicas fluye en ella.[267] Estas imágenes crean una base que cuenta sobre lo que originalmente fue y sigue siendo para toda la humanidad. Las imágenes primordiales emergentes míticas son eternas y transculturales. Esta concepción y definición del mito es la que se usará en este trabajo: el mito como cristalización de las imágenes primordiales arquetípicas universales que aguardan en el inconsciente de todos los seres humanos y que surgen sobre todo en los que tienen contacto con el mundo espiritual, a través de sueños, creencias y acciones rituales.

Y habla la niña...

No sabría decir si un viejo volcán quisiera amar de nuevo, a pesar de que sus años de quietud le hubieran callado el clamor interno. No estoy segura si quisiera conversar, como antes lo hacía, cuando los hombres y él sostenían diálogos profundos sobre el día y la noche. Me pregunto si a pesar de tanto tiempo transcurrido no quisiera conocer nuevamente los secretos latentes en

266 BARTHES, Roland. *Mitologías*. México. Siglo XXI Editores, 1980. p. 222.
267 JUNG / KERÈNYI.*óp. cit.*, 1978.p. 3.

el corazón de un hombre, o si sólo basta su propio fuego para entretenerse en las soledades nocturnas. No sabría decir qué piensa un viejo volcán de una niña que lo observa con mil preguntas encerradas en la palma de sus manos, dispuesta a conocerlo.

Aproximaciones al planteamiento mitológico

Existen varias aproximaciones a la concepción y planteamiento respecto de los mitos. Estas posturas dependen de la visión del pensador que las postula. Salustio divide a los mitos de cuatro maneras primordiales. Afirma que existen los mitos teológicos, mismos que son en su mayoría intelectuales, ya que consideran la esencia de los dioses además de explicar los modos de operar de los mismos; por otro lado, están los mitos materiales, que surgen cuando los grupos humanos pretenden entender la naturaleza contemplado a través de las acciones de los dioses manifiestos en ella. En tercer lugar, están los mitos psíquicos que explican y estructuran las acciones de la mente humana, mismos que se usarán para sustentar el presente trabajo. Por último, existen los mitos mixtos, realizados por aquellos que ejecutan rituales o iniciaciones, sustentado por alguna de las posturas anteriores.

Cohen, por su parte, ofrece algunas categorizaciones teóricas para explicar al mito:

1. Las teorías que tratan el mito como una forma de explicación.
2. Las que lo hacen una afirmación simbólica que tiene la función de expresar mitopoyéticamente.
3. Las que otorgan la función de crear y mantener la solidaridad y la cohesión sociales.
4. Las que dan al mito la función de legitimar instituciones y prácticas sociales.

5. Las que lo consideran una forma de establecimiento simbólico de la estructura social, ligado al ritual.
6. La teoría estructuralista.[268]
7. Las que lo definen como expresión del inconsciente.

Otros investigadores agrupan y clasifican los mitos a través de las siguientes aproximaciones, percibiéndolos, en primera instancia, como la crónica modificada de un acontecimiento que nunca fue real, apoyándose en la concepción del euhmerismo, conceptualizada por Euhmero "El Mesenio".[269] En segunda instancia, se entienden a través de la perspectiva de la escuela natural-explicativa, en la que hombres sin entendimiento o denominados "primitivos" en sus concepciones, explican los fenómenos misteriosos de la naturaleza a través de los mitos. Sir James Frazer es un ejemplo de este tipo de referencia al mito. En tercera instancia, es posible referirse al mito desde la llamada "satisfacción desiderativa", que afirma que las creencias o ideas religiosas son ilusiones o deseos antiguos de la humanidad. Freud sustenta esto, ya que para él la fuerza del mito se encuentra en la fuerza del deseo. En cuarta instancia, se concibe al mito como una emanación social que dice que la estructura de la mitología es un eco de la estructura social de la comunidad.

Y, por último, hay quienes observan al mito en sí mismo y por sí mismo, como algo con significado propio, en donde más que explicar y analizar, se experimenta su significado, como postula Joseph Campbell. Aquí la cuestión no estriba tanto en el contenido material de la mitología, sino en la intensidad con que se vive el mito y se cree en él como se puede creer en algo real y objetivamente existente.[270]

---

268 COHEN, P. H. "Theories of Myth". *Man*, v. 4, N. 3, 1969. p. 338.

269 Euhmero "El Mesenio" fue un filósofo griego del siglo IV a.C. que planteó la postura del euhmerismo.

270 RUBINO. *óp. cit.*, 1994. p. 68.

Al análisis y la comprensión de los mitos se le conoce como *mitonanálisis*. Éste se define como todo punto de vista metodológico que da por referencial último de la comprensión de los fenómenos humanos los conjuntos imaginarios que constituyen las grandes imágenes y su narración mítica.[271] En la antropología cultural y social, el mitoanálisis juega un papel fundamental, ya que le confiere significación histórica al quehacer humano. La antropología señala las sincronías y las constantes de sentido para la especie humana; por su parte, la historia marca las variaciones diferenciales que constituyen la diacronía.[272]

A través del mitoanálisis se perciben las creencias y los esquemas emanados de las mismas que moldean determinada sociedad de principio a fin. Por ello, para el mitoanálisis el origen es fundamental; como contenido de una historia o mitologema es el campo dador; como el contenido de un acto es el fundamento. En cualquiera de los dos casos es el retorno del hombre a sus orígenes y, consecuentemente, la emergencia de algo original, accesible para él en forma de imágenes, mitologemas y ceremonias. Estas tres manifestaciones pueden provenir de la misma cosa, la misma idea mitológica.[273]

Para poder entender al mito desde una concepción simbólica del inconsciente se han desarrollado tres pilares epistemológicos de una metodología de la sin- cronicidad: la etiología animal y humana, la psicología de las profundidades—o análisis psicológico—y el comparatismo estructural.[274]

Sin embargo, antes de profundizar en el análisis mitológico de nuestro sujeto de estudio—el granicero—, sus creencias y su

---

271 DURAND. *óp. cit.*, 1999. p. 100.

272 *Ibídem*, p. 102.

273 JUNG / KERÉNYI.*óp. cit.*, 1978.p. 14.

274 DURAND. *óp. cit.*, 1999. p. 95.

quehacer cotidiano y ritual, se mencionarán los postulados básicos de los principales planteamientos del análisis de la mitología. Estas aproximaciones guardan posturas que difieren mucho entre sí, aunque contienen algunos aspectos relevantes que por sí mismos se pueden usar para efectuar el análisis mitológico de nuestros sujetos de estudio para, posteriormente, centrarnos en las aproximaciones propias para este trabajo.

Planteamiento funcionalista

En 1860, Herbert Spencer escribió *The Social Organism*, ensayo en el que analiza las sociedades en torno a sus funciones, por lo que se le considera precursor de la postura funcionalista. Spencer comparaba a los organismos individuales con las sociedades y encontró que entre ellos existían ciertas semejanzas, como el hecho de que empezaban pequeños, adquiriendo al paso del tiempo dimensiones mayores. Otra similitud era la tendencia a poseer en un comienzo estructuras muy simples que después adquirían mayor complejidad, hasta que hubiera tal dependencia entre cada parte que formaba la estructura, que ya no podían vivir aisladamente, ya que era una manera para prolongar su vida, en vez de vivirla como ente separado. De estos postulados surge la concepción del funcionalismo, la cual percibe a la sociedad como un todo interdependiente. Desde este planteamiento se observa cómo se compone, reagrupa y funciona una cultura o sociedad, afectándose los procesos de unos con otros, en donde cualquier acción o creencia mítica repercute en la funcionalidad total del sistema.

Otro precursor del funcionalismo fue Durkheim, quien estudiaba el concepto de la función desde una postura sociológica. Decía que al estudiar determinado fenómeno social era importante separar la causa que lo produce de la función que cumple. Sin embargo,

Durkeim afirmaba que no todos los hechos sociales tenían una función, ya sea porque algunos podían existir sin ajustarse jamás a un fin vital, ya sea porque perdían utilidad y continuaban existiendo por la fuerza de la costumbre.[275]

Por otra parte, para Malinowski—considerado el padre del funcionalismo—los mitos son narraciones que ocurren dentro de una sociedad o cultura, las cuales no pueden ser entendidas totalmente, a menos de que se tenga acceso a la cultura viviente que los ampare. La aportación de Malinowski para comprender mejor las culturas y sus mitos, es el hecho de sostener un buen conocimiento de la sociología, religión y costumbres de dicha sociedad. Sólo así se puede apreciar lo que los mitos confieren a los individuos.[276] Para Malinowski, los mitos forman parte de un todo orgánico y se refieren a verdades positivas o negativas de la realidad cotidiana. Para el, más que el significado literal de los mitos, es importante comprender lo que éstos hacen, es decir, su función en la vida de los individuos. Desde este punto de vista, el mito se comporta como una guía práctica a las actividades con las cuales se conecta. Los mitos no son explicaciones, sino verdades activas que sirven como pautas y normas a las culturas, ya que mantienen la legalidad de los arreglos sociales. El mito se comporta como una afirmación de la realidad primordial que todavía vive en el día presente; al ser una justificación por precedente, suministra un patrón retrospectivo de valores morales, orden sociológico y creencias mágicas. Por lo tanto, para Malinowski el mito no es narrativa, ni un tipo de ciencia ni una rama del arte y la historia, ni una leyenda explicativa. Llena una función *sui generis* conectada cercanamente con la naturaleza de la tradición, de la continuidad de la cultura, con la relación entre la

---

[275] DURKHEIM, Émile. *Las reglas del método sociológico*. Buenos Aires. Editorial Schapire, 1968. p. 78.

[276] MALINOWSKI, Bronislaw. *Malinowski and the Work of Myth*. USA. Princeton, 1992.p. 21.

edad y la juventud, con la actitud humana hacia el pasado. Por ello, fortalece la tradición.[277] Malinowski ve a los mitos como elementos vitales, inherentes a toda sociedad, ya que sin ellos no podría existir dicha sociedad. En los mitos se encierran las tradiciones mismas que expresan las creencias de una manera codificada, en las cuales se promueve la moralidad, y los rituales que sirven como normatividad en las conductas de las sociedades humanas. Sin embargo, contrario a las posturas de la antropología simbólica que se abordarán más adelante, el mito para Malinowski no contiene nada de simbólico, porque él lo ve como expresión directa de los individuos de determinada cultura, que sirve como guía práctica para las actividades y rituales con las cuales se conecta. Esto nos lleva a determinar que Malinowski veía al mito como una parte funcional, un aspecto pragmático, inherente a la cultura. Su importancia radica en que creó sensitividad sobre lo importante del contexto al aprehender el significado de un mito. Un aporte de la postura funcionalista sumamente promovido por él es la cualidad mediante la cual los mitos trabajan subracionalmente, es decir debajo de nuestra esfera consciente. Como elemento fundamental para la supervivencia de las culturas, las pautas míticas surgen a un nivel inconsciente, ligando la perspectiva antropológica con la psicología. De hecho, Malinowski fue uno de los primeros en aplicar elementos del psicoanálisis al estudio de las diversas culturas. Pensaba que la antropología tenía que aprender del psicoanálisis y que el psicoanálisis necesitaba hacer caso a los elementos de campo de la antropología.[278] Su visión psicoanalítica pregonaba la idea de que existía un reino independiente de la esfera consciente de los seres humanos, el cual se manifestaba en los instintos e impulsos de los hombres. Por ejemplo, la idea primaria de la muerte nacía mediante la intersección de los mitos como una reacción emocional de miedo ante este hecho certero concerniente a todos los humanos.

[277] *Ibídem*, p. 114.
[278] *Ibídem*, p. 24.

De esta perspectiva surge la teoría psicoanalítica del mito, que lo contempla en forma de sueños diurnos de la especie humana que sólo se pueden explicar al dar la espalda a la naturaleza, la historia y la cultura, y sumergirse en los obscuros pozos de la subconciencia, en donde se encuentran, al final, los símbolos y la parafernalia del psicoanálisis.[279]

Planteamiento estructuralista

Charles Mauron y Claude Lévi-Strauss se aproximaron al mito a través de un esquema de análisis estructuralista. Mauron aportó el desglose de las imágenes procedentes de un discurso para descubrir las figuras míticas que se gestan; mientras que Lévi-Strauss aborda el mito como un agente ejemplar y verdadero, sin importar de qué manera se expresa. Para él, el mito es un sistema lógico simbólico. Su método contempla un sistema universal basado en la lógica de las oposiciones binarias y en el método de transformación. Este método se expresa en determinadas estructuras de aquellas narraciones que relatan el papel del ser humano en el mundo y la concepción del mismo. Lévi-Strauss, a través de su postura materialista-estructuralista, afirma que la formación de los sistemas clasificatorios debe buscarse en la conjugación socio-biológica del hombre: lo social, por un lado, como el compromiso constante entre los desarrollos históricos y las configuraciones específicas del medio; por otro, lo biológico como las exigencias psíquicas fundamentales.[280] De hecho, Lévi-Strauss desenvuelve la cadena sintagmática de la historia completa de un mito en una sucesión de episodios, cada uno de los cuales es una transformación metafórica parcial de los otros.[281]

---

[279] *Ibídem*, p. 81.

[280] LÈVI-STRAUSS, Claude. *Estructuralismo y ecología*. Barcelona. Editorial Anagrama, 1979. pp. 9-14 y 34-47.

[281] LEACH, Edmund. *La lógica de la conexión de los símbolos*. Madrid. Siglo

En *El pensamiento salvaje,* Lévi-Strauss afirma que los hombres han pensado siempre igual, que han soñado siempre igual y que todas las lecciones del mito tienen el mismo valor. La mitología tiene como finalidad analizar todas las lecciones de un mito, verificando la sincronicidad y redundancia de las secuencias míticas. Lo importante del pensamiento estructuralista, al igual que el pensamiento de la psicología de las profundidades, es que abarcan un ángulo de acercamiento al fenómeno humano en donde se muestra la necesidad del devenir y de la libertad del hombre, en oposición a su perspectiva positivista y su hacer histórico.

Planteamiento simbólico

Apartado, más no alejado del ámbito de las ciencias, el mito permanece, aunque no a simple vista. Actualmente, el mito se vuelca hacia el reino interno de la mente, en donde se recupera mediante aproximaciones psicologías, uniendo antropología y psicología. En este sentido, Ernst Cassirer es uno de los representantes de mayor importancia de la teoría simbólica de la antropología. Nos habla del mito como una energía unitaria del espíritu, una forma de concepción que se afirma en toda la diversidad del material objetivo de las representaciones.[282] Los simbolistas le confieren mucho valor a las experiencias intuitivas, pues sostienen que de una experiencia primordial surge el pensamiento mítico que se plasma en la fantasía y la lógica, expresándose a través de un lenguaje repleto de símbolos e imágenes que la lengua cotidiana no podrá jamás traducir. Además, sostienen que en este mundo simbólico procedente de la intuición, todo forma parte de un orden y existe en relación con otra cosa.

XXI, 1978. p. 35.

[282] CASSIRER. *óp. cit.*, 1972. p. 289.

La psicología de las profundidades de Jung explora la aparición psíquica de los arquetipos o de las grandes imágenes universales que se enlazan con los mitemas universales que aparecen en todas las grandes culturas a través de sus mitologías. Ejemplo de ello son la constancia de la eficacia psíquica de las grandes figuras míticas como Hermes, la Gran Madre y las configuraciones míticas como el mandala o el árbol cósmico.[283] Para la psicología de las profundidades y la antropología simbólica, los mitos se refieren a las grandes transformaciones que se dan cuando el aislamiento entre un centro de fuerzas muy concentrado y el campo inferior de fuerzas del mundo circundante es suprimido repentinamente.[284]

Y habla el volcán...
Aunque se me ha acusado de no tener alma y de ser sólo tierra y fuego, yo nunca he dudado en tener un corazón, puesto que qué sería un volcán sin corazón que lo sostuviera. Cómo podría dirigir sus espasmos y movimientos si no contuviera un noble corazón, motor de sus ensoñaciones diurnas. Podrán acusarme de todo, podré causar temor en los hombres y celos a los montes y los cerros, podré devorarme a una aldea de un solo bostezo e invadir una pradera con un leve suspiro, pero jamás podría comprender a una niña si no tuviera latente un corazón en mi centro.

Función de los mitos

En la intención de este trabajo se abordará la función del mito a través de una perspectiva antropológica y psicológica simbólica, por lo que sólo se utilizarán algunos elementos de las otras posturas

283 DURAND. *óp. cit.*, 1999. p. 96.
284 CAMPBELL. *óp. cit.*, 1997. p. 207.

referentes al mito cuando sus conceptos sean de utilidad para este análisis; como la de Jérôme Bruner, quien dice que el mito puede actuar como pauta que guía nuestro ser interior dividido[285] y desde cuya concepción, el mito es el orientador del ser humano, ya que lo encamina hacia la realización total de su potencial. Retomamos también la postura de Campbell, quien se interesa en el funcionamiento del mito, su aportación a la conciencia, así como el rol que juega, en lugar de pretender definir lo que es por sí solo. Como representantes de las posturas psicoanalíticas del mito, tanto Freud como Jung se interesaron mucho por el tipo de pensamiento no dirigido, del que opinaban era la clave de las motivaciones y los conflictos de la conciencia.[286] Por ello, por la multiplicidad de las funciones que tiene el mito, es importante distinguir dos de sus aspectos: el que está ligado a la cultura que tiene por función *orientar*, y el aspecto psicológico que da profundidad y riqueza a la existencia humana, el cual se llamará *guiar*.[287]

Cada vez que los hombres se sienten inseguros y vacíos, recurren al mundo subjetivo e invisible formado por los arquetipos y los mitos que se albergan en sus estratos mentales más profundos y en los cuales jamás han dejado de creer. Es por ello que, al conocer el significado primario del mito, el ser humano se vincula con la concepción de la existencia, siendo participe de un poder mágico religioso que imbuye su hacer cotidiano.

A través de los mitos y sus símbolos arquetípicos, se representan concepciones y realidades históricas en concreto, expresiones naturales y conceptos o realidades de la psique que integran los elementos de los planos universales inherentes al hombre: la

---

[285] BRUNER, Jérôme. "Myth and Identity". En: MURRAY, Henry A. *Myth and Mythmaking*. Boston. Beacon Press, 1969.

[286] LARSEN. *óp. cit.*, 2000. p. 49.

[287] *Ibídem*, p. 37.

historia, la naturaleza y la psique. Como dice Kerényi, al individuo que busca la mitología le es dado el infinito, ya que sus ojos han sido abiertos al flujo de imágenes, puesto que ha retornado al lugar donde lo absoluto y lo relativo coinciden.[288]

En la actualidad, la psicología del inconsciente, gracias al enfoque que busca el sentido oculto del mito, ha podido encontrar significaciones simbólicas de orden cósmico y psicológico. Pero la función primordial del mito se puede resumir en la interpretación de Joseph Campbell: su primera función implica el despertar y mantener en el individuo una sensación de respeto reverencial y de gratitud en relación con los misterios del universo; no con el fin de vivir atemorizados por su causa, sino de reconocer que es partícipe de ellos. La segunda función del mito es ofrecer una imagen del universo que esté de acuerdo con el conocimiento del tiempo, las ciencias y los campos de acción de la gente a la que va dirigida la mitología. La tercera, consiste en validar, apoyar e imprimir las normas de determinado orden moral especifico, como el de la sociedad en la cual tiene que vivir el individuo. La cuarta función debe guiarle, de etapa en etapa, en la salud, la fuerza y la armonía de espíritu a través de todo el camino previsible de una vida útil.[289]

Esto implica que el verdadero fenómeno que debe aprehenderse del mito no es el contenido representativo mitológico como tal, sino el significado que tiene para la conciencia humana y la influencia espiritual que ejerce sobre la misma.

El mito, visto como orientador, contiene un aspecto muy importante para la humanidad, ya que continúa manifestándose aun con la

---

288 JUNG / KERÉNYI.*óp. cit.*, 1978.p. 8.

289 CAMPBELL, Joseph. *Myths to Live By. New York.* Viking Press, 1972.pp. 214 y 215.

muerte del individuo, transmitiéndose de generación en generación, sin importar siquiera la lejanía.

El mito apunta hacia los orígenes para buscar en ellos lo que era originalmente, consiguiendo que lo primordial confluya con lo auténtico y el mito se plasme a sí mismo. Entonces, el lugar ideal donde los orígenes y el conocimiento de nuestros orígenes son idénticos sólo puede ser nuestro núcleo central. Al adentrarnos en nosotros mismos y entender lo que encontramos, experimentaremos el fundamento de nuestro ser y nos arraigaremos.[290] Por ello, la formación mítica es mucho más que un conjunto accidental de imágenes proyectadas, más bien obedece a la necesidad de la conciencia individual y cultural. De las mitologías que surgen de la conciencia cultural emanan las improntas básicas que funcionan como símbolos que guían. Como guías, los mitos continúan protegiendo de la imponente desnudez de la experiencia, según Erich Fromm, en su teoría de la angustia de la ambigüedad. Otra función primaria del mito y del rito es suplir los símbolos que hacen avanzar al espíritu humano, a fin de contrarrestar aquellas otras fantasías constantes que tienden a atarlo al pasado,[291] ya que en el mito se encuentran las imágenes simbólicas provenientes de los sueños y las visiones que representan las expresiones de determinado pueblo, cultura o momento histórico.

Desde un punto de vista funcionalista, el enfoque central y obligatorio del estudio del mito no es el de su mero análisis, sino el que conduce al descubrimiento de sus formas de integración en los procesos de las sociedades que le dan vida.[292] Malinowski afirma que los mitos no tienen significado intrínseco, sino que éste les es dado por el contexto de la situación en forma de textos fundidos

---

[290] JUNG / KERÉNYI.*óp. cit.*, 1978.p. 9.
[291] CAMPBELL. *óp. cit.*, 1997. p. 18.
[292] LÓPEZ AUSTIN. *óp. cit.*, 1998. p. 26.

con contextos. A través de límites, prácticas y restricciones se estableció el puente entre el mundo mítico y el humano. Con este hecho se reforzó la idea de la interdependencia entre ambos mundos. Así como la comunidad humana se apoyaba y dependía del mundo espiritual, también los espíritus necesitaban ciertos comportamientos de los individuos y la comunidad, por lo que se estableció la conciencia moral y, por ende, los lineamientos de la vida religiosa. Por ellos, los mitos entran en juego cuando el rito, la ceremonia o las reglas sociales demandan una justificación.[293]

Sin embargo, aunque el contexto es indispensable para comprender las mentalidades, también es importante penetrar estas mentalidades, conjugando el conocimiento contextual con el conocimiento del sí mismo, para profundizar más en el entendimiento de la psique humana y, así, sus creencias y su hacer.

Y habla la niña...

Dicen que salvo el profundo amor que le profeso a mis padres, nunca he amado en verdad. Dicen que el rayo se llevó mi corazón y me dejó vacía. Pero yo nunca he dudado en poseer un corazón, ya que sin él no podría amar al viento ni a la lluvia, ni podría alabar al fuego. Cuentan que cuando nací, un árbol fue partido por un rayo. Yo digo que ese rayo se internó en mi ser, encendiéndome por dentro. Cuando la noche es obscura y ni las estrellas logran iluminar la avasalladora obscuridad, sólo tengo que mirar hacia dentro para percatarme que mi corazón está encendido, esperando amar.

293 MALONOWSKI. *óp. cit.*, 1992. p. 86.

Interpretación de los mitos

Entre las variadas maneras de interpretar los mitos, hay tres aproximaciones que manifiestan las formas más comunes de hacerlo. La primera se resume como el impulso a celebrar el misterio de la existencia con sus variadas máscaras de significado. La segunda, cuya connotación es de orden más positivista, tiene el objetivo de buscar más allá de la tendencia humana, a la ilusión para encontrar la realidad suprema. La tercera, es verlo como una forma de pensamiento y de vida autónoma, la cual no está subordinada a la conciencia racional y cuya función y validez son originarias en y por sí mismas. Esta última concepción ve al mito retirado de su proyección sobre el entorno exterior común, como una parte de la conciencia que debe ser reconocida, por lo que su comprensión es responsabilidad del individuo.

Es preciso destacar que para lograr una profunda interpretación del mito es importante ejemplificar la diferencia entre el mito-creencia y el mito-narración. La integración que le es característica al mito-narración contrasta con la dispersión que distingue al mito-creencia; además, referente a su medio de expresión, el mito-narración cuenta con la maleabilidad de la narrativa oral y ello le concede un ágil cambio de funciones en el cuero de sus realizaciones, mientras que el mito-creencia exige procesos más elaborados para su adecuación a otras funciones.[294]

Los mitos se interpretan de acuerdo con la corriente de la cual provienen, acentuando su explicación conforme a la misma. Vico interpretó al mito como una verdad auténtica, aunque diferente a la intelectual. Para él, el mito es una verdad expresada de forma fantástica o poética, anticipándose con esto al pensamiento

[294] LÓPEZ AUSTIN. *óp. cit.*, 1998. p. 359.

filosófico del romanticismo, en donde la representación de la unidad del espíritu se hacía a través de la triada de lenguaje, mito y arte.

Contrarios a la postura romántica de Vico, Malinowski y Frazer interpretaban al mito como contenedor de los elementos esenciales fundamentados de una cultura o sociedad. Desde su condición de regidor de las acciones de los individuos, para Malinowski, el mito actuaba como compañero de cada comunidad. Sostenido por sus creencias en conjunto, manifestaba las normas sociales que sancionaban y controlaban a los mismos. Por ello, el mito no era concebido en relación con una determinada expresión del espíritu como el entendimiento o el sentimiento, sino que era definido con referencia a la función que cumplía en las estructuras sociales. Malinowski explicó la función que el mito ejerce en las culturas adelantadas y los caracteres disímiles que puede adquirir en tales sociedades.

Otros investigadores como Lucien Lévy-Bruhl también han estudiado la mentalidad y el mundo primitivo. Sin embargo, la esencia de su pensamiento está basada en el supuesto de que todo posee una historia evolutiva. Lévy-Bruhl se centró en la idea del progreso unitario y continuo, por lo que definió el pensamiento mítico con la poca afortunada expresión de pensamiento prelógico, en el sentido que prescinde totalmente del orden necesario de las leyes de la lógica del mundo cultural civilizado.[295] Paul Radin lo refuta diciendo que el pensamiento primitivo no es en sí mismo ni más ni menos lógico que el pensamiento moderno. La valoración despectiva del mito y del pensamiento primitivo parte de los conceptos de los etnólogos europeos que se sustentan en el prejuicio

[295] LÉVY-BRUHL, Lucien. *La mentalidad primitiva*. Buenos Aires. La Pléyade, 1972. p. 25.

positivista de que toda cultura primitiva pertenece a niveles evolutivos inferiores.[296]

Por su parte, Lévi-Strauss manifiesta que el pensamiento salvaje o primitivo es de índole racional, una ciencia de lo concreto, fundada en una lógica de las cualidades sensibles y con utilización de los métodos de clasificación.

Desde su aproximación estructuralista hacia el mito, el analista que busca decodificar el mensaje expresado en el mito en su totalidad, debe buscar una configuración estructural que sea común a toda la serie de metáforas.[297]

Para interpretar un mito se comienza con una historia mítica lineal, es decir, en la que se acontecen las cosas una tras otra. Los acontecimientos se presentan en sucesión. La historia en su totalidad se puede fragmentar en episodios. Cada episodio es una transformación parcial de cada uno de los otros. El resultado es la adición de los diversos episodios.[298]

Desde una postura más teológica, Friedrich Schelling vio en el mito una fase de la auto revelación de lo absoluto. El mito es una fase de la teogonía que se halla fuera y por encima de la naturaleza, porque es la manifestación de Dios, como consecuencia de la naturaleza o en relación de ella con el yo. Para Schelling, el mito es una verdad que se encuentra por encima de las contradicciones del hombre, ya que contiene en sí misma la esencia de la divinidad.

---

[296] RADIN, Paul. *The World of Primitive Man.* New York. Henry Schuman Inc., 1953. p. 215.

[297] LEACH. *óp. cit.*, 1978.p. 36.

[298] *Ibídem*, p. 36.

Relacionado con este orden de ideas, para las culturas que poseen una cosmovisión en la que la creencia mítica es considerada como una forma auténtica de conocimiento y de vida, el mito designa y representa una historia de inmenso valor e implica, como expresa Mircea Eliade, una tradición sagrada, una revelación primordial y un modelo ejemplar. Por ello, para Eliade los mitos revelan la actividad creadora y develan la sacralidad de la obra. En la continua repetición del mito se manifiesta la irrupción. Esta repetición se liga a la esencia de la acción santa, produciendo una re actuación del mito y el rito, en la que ambos se tornen recíprocamente creíbles y sustentables. De esta manera, el mito cobra actualidad, es la expresión repetidora de un suceso poderoso; suspende el tiempo, queda fuera de toda temporalidad.[299]

Abordaremos la interpretación mítica partiendo del hecho de que el símbolo vibra en todos los planos de la realidad y de que el ámbito espiritual es uno de los niveles esenciales del vínculo entre macro y microcosmos, por lo que todo símbolo puede ser interpretado psicológicamente. Sin embargo, es importante afirmar que existen algunas diferencias entre las interpretaciones míticas provenientes de la antropología simbólica y las de la psicología de las profundidades. Sus precursores varían en sus interpretaciones en algunos puntos. Ejemplo de ello es la argumentación de Cassirer que sostiene una dimensión psíquica como instrumental interpretativo de la naturaleza autónoma de la formación de símbolos. Plantea que todos los intentos de intelectualizar el mito, de explicarlo como expresión alegórica de una verdad teórica o moral, han fracasado por completo, ya que se ignoraban los hechos fundamentales de la experiencia mítica. Su sustrato real no es de pensamiento, sino de sentimiento; el mito y la religión primitiva no son en modo alguno enteramente incoherentes, no se hallan desprovistos de

[299] *eliade*, Mircea. *Mito y realidad.* Mitos. Madrid. Ediciones Guadarrama, 1968. pp. 18-19 y 332.

sentido o razón, pero su coherencia depende en mucho mayor grado de la unidad del sentimiento que de reglas lógicas.[300] Desde esta concepción, Cassirer también refuta lo que considera un error de Lévy-Bruhl: la atribución de un pensamiento pre-lógico a los primitivos y, por ende, a su mitología.

La contribución de Cassirer a la interpretación mítica es su concepción de que toda creencia mitológica posee un fundamento racional propio, su propia cosmovisión y su propio lenguaje, y que tanto el pensamiento primitivo como el moderno o civilizado son igual de coherentes, cuando se les contempla a través de sus valores y premisas propios. Además, Cassirer interpreta al mito desde una postura funcional, ya que analiza la base de las funciones que desempeñan sus símbolos en el conjunto de la vida de la cultura. Para él, cada concepción mitológica tiene un esquema racional único, sosteniendo su particular entendimiento de la naturaleza de las cosas y su entorno, apoyado en un pensamiento y lenguaje particular, mismo que le es conferido al mito que sostiene este lenguaje. Afirma que el hombre primitivo proyecta sus imágenes internas en el mundo de la naturaleza, ya que lo siente como algo vivo e inherente a él, y con ello provee de fuerza a sus mitos.[301]

Se observa una semejanza entre las concepciones de Cassirer y de Jung en el sentido de que el hombre es un ser simbólico que ejerce una función mitopoyética. Pero la diferencia básica entre ambos en lo que respecta su aproximación al símbolo, es que Cassirer ve los símbolos como instrumentos que emanan o surgen de la interacción humana en su intento por establecer comunicación con otros hombres, mientras que Jung se centra en el funcionamiento interior de la psique, misma que contiene la simbología básica que sostiene al ser humano.

---

[300] CASSIRER. *óp. cit.*, 1965.p. 126.
[301] *Ibídem*, p. 127.

Para Jung, en las sociedades desmitificadas como la nuestra, los mitos sólo aparecen cuando la conciencia se ausenta, es decir, en fantasías y sueños.[302] Al revivir el mito, el individuo se aparta del tiempo profano, cronológico, y se imbuye del tiempo primordial y cualitativamente diferente: el tiempo sagrado. En un principio, Jung se basó en las teorías freudianas, ya que Freud consideraba a los mitos como expresiones del inconsciente ligados a los principios de placer y a la expresión de deseos inalcanzables en la realidad. Para Freud, el hecho de que surgieran pensamientos primarios en los humanos, sobre todo en su etapa de adultez, indicaba el hecho de que se efectuaba una regresión y, por consiguiente, la represión de ciertos episodios neuróticos. Freud consideraba a éstos como los procesos primarios más antiguos, los residuos de una fase de desarrollo en la cual eran la única clase de proceso mental.[303] Pero Jung no coincidía con Freud en este terreno, ya que decía que estos pensamientos, aunque arcaicos, son también instintivos y naturales, productos de la psique, sin ser, de ninguna manera, patológicos o infantiles.

El mito que se basa en procesos de fantasías inconscientes está, en lo que se refiere al significado, sustancia y forma, muy lejos de ser infantil o la expresión de una actitud auto erótica o autista, aun cuando produzca una imagen del mundo que apenas concuerda con nuestra visión racional y objetiva de las cosas. La base arcaica e instintiva de la mente es una cuestión de hechos objetivos sencillos y no depende de la experiencia individual o de la opinión personal más de lo que dependen la estructura y el funcionamiento heredados del cerebro o de cualquier órgano. Así como el cuerpo tiene su historia evolutiva y muestra indicios claros de las diversas etapas de la evolución, lo mismo ocurre con la psique.[304]

---

[302] LARSEN. *óp. cit.*, 2000.p. 49.

[303] FREUD, Sigmund. *Collected Papers*. New York. Basic Books, 1959. p. 14.

[304] JUNG, Carl Gustav. *Symbols of Transformation*.Nueva York. Bollingen Series V, Panteon Books, 1956. p. 28.

Para Jung, la interpretación de las expresiones del inconsciente tiene dos aspectos: lo que el símbolo representa en sí—plano objetivo—y lo que significa como proyección, como caso particularizado—plano subjetivo—. La interpretación psicológica es la síntesis entre la verdad objetiva del símbolo y la exigencia situacional de quien vive ese contexto simbólico.

Para poder comprender con profundidad al mito es menester cambiar la concepción de la conciencia racional. El mito no se comprende del todo a menos de que se entre en un estado alterado de conciencia.[305] Esto implica experimentarlo en sí mismo, revivirlo en la psique a través de los sueños, la fantasía o el ritual para retener su esencia.

Actualmente, ante el abandono de los símbolos ancestrales, el mito resurge intentando resarcir esta condición imperante de racionalismo puro. Todos los procesos mitologizados como el verano y el invierno, las fases de la luna, la estación lluviosa, son expresiones simbólicas del drama inconsciente interno, el cual se torna accesible a la conciencia a través de la proyección, reflejado en los eventos de la naturaleza.[306] Así, los mitos se interpretan como conflictos elementales de la proyección de la naturaleza y su hacer, por lo que los dioses fungen como símbolos cósmicos.

El mito, tanto en creencia como en acto, ha ido actualizándose sin perderse con el devenir de las nuevas formas de pensamiento en las sociedades. A través del lenguaje como vehículo portador, el mito transita de una tradición a otra modificándose profundamente, aunque no sólo está compuesto por palabras; en el tránsito se tiñe con la asimetría de relaciones que van más allá de lo lingüístico, porque el paso es parte de otro paso mayor, el de las transformaciones

---

[305] LARSEN. *óp. cit.*, 2000.p. 58.

[306] JUNG. *óp. cit.*, 1990.p. 6.

actuales de las sociedades indígenas.[307] El cambio sufrido desde la concepción indígena hasta nuestras concepciones actuales es evidente, sin embargo, la esencia del mito, mismo que ha adquirido nuevos matices y tonalidades, sigue permeando en los rituales que aún se sustentan con el mismo fervor de antaño, ya que el núcleo duro de la creencia todavía sigue en pie.

Y habla el volcán...
Cuando de amar se trata, un volcán no conoce el tiempo. A mí esa sucesión de eventos que los hombres dicen que transcurren linealmente me parecen pequeñas oscilaciones que se repiten cíclicamente. Porque cuando un volcán ama, las ensoñaciones sucesivas que lo han mantenido ensimismado se convierten en visiones sin tiempo, paradojas de mundos simultáneos que se fabrican y se destruyen a la par. Por eso, cuando un volcán ama, el hombre corriente tiembla, porque nunca comprenderá esa dimensión de amor.

El mito como delimitación del tiempo

El tiempo y el mito siempre se han ligado, aunque no necesariamente viendo el tiempo como un proceso de índole cronológico. Los mitos se ligan con los tiempos, ya que en ellos existen muchos tiempos, los cuales se reactualizan a través del ritual. Mircea Eliade afirma que el mito es un recuento de eventos que comenzaron en el principio en un momento primordial, no temporal, un momento de tiempo sagrado.[308]

---

307 LÓPEZ AUSTIN.*óp. cit.*, 1998.p. 102.

308 ELIADE, Mircea. *Images and Symbols*.Mitos.Princeton University Press, 1999.p. 57.

Este tiempo sagrado contiene el tiempo detenido, el tiempo sin transitar, el tiempo en el cual se da el mito, volviéndolo todo un instante sin duración. Por ello, el tiempo mítico o sagrado es cualitativamente diferente del tiempo profano, cotidiano y desacralizado de nuestra existencia. Al narrar un mito o vivirlo, a través de la palabra o la creencia, se reactualiza el tiempo sagrado donde se llevaron a cabo ciertos acontecimientos que afectaron paradójicamente el devenir del hombre.

En las sociedades de antaño e incluso en algunos sectores de la población que siguen manteniendo procesos muy ligados a la tierra y sus ciclos, aún hay hombres que tratan conscientemente de eliminar el tiempo mediante una serie de rituales que renacen la cosmogonía primaria. De esta forma, el mito continuamente reactualiza el gran tiempo, ya que al hacerlo lleva al escucha a un plano súper humano, que le permite aproximarse a la realidad que es inaccesible a un nivel profano propio de la existencia individual.[309] Partiendo del hecho de que en su inconsciente están guardadas las imágenes primigenias, los relatos míticos generan en los archivos de los pueblos, en la memoria aún retenida, una cierta cualidad atemporal que elude el transcurrir de la historia lineal.

Como afirma López Austin, el mito es el texto que relata la irrupción del otro tiempo en el tiempo del hombre, provocando el origen, principio y fundamento de algo.[310] Mediante ello, viajamos al espacio temporal original donde abrazamos lo sagrado. Ya que, como dice Julio Glockner, el mito no es historia sucedida en un tiempo pasado, sino más bien una realidad intemporal que se reitera en la historia mediante la palabra y el acto ritual.[311]

---

[309] *Ibídem*, p. 59.

[310] LÓPEZ AUSTIN. óp. cit., 1998. p. 51.

[311] GLOCKNER.óp. cit., 1996.p. 39.

Y habla la niña...
Es de notarse que un ser humano no ama a un volcán y que un volcán no ama a un ser humano. Es de notarse que ninguno de los dos son dignos del otro. Es de notarse que ninguno de los dos se entenderían aunque trataran. Es de notarse que ambos habitan en tiempos disímiles. Es de notarse que un volcán no tiene corazón y un humano casi siempre tampoco. Es de notarse que se vive mejor en un mundo donde no suceden estas cosas. Es de notarse que nadie aceptaría semejante unión. Es de notarse que la mayoría de la gente profana los volcanes. Es de notarse que los volcanes no están interesados en estas personas. Es de notarse que siempre puede haber una excepción.

Imaginación mítica-arquetípica

Aunque la realidad exterior se vive desmitificada, la imaginación mítica del ser humano continúa muy viva. Tanto en el mito, como en el sueño o la fantasía, se anula lo profano y surge lo sagrado. Por ello, los símbolos de la mitología no son fabricados, no pueden encargarse, inventarse o suprimirse permanentemente. Son productos espontáneos de la psique y cada uno lleva dentro de sí mismo, intacta, la fuerza germinal de su fuente.[312]

El hombre ha poseído la facultad de generar imágenes e impresionarse ante ellas desde tiempos prehistóricos. Esta facultad aparece en muchas más situaciones y contextos que los de la primera infancia y su debida patología: en el pensamiento visual, en el arte y en todos los procesos creativos. En la ciencia se confirma la

312 CAMPBELL. óp. cit., 1997.p. 11.

generación espontánea de imágenes. Ejemplo de ello se manifiesta con el químico alemán Kekulé, quien pudo confirmar la estructura del benceno al visualizar el símbolo de una serpiente tragándose la cola, representando un ouroboros. Este hecho demuestra la gran capacidad humana para generar símbolos arquetípicos a través de su imaginación. Mediante los símbolos arquetípicos el hombre se conecta con su inconsciente colectivo, adquiriendo la información almacenada ahí para la comprensión de su entorno.

Eugene Gendlin, en su libro *Experiencing and the Creation of Meaning,* dice que cualquier dato de la experiencia, cualquier aspecto de ella, por más especificado que esté, puede simbolizarse e interpretarse hasta guiarnos a muchas más simbolizaciones.[313] Las simbolizaciones que se adquieren de la psique trazan el camino del desarrollo del hombre.

Stephen Larsen plantea que existen cinco etapas típicas de relación entre el hombre y su imaginación mítica, a saber: identidad mítica, ortodoxia mítica, fase objetiva, conexión suspendida, conexión y renovación míticas.[314]

En la etapa de identidad mítica, la conciencia se ve atrapada por el campo del significado primario. Lo que sobresale para quien la percibe es lo que se encuentra significativo, y lo que se encuentra significativo se informa desde dentro. En esta etapa no hay diferenciación entre la experiencia sentida y el objeto de la percepción. La realidad es misterio vivo. Aquí es cuando surge la elaboración simbólica. Con la ortodoxia mítica la inmediatez de una experiencia original se domina, somete y controla. Las formas fijas del significado mítico se utilizan siendo una relación de apoyo

[313] GENDLIN, Eugene. Experiencing and the Creation of Meaning. The Free Press, 1962. Glencoe, I11. p. 16.

[314] LARSEN. óp. cit., 2000.p. 61.

con la vida cotidiana. La religión ortodoxa sustituye y elimina la revelación primaria. Surge la estabilidad. En la fase objetiva el hombre se acerca a la objetividad y se aleja de todo mito por lo que niega y reprime. La mente despierta y todavía susceptible de los sueños ve los mitos como una aterradora regresión. Entonces, los mitos se vuelven la sombra del científico. Durante la conexión suspendida se separan los símbolos interiores de los exteriores para reintegrarse posteriormente en la renovación mítica y así avanzar hacia el ser transpersonal. A través de este planteamiento se abordarán las fases de la imaginación mítica arquetípica de un chamán, especialista en el control y manejo del tiempo.

Y habla el volcán...

Hace no tantos años, los hombres me ofrecían réplicas
de mi esencia. Nunca osaban profanar
mis espacios, ni transgredir las entradas que llevan
a mi corazón. Vigilaban con sigilo mis
humores y mis sueños. Sabían que no es cosa sabia
despertar a un volcán dormido porque en
sus sueños es un simple hombre que sueña con la
inmensidad de ser volcán. Pero al despertar
aturdido por el sueño interrumpido, su corazón se
agita con recuerdos de amores inconclusos y,
no pudiendo contenerse más, sacude sus entrañas con
estruendosa vehemencia, como si quisiera
despojarse de los sueños osados que perturban su paz.

Cambio, creencias y religión de los indígenas prehispánicos y actuales

Las concepciones mitológicas primitivas no se destruyeron con el surgimiento de las diversas religiones. Independientemente de la creencia en cuestión, la cosmología y la ontología arcaica se preservaron, aunque se modificó la profundidad y la forma de honrarlas.

Como afirma Malinowski, el estudio comparativo de las civilizaciones enseña que lo primordial de toda vida comunitaria siempre ha sido una fuerte fe.[315] Las mitologías emergentes están imbuidas de esa fe proveniente de los estratos más profundos de la psique, la cual sostiene al ser humano en sus diversas creencias. Sin importar la región geográfica donde se encuentre, e independientemente del estadio de desarrollo de una comunidad en particular, cualquier creencia religiosa se basa en tres pilares: el dogmatismo, los principios éticos y los rituales. Estos tres pilares—que en su conjunto conforman la religión—, ligados a los mitos, forman la base para entender la creencia del individuo, la comunidad y su autodesarrollo.

La definición más común de religión es toda creencia en dioses, espíritus, actos—rituales—y narraciones o textos—leyendas, mitos—inspirados en dicha creencia.[316] También la religión puede ser entendida como la creencia implícita en la existencia de un mundo sobrenatural que se manifiesta en diversos tipos de conceptos de fe que se acentúan mediante determinados rituales. Las religiones y sus expresiones van cambiando, así como los pueblos y las sociedades. No existen sociedades varadas en el tiempo. La transformación es propia de la sociedad y la permea en todas sus partes a tal grado, que toda explicación que de la sociedad se haga debe de tomar en cuenta la transformación.[317]

En Mesoamérica, las creencias y concepciones sobre el mundo y la naturaleza han ido cambiando por el influjo de más de cuatro siglos de prédica cristiana; creencias que, si bien eran disímiles a las existentes en el nuevo mundo, confluían en algunos aspectos.

---

[315] MALINOWSKI. óp. cit., 1992.p. 131.

[316] HULTKRANTZ, Ake. “El chamanismo, un fenómeno religioso”. En: *El viaje del chamán.* Barcelona. Kairos, 1993. p. 62.

[317] LÓPEZ AUSTIN. *óp. cit.*, 1998. p. 356.

La convergencia de ciertos puntos de ambas creencias facilitó la integración de los nuevos conceptos de la religión prehispánica a la cristiana. Por ende, los diversos grupos indígenas adoptaron elementos prehispánicos y católicos en una sola entidad arquetípica que se mostraría en su psique repetidamente a través de la historia colonial, al igual que las creencias diarias del campesino del México contemporáneo.

Es importante recalcar que las religiones indígenas actuales de México no son versiones contemporáneas de la religión mesoamericana, aunque sí derivan de ella. Estas religiones devienen tanto de la religión mesoamericana como del cristianismo, pero las creencias coloniales, las cuales son una integración de la religión prehispánica y del cristianismo, llegan hasta la sociedad contemporánea después de un largo proceso de transformación y reintegración que López Austin ha llamado "tradición religiosa mesoamericana". Esta tradición contiene un abundante politeísmo en el que la diversidad y la constante transformación del mundo se explican con la presencia de variados dioses, arquetipizados en múltiples santos.

Las religiones indígenas actuales son campesinas, marginadas, dependientes en la reproducción de creencias, prácticas e instituciones. Son religiones invadidas sobre las que gravitan iglesias, por lo que los indígenas se ven forzados a reinterpretar, asimilar, refuncionalizar,[318] como lo hicieron desde la llegada de los primeros evangelizadores, cuando la psique indígena tuvo que buscar sobrevivir en el viraje que transformaba su mundo conocido y acostumbrado hacia uno donde los evangelizadores irrumpieron, disponiendo a su modo del concepto de lo sagrado que el indígena sostenía.

---

[318] *Ibídem*, p. 143.

Las actuales religiones indígenas son legado de una concepción mesoamericana que ha llegado hasta nuestro días, concibiendo al mundo a través de prácticas, creencias y rituales muy particulares. Cuando el culto no requirió de formas externas que denunciaran al fiel ante las autoridades coloniales, cuando no se apoyó en el aparato gubernamental, cuando la creencia establecía el orden en el uso de los instrumentos de trabajo, en el trato del cuerpo o en las relaciones de parentesco, las tradiciones religiosas quedaron bajo el amparo doméstico y se reprodujeron al calor del hogar.[319] En este ámbito seguro, las creencias se mantuvieron, transformándose paulatinamente al integrar conceptos distintos de las generaciones nuevas, sin erradicarse el núcleo duro, arquetípico de ellas.

Al observar las costumbres y creencias indígenas actuales se percibe un abundante politeísmo, mediante el que se explica constantemente el funcionamiento de la naturaleza y el mundo. Estos dioses o "santos" pueden ayudar o dañar al hombre si no los procura y apacigua.

Por ejemplo, entre los nahuas, otomíes, totonacos y tepehuas se consideraba que el hombre debía pagar su tendencia a ensuciar la tierra que lo alimenta, a través de ritos diversos, oraciones, alimentos y otros objetos ceremoniales.[320]

Este hecho también se constata entre los grupos nahuas del estado de Morelos, que continúan celebrando ceremonias en parajes sagrados donde, a su parecer, abundan espíritus guardianes, mismos que los pueden ayudar en su subsistir diario o dejar de

---

319 *Ibídem.*

320 MONTOYA BRIONES, José de Jesús. "Persistencia de un sistema religioso mesoamericano entre indios huastecos y serranos". En: *Historia de la religión en Mesoamérica y áreas afines.* I coloquio. México. UNAM-IIA. Ed. Barbro Dahlgren, 1987. p. 147.

hacerlo. En la actualidad, el legado de las religiones coloniales ha segmentado los oficios de los santos y espíritus, quienes se especializan en determinado funcionamiento del mundo circundante. Esto ha generado que el hombre divida su mundo para un mayor entendimiento del mismo. En una polaridad existe el terreno material objetivo, que se podría denominar como el terreno profano y, en la otra, se encuentra el terreno simbólico y subjetivo, que se podría denominar como el terreno de lo sagrado. Dentro de lo sagrado se encuentran tanto los espíritus y dioses como cualquier objeto, fórmula o acción ritual que sirva para acentuar ese ámbito de lo sagrado. Como afirma Durkheim, las cosas sagradas son aquellas que las interdicciones protegen y aíslan; mientras que las cosas profanas se ven protegidas por dichas interdicciones y deben mantenerse a distancia de las primeras.[321] Para la mayoría de las personas la vida transcurre en conciencia en el ámbito de lo profano, poniendo poca atención a las actividades propias de la psique cuando penetra en el rubro del inconsciente, ya sea a través de sueños, fantasías o en trance. Solamente algunas personas, consideradas como especialistas de lo sagrado, penetran a estas regiones desconocidas de la mente, asegurando con su hacer la subsistencia de la comunidad, al interceder a su favor.

Y habla la niña...

El sacerdote del pueblo nos pide que olvidemos los viejos cánticos y alabanzas y que adoremos a la cruz, al señor Jesucristo y a los santos; y nosotros, como pequeños niños inocentes, lo hacemos, aunque realmente algunos seguimos oyendo los coros de antaño que no dejan de escucharse cuando callamos la mente sagaz que quiere interrumpir al alma. Porque aunque

321 DURKHEIM, Émile. *Las formas elementales de la vida religiosa.* Buenos Aires. Editorial Schapire, 1968. pp. 41-43.

así lo crean, no hemos olvidado lo que antes sabíamos,
ni hemos perdido completamente lo que
alguna vez fuimos, por eso Jesucristo y el volcán, los
ángeles y los tlaloques siguen siendo una
sola cosa, diferentes facetas de la misma entonación,
que sólo adecua algunas viejas notas para
cimentarse con más fuerza en nuestra mente colectiva.

Religión y chamanismo

Ninguna religión es completamente nueva, ningún mensaje religioso borra completamente el pasado. Más bien, hay una renovación, una revalorización, una integración de elementos de una tradición religiosa inmortal e inmemorial.[322] Este hecho se ha dado en todas las civilizaciones creadas por el hombre, desde los albores del tiempo hasta la actualidad. Por ello, nunca se encontrará un fenómeno religioso totalmente puro u original, dado que la historia ha estado en todos lados haciendo que cambien, se enriquezcan o se empobrezcan los conceptos religiosos, las creaciones mitológicas y los ritos.

Dentro de las religiones emergentes, desde tiempos pasados hasta nuestros días, el chamanismo sólo puede calificarse como un complejo de nociones y prácticas dentro de una religión, pero no como una religión propiamente dicha; sin embargo, la nomenclatura revela que el chamanismo es algo más que pura magia.[323] Éste surge como respuesta a la necesidad de algunos individuos de penetrar con mayor profundidad en su psique, impulsados casi siempre de manera inconsciente, buscando comprender y controlar su derredor y a sí mismos, auxiliando y guiando con ello a su comunidad.

---

[322] ELIADE, Mircea. *Shamanism: Archaic Techniques of Ecstasy.* Princeton, 1974. p. 12

[323] HULTKRANTZ. *óp. cit.*, 1993. p. 60.

La mitología del chamanismo con su cosmología, sus símbolos y sus ritos de iniciación, se deriva de zambullidas individuales en el reino del significado primario, de los arquetipos. Pero, al mismo tiempo, la estructura de esas experiencias individuales es fruto de la mediación de los símbolos míticos locales, que funcionan como una especie de vocabulario mitológico.

Según Mircea Eliade, el chamanismo es predominantemente un fenómeno religioso proveniente de Siberia y de Asia Central. La palabra *chamán* deriva del término tungús o evenki—lengua hablada en Siberia Central, Mongolia y China—*saman.* El chamanismo de Asia Central y de Siberia tiene la ventaja de presentar unidos diversos elementos que en otras partes del mundo encontramos de manera aislada, por ejemplo: la relación especial con los espíritus, las capacidades estáticas que permiten el vuelo mágico, el ascenso al cielo, el descenso al inframundo y el control sobre el fuego, están integrados con una particular ideología y técnicas específicas válidas.[324]

Aunque hay algunas manifestaciones de chamanismo puro, regularmente el chamanismo coexiste con otras expresiones de religión, en donde, a través de las creencias sincréticas emergentes, el chamán se relaciona con espíritus, ancestros o dioses, ya que al entrar en trance, producto del contacto con su inconsciente, visita los reinos de los poderes celestiales, muchas veces aprende de ellos, entabla contacto con el mundo de los muertos y ofrece sacrificios u ofrendas para que los espíritus le concedan beneficios a su comunidad. Aunque el primer acercamiento con la psique es un acto de naturaleza inconsciente, posteriormente, cuando el chamán ha tenido mayor experiencia, éste accede a otros mundos de manera consciente. Dado esto, el chamanismo comparte la

---

[324] ELIADE. *óp. cit.*, 1974. p. 6.

experiencia de los estados de trance consciente con algunas formas religiosas tradicionales.[325]

En las religiones tradicionales, cuando los principios visionarios se convirtieron en estructuras más permanentes de creencias y valores, aparecieron ortodoxias y dogmas y el chamán se convirtió en sacerdote; pero, a diferencia del chamán, el sacerdote no entra personal y extáticamente en lo sobrenatural para renovar el contacto entre los mundos míticos y humano. Sin embargo, el éxtasis chamánico, al igual que ciertas tradiciones religiosas, incluye fenómenos chamánicos como voces y visiones, que facilitan la orientación o información para alguna curación o para el crecimiento espiritual de solidaridad en la comunidad.

Una característica relacionada con el chamanismo es el dualismo del alma o la creencia en dos formaciones anímicas alternativas que representan la vitalidad del cuerpo, la respiración y la mente y la otra persona propiamente dicha en su aspecto no corpóreo durante los sueños o en trance.[326] Pero lo que más caracteriza al chamanismo es su acceso a diversos niveles de realidad. Al igual que el promedio común de las personas, el chamán realiza labores cotidianas gracias a las cuales subsiste. Cuando realiza estas labores, el chamán se encuentra inmerso en el primer nivel de la realidad, conformado por el mundo ordinario, objetivo. El mundo de la realidad ordinaria que, aunque parezca evidente, sólo es perceptible de ese modo gracias a una creencia que sirve de marco de referencia al mundo objetivo en donde existe la idea de que todo es independiente. Éste es el supuesto que da cabida a la experiencia sensorial directa de la física clásica y las diversas filosofías de causa y efecto.[327] En el nivel

---

[325] PATTEE, Rowena. "Éxtasis y sacrificio". En: *El viaje del chamán.* Barcelona. Kairos, 1993. p. 44.

[326] HULTKRANTZ. *óp. cit.*, 1993. p. 61.

[327] KING, Serge. "Ver es creer: Los cuatro mundos del chamán". En: *El viaje*

de realidad psíquico o subjetivo el hombre se vuelve consciente de los elementos que habitan y confluyen con él en este mundo, como el agua, la tierra, el viento, el fuego, la piedra, los árboles o los animales. En el nivel simbólico, el chamán observa los augurios depositados en las nubes, el viento, el vuelo de las aves, etcétera. Estando en este nivel, realiza rituales que consagran sus presagios. Una progresión de ideas típicamente chamánicas a este nivel es que si todo es simbólico y los sueños son símbolos, esta realidad también es un sueño.[328] En el último nivel, llamado "holístico", el chamán infiere que todo es uno y la interconectividad es tal que cualquier elemento del mundo afecta al resto. Es la experiencia más profunda, llamada "conciencia cósmica", donde no existe sensación alguna que brinde distinción entre uno mismo y todo aquello con lo que uno pueda identificarse como sí mismo. En la medida en que se es consciente de dicha identificación, se puede operar en el reino holístico y, en la medida en que se es consciente de lo demás, se estará operando en otros reinos.[329]

Y habla el volcán...
¿Será posible que con el paso de las estaciones me vuelva materia inerte, tierra y humo consumado y olvide a aquellos hombres que llevaban alabanzas y ofrendas a mis faldas y floreaban las entradas a mi templo en un intento respetuoso de acercarse a mí?. Con el paso del tiempo ellos se han ido, pasando a ser la sombra del encino o el colibrí que bebe la flor, y con esta transformación han dejado desamparado al resto de su especie que ya no adora pájaro, flor ni sombra. Pero de vez en cuando, cuando la fe casi se ha extinguido, surge alguna persona que

---

del chamán. Barcelona. Kairos, 1993. p. 69.

328 *Ibídem*, p. 76.

329 *Ibídem*, p. 79.

tiene la capacidad de mirar donde los demás sólo ven. Esa persona sabe que más allá de la tierra y el fuego hay unos ojos vigilantes y un corazón ardiente que clama atención.

Definición de *chamán*

El chamán es el arquetipo del técnico de lo sagrado y su objeto es, precisamente, la relación entre la imaginación mítica y la conciencia normal. Por ello, el chamán es la respuesta creativa básica del hombre a la presencia de lo mítico.[330] No se trata de un hombre enfermo, sino de un enfermo que ha sido curado, alguien que triunfó curándose a sí mismo al conocer los símbolos que emanan de su psique y reconociéndose en ellos. Por eso, el chamán es el especialista del alma humana, ya que sólo él ve y conoce la forma y destino del alma. Además, funge como servidor público, si uno posee habilidades y poderes chamánicos y sus amigos y parientes piden ayuda, el chamán no puede negársela.[331]

Partiendo del hecho de que el chamán conoce y trabaja la magia; y si por magia se entiende el esfuerzo del ser humano por controlar el curso de los acontecimientos a través de medios no racionales, regularmente mediante actos rituales efectuados para lidiar con espíritus y entidades de la naturaleza, entonces el chamán también es un "mago".

En México, el curandero o mago y el chamán guardan una estrecha relación. El curandero es el especialista que posee y manipula un cúmulo de conocimientos de origen indio, español y africano dentro de un contexto cultural que corresponde a un grupo de

330 LARSEN. *óp. cit.*, 2000. p. 33.

331 HARNER, Michael. "¿Qué es un chamán?". En: *El viaje del chamán.* Barcelona. Kairos, 1993. p. 30.

oprimidos. Es consciente de ello y busca el reconocimiento social como especialista. Su comportamiento está basado en la tradición y la colectividad.[332] Además, los curanderos son el correlato contemporáneo de los médicos pre-colombinos mágico-religiosos, altamente dotados para practicar curas con yerbas.[333] Aún en la actualidad, existen muchos curanderos que utilizan una gran variedad de técnicas para sanar. Cuando éstos pueden afectar el curso de los acontecimientos o presagiar futuros eventos a través de sueños, trances o visiones para orientar a su comunidad, ambos roles se fusionan.

Ligado con el término de *chamán*, el neo-chamán[334] es una persona que en la actualidad vence la experiencia de la muerte con aspecto al sí mismo limitado, haciendo que el renacimiento extático resultante de ello conduzca a la auto adquisición de poder y, eventualmente, al sacrificio en beneficio de su comunidad.[335] Aunque la comunidad reconozca al chamán como un ser dotado de poder, su elección se da regularmente por medios sobrenaturales, dado que tiene acceso a las regiones de lo sagrado, donde no pueden penetrar los demás miembros de su localidad. Sus experiencias extáticas han ejercido y todavía ejercen una influencia poderosa en la estratificación de las ideologías religiosas, en la mitología y en los rituales.[336]

Los chamanes no difieren de otros miembros de la colectividad en su búsqueda de lo sagrado, el cual es un comportamiento normal

---

332 QUEZADA, Noemí. *Enfermedad y maleficio.* México. UNAM-Antropológicas, 1989. p. 27.

333 SHARON, Douglas. *El chamán de los cuatro vientos.* México. Siglo *xxi*, 1998. p. 20.

334 Término acuñado para designar actualmente a los individuos que transitan entre mundos, pero cuyo sistema de creencias se debe a un sincretismo de conceptos antiguos y de concepciones actuales.

335 PATTEE. *óp. cit.*, 1993. p. 36.

336 ELIADE. *óp. cit.*, 1974. p. 7.

y universal humano, sino en su capacidad para la experiencia extática. Los seres guardianes o ayudantes no son los autores directos de esta experiencia, sólo son los mensajeros de un ser divino o los asistentes en una experiencia que implica muchas otras presencias además de la suya.[337] Portador de la experiencia extática, el chamán puede contener dentro de sí, el calificativo de "profeta", "sabio", "demente" o "brujo"; sin embargo, el mensaje transpersonal verdaderamente eficaz que transmita deberá afectar y hablar a la situación arquetípica colectiva de la comunidad.

Y habla la niña...

De pequeña, mientras caminaba entre los barrancos y peñascos de mi pequeño poblado, me quedé dormida debajo de un gran fresno y perdí así tres días de mi vida. Cuando por fin desperté, el pueblo entero me buscaba, preocupado por ausencia tan larga que seguramente traería consigo la muerte. Pero yo me encontraba bien, hasta alegre yo diría, ya que había intercambiado largas conversaciones con ángeles y duendes que extáticos me invitaban a ir con ellos. A partir de ahí podía ver cuando los demás sólo miraban y entre tanto ver lo que yo veía, supe que todo tiene nombre y alma, incluso las piedras que cantan cuando creen que nadie las oye.

Especialización entre los curanderos y chamanes

Dentro de la concepción de chamán, existen grandes diferencias respecto a la clasificación de sus conocimientos, pudiendo haber curanderos, hechiceros, brujos y chamanes. Pero el chamán en su aspecto polifacético los engloba a todos, almacenando dentro de

337 *Ibídem*, p. 107.

sí el conocimiento del alma humana y la habilidad de contactar a través de sueños, trances, o con la ayuda de psicotrópicos, el mundo sobrenatural.

En el México prehispánico y colonial, dentro del campo de la magia y la medicina, la especialización llegó a niveles poco conocidos en otras culturas.

La gran gama de especialistas que derivaban del conglomerado producto de las creencias mágico-religiosas imperantes, buscaba por medio de diferentes técnicas la salud del enfermo, además de su bienestar, pudiendo en algunos casos leer el futuro o propiciar las lluvias y, por ende, las buenas cosechas. La mayoría de ellos practicaban ceremonias curativas en las que el primer paso era acercarse a un curandero de la especialidad que su destino o interés señalaba.[338] La habilidad del individuo en cuestión se mostraba a temprana edad mediante una enfermedad o a través de un incidente dramático. Cuando algún individuo o familiar se había percatado de los signos de predestinación buscaba poder establecer contacto con el mundo sobrenatural por medio del trance.[339] Sin embargo, aunque el poder se manifestaba con fuerza, reinaba la idea entre los indios y mestizos de que era necesaria una formación y disciplina férreas, independientemente del contacto divino.

El chamán[340] guardaba un aspecto dual, pudiendo ser en la mayoría de los casos un agente portador de beneficios para el prójimo y

---

338 QUEZADA. *óp. cit.*, 1989. p. 71.

339 *Ibídem*, p. 38.

340 Uso el término *chamán* sin importar la especialización en cuestión, por asignarle la propiedad de ser un hombre o una mujer con gran poder psíquico que tiene la capacidad de transportarse de un mundo a otro, a través de sueños, trances o el uso de alucinógenos y entablar contacto con las fuerzas de la naturaleza o los seres sobrenaturales, afectando con ello al mundo objetivo circundante.

la comunidad, aunque en su carácter más oscuro podía también portar la destrucción y la muerte. Además, poseía el conocimiento para desempeñarse en el terreno de lo no perceptible, ya que como parte de su esencia, el especialista obraba con un invisible y desarrollado cuerpo anímico sobre y a través de las sustancias invisibles de las cosas.

Uno de los múltiples especialistas prehispánicos que sobrevivió a través de la época colonial hasta nuestros días es el granicero. Considerado como un chamán por su habilidad de transitar a través de mundos, el granicero curaba enfermedades relacionadas con el agua o el aire, y propiciaba las lluvias. Chimalpahin menciona en su texto que podía provocar a voluntad el granizo o la lluvia e incluso transformarse en bestia, por lo que también tiene un aspecto de nagual. Actualmente, influenciados por la tradición judeocristiana que pone claros parámetros entre el Bien y el Mal, las actividades de los graniceros ya no contienen un carácter dual. Cuando un granicero se dedica a hacer daño puede ser considerado brujo por los demás miembros de la comunidad. Los graniceros puros conciben su trabajo como tarea benéfica de servicio, en tanto que piensan en la brujería como una actividad dañina.[341]

La especialidad en controlar la lluvia y los vientos y curar a los enfermos no es legado únicamente de los indígenas y sus conocimientos prehispánicos; este oficio también lo desempeñaban algunos clérigos del viejo continente que conocían los rituales precisos para generar, desviar o deshacer tormentas.[342] Actualmente, los graniceros de las comunidades que pueblan las laderas de los volcanes Popocatépetl e Iztaccíhuatl, elaboran sus rituales mediante la influencia de conceptos prehispánicos que en su mayoría

---

[341] BONFIL, Guillermo. *óp. cit.*, notas etnográficas... p. 249.

[342] CALLEJO, Jesús e INIESTA, José Antonio. "Los dueños de las tormentas". En: *Testigos del prodigio*. Madrid. Editorial Oberón, 2001. p. 62.

fueron reelaborando hasta perder en los confines de su psique sus connotaciones antiguas, sustituyéndolas por la idolatría colonial que todavía impera en muchas mentalidades campesinas.

Otro especialista que emerge del legado prehispánico son los ensalmadores, quienes suelen participar en los rituales colectivos de los graniceros. Ellos ayudaban con sus salmos y alabanzas a dirigir las palabras y el intento de los graniceros. Los ensalmadores daban gran importancia a la palabra. Para ellos es su fuerza la que tiene el poder de establecer el equilibrio en la enfermedad, la que permite curar.[343] Sus palabras, cantos y prédicas, junto con las palabras, movimientos y rituales de los graniceros producían el caer de las lluvias o la suspensión de la eminente tormenta.

Y habla el volcán...
Dicen que los dioses habitan el cielo o la tierra.
Se sabe que circulan a través de ellos,
traspasando mundos para impregnarse de la esencia
de todo. Yo sé que combinan lo húmedo
con lo seco en un intento de impregnar la tierra y
traer la vida donde sólo imperaba la muerte.
Pero sólo un dios tiene dentro de sí el poder del rayo
y la tormenta, sólo un dios sabe cómo ser
lluvia, viento, granizada y trueno al mismo tiempo.
Dentro de él están contenidos el infierno y el
paraíso, todo lo que es y todo lo que jamás será. Aquel
que domine ese dios tiene el mundo entre
sus manos y un aliado en su corazón. Yo soy el camino
y la llave a aquel que intente semejante
proeza.

343 QUEZADA. *óp. cit.*, 1989. p. 101.

Arquetipo y mito del granicero

Como se planteó con anterioridad, el símbolo, y por ende el arquetipo, es la imagen colectiva universal que se encuentra en la psique de los individuos. El arquetipo universal del granicero se manifiesta en diversas culturas independientemente de su connotación espacio-temporal. Este arquetipo deriva de la creencia en un dios quien es en sí mismo tempestad y quien también la controla. Por ello, como afirma Mircea Eliade, la concepción de ver al cielo como una bóveda sólida explica las virtudes de los meteoritos y tormentas eléctricas: al caer del cielo están impregnadas con una virtud mágico-religiosa que puede ser usada, comunicada, diseminada, ya que ellos forman un nuevo centro de sacralidad uraniana en la tierra.[344] Muchas culturas contienen dentro de sí mitologías que soportan la creencia en un dios que alberga simultáneamente la tempestad, la fertilidad y la lluvia. Ejemplo de ello es Viracocha, quien sintetiza al dios del sol y de la tempestad y que porta un rayo en cada mano. Otro dios solar y de la tempestad de gran importancia es Yavé. En la mitología navaja encontramos al padre de los Guerreros Gemelos. Zeus, portador del rayo celestial también muestra la creencia de los romanos en un ser que controlaba las tormentas y sus manifestaciones. Para los chinos, Lui-Sin es el dios del rayo y el trueno. Se le representa con la figura de un águila entre las nubes y le acompaña el rayo y una varilla de timbales, simbolizando el trueno. Incluso, como afirmara Joseph Campbell, el halo de ciertas formas de la imagen de Buda demuestra que la gracia que se derrama del universo a través de la puerta del sol es la misma que la energía del rayo que aniquila y que es en sí misma indestructible; la luz que destruye los engaños es la misma luz que crea.[345]

[344] ELIADE. *óp. cit.*, 1974. p. 139.
[345] CAMPBELL. *óp. cit.*, 1997. p. 136.

Otras manifestaciones del arquetipo de la deidad que controla la tormenta y el rayo se presentan en la mitología hindú con Indra, quien era dios de la naturaleza, de los guerreros y guardián del mundo. Indra tenía poder sobre el rayo acani y la tempestad, por eso se le representa con los brazos armados: en un lado tiene un rayo y en el otro un arco para lanzarlo con fiereza. En los países escandinavos la creencia gira en torno a Thor, dios del trueno, los vientos y el rayo. Producto de la mitología eslava, Warpuliz fungía como ayudante del dios Perun y se manifestaba en las tormentas y tempestades.

Las diversas manifestaciones de la deidad de la tormenta son inherentes a la creencia arquetípica colectiva, donde el rayo y el trueno eran la manifestación visible del poder venido del cielo, desde el cual los dioses velaban por el destino de la humanidad. Por ende, los dioses son los custodios del rayo. Pero también los hombres lo custodian y cuidan de la tormenta, fungiendo como extensiones de los dioses o como ayudantes de las divinidades. De ello, surge el arquetipo del granicero, quien es un hombre o mujer capaz de controlar las condiciones atmosféricas sirviendo de puente entre el mundo terrenal y el sobrenatural. Estos chamanes controladores del clima se han manifestado a lo largo del mundo, muestra de ello son los hombres de conocimiento rusos y asiáticos. Mircea Eliade afirma que entre los buriatos una persona tocada por un rayo es enterrada como un chamán y sus parientes cercanos tienen el derecho a volverse chamanes también, porque de alguna manera él ha sido "escogido" por el dios del cielo. Los soyotas y los kamchatkas creen que uno se vuelve chamán cuando un relámpago cruza el cielo durante una tormenta. Entre los esquimales, el chamán obtiene su poder después de haber sido golpeado por una bola de fuego.[346]

---

346 ELIADE. *óp. cit.*, 1974. p. 100.

En Europa también existen claros ejemplos de estos servidores del temporal, sobre todo en la península ibérica, ya que poseía tierras que con constancia se veían sujetas a fuertes tormentas, granizadas y nevadas en sus planicies y montañas. Dentro de estas condiciones, los campesinos sobrevivieron a través de sus rituales y conocimientos. Al especialista en apaciguar al temporal se le llamaba *nuberu*, *nuberu* o *nubeiro*, ya que podía tanto atraer como alejar o provocar la lluvia y el granizo. Sin embargo, es interesante el hecho de que los tres términos designan tanto a un ser de procedencia sobrenatural como a un ser humano. En la península ibérica los conjuradores de nublados llegaron a ser tan populares y tan vinculados a las artes mágicas, que el Fuero Juzgo hablaba de ellos como magos e incautores, agentes de las tronadas, asoladores de las mieses, invocadores y ministros de demonios a quienes se les reservaban ciertas penas, según su delito.[347]

Debido a las creencias religiosas de corte cristiano, en España se asoció durante siglos el control de las tormentas a las brujas, meigas y demonios. Jesús Callejo afirma que para controlar el tiempo en estos lares, las personas usaban diversos métodos, desde tocar las campanas hasta los rezos y alabanzas. Afirma que no es extraño que existan refranes como "en los campos de Logroño, siempre anda suelto el demonio", refrán explicado por Gonzalo Correas en su *Vocabulario de refranes,* ya que se echaba la culpa a las brujas por propiciar el granizo en tierras de por sí llenas de ello, por las condiciones atmosféricas imperantes. Otro nombre que se le confería al servidor del temporal era el de *tempestario*, quien utilizaba dos armas para luchar contra las fuerzas adversas: su convicción de que tiene gracia para hacerlo y una cruz que encara al cielo a la vez que pronuncia una oración. La cruz de Caravaca, aunque él lo llama la cruz de Santa Bárbara, por ser ella la protectora

347 CALLEJO / INIESTA. *óp. cit.*, 2001. p. 62.

contra las tormentas. Sus rezos dicen así: "Santa Bárbara bendita, que en el cielo estás escrita, en el aro de la cruz, Padre Nuestro, amén, Jesús."[348] En los poblados de Aragón, los campesinos le disparaban con balas de cera de velas previamente bendecidas a las nubes, sonando las campanas para alejar el mal tiempo. En la península ibérica, alguien con capacidad para controlar las lluvias y el granizo era visto regularmente como un ser con gran poder que practicaba la hechicería y quien mantenía ese poder por concretar pactos con el demonio. Por ello, las personas usualmente le tenían miedo al servidor del temporal y decían rezos para alejarlo de la zona. En Granadas de Salime (Asturias), existe el clásico conjuro "secreto" para alejar al nuberu, el cual debe ser acompañado por un fuerte tañido de campanas: "Detente nube y nublado, que dios puede más que el diablo. Detente nube, detente tú, que dios puede más que tú."[349]

En México, producto del sincretismo, surge el misionero del temporal, conocido también como *claclasqui, ahuaque, ahuizote, quicazcle, tlamatine* o *granicero.* Predominantemente alrededor de los volcanes que forman una estrella en su agrupación, conformados por el Pico de Orizaba, la Malinche, el volcán Popocatépetl, la Iztacíhuatl y el volcán de Colima, se manifiesta el fenómeno de los graniceros. Sin embargo, los graniceros con quienes se ha interactuado para fines de esta investigación, provienen del estado de Morelos. Actualmente los graniceros que pueblan esta zona son mestizos, aunque la zona estuvo poblada en la época prehispánica por chalcas y xochimilcas. Ambos grupos se localizan en la zona norte en Hueyapan, Tetela del Volcán, Yecapixtla, Atlatlahucan, Tlayacapan, Totolapan y Tlalnepantl. La zona oriente, ocupada por Cuernavaca y los municipios que colindan con los estados de Guerrero y México fueron asentamientos tlahuicas. El área

[348] *Ibídem*, p. 72.
[349] *Ibídem*, p. 72.

conocida como el Valle de las Amilpas, conteniendo a Jumiltepec, Zacualpan y Tlacotepec tiene una influencia tolteca, chichimeca.[350] En toda esta región de marcadas precipitaciones, hay descargas eléctricas que a veces alcanzan a un campesino sembrando sus tierras. Si el campesino sobrevive a la descarga, su sino es velar por el tiempo y realizar curaciones de enfermedades relacionadas con el aire. De ahí que estos hombres y mujeres provengan de la estirpe ancestral de los hijos de las tormentas, del linaje del rayo, pues los chamanes de México están agrupados en diferentes linajes, entre ellos está el de los graniceros del estado de Morelos,[351] cuya actividad se sumerge en el campo de lo sagrado. En estos parajes se nace con un aprendizaje bajo el brazo, un miedo ancestral a las tormentas que llaman de piedra o de granizo. Por tratarse de zona con fuertes precipitaciones y momentos de sequía, estos hombres tienen la habilidad y el deber de controlar el temporal, auxiliados por espíritus y seres sobrenaturales.

Los ejemplos anteriores muestran que la creencia arquetípica del controlador del temporal no se remite únicamente a humanos, sino también a seres sobrenaturales con gran poder, quienes moraban en el viento y las nubes. Estos seres fungían como emisarios de la deidad de la tormenta. Se les encuentra en varias mitologías, siendo particularmente explícitas en las narraciones ibéricas y las del centro de México. En la localidad zamorana de Abezames cuentan que hay diferentes tribus de demonios de las nubes que luchan entre sí, produciendo los nublados y las tormentas.[352] En la provincia de Orense se le describe como un pequeño monstruo rechoncho que hiere las nubes con los pies, produciendo el ruido de un trueno. Se

---

[350] SIERRA CARRILLO, Dora. "Los nahuas de Morelos: una ceremonia agrícola". En: Estudios nahuas. México. INAH, Colección Divulgación, 1989. p. 145.

[351] GRINBERG-ZYLBERBAUM, Jacobo. *Los chamanes de México*. Vol 1. México. Alpa Corral, 1987. p. 17.

[352] CALLEJO / INIESTA. *óp. cit.*, 2001. p. 63.

cree que tanto el tronante como el nubeiro, se pueden caer de las nubes y que cesa la tronada si un sacerdote, en su conjuro, llega a tocarlos con alguna gota de agua bendita que arroja al cielo.[353] En el México prehispánico se hace alusión a los tlaloques, con sus jarrones de agua que propician las buenas lluvias o las tempestades, si están enojados. Actualmente son los ángeles los que moran en las nubes y propician las tormentas. Es de notarse que los moradores de las nubes tienen una concepción dual, pudiendo ser benéficos o maléficos, dependiendo del comportamiento del ser humano con la naturaleza y del trato que se les da por medio de las ofrendas que se les ofrece.

Al lidiar con el tiempo y vencerlo una y otra vez, el granicero lucha contra lo establecido, contra sí mismo y contra la maldad en el mundo y en él. Por ello, su connotación arquetípica se asocia a la del héroe, aquel que se lleva engranado en la psique, pero que pocas veces se manifiesta. El granicero, compuesto de su trayectoria, conocimientos, rituales y creencias, es inherente a este arquetipo que diariamente se expresa en sus acciones cotidianas.

Y habla la niña...

Nunca me han gustado los cuentos de hadas, porque el héroe siempre es hombre y la mujer es su motivo. Cuando leí algunos cuentos en la escuela, mi inquietud era siempre la misma. ¿Porque no había heroínas que lucharan contra monstruos y gigantes, mientras que el príncipe tambaleante las esperaba suspirando? ¿Porqué cuando de luchar se trataba era el héroe quien desenfundaba su espada balanceándola en el viento? ¿Porque el héroe atravesaba el laberinto y

353 *Ibídem*, p. 63.

la mujer lo esperaba con un beso al final de ello? Será porque las heroínas siempre hemos llegado antes que los héroes para evaluar el camino y entonces decirles que es seguro andar por él.

Concepto mítico del héroe

Dentro de los diversos arquetipos que alberga la psique, el del héroe es el que contiene la esencia del hombre. Para comprender en su totalidad al mito del héroe y al símbolo implícito en él, es importante percatase de que los dos son en realidad uno. Ambos implican y apuntan hacia lo mismo, hacia la mente inconsciente, hacia el reino de los dioses. El reino de los dioses es una dimensión olvidada del mundo que conocemos. Y la exploración de esa dimensión, ya sea en forma voluntaria o involuntaria, encierra todo el sentido de la hazaña del héroe,[354] ya que el héroe es el símbolo de la divina imagen creadora y redentora que está escondida dentro de todos nosotros y sólo espera ser reconocida y restituida a la vida.[355]

Desde una perspectiva general, el héroe se aprecia como un personaje de características amplias y diferentes según las culturas y las épocas en las que se ubica, de tal modo que parecería que el concepto careciese de significado. El intento por delimitar el espacio y el tiempo del héroe podría, incluso, parecer paradójico, pues uno de los rasgos más conspicuos de los personajes excepcionales es su capacidad de rebasar los límites espacio-temporales.[356] Por ello, el héroe se proyecta como un ser que trasciende las fronteras que lo separan del hombre común.

---

[354] CAMPBELL. *óp. cit.*, 1997. p. 200.

[355] *Ibídem*, p. 43.

[356] NAVARRETE, Federico y OLIVER, Guillermo. *El héroe entre el mito y la historia*. México. UNAM, 2000. p. 7.

La concepción universal mítica del héroe se refiere a un hombre o mujer con poder que lucha contra la maldad del mundo o de su comunidad, representada a través de demonios, espíritus maléficos, serpientes o dragones, liberando de la muerte o del caos a su gente. Numerosos héroes realizan un viaje iniciático, sembrado de pruebas, al final del cual adquieren su naturaleza heroica.[357] Además de las pruebas, la lucha y erradicación del mal, el arquetipo del héroe ejemplifica el desarrollo espiritual del ser humano. Esta evolución, en el plano mítico es representada por la figura del héroe, imagen arquetípica que simboliza el principio masculino de la luz, es decir, la conciencia de sí mismo, la autoconciencia como manifestación esencial del espíritu. Por eso, el ciclo del héroe, con sus peligros, peripecias y combates, simboliza la lucha entre la luz y las tinieblas, del espíritu contra el principio del mal inherente a las fuerzas ciegas y bestiales de la terrenalidad.[358]

Paul Radin, quien estudió los ciclos del héroe de los winnebago, encontró cuatro ciclos o etapas diferentes que conforman el desarrollo del mito del héroe. Estos ciclos, aunque propios de los winnebago, pueden ser aplicados con diferentes nombres o acepciones, pero la misma connotación al entendimiento de las fases por las que transita dicho arquetipo. Radin llamó a estas fases: el ciclo del engañador, el ciclo del conejo, el ciclo del *Red horn* y el ciclo del gemelo.[359]

Durante el primer ciclo que corresponde al engañador, el individuo todavía se encuentra en su fase de desarrollo; está centrado en sus apetitos físicos y su mentalidad es todavía como la de un infante; lo

---

357 PROPP, Vladimir. Las raíces históricas del cuento. Madrid. Fundamentos, 1984. p. 47.

358 RUBINO. *óp. cit.*, 1994. p. 95.

359 JUNG, Carl Gustav. "Approaching The Unconscious". En: *Man and his symbols Picador*, London, 1978. p. 103.

más importante para él es su auto-gratificación y su vida transcurre únicamente en el mundo objetivo. En el periodo de la liebre o el coyote, el individuo no ha alcanzado aún su madurez, ya que se encuentra en la etapa de transformación; corresponde a la etapa de la búsqueda y la característica arquetípica que se le puede asignar es la del llamado. La tercera figura de la etapa del héroe es *Red horn*, quien pasa las proezas arquetípicas iniciáticas propias de este arquetipo; es aquí donde mediante la ayuda de seres sobrenaturales y del poder sobrehumano, gana la batalla luchando contra su sombra;[360] en esta etapa, los dioses tutelares ayudan a obtener la victoria de los agentes del mal. La última etapa, denominada "ciclo de los gemelos", plantea el hecho de que los seres humanos son hijos de la divinidad, específicamente en la mitología winnebago del sol, lo que resulta en la dualidad humano-divina de dichos gemelos, aunque fueron separado al nacer. Este arquetipo implica la reunión de los seres con la naturaleza y la divinidad implícita en ella.

En los dos últimos ciclos se manifiesta la idea del sacrificio y la muerte para renacer nuevamente invicto; sin embargo, se deben tomar en cuenta las fuerzas del mal o del abismo. Como afirmara Campbell, las fuerzas del abismo no deben ser retadas con ligereza.[361]

El arquetipo del héroe también implica una relación cercana con las deidades y seres sobrenaturales. Pero los dioses y las diosas deben de entenderse como encarnaciones y custodios del elixir del ser imperecedero, no como lo último en su estado primario. Lo que el héroe busca en sus relaciones con ellos no son ellos mismos, sino su gracia, esto es la fuerza de su sustancia sustentante.[362]

---

[360] Desde una concepción psicoanalítica jungiana, la sombra implica la dualidad del ser humano, la mitad oscura que vemos en otros, pero que no reconocemos como parte de nosotros mismos.

[361] CAMPBELL. *óp. cit.*, 1997. p. 187.

[362] *Ibídem*, p. 68.

Contemplado desde una postura universal, el arquetipo del héroe muestra el siguiente modelo de unidad nuclear: la separación eminente del mundo, el conocimiento y el acceso a una fuente de poder y el retorno a la vida para experimentarla con mayor intensidad y sentido. La aventura mitológica del héroe es la magnificación de la fórmula representada en los ritos de iniciación: separación-iniciación-retorno, que podrían recibir el nombre de "unidad nuclear del monomito".[363] El ciclo completo, la norma del monomito, implica que el héroe conozca los misterios de la sabiduría y los transmita al reino de la humanidad, ayudando con ello a renovar a la comunidad o la nación.

Y habla el volcán...

Yo pienso que los héroes son necesarios porque sin ellos no estaríamos completos y yo no quisiera ser medio volcán. Cuál sería nuestro cometido, sin un lucero que rescatar, sin una tormenta contra quién pelear, sin un fin que justifique el medio. Cuentan que cuando la tierra era joven y mi corazón también, yo también fui héroe que luchó contra adversarios más fuertes y temibles que yo por el amor de ella. No supe si la gané o la perdí, puesto que yace silenciosa, cercana a mí sin proferir palabra alguna, aunque hayan pasado siglos. Pero sí sé que gané mi corazón, porque desde entonces se encendió tan fuerte que ni las nevadas más potentes lo han podido apagar.

Función mítica del héroe

Universalmente, el héroe es el portador de la cultura y de la creación. El héroe debe pelear contra el dragón en múltiples ocasiones para

[363] *Ibídem*, p. 35.

liberar energía de la multitud de labores humanas que pueden formar un patrón de cultura del caos. Por ello, la función esencial del mito heroico es el desarrollo de la conciencia egocéntrica, la conciencia de sus propias debilidades y fuerzas, para que pueda afrontar las arduas labores que la vida le presenta.[364] Otra función del héroe es la de servir como un punto de intersección entre diferentes momentos históricos. Los héroes se recuerdan y siguen actuando, más allá de los límites temporales de su existencia terrenal o divina.[365]

Como primera misión, el héroe se retira, se aleja del mundo objetivo cotidiano, para transportarse a la psique que es donde se encuentran las dificultades implícitas al autoconocimiento y, entonces, poderlas sobrellevar.

El héroe comienza su aventura desde el mundo cotidiano hacia una región de prodigios sobrenaturales, se enfrenta con fuerzas fabulosas y gana una victoria decisiva, después el héroe regresa de su misteriosa aventura con la fuerza de otorgar dones a sus hermanos. Ejemplo de ello son los mitos de Prometeo o Quetzalcóatl, quienes apuntan hacia la realización de una función heroica que beneficiará al resto de los humanos. Desde una concepción de la psique, la labor del héroe se dirige hacia la liberación del ánima, como un componente de la psique necesaria para cualquier logro creativo. El símbolo del héroe aparece cuando se necesita fortalecer el ego, cuando la mente consciente necesita auxilio en algo que no puede lograr sin ayuda o sin las fuentes de fuerza que yacen en la mente inconsciente. En la conciencia desarrollante del héroe individual está el símbolo que significa que el ego emergente está superando la inercia de la mente inconsciente.[366]

---

[364] JUNG. *óp. cit.*, 1978. p. 101.

[365] NAVARRETE / OLIVER. *óp. cit.*, 2000. p. 9.

[366] *Ibídem*, p. 111.

Durante su trayecto, el alma del héroe avanza valientemente y descubre que las brujas se convierten en diosas y los dragones, en guardianes de los dioses.

Por ello, el efecto de la aventura del héroe cuando ha triunfado es desencadenar y liberar el nuevo fluir de la vida en el cuerpo del mundo. El milagro de esta fluencia puede representarse en términos físicos como la circulación de la sustancia alimenticia, en términos dinámicos como una corriente de energía y, espiritualmente, como una manifestación de la gracia.[367]

El arquetipo del héroe ha evolucionado reflejando cada momento o estadio de la evolución de la personalidad humana, ya que el héroe en sí mismo es aquello que ha venido a encontrar. El héroe y su dios último, el que busca y el que es encontrado, se comprenden como el interior y el exterior de un solo misterio que se refleja a sí mismo como un espejo idéntico al misterio del mundo visible.[368] Como hombre moderno, el héroe ha sucumbido, pero como arquetipo eterno, ha vuelto a nacer. Su función es retornar a nosotros transfigurado y, por ende, enseñar las lecciones que conoce y ha vivido sobre la renovación de la vida.

Y habla la niña...

Mi padre constantemente me dice que la gente ya no
cree en él, que la fe se ha evaporado como
también se han ido nuestros bosques y tierras. Yo lo
sigo silenciosa aprendiendo de sus actos,
de sus silencios y de sus rituales. Cada gesto, cada
movimiento queda grabado en mi memoria
como se graban todas aquellas cosas que le dan
significado a nuestra existencia. Mi padre

[367] CAMPBELL. *óp. cit.*, 1997. p. 44.
[368] *Ibídem*, p. 44.

dice que él no es un brujo, ni un nagual, ni un curandero, ni un sabio. Pero para mí, mi padre es el único héroe existente, ya que más allá de los simples cuentos de hadas, de las leyendas y las canciones, mi padre lucha infatigablemente contra las adversidades del tiempo, contra la erosión de la tierra y la constante y cada vez mayor falta de agua. Para mí ése es el único héroe existente en mi reducido universo cotidiano, porque mi padre lucha no sólo contra los monstruos imaginarios de los cuentos de hadas, lucha contra la fe empobrecida de las personas que antaño creían y oraban, lucha todos los días para seguir llevando la lluvia, aunque sea un poquito a nuestras tierras y las de nuestros hermanos.

El granicero en su función arquetípica de héroe

Diariamente, el granicero o misionero del temporal busca la manera de subsistir a pesar de las condiciones adversas a las que se tiene que enfrentar. El misionero del temporal realiza sus funciones cotidianas, cuida su tierra, siembra la milpa, cosecha su alimento, en un ciclo repetitivo donde cualquier alteración puede causar un grave desastre a su precaria subsistencia. Absorto en las labores cotidianas, el granicero realiza su trabajo ordinario la mayor parte del tiempo. Sólo se desplaza a la realidad no ordinaria cuando lo exigen las circunstancias de un modo disciplinado y controlado. Para realizar esto, se sirve de su naturaleza humana común y a través de su humanidad establece contacto con el propio planeta; es decir, viaja hacia los espíritus buscándolos en su propio mundo y conservando el control mientras permanece con ellos.[369]

[369] HARNER. *óp. cit.*, 1993. p. 25.

Una característica común de los graniceros es la tendencia a sobresalir en sus comunidades por tener una vocación especial. Están separados del resto de la comunidad por la intensidad de su propia experiencia religiosa.[370] Por ello, el misionero del temporal es su propio profeta, quien, aunque actúa influenciado por creencias de corte cristiano, obtiene revelaciones espirituales directamente de las fuentes más elevadas. A través del control de su espíritu, mediante sueños o invocaciones, el granicero se comunica con los espíritus de sus ancestros y con las deidades, espíritus de la naturaleza, santos y ángeles, volviéndose su instrumento. El conocimiento del granicero gira en torno al uso del poder que le ha sido conferido del supra mundo, a través de un rayo físico o de un rayo espiritual. Este poder lo utiliza para beneficiar a su comunidad. Los dones adquiridos por ese poder siempre se dispensan hacia el resto de los hombres y en esto radica su carácter heroico. "El poder del granicero en su función de héroe es capaz de transportar a un hombre más allá de los límites de sí mismo."[371] El poder que adquiere, por lo regular e independientemente del lugar geográfico donde se encuentre, incluye los siguientes aspectos:

- un conocimiento implícito que le confiere sabiduría acerca de la verdadera naturaleza de la cosas, generando una capacidad para ver verdaderamente y por ende plasmarlo en ritos
- un destino que puede ser buscado a través de drogas, ayuno, mortificación, sueños, plegarias, súplicas, meditación; ya que el destino determina si puede o no recibir efectivamente el poder
- muchas veces hay una "llamada" o "enfermedad vocacional"
- una individualidad, ya que el poder llega solamente a individuos que lo merecen o están preparados

---

370 ELIADE. *óp. cit.*, 1974. p. 8.

371 SHARON. *óp. cit.*, 1998. p. 72.

- la constante variabilidad, implicando la cantidad de poder que puede aumentar o decrecer a lo largo de la vida, ya que debe adquirirse por medio de un esfuerzo tenaz
- el éxito, ya que sin poder una persona está desamparada, con él uno alcanza el éxito
- el enfoque, ya que aunque el poder lo invade todo, está enfocado en ciertos individuos, objetos de poder—sonajas, varas, báculos—, plantas—alucinógenos—y paisajes naturales—montañas y ojos de agua—
- y, por último, la ambivalencia, ya que el poder puede ser usado para bien y para mal.[372]

Como seres solitarios que luchan actualmente contra la falta de fe y la resignación, los graniceros aún continúan ejecutando sus rituales año tras año. Sobresaliendo del resto de la comunidad mediante un llamado eminente a seguir su destino, acuden regularmente a los diversos parajes sagrados para realizar sus plegarias y ofrecer sus ofrendas. En la mayoría de los casos, la energía de un rayo los inicia en el camino al cual dedicarán el resto de sus vidas. Si no los mata el rayo, de él extraen fuerza para renacer con poder en el mundo objetivo. En el trayecto, mediante la ayuda de entidades sobrenaturales, espíritus o aspectos de su propio inconsciente, luchan contra la maldad inherente al mundo para retornar a su comunidad dispuestos a defenderla un año más.

Y habla el volcán...
La miro luchando al lado de su padre, la pequeña
con ojos graves que ya no cree en héroes,
pero sí en él. Me pregunto si oye mi llamado cuando
sube a mis brazos a pedir un poquito de

372 *Ibídem*, p. 73.

lluvia para sus tierras empobrecidas. Creo que sabe
que la observo en las noches en que se aso-
ma por su ventana y observa mi silueta contra una
luna desencajada que apenas ilumina mi faz.
Me parece que escucha mis plegarias que retumban
en mis cuevas y oquedades cuando de tanto
ocio no concilio el sueño. La he llamado desde hace
siglos, desde hace décadas a mi encuentro,
la seguiré llamando hasta que mi voz haya enronquecido
de tanto pronunciar su nombre, que
apenas exhale una bocanada blanquecina de humo,
que se perderá en la noche oscura que
conforma la historia sin tiempo de un viejo volcán.

El llamado del héroe

La llamada levanta siempre el velo que cubre un misterio de transfiguración, un rito, un momento, un paso espiritual que cuando se completa es el equivalente de una muerte y un renacimiento.[373] El concepto mítico del llamado implica que el destino ha llamado al héroe, apartándolo de la zona segura y conocida en la que habita, para colocarlo en una nueva y desconocida. Simbólicamente, esta zona desconocida, que al mismo tiempo atrae y atemoriza, se puede representar de muchas maneras, pero casi siempre asociándola con un lugar de la naturaleza donde con facilidad se manifiestan experiencias sobrehumanas.

Cuando el héroe siente el llamado, comienza a aparecer una serie de signos que se presenta por doquier, tornándose imposibles de ignorar. El alma se inquieta como si presagiara un evento a punto de suceder que no puede descartar. Los que eligen la aventura del llamado especial y apenas audible que viene a aquellos cuyos

---

[373] CAMPBELL. *óp. cit.*, 1997. p. 55.

oídos están tan abiertos hacia adentro como hacia fuera, tienen que hacer su camino solos, atravesando dificultades poco comunes.[374] Muchas veces la llamada no es muy clara y no existe ninguna guía presente, salvo el impenetrado mundo de la psique. Sin embargo, aunque sea una llamada apenas audible o una que sobreviene con una fuerza descomunal, el héroe se embriaga de una atmósfera de gran fascinación por aquello que debe de enfrentar y que, de alguna manera, es muy conocido al inconsciente. El héroe mítico que escucha el llamado, regularmente redescubre y asimila su opuesto, tragándolo o integrándose nuevamente a él.

Sin embargo, hay ocasiones en que la llamada del héroe no es atendida, volviéndose una negativa. Cuando esto sucede, cuando el héroe ignora su llamada o la desatiende, el individuo es hostigado día y noche por el ser divino que es la imagen del yo vivo dentro del laberinto cerrado de su propia psique desorientada.[375] Muchas veces, hacer caso omiso a las llamadas puede acarrear un gran malestar que perseguirá al héroe por toda la vida o, incluso, se presentará la muerte ante aquellos que no quisieron cumplir su destino. Sólo a veces el héroe recibe un segundo llamado, como una segunda oportunidad para resarcir su destino.

Y habla la niña...

Un día mi padre me comunicó que se sentía enfermo,
que un extraño abatimiento lo invadía,
que no podía subir a peticionar. Entonces, con mirada
fatigada me dijo que yo conocía el cami-
no y podía llevar las flores, las veladoras, el incienso
y las plegarias para dirigir mis alabanzas
al cielo como antaño lo hacía él. No había más
compañía que la fe que nos sostenía, y los ojos

[374] *Ibídem*, p. 27.
[375] *Ibídem*, p. 62.

compasivos de un perro triste que acompañaba mi andar. Así que junté fuerza, juventud, ánimo y coraje, y como la heroína que nunca había sido, adopté la pose y la prestancia y me encaminé despacio, reconociendo el recorrido sinuoso que nunca habría de olvidar.

El llamado de los chamanes y graniceros

Muchas de las expresiones chamánicas se concentran en el central y noreste asiáticos, así como a lo largo del continente americano. En Asia Central y del Noreste, las formas más usuales para obtener chamanes son la transmisión hereditaria de la profesión chamánica y la vocación espontánea—llamada o elección—.[376]

En el continente americano estas formas de llamado se suscitan al igual que las orientales. En general, la manera más valiosa de ser llamado a ser chamán es cuando se ha sido seleccionado por los espíritus a través de una llamada inesperada. La elección de los espíritus implica que la persona en cuestión ya tiene implícita la vocación de chamán. En ocasiones, el futuro chamán se encuentra con una divinidad o ser semidivino, quien se le aparece en un sueño o enfermedad y le dice que ha sido escogido y le incita a seguir una nueva forma de vida.[377] De esta manera son los espíritus quienes escogen a ése que va a actuar como intermediario entre su mundo y el mundo de los hombres, por ello se le conoce como "la llamada de los dioses".

Entre los yakutos, la vocación alcanza a los que pueden heredarla. Existe un espíritu protector de cada familia llamado amagat. A la muerte de un chamán, el amagat se encarna en otro miembro de la

[376] ELIADE. *óp. cit.*, 1974. p. 13.
[377] *Ibídem*, p. 67.

familia. Éste se siente repentinamente furioso, pierde la conciencia y, sintiéndose poseído, se retira al bosque. Para demostrar que es el elegido de los dioses debe pasar por duras pruebas y, si sobrevive, regresa para ser iniciado.[378] Entre los samoyedo el chamanismo es hereditario. Cuando muere el padre, el hijo modela en madera una imagen de su mano para recibir sus poderes. Los tunguses de Manchuria tienen dos clases de chamanes: los que lo heredan y los que no. Aquellos que heredan su función lo hacen de su abuelo paterno. La vocación se manifiesta como una especie de crisis histérica.[379]

Suele suceder que el chamán elegido por los espíritus muestre una sintomatología reconocible actualmente como una patología mental, ya que a menudo se vuelve extremadamente nervioso, retrayéndose de los demás hombres y actuando de manera poco común. La aparición de una crisis de histeria o epilepsia es vista en algunos lugares como señal de la existencia de una persona con poder, ya que los individuos en cuestión tienen una sensibilidad especial. Estos signos especiales, patológicamente se clasificarían como epilepsia o neurosis.

En algunos lugares el llamado del chamán se puede suscitar a través de sueños, enfermedades, trances profundos y extáticos, accidentes mortales o mediante un rayo, como ya se ha recalcado. A partir de este llamado se crea cierta conexión entre el espíritu que ha llamado al chamán y éste. Con frecuencia, la vocación chamánica coincide con el inicio de la madurez sexual. Como su llamado suele aparecer a través de un evento inesperado, muchas veces el futuro chamán sufre y se enferma. Pero se cura al fin y al cabo, con la ayuda de los espíritus que después se volverán sus tutores y ayudantes.[380] Como

378 CALLEJO / INIESTA. *óp. cit.*, 2001. p. 79.
379 *Ibídem*, p. 78.
380 ELIADE. *óp. cit.*, 1974. p. 28.

el chamán se ha curado, aprende cómo curar a otros, porque empieza a entender el mecanismo que hay detrás de toda enfermedad.

Aunque todos los chamanes ostentan poder independientemente de su elección, al chamán por vocación espontánea casi invariablemente se le considera superior. A estos chamanes se les califica de "mayores" y, a los que heredan el oficio, de "menores". En cierto sentido, al chamán menor lo designa la comunidad social, pero al chamán mayor lo designa un poder sobrenatural.[381]

El poder implícito al personaje de chamán es igual de importante que las enseñanzas que aprende de sus antecesores y mayores. De ellos aprende la enseñanza tradicional, donde conoce los rituales especiales, los nombres y las funciones de los espíritus, así como su lenguaje secreto y las imploraciones e invocaciones que debe realizar. Además, en un plano más bien psíquico o subjetivo, mantiene una enseñanza extática con seres sobrenaturales, proveniente de sus sueños o trances.

Un chamán puede recibir el llamado de muchas formas, sin embargo, el chamán cuyo oficio es controlar el clima, casi siempre es llamado de dos posibles maneras: a través de un rayo o mediante sueños.

El llamado a través del rayo se encuentra en toda las culturas donde hay referente chamánico. El rol del rayo en la designación de un chamán es importante, ya que muestra el origen celeste de sus poderes chamánicos. Entre los soyot, el que es tocado por un rayo se vuelve chamán y el rayo se muestra en su vestimenta tradicional.[382] Un iglulik se vuelve chamán después de ser herido por una morsa, ya que de alguna manera heredó la condición de su madre, puesto que ella se volvió chamán a través de una bola de fuego entrando su

[381] LARSEN. *óp. cit.*, 2000. p. 88.
[382] ELIADE. *óp. cit.*, 1974. p. 19.

cuerpo.[383] Entre los buriat de Siberia del Sur, hay personas que se vuelven chamanes a través de una elección divina o un accidente, por ejemplo, se dice que los dioses escogen al futuro chamán al tocarlo con un rayo. Para ser elegido se necesita pasar por varias pruebas, las cuales varían según el individuo; la principal es la de ser marcado por la acción divina del rayo.

En México, sobre todo en los poblados que colindan con los volcanes del centro del país, hay dos maneras de ser llamado por un rayo. Estas variaciones indican una diferencia de poderes que se le atribuyen al granicero en cuestión: Los rayados, los cuales son torturados de manera directa por el poder del rayo, tienen mayor prestigio y poderes sobrenaturales.

Los cuarteas, que son marcados de manera indirecta por la fuerza del rayo, pero la descarga eléctrica es tal que deja inconsciente al elegido y, de esta forma, inicia un viaje en forma espiritual al reino de dios.[384]

De la elección por rayo surge un linaje: el de los que han sido alcanzados por un rayo y que sobrevivieron. Además del llamado del rayo físico, hay personas que reciben un llamado a través de un rayo espiritual que usualmente se manifiesta en sus sueños; a través de ellos son instruidos y conocen con exactitud qué procedimientos realizar y dónde llevarlos a cabo. Los elegidos mediante sueños son individuos que pueden perder el conocimiento o soñar para dar inicio a un viaje—sueño—que les lleva al reino de dios, donde los señores del temporal los reciben y les enseñan todas las prácticas y secretos de un buen temporalista.[385]

---

383 *Ibídem*, p. 22.

384 PAULO MAYA, Alfredo. "Claclasquis o aguadores de la región del volcán de Morelos". En: *Graniceros, cosmovisión y meteorología indígenas de Mesoamérica*. México. El Colegio Mexiquense, UNAM, 1997. p. 258.

385 *Ibídem*, p. 260.

Otra manera de ser elegido entre los graniceros es mediante una grave enfermedad, de la cual se recuperan. A veces los individuos que se enferman habían llevado una vida licenciosa o andaban por mal camino. Mediante la enfermedad y su posterior recuperación encausan su vida hacia fines más nobles, ayudando a su comunidad. Estos graniceros sufren una extraña enfermedad que los mantiene inmóviles o inconscientes hasta que son atendidos por un claclasqui que los limpia. Cuando el enfermo se repone, se le indica que tiene la obligación de unirse con el claclasqui que lo curó para ayudarlo con el trabajo del temporal.[386] Otros son instruidos mediante sueños y una vez que se recuperan del padecimiento se integran a los grupos de aguadores.

El hecho del llamado a través de la enfermedad se relaciona con las creencias de los indígenas prehispánicos, cuyo dios de la lluvia, Tlaloc, confería dones a aquellos que ostentaban enfermedades debido a su procedencia. Los dioses llamaban a los hombres por medio de accidentes y enfermedades graves, propiciando su posterior servicio. El llamado del rayo era uno de estos accidentes.

Actualmente, la descarga eléctrica obliga a los señalados a formar parte de sociedades místicas que tienen como función principal el culto a los señores de las aguas y el control de los meteoros: ahuyentan las nubes de granizo, atraen la lluvia y pueden curar las enfermedades frías. Estos chamanes llamados *quiauhtlazque, teciuhtlazque*, *tecuitleros*, temporaleros o trabajadores del tiempo, están regidos por estrictas normas morales desde el momento del accidente.[387]

---

[386] *Ibídem.*

[387] LóPEZ AUSTIN, Alfredo. *Cuerpo humano e ideología.* México, UNAM, 1996. p. 415.

Al igual que lo sostenido por Mircea Eliade en relación con la vocación chamánica, entre los aguadores, aunque no hayan recibido la llamada del rayo, el don que los identifica como claclasquis principales les puede ser cedido por sus familiares, o mediante un viaje en el que las mismas entidades divinas se lo otorgan.[388] Este don refleja el simbolismo procedente del rayo, sea este físico o espiritual, el cual se plantea como la ruptura del plano objetivo para incursionar en el plano subjetivo mediante el elemento de tensión de la descarga eléctrica. La energía procedente de la descarga suele simbolizarse a través de una serpiente, elemento fundamental de los juegos de aire de los graniceros al momento de efectuar sus rituales curativos.

El llamado entre los chamanes y graniceros

El llamado mediante una descarga eléctrica procedente de un rayo, o mediante un sueño repetitivo o una enfermedad, se hace evidente en los poblados que habitan la zona de los volcanes, en el estado de Morelos. En esta zona hay actualmente dos agrupaciones de graniceros o pedidores del temporal, quienes sobresalen de los demás por mantenerse más activos. De hecho, en esta región se ha identificado a seis deferentes agrupaciones de pedidores del temporal y, de acuerdo con los testimonios de los pobladores, sólo los "misioneros del temporal" y los "kiatlaskes de Hueyapan" cuentan con una antigüedad mayor a los cincuenta años.[389] Una de estas agrupaciones está integrada por campesinos de Metepec, Tetela del Volcán y Xochicalco. Ellos se autodenominan "los misioneros del temporal". Otra agrupación está integrada por campesinos de Hueyapan, conocidos en idioma náhuatl como kiatlaske—el que

---

388 PAULO MAYA. *óp. cit.*, 1997. p. 261.

389 PAULO MAYA, Alfredo. *Chicahualistle, la fuerza en el paisaje sagrado de Morelos*. INAH, inédito. p. 26.

sube a los cerros a pedir el temporal—.[390] Además de estos grupos, en Nepopualco existe otro linaje de graniceros, como es el caso de don Lucio, quien fue estudiado por el psicólogo Jacobo Grinberg.[391]

Como referente histórico, aun a principios de los ochenta había pedidores del temporal en las comunidades de Jumiltepec, Ocuituco, Ocoxaltepec, Metepc, Tlalmimilulpan, Huecahuasco y Tetela del Volcán. Se les llamaban *kiatlaske*, término proveniente del náhuatl. Pero actualmente estos pedidores sólo residen en Tetela, Xochicalco, Metepec, Hueyapan y Nepopualco.[392]

Entre las décadas de los cuarenta y cincuenta, los pedidores del temporal de mayor edad de Xochicalco, Jumiltepec, Metepec y Tetela del Volcán se daban cita una vez al año en el cerro de Cempualtepec con pedidores del temporal de Ozumba, Xochicalco, Tetela del volcán, Alpanocan, Ocoxaltepec, Hueyapan, Izúcar de Matamoros, Los Capulines, Yecapixtla, Ocuituco, Tlacualaloya, Axochiapan, Metepec y Tepalcingo.[393]

En las décadas de los cincuenta y sesenta algunos kiatlaske y pedidores del temporal empezaron a formar grupos en las comunidades vecinas. Entre ellos destaca la agrupación de "Los tres pueblos"—Metepec, Xochicalco y Tetela del Volcán—, la cual encabezó los trabajos del temporal hasta finales de la década de los ochenta. Es importante resaltar que el "mayor" de esta agrupación,

---

390 *Ibídem.*

391 Actualmente don Lucio tiene más de 80 años y está delicado del corazón; sin embargo, sigue realizando curaciones y limpias. Desde hace algunas décadas, la información obtenida acerca de él por el psicólogo Jacobo Grinberg ha sido de gran utilidad para la comprensión del fenómeno de los tocados por el rayo.

392 Información oral otorgada por don Epifanio en una entrevista hecha en febrero de 2004, en Metepec, Morelos.

393 PAULO MAYA. *óp. cit.*, inédito. p. 34.

don Abundio Alonso, se caracterizó por incorporar la lectura de la Biblia durante las ceremonias de petición de lluvia.[394]

A principios de los ochenta, los pedidores integrantes de los pueblos de Xochicalco, Tetela del Volcán y Metepec se fusionaron con un grupo recientemente formado, procedente de Tetela, que mostraba influencia del espiritualismo y del protestantismo, incluyendo momentos de trance extáticos y sesiones de curación. Una década más tarde, los "mayores" de ambos grupos tuvieron un altercado, por lo que se fragmentó la agrupación haciendo que hubiera dos tipos de pedidores: los que seguían las normas de antaño, siendo más tradicionales en su proceder, y los que innovaron en sus rituales debido a la influencia espiritista.

Don Epifanio es miembro actual y "mayor" del grupo de misioneros del temporal procedentes de Xochicalco, población muy cercana a Tetela del Volcán. Con 47 años de vida, desde hace 30 años acude a los diversos calvarios para pedir lluvia cada año y ofrendar a los espíritus, santos y volcanes en las fechas que marca el ciclo agrario y ritual cada vez que recibe el llamado procedente del mundo onírico. Después de visitarlo en varias ocasiones y de acompañarlo a realizar algunas de sus ceremonias, él mismo nos relató acerca del llamado que lo acercó a su misión en la vida como claclasquis, misionero del temporal y chamán:

—¿Cómo empezó usted en todo esto?

—Yo sucedió, yo andaba, yo iba yo a la escuela y mi papá, ya no vive... él no veía y siempre enfermo, siempre enfermo... los señores luego lo invitaban y mi papá no podía ir, mandaba a mi hermano mayor... él andaba con mi hermano, iba de vez en cuando. Llegó el día

[394] *Ibídem.*

en que don Silvano,[395] que en sueños le mencionaban que buscaban seis personas, seis jóvenes para que agarraran el tipo de trabajo, de misiones y yo nomás oía yo, ellos platicaban que decían se daban cuenta de cómo venían las lluvias. Yo que me daba yo envidiaba... lamentablemente ellos se des abandonaron, ya no fueron... por lo mismo que el trabajo no es cosa fácil. Ya no quisieron, se alejaron. Y yo después me mandaba mi papá a cumplir, a ir, a llevar una veladora, unas flores. Me invitaban y ya. ¡Y ya un tiempo yo seguí yendo y yendo! Luego como cuatro o cinco domingos ya no iba yo. Una día que viene a hablar doña Presi con mi papá: "Deje usted que vaya"... y mi papá decía: "Yo luego le digo que vaya, pero no me hace caso no quiere venir"... entonces yo seguí yendo. Seguí nomás acompañando, ya de ahí fue como empecé. Pues yo empecé a ver a don Abundio; él decía: "El trabajo es bonito, pero es pesado". Yo no le creía, porque, ¿qué es pesado? Él agarra y se va y viene... y yo no creí nada... ¿De dónde viene lo pesado?... ¡Él decía que era pesado! Yo la verdad como que lo dudaba, yo. Pensando que porque es mucho trabajo lo que hace... vaya a ser que un ejemplo que lleve mucha carga de comer. Pesado de lo natural. No pesado en lo espiritual. Pesado en lo espiritual, mas no en lo material. Yo no le creía, pero ahora ya lo estamos viviendo. Es pesado simplemente, no tan solo en lo espiritual, sino en el camino, de que hay que cumplir, hay que cumplir, como que a uno lo llaman.

—¿Si no se siente mal?

—No se siente uno bien. Cuando viene una cosa mala, vienen lluvias de temporal, no puede uno ni estar. No sabe uno a dónde ir. Inquieto: si hace uno esto, no está bien; hace uno cualquier cosa, que voy al campo, hay algo que hace que uno no se sienta bien.

---

395 Uno de los misioneros de mayor antigüedad.

—¿Y entonces comenzó a soñar cuando se sentía mal si no iba?

—Sí, desde entonces comencé a soñar rete seguido.

—¿El volcán lo llama? ¿Sueña con él?

—Sí, muy seguido me veo en el volcán, eso es desde cuando lo vide por vez primera. Era una iglesia, en esa iglesia entré y vi que era un zaguán grande, para nosotros es una iglesia, en un lugar que estaba un zaguán grande, como de madera. Entré y había como cuartos, me fui y había para eso antes de mí, quería ganarle a un grupo de gente. Yo entré antes, cuando me meto voy viendo los santos, ellos—la gente—iban buscando carbón. El que arde en el brasero, la leña, yo, que les gano y entro hasta donde mero están. Ahí estaba, lo vi que estaba sentado (*Jesucristo o el espíritu del volcán, el cual recuerda a la creencia del señor del monte: Tlaloc*)... o sea, he tenido varios sueños del volcán... para nosotros de por sí es una iglesia, cuando vi, entré. Había santos, lo detectamos como una iglesia y como lugar sagrado. En lo espiritual hay diferentes plantas que dan alimentos para pedir el agua, las lluvias, pero primero está el volcán... es el que da de comer. El es el que me llamó, o sea Jesucristo.[396]

Es notable que en el caso de don Epifanio el llamado del héroe se manifiesta como una profunda necesidad de realizar su misión. Desde pequeño fue el único de los muchachos reclutados por don Silvano para seguir su misión. Sabía que tenía que ir a cumplir y que, si no iba, se sentiría mal e inquieto. Otro elemento notable del llamado arquetípico del héroe acentuado en don Epifanio es la constancia en sus sueños, donde el volcán guarda una importancia fundamental para entender su cosmovisión. La figura del volcán simboliza, desde una concepción cristiana, la figura de Jesucristo

[396] Entrevista realizada a don Epifanio en Tetela del Volcán, en diciembre de 2005.

como guía y proveedor; además de visualizarlo dentro del volcán, Jesucristo se manifiesta en un plano como el volcán mismo, mientras que, en otro plano, producto del sincretismo prehispánico inconsciente, simboliza al proveedor del agua y los alimentos, relacionado con el Tlalocan y el antiguo dios Tlaloc o señor del monte, deidad de la naturaleza que provee a los hombres con su sustento. Otra soñadora y vidente del mismo grupo de misioneros de temporal entrevistada es doña Presi. Ella ya no sube al volcán, aunque subió por muchísimos años; sin embargo, aún sueña muy seguido con el espíritu del volcán que ella reconoce como Jesucristo. Comenta que siente mucha inquietud por subir y que aunque no suba en lo material, en lo espiritual nunca dejará de subir.

—Yo comencé a soñar cuando me enfermé de gravedad.

—¿Quién la curó?

—Fue un señor que se rayó cinco veces, pero no se rayaba él. Tenía muchas borregas y se iba al campo a cuidarlas... la creencia que tiene uno que se quita uno el agua debajo del árbol y al árbol le cae un rayo y ése se duerme y ése fue el que curó y me entregó a todos los calvarios... cuando yo me alivié iba mi mamá a ver al señor que me curó a ofrendar cosas. La fiebre me vino cuando tenía aproximadamente 11 años, muy chiquita. Yo iba a casa del señor que me curó... le decía a mi mamá: "Vamos a ver al señor, porque sueño muchas cosas bonitas que me muestra diosito". "Vamos hija", me decía mi mamá. Entonces yo le explicaba al señor que me curó lo que veía, yo desde que me alivié, diosito me alivió, el señor puso su materia para curarme, ya veía cosas maravillosas. Veo muchos niñitos *(que recuerdan a la concepción de los tlaloques o guardianes de la naturaleza)* así, veía un calvario, un terrenote grande, ya veía yo, veía yo unas crucecitas blancas, unas crucecitas azules, rosas. Y él me decía: "Vas a ver cosas maravillosas, porque estás entregada al divino rostro de Zempoaltepec". Ese señor se llamaba Miguel Álvarez, él fue entenado de mi mamá.

—¿Y cómo la alivió?

—Me alivió con veinte pichones... como que ya me acuerdo. Mataban los pichones. Me ponían la sangre de los pichones con trapito aquí, en la nuca, en el cuello... y el señor decía: "Mami está muy apurada, muy mala la muchacha, la niña está en peligro de muerte".[397]

Doña Presi, ejerce como soñadora, narradora de sueños y vidente de su grupo; el llamado en su caso se da cuando se enferma de gravedad y es curada por un rayado. A partir de sus sueños comienzan las visiones que seguirá teniendo a lo largo de su vida. En ellos, incluso hace constancia de entrar en contacto con la ayuda de seres sobrenaturales, descritos como los "niñitos", "angelitos" o tlaloques que la ayudan a realizar su cometido. Es importante destacar que aun con su avanzada edad, doña Presi sigue teniendo constantemente la urgencia del llamado a ofrendarle a los espíritus y al volcán, o "don Goyito", como ella cariñosamente lo llama.

Otro interesante caso donde se evidencia el llamado es el proporcionado por el antropólogo Alfredo Paulo Maya, quien hace referencia a doña Teófila Flores, procedente del otro grupo de pedidores de la zona. Doña Teofila Flores se auto designaba *tlamatli* o "sabia". Afirmaba que dominaba las técnicas del kiatlaske— que sube al cerro a pedir el temporal—, del akamaki—aventador del agua—y de los curanderos, ya que a la edad de diez años fue "tocada y muerta por el rayo". Desde mediados de la década de los cuarenta hasta mediados de los noventa, la agrupación de kiatlaske que encabezó contaba con un gran prestigio entre las comunidades

---

[397] Entrevista realizada a doña Presiliana en Tetela del Volcán durante el mes de septiembre de 2004.

de Puebla y Morelos. Se cuenta que durante los preparativos de su funeral resucitó, lo cual se tomó como una señal de que había sido una elegida por el volcán Popocatépetl.[398]

En esta descripción se denota el llamado del héroe a través de una descarga eléctrica que le confiere su poder, prácticamente matándola y resucitándola. Posteriormente, adquiere gran fuerza por las habilidades para controlar el temporal que puede manipular a partir de su encuentro con el rayo.

Otro granicero que recibió una llamada fue don Lucio, pedidor y curandero de Nepopualco, a quien al estar sembrando un día su milpa le cayó un rayo, dejándolo inconsciente. Para él este fue el llamado de los señores del tiempo que querían que los sirviera.[399]

Estos casos muestran el arquetipo del héroe que comienza su destino a través de la fuerza del llamado primordial que lo busca y le designa una misión a ejecutar aquí en la tierra. Producto de las fuerzas arquetípicas del inconsciente, la faceta del llamado sembrará el terreno para la posterior iniciación del aspirante.

Y habla el volcán...
Cuando la tierra llama, cuando el viento invoca,
cuando la lluvia clama, cuando el volcán
suspira es hora de prestar atención al llamado, así
como nosotros prestamos atención al suspiro
de un ángel, a las nubes conmovidas, a los pájaros
estáticos, a los árboles ondulantes, porque
el llamado se manifiesta en todos lados, como una
paz invitante, como una petición al recuerdo,

---

398 PAULO MAYA. *óp. cit.*, inédito. p. 27.
399 GRINBERG-ZYLBERBAUM. *óp. cit.*, 1987. p. 18.

como un diálogo con la inmensidad, como un recuerdo
de lo que fuimos. Por ello, aquel ser que
lo desatienda, que haga caso omiso a la sencillez
del llamado, a su nombre pronunciado en el
viento, a su misión afirmada en un sueño, perderá
su nombre, su historia, su tiempo, y se refugiará en las latitudes del infinito hasta que nuevamente
vuelva escuchar su nombre suspirado a
destiempo.

La negativa al llamado

Si un candidato no sigue las instrucciones recibidas durante sus sueños, es seguro que fallará. Cuando no se le hace caso al poder que los espíritus otorgan, el chamán se enferma. Este caso se encuentra documentado en todo el mundo. Algunos marcados en un inicio se niegan a trabajar el temporal; pero ante el padecimiento de terribles mareos o enfermedades se ven obligados a aceptar su cargo. En el peor de los casos, se verán expuestos de nueva cuenta a la descarga de uno, dos o hasta tres rayos.[400]

Cuando un individuo estaba predestinado o se había preparado para ser curandero, pero por alguna circunstancia no decidía proseguir en su formación o no efectuar la ceremonia de iniciación, incurría en una falta y era sancionado, aceptando el castigo como algo inevitable...[401]

El llamado es un elemento inexorable que no se debe despreciar. Don Epifanio platica al respecto sobre un joven a quien le cayó un rayo y se rehusó a seguir su destino. Ésta es una muestra clara del negativo al llamado, donde el individuo en cuestión rechaza su

400 PAULO MAYA. *óp. cit.*, 1997. p. 259.
401 QUEZADA. *óp. cit.*, 1989. p. 43.

destino, en repetidas ocasiones, por lo que al hacer caso omiso al llamado termina muerto o gravemente herido:

—Un compañero que anduvo con nosotros nos abandonó, un muchacho todavía, era que andaba con nosotros, le gustó lo que hacíamos. Y se siguió un tiempo.... hacía sus trabajitos, ya curaba, sabía que su trabajo sí daba resultado, que bueno que Dios le va concediendo esto, pues era una honra para nuestro grupo, porque a él sí le había pegado un rayo físico, o sea, era rayado. Y resulta que un día no quiere trabajar, dice: "No hay dinero". Él hacía sus trabajos, pero no por dinero. No cobraba... "No quiero trabajar, no tengo dinero, me quiero ir". Se fue a trabajar. No venía, mas mandaba una veladora, un poquito de flores. Y ya tardó un tiempo así. A veces ni mandaba. Un día que viene y se fue a visitar a su tío... llegó a su casa, le disparó un jarrito de pulque, no era mucho, nomás era un jarrito, iban platicando ya por la tarde, se regresa, ya se va... en el camino donde pasaba el muchacho, así a un ladito, estaba una barranca de cuarenta metros. ¡Estaba bien alto! Y dice que oyó que decían atrás de él, oyó unas voces que decían: "¡Córrele, córrele!". Y agarra ¡y que le corre!... y dice que vio un camino bien bonito harto de flores. ¡Qué no va siendo la barranca!

Cuando quiso frenarse ya iba volando, ¡era la barranca! ¿Se imagina 40 metros y a plomo? Como iba bien encarrerado, alcanzó a volar un poco. Y dice pues que con el mareo, la altura, perdió la mentalidad. La gente, los que llegamos a saber, ¡qué va a vivir!, de 40 o 50 metros de la barranca, una piedra, un palo, lo que sea, ¿cómo va quedar? ¡No creíamos que iba a vivir! ¡No le pasó nada!, poquito se descalabró, se lo llevó la Cruz Roja, porque estaba herido, se lo llevó la Cruz Roja y en la tarde ya estaba dando lata. Como a cinco metros pegado al piso, estaba una rama y ahí fue donde amortiguó. ¿Se imagina el poder de Dios, se imagina? Y dice: "¡Sí voy a cumplir, voy a cumplir, es una demostración que Dios me puso una prueba!". ¡Anduvo todavía con nosotros como un año y medio más! Luego dice: "No hay dinero", y se fue otra vez... "Ya te quieres ir, es cosa tuya". "Después vuelvo", dijo. "Eso no me lo digas a mí, ¡tú mismo sabrás!". Que se va de vuelta... regresó, pero muerto, se desbarrancó de una barranquita chiquita. Y ahora quedó otro de sus hermanos y no cumple, sólo Dios sabe. ¿Cómo ven las cosas?

—*¿Entonces no siguió su llamado?*

—No, ¡y ya ve![402]

La negativa al llamado desembocó en la muerte del designado. Con la primera negativa, la vida le fue perdonada y prácticamente no sufrió percance alguno, sin embargo, al seguir haciendo caso omiso a los mensajes de su inconsciente, el rayado fallece. No se le perdona una segunda ocasión. A este respecto, don Epifanio hace mucho hincapié en que sobre todo los rayados, las personas que físicamente tuvieron contacto con la descarga eléctrica, son los que deben de realizar positivamente su trabajo. El realizarlo desde una concepción negativa para él también es una negativa al llamado.

—*¿Entonces los que deben de andar en esos lugares son los rayados en particular?*

—Bueno los que soñamos, los que les pega un rayo espiritual y los que les pega un rayo físico. Los rayados son los que les pega un rayo físico. Ellos deben de andar trabajando por aquí, pero trabajando bien, porque eso es la voluntad de Dios que los marca, es casi una obligación, más que nada es una obligación, porque es la voluntad de Dios que los está escogiendo, los está poniendo para trabajar. ¿Qué son los rayos? Los rayos son los que vienen con las lluvias,

---

[402] Entrevista realizada a don Epifanio en Tetela del Volcán, en el mes de febrero de 2005.

ésos son los que deben estar al pendiente de la lluvia. Cuando hay exceso de agua, cuando hay resequedad, deben de llevar las cosas moderadamente, pero lamento de que hay gente de que son rayados y trabajan en otras cosas oscuras, por dinero. Y ésos son también buenísimos, porque llevan hartas cosas... ya me topé con uno de ellos... joven y nos quiso hacer ver nuestra suerte...

—¿Cómo?

—Nos estuvo cambiando las lluvias para otros lados, como son rayados, ésos se dan cuenta, tienen las dos cosas, tienen lo sagrado por lo rayado que tienen, por la luz que tienen, y lo oscuro, porque se han entregado a lo malo.

En conclusión, el verdadero héroe es el que sigue el llamado, haciendo a un lado las tentaciones del mal para centrarse en propiciar el bien a su comunidad y, por ende, a sí mismo. En el llamado se percibe el comienzo de la lucha contra la sombra que siempre conforma la personalidad total del individuo.

Y habla la niña...

El camino empolvado, de tantos días sin lluvia, levantaba ráfagas de polvo que invadían los ojos, la nariz y el cabello. La canasta repleta de frutos, de velas, copal y flores, hacía más difícil el andar. Cada paso que daba me parecía la sucesión de un camino interminable que conducía a la nada. Yo había andado estos lares decenas de veces; con mi padre y los demás ancianos subíamos lentamente, platicando, cantando y orando. Pero hoy, sin compañía, con la carga toda a cuestas, con las piernas doloridas, con el llanto en la garganta, con la soledad infinita que se acentúa en la inmensidad del monte, mi alma se encontraba apesadumbrada, prácticamente no pudiendo resistir la tentación de dejar todo tal cual e ir corriendo cuesta abajo con el mundo desplomándose a mi pies.

Arquetipo del granicero en su función de héroe: La iniciación del héroe

Tanto en el concepto de la iniciación del arquetipo mítico del héroe, como en los rituales de iniciación de los grupos tribales, o incluso en las iniciaciones en sociedades modernas más complejas, el realizar un ritual de iniciación equivale a sostener un rito de paso para evidenciar un estado de vida que se deja atrás para transitar a otro. Por ello, el ritual de iniciación puede ser contemplado como una transición de la cual el individuo siempre emerge transformado con respecto a la concepción de su ser anterior. Sin embargo, aunque mitológicamente el héroe que sobrelleva una iniciación siempre sale ileso y triunfa, en el planteamiento arquetípico de la iniciación del héroe, empatado con los rituales de iniciación tribales y los ritos de paso de las sociedades en general, existe una diferencia relevante. Esta diferencia se denota porque la figura del héroe pone todo su empeño en conseguir el objetivo de sus ambiciones; es decir son exitosos aunque después sean muertos o castigados. Pero en la iniciación del novato, éste cede su ambición y deseo para someterse a la prueba. Debe querer experimentar esta prueba sin tener la esperanza del éxito, de hecho, debe de estar preparado para morir y, aunque su experiencia sea ligera o agonizante, el objetivo siempre permanece igual: crear el estado simbólico de la muerte, del cual resurgirá el estado simbólico del renacimiento.[403]

[403] JUNG, Carl. "Ancient Myths and Modern Man". En: *Man and His Symbols.* London. Picador, 1978. p. 124.

Aunque el héroe consigue sus ambiciones y el novato por iniciarse cede todo deseo de ambición, el factor común, y en lo que se basa el arquetipo impreso en el inconsciente colectivo de las diversas sociedades, es el hecho de transitar de un estado a otro. Este nuevo estado implica un profundo cambio, del cual el individuo sale transfigurado, dejando atrás el mundo conocido del cual partió. Rituales como éstos se constatan en sociedades tribales, cuyo mito de iniciación lleva al novato a los niveles más profundos de su identidad original madre-niño, haciendo que experimente una muerte simbólica. En otras palabras, su identidad es temporalmente desmembrada o disuelta en el inconsciente colectivo. De este estado es rescatado ceremonialmente por el rito del re-nacimiento.[404]

Desde el punto de vista psicológico, el primer estado de diferenciación de la psique se da con el mito iniciático del héroe, que busca que el individuo logre determinada autonomía, dando un paso hacia una relación más óptima con el medio ambiente que lo rodea.

Entre las diferentes expresiones culturales que ha creado la humanidad, el mito de iniciación guarda dentro de sí rituales diversos que confirman el tránsito. Para realizarlo, el héroe puede franquear las fronteras verticales que estructuran el cosmos, acercándose así a los seres divinos que recorren los tres niveles del cosmos: el cielo, la tierra y el mundo inferior.[405] Existen varios ejemplos en donde los héroes en iniciación son sometidos a ritos iniciáticos. Los ritos de iniciación celebrados, por ejemplo, en los Misterios Elusinos—los ritos de alabanza a la fertilidad de la diosa Demeter y Perséfone—no eran considerados apropiados solamente para aquellos que querían vivir la vida más abundantemente; también eran usados como una preparación para la muerte, como si

404 *Ibídem*, p. 123.

405 NAVARRETE / OLIVER. *óp. cit.*, 2000. p. 9.

la muerte requiriera un rito iniciatorio de pasaje del mismo tipo.[406] Otro ejemplo lo tenemos con los ritos de la iglesia cristiana, sobre todo en la mitología de la Caída, la Redención, la Crucifixión, la Resurrección, el segundo nacimiento del Bautismo, la palmada iniciadora en la mejilla que es la confirmación, y el simbólico comer la carne y beber la sangre, muestras claras que contienen imágenes inmortales de fuerza iniciadora.[407]

Los ritos de iniciación del héroe o del novato han formado una parte esencial en los postulados de vida de las sociedades primitivas. Sin embargo, se siguen actualizando en nuestra psique como una necesidad de diferenciar estados por los cuales transita el ser humano durante su vida. A través de ellos se busca que la mente elimine determinadas actitudes y posturas de un estado original, para pasar a través de pruebas severas o arduas a otros nuevos estados, dejando atrás lo que una vez se había sido. El momento del tránsito de un estado a otro se conforma de umbrales, mismos que pueden variar en intensidad. Los umbrales pueden ser paulatinos o repentinos; sin embargo, el paso a través de ellos es pertinente para poder darse una iniciación efectiva. Una vez atravesado el umbral, el héroe se mueve en un paisaje de sueño poblado de formas curiosamente fluidas y ambiguas, en donde debe pasar por una serie de pruebas.[408] Cuando el héroe supera las pruebas, expuestos en los umbrales, entonces se puede afirmar que se ha logrado un efectivo proceso evolutivo psíquico, incrementándose su nivel espiritual. Este hecho hace que al vivenciar una iniciación se genere en la psique una transición cargada de una fuerte energía emocional, mismo que creará un anclaje en el individuo en cuestión, el cual le servirá para mantener la fuerza que necesitará para poder realizar todo su viaje.

---

[406] *Ibídem*, p. 45.

[407] CAMPBELL. *óp. cit.*, 1997. p. 134.

[408] *Ibídem*, p. 90.

El concepto de las iniciaciones arquetípicas es importante porque marcan un principio y un fin de cierto estado. Es menester traspasar este estado y estar adecuadamente iniciado, de lo contrario se genera el caos.

Desde una concepción psicoanalítica, el héroe transita como un hombre por la iniciación. Como afirma Campbell, la madre que protege nuestro cuerpo no puede defendernos del terrible padre. El cuerpo le es cedido, pero con la muerte no se experimenta el final. Al contrario, se genera una vida nueva, se produce un nacimiento, se nos entrega un conocimiento que contiene mayor profundidad. El padre se torna vientre que produce un renacimiento ante la vida.

Una vez sobrepasados los engaños de su ego anteriormente auto-afirmativo, auto-defensivo, el héroe, preocupado por sí mismo, siente afuera y adentro el mismo reposo. Lo que observa hacia fuera es el aspecto visual del inmenso vacío que trasciende al pensamiento sobre el cual cabalgan sus propias experiencias del ego, la forma, las percepciones, las palabras, las concepciones y el conocimiento. Y se siente lleno de compasión por los seres aterrorizados de sí mismos que viven en temor su propia pesadilla. Se levanta, vuelve a ellos y con ellos habita como un centro sin ego, a través del cual el principio del vacío se manifiesta en su propia simplicidad.[409] Por ello, se entiende que el concepto arquetípico de la iniciación del sujeto como héroe implica una introducción del individuo a lo requerido por su vocación, produciendo una transfiguración emocional en la psique de su persona.

Y habla el volcán...

Cada centenar de años surge un hombre o una mujer
con la fuerza de mover el universo con

---

[409] *Ibídem*, p. 154.

la palma de su mano. La energía que contiene lo
empuja hacia el abismo, de donde regresará
intacto, comprobando ante la comunidad su vocación.
Este ser guarda dentro de sí el rayo y el
trueno, la centella y el relámpago como símbolos de
su fuerza, de su poder personal. Pero como
seres elegidos, deberán de asumir su misión sin cargo,
ni beneficio, sin ego, sin nombramiento,
sólo la función de traspasarse a sí mismos, de guiar
a los demás, de proteger a su pueblo, de
perderse y volverse a encontrar.

La iniciación del chamán y el granicero

Así como psíquicamente el sujeto conceptualizado como héroe se inicia, los chamanes pasan por una iniciación que marcará inexorablemente su destino. Ésta suele ser de naturaleza muy variada, pero implica siempre una prueba en su realización. La mayoría de las ceremonias iniciáticas que señalizan la vocación del futuro chamán engendran momentos de sufrimiento, soledad, muerte y renacimiento. Las iniciaciones suelen ser de dos tipos: de naturaleza pública y de naturaleza secreta. La ceremonia pública valida al chamán ante la comunidad, pero ésta es de mucho menor importancia que la iniciación secreta, de naturaleza regularmente extática, que se obtiene a través de la enfermedad, los sueños y el contacto con espíritus que asistirán al futuro chamán. La iniciación chamánica guarda una estrecha relación con la iniciación psicológica de los individuos, ya que en el chamanismo la iniciación física exterior imita los acontecimientos simbólicos de la iniciación interior psicológica y las etapas de la iniciación psicológica interior no aparecen sólo en la mitología de los chamanes, sino también en todos los sistemas religiosos o mitológicos importantes: es necesario que muera el antiguo hombre preocupado por sí mismo y nazca un hombre nuevo.[410]

Existen diferentes tipos de iniciaciones, procedentes de las diversas sociedades en donde se ha manifestado el fenómeno chamánico. En ellos, la iniciación se vive como un proceso que comienza con un rito de sumisión, seguido por un periodo de contención y un rito de liberación.[411] Según Mircea Eliade, entre los chamanes siberianos, una manera de iniciarse consiste en escalar árboles durante o antes de su consagración. De igual forma, el sacrificador védico también escala un árbol o poste ritual para alcanzar el cielo y los dioses. El ascenso de un árbol, una liana o una cuerda es un motivo universal mítico.[412] El ascender, sin importar qué medio se utilice, constituye en sí una iniciación. El acto de trepar o ascender escaleras simboliza el camino hacia la realidad absoluta y, para la conciencia profana, el acercamiento hacia esa realidad provoca un sentimiento ambivalente: miedo y alegría, atracción y repulsión.[413]

En muchas culturas, primitivas y actuales, el chamán es iniciado y posteriormente instruido a través de sueños, porque en el mundo onírico se puede acceder a la vida sagrada y restablecer la conexión con los dioses, las almas de los ancestros y los espíritus. Por ende, usualmente las enfermedades, sueños y éxtasis constituyen una iniciación; ellos transforman lo profano en sagrado.[414] En el mundo onírico, el iniciado recibe las regulaciones iniciales, compuestas por restricciones y normas, además del uso de los objetos que necesitará para proceder como chamán. Ejemplo de ello lo encontramos entre los apapocuva de los guaraníes, cuyo pre-requisito para convertirse

[410] LARSEN. *óp. cit.*, 2000. p. 90.
[411] JUNG. *óp. cit.*, 1978. p. 156.
[412] ELIADE. *óp. cit.*, 1974. p. 126.
[413] ELIADE. *óp. cit.*, 1999. p. 51.
[414] ELIADE. *óp. cit.*, 1974. p. 35.

en chamán es aprender canciones mágicas que son enseñadas durante el sueño por las almas de los ancestros muertos.[415] Otro ejemplo se encuentra entre los esquimales ammasalik, quienes escogen al futuro chamán entre niños de seis a ocho años; de ellos sólo queda el que tiene un talento especial como ser soñador, visionario o de temperamento histérico.[416] Este talento permitirá que contacte con las divinidades.

Otra manera de iniciarse es mediante una enfermedad. Como afirma Noemí Quezada, se inicia a un paciente a través de la enfermedad y tratando de curarlo se logra el contacto con la divinidad.[417] En *El chamán de los cuatro vientos*, Douglas Sharon afirma que los rituales curativos y de iniciación en Las Huaringas suponen un baño a mediodía en una laguna, durante el cual se "siembra" la propia sombra o el alma en las aguas.[418] A partir de ahí, el chamán adquirirá la habilidad para curar y ejercer su profesión.

La iniciación en una cueva, sobre todo en las religiones paleolíticas, es verdaderamente importante. La cueva y el laberinto constituyen un rito de iniciación de culturas arcaicas, ya que todos son símbolos de pasaje hacia otro mundo o de un descenso al inframundo.[419] En la iniciación de los chamanes de América del Norte, el candidato pernocta en una cueva en la que cae en trance o sueño profundo y es iniciado. En sus sueños conoce a sus espíritus guardianes y le es enseñado lo necesario para realizar su vocación.

Otro elemento de suma importancia para la iniciación, al igual que para el llamado, es, como ya lo hemos dicho, el contacto con un rayo.

---

[415] *Ibídem*, p. 83.
[416] *Ibídem*, p. 58.
[417] QUEZADA. *óp. cit.*, 1989. p. 41.
[418] SHARON. *óp. cit.*, 1998. p. 55.
[419] ELIADE. *óp. cit.*, 1974. p. 51.

Un chamán puede ser advertido y llamado de este modo para que curse su nuevo destino; sin embargo, también la descarga eléctrica sirve como la señal que acredita finalmente al chamán o le confiere el poder que necesitará para concretar su poder y entendimiento de la naturaleza. La descarga del rayo se relaciona usualmente con el concepto del espíritu. Algunas veces éste le llega al novicio a través de un rayo de luz, por ejemplo entre los shuswap, que se encuentran en el interior de la Columbia Británica.[420] Igualmente, entre los sudaneses de las Montañas de Nuba, la primera iniciación consiste en abrirle la cabeza al candidato para que entre el espíritu. A veces, un rayo le pega a la casa del chamán, dejándolo inconsciente por un rato.[421] Los quechuas distinguen entre un chamán superior, llamado *alto mesayoq*, que ha sido derribado tres veces por el rayo, y un chamán inferior, llamado *pampa mesayoq*, que ha sido víctima del rayo sólo una vez. Ambos pueden practicar la magia y la adivinación, además de curar, pero la diferencia entre ambos es su relación con los espíritus.[422]

A mayores descargas recibidas por el individuo que sobrevive, mayor será su poder y credibilidad ante su comunidad. Entre los esquimales iglulik, el discípulo obtiene el rayo o el "alumbramiento", el cual consiste en una luz misteriosa que de pronto el chamán siente en su cuerpo, dentro de su cabeza, dentro de su cerebro, un especie de faro, un fuego luminoso que le permite ver en la oscuridad, tanto literalmente como metafóricamente, porque ahora puede ver con sus ojos cerrados a través de la oscuridad y puede percibir cosas y eventos futuros que están escondidos para los demás.[423] Los curanderos incas también eran elegidos mediante un rayo.

---

420 *Ibídem*, p. 100.
421 *Ibídem*, p. 55.
422 SHARON. *óp. cit.*, 1998. p. 105.
423 ELIADE. *óp. cit.*, 1974. p. 60.

Después del rito de iniciación, independientemente del método empleado, sigue un intervalo prolongado durante el cual se llevan a cabo rituales con la finalidad de introducir al que pasa por la aventura de la vida a las formas y sentimientos propios de su nuevo estado, de manera que cuando finalmente se le considera maduro para volver al mundo normal, el iniciado ha de encontrarse en un estado similar al de recién nacido.[424] Este período preparatorio consta de una gran cantidad de experiencias extáticas que tienen como finalidad seguir iniciando al individuo. El chamán sigue manteniendo incursiones al mundo onírico en donde continúa siendo enseñado por los espíritus. Durante el período de iniciación y el posterior a éste, la percepción de imágenes repetitivas es una constante en los individuos que han pasado por una experiencia iniciática.[425]

Al igual que con los chamanes, en la iniciación del granicero, el individuo queda habilitado para el ejercicio de sus funciones en muchas ocasiones mediante un trance, un sueño extático o un rayo. Estas iniciaciones se han efectuado desde la época de la Colonia, con todo tipo de curanderos, incluyendo entre ellos a los claclasquis. En el curanderismo colonial, el trance permitía el contacto con las deidades consideradas sobrenaturales, positivas y negativas. La primera comunicación con lo sobrenatural se efectuaba en la iniciación.[426] Otro aspecto relevante de los curanderos y claclasquis coloniales era la utilización de alucinógenos para entrar en trance. Estos alucinógenos, entre ellos el pipiltzintzintli, le permitían al iniciado diagnosticar, curar y manipular su entorno. Un elemento frecuente que se encontraba en la iniciación de los aspirantes a curanderos o claclasquis era las constantes incursiones al mundo onírico. Como afirma Noemí Quezada, inducidos la mayor parte de las veces, los aspirantes sufren durante el sueño la revelación,

---

424 CAMPBELL. *óp. cit.*, 1997. p. 17.

425 QUEZADA. *óp. cit.*, 1989. p. 55.

426 *Ibídem*, p. 45.

en la cual tienen contacto con seres sobrenaturales que les otorgan la virtud de curar, así como las técnicas y medicamentos con los cuales podrán aliviar a sus pacientes.[427]

Actualmente, las iniciaciones entre los kiatlaske y los misioneros del temporal continúan con técnicas de antaño. Un ejemplo claro de iniciación es la de don Lucio, quien fue herido por un rayo, hecho que marcó su destino como chamán. Cuenta que estando en el campo, vio una esfera multicolorida que se le acercaba. Al tratar de atraparla perdió el sentido y al recuperarse se dio cuenta de que había sido herido por un rayo. Regresó a su casa y se percató de su olor a quemado.[428] Ocho días más tarde, al estar en el campo, vio pequeños seres que lo llamaban. Al día siguiente dejó de comer y perdió interés en la vida cotidiana. Poco a poco entró en un estado de coma y así se mantuvo tres años.

Este hecho demuestra que don Lucio sufrió tanto una llamada como una iniciación a través de dicho evento. En sus entrevistas con el psicólogo Jacobo Grinberg, don Lucio cuenta que mientras su cuerpo se mantenía inconsciente, su espíritu estaba despierto recibiendo enseñanzas de los trabajadores del tiempo, seres espirituales encargados de mantener el equilibrio atmosférico en el planeta.[429] Este pasaje recuerda las iniciaciones chamánicas que se han producido en todo el mundo; inconsciente, liberado de su cuerpo, don Lucio pudo acceder a otro mundo donde se dio el contacto con lo sobrenatural mediante su mente inconsciente, la cual lo preparó para sus nuevas labores. Durante este período en coma, don Lucio viajó con los trabajadores del tiempo a lo largo y ancho del planeta, mientras le enseñaban cómo controlar las tormentas, desviar los granizos y disparar el rayo. Don Lucio le

---

[427] *Ibídem*, p. 41.
[428] GRINBERG. *óp. cit.*, 1987. p. 31.
[429] *Ibídem*.

reveló a Grinberg qué cosas le fueron enseñadas durante el tiempo iniciatorio que lo mantuvo en coma:

"El primer año estuve trabajando con el tiempo. Caminaba con los rebaños de un lado a otro. Vigilábamos las nubes y relámpagos y dábamos vueltas alrededor del mundo cuidando y cambiando el rumbo de las tormentas. Mire, ¿ve esta mano? De los dedos salían luces para mover los rayos.[430]

El segundo año estuve trabajando la tierra. Aprendí a reconocer las semillas y a plantar y cosechar. Hoy sé cómo cuidar el maíz, el trigo, el frijol, las habas, todo lo que se pueda plantar. El tercer año conocí a todos los rebaños y sus pastores".[431]

En este proceso iniciático se observa cómo don Lucio tiene acceso tanto al control del tiempo y a los conocimientos referentes a la tierra y su conservación, como a los procesos para curar que le fueron enseñados por el pastor y sus rebaños, ya que don Lucio también afirma haber aprendido qué plantas o hierbas sirven para curar determinado padecimiento. Jacobo Grinberg interpretó las palabras de don Lucio referentes a los trabajadores del tiempo en donde los rebaños en el mundo espiritual se distinguen por poseer diferentes colores. Existen rebaños blancos, amarillos, verdes, negros y de otros colores. Cada uno de ellos representa una nación y un estado de conciencia. México es el rebaño de color blanco por su capacidad de estar en el centro o ser centro de la conciencia.[432] Sin embargo, la concepción de estos cuatro colores parece ser un remanente arcaico de la creencia en los cuatro tlaloques, emisarios del señor del temporal, con sus cuatro colores representativos, mismos que vuelven a surgir en la conciencia contemporánea como

---

430 *Ibídem*, p. 40.
431 *Ibídem*.
432 *Ibídem*, p. 325.

arquetipo de las deidades de la naturaleza encargadas de cuidar el temporal. También plantea la creencia colectiva en los cuatro puntos cardinales que cuidaba cada tlaloque y la cosmovisión prehispánica de los cuatro puntos y el centro.

Otro aspecto de la iniciación de don Lucio es la referencia "al pastor de los pastores"[433] que, como sugiere Grinberg, es un sincretismo de la educación campesina con reductos coloniales muy fuertes y las creencias prehispánicas de antaño que siguen vigentes en la psique contemporánea, en donde un alto sacerdote o el mismo dios Tlaloc le exigía ofrendas y sacrificios a sus hombres.

El viaje iniciático de este chamán es una transmutación donde contacta con su propio inconsciente personal y con el inconsciente colectivo arquetípico, producto de las creencias de antaño que perduran en las comunidades que giran en torno al volcán. Además de su propia experiencia iniciática, don Lucio hace referencia a las iniciaciones que él mismo realiza en sus discípulos, campesinos que también han tenido contacto con un rayo y han sobrevivido. Cuando efectúa este tipo de iniciación, se refiere a ella como "la coronación". La coronación es una ceremonia iniciática que coloca al aspirante como servidor del tiempo. Ésta es una categoría humana, un nivel por debajo de la etérica del trabajador del tiempo.[434]

Un último factor de vital importancia en el proceso iniciático de don Lucio es la constante atemporalidad en los viajes que relata y en los que contacta con los señores del temporal. En estos viajes se traslada de una localización geográfica a otra sin intervalos apreciables. Esto implica que en su iniciación está presente una de las características del factor de direccionalidad en donde el iniciado se focaliza en diferentes regiones del espacio-tiempo sin que medien intervalos

---

433 *Ibídem*, p. 50.

434 *Ibídem*, p. 33.

temporales apreciables entre cada una de sus localizaciones. Este hecho muestra que durante los procesos iniciáticos se suspende el espacio temporal profano que consta de una linealidad y una direccionalidad comunes, y se incurre en el tiempo sagrado en donde puede estar sucediendo todo simultáneamente, por surgir los acontecimientos del estrato inconsciente de nuestra mente.

Don Lucio, al igual que otros pedidores del temporal, ha afirmado que el camino para ser chamán o curandero no es cosa fácil y hace que la vida no vuelva a ser como la que se tenía antes. Como afirma Eduardo, chamán entrevistado por Douglas Sharon, al que quiera entrar en la vida de curandero que le guste el arte, debe ser franco y, más que nada, debe crear sus propias cosas, nada que sea de otro—debe ser suyo—, porque cuando un maestro le enseña a otro, es como seguir la misma línea sin crear.[435]

La iniciación que recibió Don Lucio es similar a la de los chamanes siberianos que refiere Mircea Eliade, ya que ellos también son iniciados mediante un rayo y a partir de esto fungen como curanderos y como controladores del tiempo, ayudando a sus comunidades. También el hecho de recibir una descarga eléctrica les propicia sufrimiento físico, teniendo como parte del proceso iniciático una muerte simbólica.

Otros ejemplos de iniciación son los de los claclasquis que habitan en las comunidades en torno al volcán Popocatépetl, cuyos testimonios recopiló Alfredo Paulo Maya. En estas iniciaciones también se realiza un viaje en el que no se respeta la concepción del espacio y tiempo ordinaria. En dichas iniciaciones se puede provocar un trance intencionalmente con el uso de plantas sagradas o se puede caer en un sueño extático. En otras ocasiones, un claclasqui ya muerto

---

435 SHARON. *óp. cit.*, 1998. p. 33.

puede contactar al elegido e introducirlo con los espíritus, quienes le facilitaran la información requerida y le concederán el don.

Como afirma Carmen Cook, quien fuera testigo en una curación efectuada a Roberto J. Weitlaner, una de las señas para pertenecer al grupo de graniceros es ser tocado por un rayo con el fin de "volver a nacer".[436] Este hecho arquetípico de la iniciación del granicero se conjuga con el mito arquetípico de la iniciación del héroe que tiene que pasar por una prueba difícil para soltar el concepto antiguo de su ser y trascender.

Cuando el pedidor del temporal es tocado por un rayo tiene que contactarse con otro pedidor de importancia para que lo inicie como chamán. Como afirma Paulo Maya, los claclasquis escogidos por el rayo usualmente se inician mediante el siguiente procedimiento: Los elegidos asisten a la casa de un claclasqui, poseedor de un gran prestigio en la curación de enfermedades relacionada con los aires de temporal y en el dominio de conocimientos relacionados con los señores del temporal. Normalmente, un claclasqui viejo se encarga de limpiar todos los aires malos del temporal—aires de pagua—, recogidos por el elegido al momento de ser marcado por un rayo. El siguiente paso es llevar una cruz al cerro de Zempualtepec, en donde es recibido por todos los claclasquis de la región, quienes lo limpian y dan el Don. Según cuentan los claclasquis que fueron iniciados, el subir la cruz de madera significa un gran sufrimiento, el peso hace que el neófito resienta un gran desgaste físico, además de que debe caminar tres horas en forma ascendente. Una vez que han llegado al calvario—espacio ritual localizado en la parte más alta del Zempualtepec—, al elegido se le coloca, sobre la cabeza, una corona hecha con flores y arbustos. Los claclasquis hacen una

[436] COOK DE LEONARD, Carmen. "Roberto Weitlaner y los graniceros". En: *Summa Antropológica en homenaje a Roberto Weitlaner*, México. INAH, 1966. p. 293.

procesión cantando alabanzas, guiándolo hasta donde se encuentra el altar de las tres cruces. El claclasqui más antiguo se encarga de limpiarlo con hierbas, para luego colocar su cruz en un costado del altar principal. El claclasqui viejo le dice al señalado: "Has sido señalado por dios para servirle y, desde este instante, tendrás que trabajar como temporalista y curar a quien te lo pida, si no lo haces, lo has de pagar con el mismo dios en la otra vida".[437]

Este procedimiento iniciático confirma cómo el granicero ha de pasar por una prueba, un momento de alto sufrimiento, en donde cruza el umbral y, por ello, es recompensado con la revelación que le hacen los espíritus protectores, los santos o las almas de los muertos; sin embargo, al igual que el héroe, el pedidor del temporal también ha sido iniciado por poder traspasar su propia psique cotidiana y enfocarse en la simbología procedente de los arquetipos colectivos que siguen vigentes en su mente. Este proceso iniciático que lo ha designado como el elegido para fungir como intermediario de dios ante sus hijos de la Tierra, desde una concepción más psicológica y mítica es el proceso en donde comienza a contactar con su propio inconsciente, venciéndose a sí mismo. Después de la iniciación, seguirá padeciendo raras enfermedades o sueños muy vívidos, en los que es contactado por entidades divinas, como los señores del temporal, quienes le guiarán y le exigirán que siga realizando su misión, al igual que la presión constante de los fieles que lo acreditaron ante la ceremonia pública de iniciación.

Pero no todas las iniciaciones de los pedidores del temporal son mediante la descarga física de un rayo. Así como se mencionó que algunos chamanes reciben la descarga de un rayo espiritual o una luz, otra iniciación le sucedió a don Epifanio, quien se auto-designa misionero del temporal:

---

[437] MAYA PAULO. *óp. cit.*, 1997. pp. 262, 263.

—*¿A usted no le pegó un rayo?*

—En vida no, en sueños sí.

—*¿Cuánto años tiene con esto?*

—Desde que empecé... desde los dieciocho, con una prueba mía. Una prueba mía... Cuando estaba con los señores, ya los mayores eran grandes y nomás yo como de 18 años o 17; don Rejo, ya lo ve usted, tontito, humilde, ahí va... y el otro señor, igual, ahí van con su bastoncito, ya eran de edad, ya eran señores, no son chantistas, relajistas, van a lo que van, todavía estaban más fuertes, iban a lo que iban. Yo que estoy chamaco, ahí voy jugando, llevaba mi caballo, me voy divirtiendo, ahí vamos. En ese entonces fuimos a un calvario que se llama Mahoma. Fuimos cuatro. Decían ellos: "¿Cómo ven compañeros? Ya no quieren venir los demás, nomás nosotros". Yo me sentía yo mal si no iba yo, si no iba yo no me sentía bien, si no iba. Tenía que ir y ver... Para eso, ese día había toros a la salida del pueblo. Decía: "Yo vengo a los toros". Iba yo con compañeros... Jíjole, pero ¿por qué nomás yo?, allá no viene ningún chamaco, otros compañeros de mi edad para venir contentos platicando... salimos ya tarde, los señores vienen caminando, yo con mi caballo, ahí se van... y que digo: "Yo ya me voy, voy a los toros un rato", según yo quería ver los toros, quería verlos aunque no me llamaba mucho la atención. Pues no va creer que en parte iba corriendo, en una partecita más allá a las salidas del pueblo, aquí está bonito, ahí voy a correr... ¡que me hecho una carrera y el caballo se amarra las manos! Y voy a dar a cinco metros, ¡quedé hasta zonzo! No sé cómo no me rompí todos lo huesos del golpe que me di. Vine a dar bien adolorido... estaba medio mareado... el caballo se paró, estaba medio mareado también. Siquiera no me pasó nada... me paré todo bien revolcado, ya me vine... Eso fue por una experiencia que me hizo saber que yo estaba ya en esto.

Me bautizó San Juan Bautista por no obedecer, pero no quería yo entender antes, pero ahora ya sé lo que hay que hacer, lo que hay que cumplir, ya no es por gusto, es porque algo tiene uno que cumplir... He tenido experiencias, yo estoy muy penado si trabajo o no atiendo un domingo, puedo ir a trabajar al campo en domingo, pero que sea por necesidad... Ya no es un juego... es mi destino. La experiencia de don Epifanio, quien se resistía a seguir yendo con los "mayores" a pedir el temporal, muestra como la fuerza del llamado es inexorable, por lo que fue iniciado mediante un accidente fuerte del que, a pesar de salir inexplicablemente ileso, obtiene la comprensión de que tiene que seguir el llamado, asemejándose al héroe que se distancia de los demás, enfrentándose a las pruebas que ponen en juego su juventud y sus creencias para abrazar su nuevo destino.

Y habla la niña...

La altura provoca vértigo y nausea, pero tengo que seguir andando. El aire se crispa y siento que me falta, como si me quemaran por dentro y me consumiera lentamente. Hoy el Divino Rostro me parece tan lejano, como si cada paso que diera me alejara de él, en vez de acercarme. Siento frías las manos y temblorosos los pies. En la lejanía, la arena y los pequeños matorrales forman paisajes simétricos donde fácilmente se pierde el alma. En la distancia, su silueta se alza gallarda, invitándome a dominarlo, a llegar a la cúspide y a asomarme a esa boca eterna que mantiene abierta como si quisiera besar. El frío aire de la mañana corroe mis huesos adoloridos que inquietos pisan sin fijarse en el siguiente paso. De pronto, una grieta, un grito, un oscurecimiento y el mundo se cierra... quedando sólo la noche eterna...

Muerte y renacimiento del héroe

Un elemento que se muestra con frecuencia en el arquetipo de iniciación del héroe es el concepto arquetípico de la muerte y el renacimiento. Este aspecto está implícito en las diversas mitologías provenientes de las culturas más variadas. En ellas, la muerte simbólica del héroe se convierte en el logro de su madurez. Además, este arquetipo de iniciación también incluye el hecho de la muerte—descenso al infierno—para salvar a otro.[438] Desde un enfoque psicoanalítico, el descenso al infierno consiste en contactar con la mente inconsciente y salvarse también a sí mismo.

Una constante en el arquetipo de la muerte del héroe es la violencia, la cual se relaciona con el simbolismo mitológico de la muerte y del desmembramiento, seguido por una resurrección. Esto se constata con los mitos de Tamuz, Mitra, Adonis, Osiris y Attis y en el mito de la muerte y el renacimiento hecho en los rituales a Dionisio. En estos ritos, los cantos corales—ditirambos—y los ritos oscuros y sangrientos en celebración del dios, asociados con la renovación de la vegetación, de la luna, del sol y del alma, solemnizados en la estación en que se renueva el dios anual, representaban los principios rituales de la tragedia ática.[439] En las creencias prehispánicas también existen claros ejemplos de la idea arquetípica de la muerte y el renacer. Como afirma López Austin, la necesidad de la muerte de todos los dioses para la posibilidad de la existencia del mundo del hombre es clara en los antiguos mitos nahuas. Los dioses morían en la aventura mítica, pero no desaparecían del cosmos.[440] Es decir, se sacrificaban, pero volvían a renacer transformados en sol, como el dios Nanahuatzin, o en algún otro elemento. Como los dioses que, en un acto heroico morían y

---

438 ELIADE. *óp. cit.*, 1999. p. 151.
439 CAMPBELL. *óp. cit.*, 1997. p. 133.
440 LÓPEZ AUSTIN. *óp. cit.*, 1994. p. 22.

renacían, también los hombres en su condición de héroes debían hacer lo mismo. Desde la concepción de la muerte, la reducción a un esqueleto indica el trance que sobrepasa la condición humana profana. Es equivalente a regresar a la matriz de la vida primordial, para completar una renovación, un místico renacimiento.[441] Con la muerte simbólica se traspasa lo profano y se logra el contacto con lo sagrado. El héroe, que se representa en cualquier ser humano que se busca a sí mismo, ya sea consciente o inconscientemente, debe de enfrentarse a su peor temor: morir, para renacer renovado y vivir, en este plano y en otros, su vida con mayor intensidad. Porque cuando llegue el día de la victoria de la muerte sobre nosotros, ésta cerrará el círculo; nada podemos hacer, con excepción de ser crucificados y resucitar; ser totalmente desmembrados y luego vueltos a nacer.[442] Esto implica que después de la muerte sigue el renacimiento, ya que el héroe ha pasado por pruebas y umbrales, ha desafiado el miedo y, con ello, ha conquistado la muerte para que nazca en él algo nuevo. Como afirma Campbell, si nuestro destino es experimentar una larga supervivencia, dentro del alma, dentro del cuerpo social debe haber una continua recurrencia del nacimiento—palingenesia—para nulificar las inevitables recurrencias de la muerte.[443] Además, el arquetipo de la muerte y el renacimiento conllevan todo acto de creación proveniente de una muerte simbólica con el resto del mundo cotidiano, en donde el héroe, a los ojos de los demás, se encuentra suspendido en un intervalo de su existencia. Superadas las pruebas, regresa al mundo como alguien que ha renacido, ya que contiene dentro de sí una gran energía creadora que presenta a su comunidad, hasta que es vuelto a ser aceptado e integrado a ella. Por ello, la experiencia de la muerte-renacimiento es central y conecta con los problemas personales más difíciles para el individuo, pero, al mismo tiempo, abre las puertas a la experiencia transpersonal,

---

[441] ELIADE. *óp. cit.*, 1974. p. 63.
[442] CAMPBELL. *óp. cit.*, 1997. p. 23.
[443] *Ibídem*, p. 23.

a la renovación del ser y al éxtasis.[444] Porque la muerte, sea esta iniciática o no, es la suprema ruptura de los planos.

Y habla el volcán...
Tanto tiempo sin abrazar el cálido cuerpo del elegido.
Tantos años sin sentir que alguien llega
a mi esencia. Tanta soledad y espacio vasto donde
el eco del viento me incita a pensar que al-
guien me habita. Ella yace tendida entre la arena y
el infierno. Sus ojos cerrados tiene la luz del
universo que espera extenderse por el espacio infinito.
Mi corazón palpita al sentirla tan cerca.
Entono su nombre como quien canta un verso, suspiro
su esencia como si probara la nieve, y me
estremezco despacio abriendo mi oquedad para
que la luz del cielo revele su faz yaciente.

Muerte y renacimiento del chamán y el granicero

El arquetipo de la muerte-renacimiento es universal. Se le puede encontrar en sociedades nomádicas de cazadores quienes tenían chamanes, al igual que en las sociedades agrícolas, en donde la muerte y el renacimiento se integran como parte fundamental del ciclo agrario. Por ello, el símbolo que conlleva no sólo se limita a los mitos, sino que se manifiesta constantemente en la psique de individuos en todo el mundo, volviéndose un símbolo arquetípico.

Además, este concepto es un punto fundamental en las iniciaciones chamánicas, los místicos de diversas religiones también viven experiencias en donde tocan la soledad y la muerte para encontrarse; ya sea de una manera real o simbólica. En las

444 LARSEN. *óp. cit.*, 2000. p. 93.

iniciaciones chamánicas, el desmembramiento del cuerpo, la renovación de los órganos internos y las vísceras, el ascenso al cielo y el diálogo con los dioses o espíritus, el descenso al infra-mundo y la conversación con los espíritus o almas de los chamanes muertos, son temas iniciatorios.[445] El enfrentarse a la muerte y a una posterior resurrección, casi siempre encierra en sí los siguientes puntos, señalados por Mircea Eliade:

- un periodo de reclusión, asemejando a los muertos; con prohibiciones impuestas al candidato
- el cuerpo y cara llenos de ceniza o con una máscara
- el enterramiento simbólico en el templo o casa
- el descenso simbólico al infra-mundo
- un sueño hipnótico o bebidas que provocan trance
- labores o padecimientos difíciles o crueles[446]

Independientemente de la especialización del chamán, el vívido simbolismo del proceso de la muerte y el renacimiento se encuentra en muchas culturas. Un ejemplo de ello son los tungus, quienes dicen: "antes de convertirse en chamán, un hombre está enfermo durante mucho tiempo. Su comprensión se vuelve confusa. Llegan los antepasados chamánicos de su clan, lo hacen trizas, lo despedazan, cortan su carne en pedazos, beben su sangre...".[447]

A través de la violencia y del sufrimiento vivido en la iniciación chamánica, el iniciado desciende a la parte desconocida de sí mismo, para ascender posteriormente, una vez reencontrado. El sufrimiento que conlleva la muerte es un motivo universal, como explica Joseph Campbell. Introducir cristales de cuarzo o huesos de hierro en el cuerpo del aspirante es un motivo casi universal.

---

445 ELIADE. *óp. cit.*, 1974. p. 34.
446 *Ibídem*, p. 64.
447 LARSEN. *óp. cit.*, 2000. p. 91.

Y así volvemos a ver un tema de muerte y restitución, pero con un cuerpo nuevo que es adamantino. El equivalente oriental que desempeña un papel en la literatura mística tanto hindú como budista, es el cuerpo "diamante" o "rayo" que consigue el yogui.[448] Otro ejemplo de este tipo se explica en el rito del tantrismo tibetano llamado *chad.* Aquí se sigue la misma pauta de desmembramiento expiatorio: el celebrante llama a los aterradores espíritus caníbales y bebedores de sangre que abundan en la mitología tibetana para que vengan y coman de él mismo.[449] Entre las creencias y prácticas prehispánicas se encuentran también muchos ejemplos del concepto muerte y renacimiento, en que el alto sacerdote, fungiendo como chamán, practicaba ciertos ritos.

En las fiestas de las veintenas, frecuentemente un dios moría, pero renacía posteriormente en el universo mítico para continuar su función. Por ejemplo Xipe-Totec, "nuestro señor el desollado", era el dios de la primavera y de los joyeros. En honor a este dios se mataba y desollaba una mujer para, posteriormente, portar su piel, mostrando con ello una creencia arquetípica en donde impera el concepto de la vida que se renueva.

Contemporáneamente, los arquetipos se adecuan a las creencias y circunstancias, pero no se modifican. En el enfoque de la psicología transpersonal, el doctor Stanislav Grof también menciona las crisis existenciales provocadas por encuentros con la muerte, de los cuales el individuo emerge buscando resignificar su vida.[450]

Los pedidores del temporal, en algunos de sus rituales iniciáticos, afirman que se contactan a través de los espíritus con sus ancestros. Éste es un elemento importante del arquetipo en cuestión, ya que

---

[448] *Ibídem*, p. 98.
[449] *Ibídem*, p. 91.
[450] GROF. *óp. cit.*, 1976. p. 122.

establecer contacto con las almas de los muertos y convocarlos, implica estar muerto uno también. Este concepto se aplica a lo largo de América del Sur, en donde un chamán debe morir para que pueda contactar las almas de los muertos y recibir sus enseñanzas, porque los muertos lo saben todo.[451] Esto implica que los ancestros muertos le confieren poderes al iniciado, le indican la forma de volverse muerto, simbolizando que le otorgan, también, la cualidad de espíritu. Un ejemplo del concepto de la muerte y resurrección experimentada por los claclasquis y los misioneros del temporal es que les pegue un rayo. Este hecho no sólo se encuentra en México; también, como se comenta en el *Chamán de los cuatro vientos*, entre los quechuas de Perú la elección de un chamán, en este caso un alto mesayoq, se da porque es pegado por un rayo. El rayo es enviado por los apus—espíritus de la montaña—que se convierten en los protectores del chamán. La selección sobrenatural ocurre en un lugar aislado, fuera de la vista de otras personas; de otra manera el rayo costaría la vida al candidato. Se cree que la primera descarga lo mata, la segunda reduce su cuerpo a trizas y la tercera vuelve a armar su cuerpo...[452]

En las poblaciones aledañas al volcán Popocatépetl, la mayoría de los temporalistas literalmente son muertos por el rayo, dejándolos inconscientes o en estado de coma por mucho tiempo, como le sucedió a don Lucio, o haciendo que sufran por la terrible descarga para posteriormente recuperarse como chamán y afrontar su destino. El hecho de que el iniciado, como lo narra Paulo Maya, tenga que cargar su cruz al calvario recuerda a los procesos de extrema agonía por la cual tiene que pasar el iniciado para poder pasar el umbral. Este es el mismo umbral el cual cruza el héroe. En ambos casos el símbolo arquetípico es la cercanía con la muerte que agudiza los sentidos y abre el paso por el umbral.

---

[451] ELIADE. *óp. cit.*, 1974. p. 84.
[452] SHARON. *óp. cit.*, 1998. p. 106.

Y habla la niña...
Me incorporé despacio y miré el cielo. El contraste de la arena grisácea con el cielo azul brillante evidenciaba más la soledad del paisaje. Me encontraba al borde de una profunda oquedad que seguramente conducía al centro del volcán mismo. No podía entender qué fue lo que había sucedido. Lo último que recordaba era la noche más oscura y la pérdida de la conciencia, antes de desplomarme al vacío. Ahora estaba sentada, al borde de la oquedad con tan solo un leve rasguño en mi mano derecha. Mi canasta se encontraba a mi lado, repleta de frutas y flores, sin que uno solo faltara. Era como si el tiempo se hubiera detenido y yo me encontrara justo antes del momento fallido. Sorprendida, me incorporé y busqué el camino del cual me había desviado. Casi vuelvo a perder la conciencia cuando me percato que el Divino Rostro se encontraba a un metro de mí, mientras que el camino en el cual yo había andado apenas se dibujaba en la lejanía.

El héroe y el paso del umbral

Una vez que se pasa la prueba de la muerte, el héroe ha enfrentado su temor ante lo inexplorado. El umbral entonces es el tránsito al lugar sagrado, al santuario o al templo. En él se evoca el macrocosmos expresado en el microcosmos, ya que se reproduce el modelo universal en donde se representan el centro y la renovación de la vida. Mitológicamente, la entrada al templo y la penetración del héroe en la boca de una ballena son idénticas; ambas denotan, en lenguaje pictórico, el acto que es el centro de la vida, la renovación.[453] La entrada al templo, al espacio sagrado, es vital para el arquetipo del héroe, ya que al pasar por el umbral sagrado, éste es acogido por el vientre universal, donde sufre una metamorfosis, similar a la que tiene el devoto en el momento de entrar al templo. El templo interior, el vientre de la ballena y la tierra celeste, detrás, arriba y debajo de los confines del mundo, son una y la misma cosa. Por eso las proximidades y entradas de los templos están flanqueadas y defendidas por gárgolas colosales: dragones, leones, exterminadores de demonios, genios resentidos, toros alados. Estos son los guardianes del umbral que apartan a los que son incapaces de afrontar los grandes silencios del interior.[454] La metamorfosis que sufre el héroe cuando se adentra al lugar sagrado, cuando cruza el umbral, es semejante al correr de un río, en donde el agua fluye hacia adentro, hacia las profundidades de la psique, en lugar de fluir hacia afuera, hacia la realidad cotidiana.

Y habla el volcán...

Ya visitó mis entrañas, ahora transita al centro.
Sus ojos sorprendidos figuran lo sucedido,
mientras que sus manos inquietas comienzan a
colocar la ofrenda, despacio, con total con-
templación. Qué hubiera dado si hubiera podido
guardarla aquí conmigo, cobijarla entre mis
brazos, protegerla del vacío. Pero esta vida solitaria
no es para almas como la suya, almas que
vinieron a ayudar a su pueblo, almas quienes trabajan
sin beneficio propio. Por eso no la retuve,
por eso más la quiero, porque traspasó la muerte y
revivió de la encrucijada y todo ese tiempo
se venció a ella misma, como si la muerte fuera
apenas un aviso del poder del vacío.

---

[453] CAMPBELL. *óp. cit.*, 1997. p. 90.
[454] *Ibídem*, p. 89.

El chamán, el granicero y el paso del umbral

Una vez muertos e integrados nuevamente, los chamanes cruzan el umbral. Los pedidores del temporal cruzan estos umbrales en sus rituales al acudir a los lugares sagrados para orar a los espíritus e invocarlos. El lugar sagrado, el templo, el santuario, para ellos, son los volcanes, los montes, los manantiales y los ojos de agua. En ellos se encuentran los calvarios a los cuales acuden cuando quieren peticionar para su comunidad. El adentrarse a los calvarios torna el tiempo profano en tiempo sagrado cargado de intento. Entonces los pedidores cierran y abren puertas, contactando mundos invisibles para la mirada del hombre cotidiano. Como afirma don Epifanio:

"Nosotros acudimos a los calvarios, osease el Cempoaltepec, las Campanas, el Divino Rostro, entre otros, y abrimos y cerramos puertas. Para meterse hay que entrarle limpio de mente y espíritu. Si llevamos otras ideas, otros pensamientos, entonces entramos impuros y nuestras invocaciones no funcionan...".[455]

Además, don Epifanio cuenta cómo otros grupos de graniceros suben también a los calvarios a realizar peticiones, pero no trabajan como es debido. Esos grupos tratan de hacer trabajos para manipular los umbrales, para cerrar el santuario indebidamente, para evitar que se pueda peticionar. Pero así como hay trabajos negativos en donde se utilizan bolsas de plástico con agua o cemento en lugar de tierra, o aguardiente en vez de agua, también hay trabajos positivos que realizan los misioneros del temporal para asegurar el buen funcionamiento de los calvarios y la correcta apertura y cierre de ellos. Estos trabajos tienen la función de cuidar del paso por el umbral físicamente y psicológicamente al individuo inexperto, quien no debería profanar el lugar si no es solicitado por él. Por

[455] Entrevista realizada a don Epifanio en marzo de 2004.

ello, el paso por el umbral del granicero es un proceso tanto físico como psíquico, ya que requiere transportarse físicamente al lugar en cuestión, pero es sobre todo en la psique donde tiene que tener la correcta preparación el tiempero.

Y habla la niña...

Me encuentro en el templo sagrado, traspasé el umbral y ahora rezo y pido las lluvias, el agua sagrada, el alimento reconfortante. Debajo de mí, el viejo volcán retiembla con vehemencia como si enfatizara las súplicas añadiendo otras tantas. Del techo con musgo, pequeñas gotas mojan la arena, y los surcos de alimentos se muestran con todo su esplendor. Entonces, veo ahí sembrado, entre la arena del volcán, todos los alimentos que sirven al hombre, todas la plantas que se sacrifican por él. Y veo a los ángeles regándolos y a unos pequeños hombrecillos animándolos a crecer. Sorprendida de ver todo esto, me río, y ellos se ríen a la par, como si se regocijaran de que una niña participe también en la creación del mundo.

El héroe y los seres sobrenaturales

Al avanzar el héroe en su aventura, llegando al umbral y adentrándose en él, usualmente cuenta con la presencia de seres sobrenaturales que lo ayudan en su tránsito. En el ciclo arquetípico del héroe esta etapa se denomina la “ayuda sobrenatural” y se halla a cargo de diversas figuras protectoras. Dichas fuerzas ayudan y guían al héroe disfrazadas de las maneras más extrañas, muchas veces irreconocibles. El héroe tiene que confiar en estos guardianes eternos que lo circundan permanentemente.

Al responder a la llamada y seguir su destino, el héroe posee todas las fuerzas de su inconsciente, que se manifiestan en los seres protectores. El trayecto del héroe es arduo, ya que tiene que asecharse constantemente a sí mismo. Muchas veces, cuando comienza a enfrentar su destino, el héroe sufre de cierta debilidad, la cual es compensada por los seres sobrenaturales, los guardianes o emisarios de las deidades que lo ayudan a realizar su labor. Estos seres le dan al héroe una fuerza protectora contenida en amuletos, objetos de poder, invocaciones y rituales donde recibe la seguridad para realizar su misión.

En aquellas culturas en que la mitología sigue imperando en la mente colectiva, cada uno de los momentos de la vida humana y el entorno natural cobran vida a través de símbolos. Los montes, volcanes, bosques y manantiales tienen seres protectores que se relacionan con las creencias populares de la historia local, haciendo que dichos lugares se vuelvan santuarios a donde se recurre cuando se requiere protección o se peticiona algún favor de los espíritus.

En Oriente y en la América precolombina, la sociedad y la naturaleza representaban para la mente lo inexpresable. Las plantas, las rocas, el fuego y el agua: todo está vivo. Nos observan y ven nuestras necesidades. "Ven el momento en que nada nos protege", declara un viejo apache narrador de leyendas, "y en ese momento se revelan y hablan con nosotros". Esto es lo que los budistas llaman "el sermón de lo inanimado".[456] La creencia en seres que habitan la naturaleza sigue vigente en algunos grupos sociales. Según Villa Rojas, los mayas actuales continúan afirmando que los seres sobrenaturales habitantes de la selva propician una saturación de ruidos. En la mitología prehispánica la creencia en los pequeños enanos, o dioses menores llamados "tlaloques", quienes habitaban los cuerpos de agua

---

[456] CAMPBELL. *óp. cit.*, 1997. p. 157.

terrestres y celestiales, eran vistos como seres que podían auxiliar al ser humano o perjudicarlo por su mal comportamiento. Actualmente, estos seres sobrenaturales son referidos como los ángeles de dios o los traviesos chanes. Otro ejemplo de la preponderancia de la creencia en la presencia de seres sobrenaturales se encuentra en la mitología rusa, donde se cree que hay un ser llamado "el abuelo del agua", el cual es el amo de las aguas. Él habita las profundidades de los ríos, las corrientes, los estanques y prefiere los que están cerca de un molino.[457] También entre el lenguaje de los pigmeos de las Islas Andamán, la palabra *oko-jumu* ("soñador, el que habla de sueños") designa a aquellos individuos temidos y altamente respetados que se distinguen de sus iguales porque poseen talentos sobrenaturales que sólo pueden adquirirse mediante el trato con los espíritus, directamente en la selva, por medio de sueños extraordinarios o por la muerte y el retorno.[458]

Entre los cuentos de hadas europeos el hada madrina, un viejo sabio o la viejita servicial, auxilian al héroe; en las leyendas cristianas la virgen María es la que le ayuda, porque con la protección de la madre cósmica éste no puede sufrir ningún daño. Estos ejemplos muestran cómo el trato con los seres sobrenaturales confiere gran poder a quien lo solicita. Como afirma López Austin, estos seres de naturaleza sagrada y sobrenatural son invisibles para el hombre en condiciones normales de vigilia, en el desmayo, en el éxtasis o bajo los efectos de una droga, también se ven por accidente cuando el hombre traspasa las fronteras de los sitios que le son exclusivos.[459]

Los seres sobrenaturales que auxiliaban al héroe podían tener tanto formas masculinas como femeninas; aunque algunas veces la entidad mostraba ambas formas simultáneamente, fungiendo como

---

[457] *Ibídem*, p. 79.
[458] *Ibídem*, p. 81.
[459] LÓPEZ AUSTIN. *óp. cit.*, 1998. p. 148.

un ser peligroso y protector, paternal y maternal. Este principio sobrenatural de la guardia y la dirección une en sí mismo todas las ambigüedades del inconsciente, significando, así, el apoyo de nuestra personalidad consciente en ese otro sistema más grande, pero también la inescrutabilidad del guía que se hace seguir por nosotros, con peligro de todos nuestros fines racionales.[460]

Otro aspecto de los seres sobrenaturales es su connotación, que muchas veces puede ser dual ya que fungen como demonios o ángeles, dependiendo del momento. Cuando éstos se desempeñan como demonios, en vez de auxiliarse de ellos, el héroe debe enfrenarlos como una prueba más que tiene que experimentar antes de atravesar el umbral. El enfrentar a los demonios implica también encarar los límites fijos establecidos por la tradición y la costumbre de la cual proviene.

Y habla el volcán...

La niña pide agua y lluvia y yo participo en su petición. Resbalo en el musgo que conduce el agua, le sirvo en la arena donde están sembrados sus alimentos. La refugio del viento en la oquedad de mi cuerpo. Pero también mis emisarios la sirven, la sirven las nubes en su paso por el cielo, la sirve el sol para que no sucumba ante el frío, la sirve la piedra para que repose un poco. Ahora ella es acreedora suya, ya que se ha inclinado ante todos y los ha reconocido, y ellos, misericordiosos, hacen lo mismo.

460 CAMPBELL. *óp. cit.*, 1997. p. 73.

El chamán, el granicero y los seres sobrenaturales

Dentro del complejo chamánico encontrado en diversas culturas existe la creencia de que, tanto los espíritus de animales como los fenómenos naturales, contienen un gran poder que puede utilizar el chamán. Tales espíritus propiciadores de poder son invisibles y es precisamente el chamán el único que tiene la capacidad de percibirlos. Estos seres invisibles, entidades, espíritus o dioses, se encuentran en todos los lugares. Las creencias mesoamericanas sostienen este concepto plasmado en la cosmovisión de sus dioses, los cuales se encontraban multiplicados por doquier: "Estos dioses tenían estos nombres y otros muchos, porque según la cosa que se entendían o se les atribuían, así le ponían nombre y porque cada pueblo les ponía diferentes nombres por razón de su lengua; y ansi se nombraban de muchos nombres".[461]

Otra creencia prehispánica que manifiesta la concepción de los espíritus que albergaban las cosas es la de los bebedores de pulque, ya que el líquido embriagante de esta bebida contenía los cuatrocientos espíritus o númenes que recibían el nombre de "conejos" y que se introducían en el cuerpo del bebedor; por ello, al usar el pulque con imprudencia los seres sobrenaturales se ofendían.

Esta misma característica la encontramos en la creencia de los otomíes de la Sierra Madre, quienes idolatran al maíz. Galinier afirma al respecto: "al igual que las plantas cultivadas, posee un alma, que es la divinidad muy respetada.

Se presenta a veces bajo su aspecto masculino, como un anciano. Este carácter de senectud se atribuye a las divinidades más

[461] GARIBAY, Ángel Ma. "Historia de los mexicanos por sus pinturas". En: *Teogonía e historia de los mexicanos: Tres opúsculos del siglo XVI*, México: Editorial Porrúa, 1965. p. 24.

importantes. En su aspecto femenino, el maíz aparece en forma de una mujer de largos cabellos rubios y se llama madre del maíz, fuente de la vida constantemente renovada".[462] Otra muestra referente a la concepción de los seres sobrenaturales se encuentra en los tzitzimime, que son los sostenedores del cielo y los dioses del aire, las lluvias y los rayos.[463]

Dentro de las narraciones de Douglas Sharon en *El chamán de los cuatro vientos*, también existe la creencia en los seres sobrenaturales que auxilian al chamán quechua a efectuar sus ritos. Douglas Sharon afirma que hay tres clases de espíritus relacionados con la práctica del chamán: los *ccoas*, o gatos rayados cuyos ojos fluorescentes emiten granizo; los *aukis* y *apus*, espíritus de la montaña y primeros gentiles o antiguos habitantes del área, que ahora residen en las porciones bajas de la tierra y causan enfermedades.[464]

Respecto de las diversas creencias sobre seres sobrenaturales, en *The Great Basin,* Mircea Eliade relata la creencia de espíritus o entidades sobrenaturales que auxilian a los chamanes en Norteamérica: se sabe de un pequeño hombre verde que lleva consigo un arco y flecha y que vive en las montañas y dispara su arco a aquellos que lo maldicen. El pequeño hombre verde es el espíritu guardián de los chamanes.[465] Este hecho de visualizar a un pequeño ser verde se asocia a los tlaloques, quienes también son enanos que auxilian a las deidades o a los sacerdotes y chamanes que sirven a la deidad suprema.

---

462 GALINIER, Jacques. Pueblos de la Sierra Madre. *Etnografía de la Comunidad Otomí.* INI / Centre d'Études Mexicaines et Centraméricaines, 1987. p. 358.

463 ALVARADO TEZOZóMOC, Hernando. *Crónica mexicana*, México: Editorial Leyenda, 1944. p. 59 y 260.

464 SHARON. *óp. cit.*, 1998. p. 105.

465 ELIADE. *óp. cit.*, 1974. p. 102.

Como parte arquetípica de este cúmulo de creencias respecto a los seres sobrenaturales, en las áreas aledañas a los volcanes del centro de México, donde se ha manifestado y se sigue manifestando el fenómeno de los graniceros, imperan prácticas que atestiguan que las plantas y varios parajes naturales contienen un alma. Ejemplo de ello da el párroco de Xalatlaco, Jacinto de la Serna, quien en la primera mitad del siglo XVII denunció que los indios le atribuían un alma a las plantas, mismas que adoraban.

Actualmente, las comunidades de graniceros o misioneros del temporal siguen conceptualizando a los espíritus, santos, ángeles y deidades como huéspedes de determinados sitios sagrados como los cerros, los barrancos, las cuevas, los volcanes y los manantiales; en ellos, los invisibles se manifiestan y conmutan con el hombre iniciado, quien entiende su idioma. Antaño y en la actualidad, estos seres invisibles acabalaban la causalidad del cosmos, pues la certeza o la suposición que los hombres tenían de su existencia abolía la posibilidad de lo incausado.[466]

Durante el periodo prehispánico imperaba la creencia de que los seres habitantes de la lluvia producían diferentes enfermedades. La enfermedad más característica, imaginada como posesión de los seres pluviales, era un tipo de locura que se confundía con la maldad como un solo proceso patológico, originado por el golpe del rayo. Esto explica que al loco furioso se le llamara *aacqui*, "el que ha padecido intrusión" y que, para curar a los enfermos cuyo mal apenas empezaba, se utilizara una hierba, el atonahuizpatli, cuyo nombre quiere decir "medicina contra la fiebre acuática".[467] Actualmente, los claclasquis y los curanderos de la región de los volcanes tienen concepciones sobre las enfermedades producidas por las entidades del agua y del aire. El mal del aire aqueja a los

[466] LÓPEZ AUSTIN. *óp. cit.*, 1998. p. 149.
[467] LóPEZ AUSTIN. *óp. cit.*, 1996. p. 407.

que transgreden algún lugar sagrado o a quienes cometen una mala acción hacia los seres que viven en estos parajes. Entonces, los claclasquis deben hacer una limpia para curar al enfermo y pactar con los espíritus su absolución.

En cuanto a la concepción de los seres sobrenaturales que ayudan a los chamanes en sus rituales de petición o de sanación, los misioneros del temporal invocan a los seres que viven dentro de los volcanes, los cerros y los manantiales. A estos seres se les invoca como los "ángeles de Dios", "los mensajeros de dios nuestro señor" y, en menor medida, los "apóstoles", con lo que se entiende que son "los encargados de hacerle llegar a Dios las peticiones de los hombres y de distribuir su fuerza divina en la Tierra".[468] La petición a estos seres sobrenaturales, resignificados con nombres cristianos, implica la concepción arquetípica en cuyo trasfondo se reconoce la importancia de la tierra en relación con el hombre y la fuerza que ésta le puede proveer, si se utiliza de manera adecuada.

Una parte del arquetipo de los seres sobrenaturales que ayudan al chamán a realizar su ritual, se encuentra en los alucinógenos. Éstos se manifiestan tanto como objetos externos que facilitan el contacto del chamán con seres sobrenaturales, como elementos que provocan los procesos psíquicos internos necesarios para que el chamán conmute con una parte más sabia e interna de sí mismo. Los alucinógenos también han formado parte de los conocimientos de herbolaria que practicaban los antiguos nahuas. Para ellos, la posesión era muy importante, porque con ella se explicaban muy variados procesos patológicos y, además, se creía que el hombre podía recibir voluntariamente en su cuerpo algún ser extraño y que la inclusión podía reportarle beneficios.[469] Cuando se ingería algún alucinógeno, el curandero o chamán invocaba a la divinidad o al

---

[468] MAYA PAULO. *óp. cit.*, inédito. p. 36.

[469] LÓPEZ AUSTIN. *óp. cit.*, 1996. p. 406.

ser sobrenatural contenido en ella, pidiéndole ayuda y protección, y solicitándole permiso para realizar la curación.

Como afirma Noemí Quezada, los alucinógenos que se ingerían con mayor frecuencia para lograr el trance mágico eran el peyote; la ololiuhqui, de la que se utilizaban sólo las semillas; y la llamada pipiltzintzin, que parecía un frijolito. Estas plantas se asociaban a las divinidades católicas: la Rosa María con Santa Rosa, la Virgen de la Soledad o la Virgen María; el peyote, con Jesús, la Santísima Trinidad, el Espíritu Santo, San Nicolás, San Jerónimo y San Cayetano. El ololiuhqui con la Virgen. Los pipiltzintzin con San Cayetano, la Santísima Trinidad y la Virgen de Guadalupe.[470]

Estas plantas sagradas requerían un trato, preparación e ingestión especiales, realizados siempre con fines ritualísticos de curación, petición o videncia. El peyote era preparado por una persona de buen corazón, para que los resultados fueran positivos. Los pipiltzintzin tenían que ser molidos por una doncella o niña para surtir efecto. Además, se requería que la persona no hubiera dormido y estuviera en un aposento abrigado, sin luz ni aire ni ruido, en silencio, aguardando las figuras.[471]

Gracias a estos alucinógenos, el chamán entraba en contacto con seres sobrenaturales y recibía las visiones en que se le enseñaba cómo curar y dónde peticionar. Los productos psicotrópicos y los alucinógenos albergaban dioses; consumiéndolos se comulgaba con el cuerpo de un dios. A estos alucinógenos se les trataba con gran respeto, debido a la concepción de que el dios residía en su interior. Ruiz de Alarcón señala el temor que tenían los indios, no al enojo de los ministros católicos ni a los castigos del Tribunal,

---

[470] QUEZADA. *óp. cit.*, 1989. p. 48.
[471] *Ibídem*, p. 49.

sino a la divinidad que residía en el alucinógeno que era objeto de respeto y veneración.

Actualmente, los claclasquis recurren a estas sustancias cuando las lluvias escasean, porque creen que son los espíritus del temporal a través del cuerpo del árbol,[472] quienes indican directamente qué lugares sagrados deben ser visitados y el tipo de trabajo que tiene que ser realizado en ellos. Los pedidores del temporal consideran que la condición espiritual que se alcanza al consumir los hongos, es debida a los "clavos de nuestro señor Jesucristo".[473]

El uso de alucinógenos pone a los graniceros, según su concepción, en contacto con seres sobrenaturales que los auxiliarán como último remedio cuando las demás ofrendas y peticiones hallan fallado. Esto va aunado a la idea de que las peticiones que se realizaron no fueron bien recibidas por los espíritus, debido a algún trabajo negativo en la zona o por plegarias realizadas sin suficiente intensidad; por ende, a través de los "remedios", los seres sobrenaturales solicitan a los graniceros sus requerimientos en el mundo espiritual, habiendo así una comunión entre el chamán y el mundo subjetivo.

Y habla la niña...
El viento sopla con fuerza y desciendo lentamente. He cantado y alabado y pedido para mi pueblo. Siento una fuerza desbordante que me llena el alma. Sentí su fuerza todo el tiempo, invitándome a actuar. Ya no soy la niña pequeña que temblaba de miedo ante el camino, ahora mi paso

472 El árbol es el claclasqui o granicero que tiene la fuerza que le da la visión, para conocer lo necesario para manipular el tiempo. En su categorización, el árbol es el único que ingiere los alucinógenos porque tiene la fuerza para poder hacerlo y no salir perjudicado.

473 PAULO MAYA. *óp. cit.*, inédito. p. 44.

es firme, decidido, de regreso a mi pueblo, puesto que he tocado la muerte y he revivido. No me acobarda el tiempo, ni le temo a la noche. He tenido el auxilio de todos los seres elementales; se han acercado a mí en un intento sincero de intimar. Y yo los he reconocido a todos como parte inherente a mí misma. El camino es largo, pero lo recorro con firmeza, y en el ojo de mi mente, como para acortar el camino, un viejo volcán me susurra historias de amor.

El héroe, la sombra, el ánima y el *animus*

El concepto arquetípico del héroe y la sombra se conjuga en la mente como la polarización de dos opuestos. Pero, dentro de la polarización se encuentra la unidad, por lo que la sombra es parte intrínseca del héroe. La sombra es una proyección de nuestra mente consciente. En ella se encuentran los aspectos negativos—o todo aquello que se rechaza de la personalidad—. Sin embargo, la sombra no es únicamente una fuerza negativa, es un elemento que impulsa a actuar y a ser creativo. En el arquetipo del héroe, la sombra juega un papel importante, ya que ayuda al héroe a darse cuenta de sus impulsos negativos y, por ende, a sacar fuerza de ellos. El héroe debe aceptar sus poderes destructivos para poder vencer al dragón. Por eso, para que el ego triunfe, debe asimilar a la sombra.[474]

El ego es una representación de la esencia y las cualidades del individuo, por lo que la sombra es la representación del lado opuesto del ego, y contiene, entonces, las cualidades que de los demás se detestan. La enseñanza arquetípica de la sombra radica en aprender de ella, en reconocer sus manifestaciones, para que no se vuelva hostil al sentirse ignorada, ya que ésta puede fungir como guía si

---

[474] JUNG. *óp. cit.*, 1978. p. 112.

se le toma en cuenta de una manera adecuada. Usualmente, en los mitos y los sueños, la sombra se manifiesta como una persona del mismo sexo del soñante. Si el héroe presta atención a sus designios, la sombra podrá lidiar mejor con su destino. Por ello, el héroe debe hacer a un lado el orgullo, la virtud, la belleza y la vida, e inclinarse o someterse a lo absolutamente intolerable. Entonces, descubre que él y su opuesto no pertenecen a especies diferentes, sino que son parte de una sola carne.[475]

Además de la sombra, el héroe cuenta con el poder que le confiere el ánima, que es la personificación de la diosa. Esta guardiana contiene en su haber toda la fuerza que le será proporcionada al héroe si es merecedor de ella.

El encuentro con la diosa es la prueba final del talento del héroe para ganar el don del amor y de la vida en sí misma. El matrimonio místico con la reina diosa del mundo representa el dominio que el héroe tiene de la vida, porque la mujer es la vida y el héroe es su conocedor y dueño.[476] Esta última aventura se describe como el matrimonio místico del alma en que el héroe se empata con la diosa de la totalidad. En la mitología, la mujer simboliza la totalidad del conocimiento. Así, a través del arquetipo del héroe, el hombre contacta con el ánima, llegando a conocer la totalidad del mundo. Por eso, el héroe se siente atraído hacia la diosa, ya que ella, en su función de guía, lo ayudará a romper sus propios límites.

En términos de la psicología profunda, la diosa es el ánima, es decir, el poder interno del hombre, personificación de todas las tendencias psicológicas femeninas en su mente—la del hombre—, tales como sentimientos vagos, intuiciones, receptividad de lo irracional, capacidad para amar, sentimiento hacia la naturaleza y

---

475 CAMPBELL. *óp. cit.*, 1997. p. 103.
476 *Ibídem*, p. 114.

su relación con el inconsciente.[477] Al casarse con la diosa, el héroe tiene la seguridad que le brinda la madre confortante, y después de haber superado las pruebas que le deparaba el contactarse con su propia psique inconsciente, podrá regresar al fin *renovado* al refugio conocido, en donde sólo reina la perfección. Como afirma Campbell, "este arquetipo contiene la prueba donde se abre la posibilidad de que el héroe derive esperanza y seguridad de la figura femenina protectora, por cuya magia es protegido a través de todas las aterradoras experiencias de la iniciación en el padre (que hace desfallecer el ego). Porque ya que es imposible confiar en el rostro aterrador del padre, la fe del individuo debe centrarse en otra parte (la madre bendita) y, con la seguridad de esa ayuda, el individuo soporta la crisis sólo para descubrir, al final, que el padre y la madre se reflejan el uno al otro y que son, en esencia, lo mismo".[478]

Mitológicamente, las cosmovisiones en torno a las deidades masculinas y femeninas aparecen en casi todas las concepciones humanas; ellos manifiestan la simbología respecto a la dualidad contenida en la persona. De manera individual, representan el ánima y el *animus,* lo cual nos completa como personas. La mitología tibetana ejemplifica esta concepción, ya que contiene la forma femenina *yum*, que ha de comprenderse como el "tiempo", y el varón, *yab*, como la "eternidad". La unión de los dos engendra el mundo, en el cual todas las cosas son eternas y temporales al mismo tiempo, creadas a la imagen de este dios masculino-femenino que se conoce a sí mismo. El iniciado es llevado por medio de la meditación al recuerdo de esta "Forma de formas" (*yab-yum*) dentro de sí mismo. O bien, la forma masculina puede entenderse como el símbolo del principio iniciador, el método; y la forma femenina implica la finalidad a la que lleva la iniciación.[479]

---

[477] JUNG. *óp. cit.*, 1978. p. 186.
[478] CAMPBELL. *óp. cit.*, 1997. p. 123.
[479] *Ibídem*, p. 158.

Tanto el símbolo de la diosa—cuyo designio es ser el ánima—como el del dios—cuya función es ser el *animus*—, guían al héroe o a la heroína. En los mitos, el ánima se manifiesta como un hada, ninfa o duende y, jugando el papel de seductora, le confiere poder al héroe y le enseña cómo salir adelante. También en los sueños, el ánima o el *animus* se revelan al soñador. Si el soñador es hombre, encontrará una personificación femenina en su inconsciente, y viceversa, en el caso de una mujer. Cuando se trata de una heroína, es el príncipe quien la rescata y le da la fuerza y valor para salir adelante, porque la contraparte en la psique femenina es la concepción del *animus*. Éste tiene cuatro estadios: primero aparece como la personificación de pura fuerza física; después posee iniciativa y capacidad para la acción planeada; en la tercera fase, el *animus* se vuelve la palabra, apareciendo como un profesor; y en el cuarto, el *animus* es la encarnación del significado.[480] Simbólicamente, en el arquetipo del héroe, estas figuras (ánimas, *animus* y la sombra) surgen como fuerzas con las cuales tiene que lidiar para acrecentar su fuerza, pasar con determinación por los umbrales y, por ende, continuar su destino.

Y habla el volcán...

Su andar se ha vuelto más ligero. Ahora reconoce mi voz en el eco del viento, sabe que no está sola y que jamás lo estará. Ese miedo inherente a su especie la ha fortalecido, ya no le aterra la noche ni la muerte ni su alma de volcán. En su puño blande una espada y en sus ojos brilla el intento de vencerse una y otra vez. Ahora, baja por la vereda y su paso produce remolinos de viento que se inclinan en su andar. Su pueblo la está esperando, como ha esperado desde los primeros tiempos.

[480] JUNG. *óp. cit.*, 1978. p. 206.

El chamán, el granicero, la sombra, el ánima y el *animus*

El chamán y el héroe se fusionan simbólicamente en una sola búsqueda, en una identidad que quiere trascender, funcionando como guía interior; el *animus* y el ánima le muestran el camino.

En las iniciaciones chamánicas estas figuras aparecen como diosas, seres sobrenaturales o manifestaciones de la naturaleza que encausan al chamán hacia el mundo subjetivo donde conocerá elementos ignorados por él, que no está preparado. Entre los chamanes de los esquimales encontramos un ejemplo del ánima, pues algunos de éstos usan ropa femenina o ponen pechos en sus ropajes para manifestar su lado femenino interno, ése que les permite conectar con el inconsciente.[481]

Si el ánima se entiende como guía, el chamán trascenderá, si no se le toma en cuenta, el ánima continuará invocando al chamán para que éste lo escuche. El concepto de la "esposa celestial" en los mitos, muestra que los chamanes son ayudados y molestados por ellas. Aunque los protege, lo guarda para sí y, a veces, impide su ascenso.[482] Simbólicamente esto denota que el chamán no está haciéndole caso a su guía interna, a su diosa sabia, que sabrá como guiarlo.

Los misioneros del temporal cuentan que sueñan con mujeres, quienes les indican cómo realizar la petición o que les informan que los calvarios se encuentran muy desprotegidos. Al narrar varios de sus sueños, don Epifanio narra cómo sueña recurrentemente con la Virgen María, quien le pide su auxilio al borde de un camino repleto de agua. A veces la sueña amarrada a una roca que está a punto de desprenderse y, entonces, él tiene que volar para ayudarla. Pero no todos los sueños de don Epifanio muestran a la

---

[481] *Ibídem*, p. 186.

[482] ELIADE. *óp. cit.*, 1974. p. 80.

diosa, quien lo llama con desesperación. También ha soñado con fuerzas hostiles procedentes casi siempre de otros graniceros que lo vienen a atacar en el mundo espiritual. Entonces, él comienza una lucha encarnizada en contra de ellos, tratando de alejarlos de los calvarios. Es como si hubiese una rivalidad secreta entre los grupos de pedidores del temporal y sus procedimientos, ya que para don Epifanio lo importante es peticionar con un espíritu puro, e invocar con ardor a los santos y espíritus. Por ello, lucha constantemente contra sus enemigos reales y simbólicos disfrazados en la sombra de su propio inconsciente.

También doña Presi, antigua misionera del temporal que aún tiene incursiones al mundo onírico, cuenta que en sus sueños ve a don Goyo, quien se le presenta de diversas formas para que vaya a su encuentro. A veces lo sueña como un jinete que viene a buscarla. Estos sueños de carácter profético y visionario revelan el contacto que estos misioneros del temporal tienen con su propia psique, la cual está mandándoles símbolos arquetípicos para que actúen por el bien de su comunidad.

Y habla la niña...

Las pequeñas casas que conforman mi pueblo se dibujan a la distancia. Huele a campo sembrado y a pan de hogar. La gente me mira regresar con reserva, algunos ojos preocupados me observan acercarme. No entiendo porqué me ven desconfiados. La ofrenda está puesta y las nubes esperan en la cercanía. El viento comienza a soplar con inusual insistencia. Los hombres y las mujeres se refugian en sus casas, pero ninguno me invita a entrar. La casa de mi padre se dibuja en la distancia. Sólo supe que ya nadie me esperaba, cuando un niño pequeño se me acercó diciendo "piensan que eres un espíritu porque ha pasado un mes desde que te fuiste, pero yo se que no lo eres, porque los espíritus no miran como tú".

El héroe y el viaje o vuelo mágico

Arquetípicamente, el vuelo implica un acto de trascendencia, el cual procede de periodos arcaicos de la cultura, en los que el ser humano pretendía traspasar su condición humana yendo más allá de ésta. Esta transmutación sólo se logra a través de la espiritualización, en ella el cuerpo humano se concibe como un vehículo que se volverá espíritu. A través del vuelo, la corporización del individuo transmutará soltando su aspecto corporal y se volverá, por ende, un elemento espiritual. El acto de volar implica romper el plano del mundo objetivo para incorporarse al subjetivo. El vuelo también se metaforiza con el hecho de recorrer un laberinto y éste es el conocimiento de la propia psique. El laberinto se conoce meticulosamente; sólo tenemos que seguir el hilo del camino del héroe. Y donde habíamos pensado encontrar algo abominable, encontraremos un dios; y donde habíamos pensado matar a otro, nos mataremos a nosotros mismos; y donde habíamos pensado que salíamos, llegaremos al centro de nuestra propia existencia; y donde habíamos pensado que estaríamos solos, estaremos con el mundo.[483]

El concepto del vuelo es propio de casi todas las culturas, porque a través del laberinto se representa simbólicamente la mente consciente, y el hecho de emprenderlo y de que sólo puede ser conocido y despejado mediante una iniciación que implica la penetración al inconsciente colectivo, cuya simbología despejará las incógnitas de la existencia, todo aquello que representa lo

[483] CAMPBELL. *óp. cit.*, 1997. p. 30.

desconocido o lo profundo es campo fértil en el arquetipo del héroe para la proyección de los contenidos inconscientes.

Y habla el volcán...

La observo acercarse al pueblo silencioso. No reconocen a alguien que regresó de la muerte. Sólo entienden el tiempo cotidiano, profano, del cual se prenden como si se les fuera de las manos. Pocos han podido penetrar al tiempo sagrado en el cual entró ella. Entonces se darían cuenta que los segundos se detienen y que todo en el universo pende de un finísimo hilo que unifica la creación. Entonces los tiempos se doblan y se guardan lentamente en el bolsillo del creador y la persona entra al tiempo de los volcanes, de los mares, del cielo, de la tierra, donde sólo la inmensidad y la grandeza del eterno instante impera.

El chamán, el granicero y el viaje o vuelo mágico

Cuando se rompen los planos y se da el vuelo, el chamán descubre el éxtasis, cuya connotación es similar en diversos planteamientos místicos.

Por ello, lo que en el chamanismo se describe como "vuelo mágico" es un viaje del alma a través de la experiencia extática.[484] Esta vivencia mística o numinosa, como lo describe Rudolf Otto, es la conciencia del *mysterium tremedum*, significando algo tanto misterioso como inspirador de reverencia, temor y alabanza, a la vez .[485] Cuando el chamán se zambulle dentro sí, cuando emprende

484 ROWEENA PATEE. *óp. cit.*, 1993. p. 48.

485 RUDOLF, Otto. *The Idea of The Holy*, trad. de John W. Aarvey. Nueva York: Oxford University Press. 1958. p. 63.

el viaje interno, se diferencia del sacerdote común, ya que se embarca en una aventura hacia el interior de sí mismo. En ese proceso, el chamán viaja en la realidad no ordinaria a los mundos conocidos como superior e inferior para ayudar a los demás.[486] Pero al ayudarles se ayuda a sí mismo.

Michael Harner dice que en el chamanismo el estado ordinario de conciencia (EOC) con el estado de conciencia chamánico (ECC), se caracteriza primordialmente por el trance o por un estado trascendente de concienciamiento en el que la percepción de dos o más realidades es típica del chamanismo.[487] En el vuelo chamánico, éste aprende que hay varias maneras de ver o entender el mundo que lo rodea, ya que, en su concepción, una sola visión del mundo sería una visión limitada.

Como ya he mencionado, para el chamán hay varios mundos que convergen en este mundo. Cada mundo tiene sus propios lineamientos. Los mundos en los que el chamán navega son: el mundo objetivo, el mundo subjetivo, el mundo simbólico y el mundo holístico. En el pensamiento chamánico, el mundo objetivo es simplemente otro lugar dónde operar. Su misión es poder operar con efectividad en cualquiera de los mundos existentes.

El vuelo del chamán implica el tránsito a través de dichos mundos para interceder con los espíritus o los elementos inconscientes de su propia psique y, por ende, regresar a su comunidad y brindarles la ayuda necesaria.

Cuando el chamán realiza sus labores en el mundo objetivo, sabe que cada cosa que hace tiene un efecto y es producida por una causa. Al visualizar el mundo subjetivo se da cuenta de que todo

---

[486] HARNER. *óp. cit.*, 1993. p. 26.
[487] HULTKRANTZ, *óp. cit.*, 1993. p. 64.

se encuentra interrelacionado, ya que todo es parte de un ciclo y de una transición, pues cada suceso se realiza con total sincronía. Cuando el chamán contacta con el mundo simbólico, a través de sueños o trances, se percata de que la resolución de un contratiempo o problema en este plano afectará también el plano físico objetivo, mejorando, por ende, el mal tiempo, la falta de lluvias o, incluso, alguna enfermedad.

Al realizar el vuelo y contactar con el plano holístico, el chamán se da cuenta de que existe una unidad con él y con todo lo que lo rodea, integrando esta experiencia a una manifestación unitaria del infinito, en donde ya no hay divisiones entre lo externo y lo interno, ya que todo es una sola cosa.

Luego de observar las prácticas y creencias de los misioneros del temporal, resulta notorio que hay una integración de los diversos mundos en los cuales operan. En sus ceremonias de petición de lluvias traspasan el mundo objetivo y ordinario y efectúan sus rituales guiados por elementos del mundo simbólico que se les muestra en sueños. Para ellos, las nubes, los volcanes y la lluvia conforman un todo interrelacionado cuyas funciones aseguran la subsistencia de la naturaleza y del ser humano. En el fervor de sus rezos y alabanzas, al invocar a los espíritus, santos y ángeles para que los auxilien opera una aproximación holística, ya que saben que dios es y está en cada cosa que los rodea y en ellos mismos.

Y habla la niña...

La reja está abierta. En el solar, mi padre atiende sus árboles. La tristeza se palpa en el aire como si se pudiera cortar. De pronto, voltea y me ve atravesar el umbral de la puerta. Con la mirada encendida me abraza y me besa. Sé que me cree cuando le cuento lo sucedido. No pre-

gunta nada, sólo afirma y escucha. Es el único que
también en su tiempo regresó de la muerte
con la vida asomándose entre sus manos. No hay
excusas ni pretextos que expliquen lo sucedido.
Las alabanzas se hicieron y la lluvia cae a borbotones.
Los campos se riegan y la gente sonríe.
Habrá frutos este año... y lluvia abundante también.

Retirada y retorno del héroe

Cuando el héroe ha terminado su misión, después de haber sido invocado e iniciado, luego de haber traspasado el umbral con la ayuda de seres sobrenaturales que lo guiaron, después de haber hecho el vuelo mágico y de haber contactado con los diversos planos de la realidad, luego de haberse encontrado a sí mismo, entonces y sólo entonces, el héroe debe regresar transmutado a la vida y a su comunidad.

Si el héroe en su triunfo gana la bendición de la diosa o del dios y luego es explícitamente conminado a regresar al mundo con algún elixir para la restauración de la sociedad, el último estadio de su aventura está apoyado por todas las fuerzas de su patrono sobrenatural.[488] Si, por otra parte, el héroe ha obtenido el trofeo a pesar de la oposición de su guardián, o si el deseo del héroe de regresar al mundo ha sido resentido por los dioses o los demonios, o si quiere quedarse en el mundo paradisiaco que ha encontrado, entonces el último estadio del círculo mitológico se convierte en una operación de dimensiones cósmicas, donde el retorno se complica con otros obstáculos.

[488] CAMPBELL, *óp. cit.*, 1997. p. 182.

Como afirma Campbell, el primer problema del héroe que regresa es aceptar como reales, después de la experiencia de la visión de plenitud que satisface el alma, las congojas y los júbilos pasajeros, las banalidades y las ruidosas obscenidades de la vida.[489]

El héroe ya ha experimentado la ruptura del plano del mundo externo para adentrarse en el interno; ha paladeado las bondades del macrocosmos para integrarlo al microcosmos; a través de múltiples pruebas ha podido evadir la desesperación de la vida terrestre para internarse en la paz de su yo interno, y ahora tiene que volver. Este arquetipo de la retirada y el retorno es propio de las diversas mitologías en las que el héroe regresa después de su viaje y de su búsqueda para compartir los frutos obtenidos con los demás mortales. En este arquetipo hay momentos en que el héroe es auxiliado por seres sobrenaturales, quienes lo ayudan a reintegrarse a la vida cotidiana donde compartirá su sapiencia, aunque nunca vuelva a ser el mismo.

Y habla el volcán

La niña duerme tranquila, ha regresado con su gente. Pocos entienden lo sucedido, pero agradecen la lluvia que ha retornado con ella. Mi viejo corazón también está agradecido, porque pudo palpar la vida que sigue fluyendo con fuerza en las venas de algunos seres. Mi destino se reveló. Una niña me enseñó que la muerte es poca cosa en comparación con la fe. Unas manos, unos ojos y una canasta de frutos me confirmaron que todavía hay seres que necesitan el amor de un volcán, que escucha en noches oscuras con atención sus plegarias.

[489] *Ibídem*, p. 201.

Retirada y retorno del chamán y del granicero

Como afirma don Epifanio, después de contactar con los espíritus y los ángeles, después de sentir la urgencia del llamado a peticionar por el bien de la humanidad, no se puede seguir viviendo como se hacía antes.

Además de sus labores cotidianas, don Epifanio se designa a sí mismo pedidor del temporal, porque sabe que su misión es pedir lluvia para el bien de la humanidad entera. Y afirma:

"No me siento bien si sólo pido para mí, porque las lluviecitas son para todos y por eso pido. Ya, usted sabe que la tradición se está perdiendo, pero mientras yo tenga fuerzas, yo le enseño al que quiera aprender para que sepan cómo orarle al señor y pedir a los volcanes que dejen caer sus frutos para que vivamos toda la humanidad".

Aunque la fe se está perdiendo y cada vez menos gente suele ir a realizar peticiones a los calvarios, don Epifanio sigue presente realizando sus labores, consciente de que no puede dejar de asistir y que necesita pasar sus conocimientos a otras personas para que no se pierdan. Constantemente afirma que no pide las lluvias sólo para él, ya que está consciente de la necesidad del agua en el mundo. Sin embargo, también afirma que sólo mediante una fe inquebrantable y los rezos y rituales apropiados, se podrá conseguir que el agua siga presente para el bien de todos.

Doña Presi también asegura que necesita contar sus sueños para que se sirvan de ellos los mayores y sepan dónde ir y qué hacer. Esta antigua soñadora sigue prestando atención a los designios del mundo onírico y se los comunica a los demás mayores de la corporación de misioneros del temporal.

Como héroe y heroína, estos dos personajes—entre algunos otros—le revelan sus designios a la comunidad en la cual habitan, exhortándolos a que presten atención a sus sueños, al comportamiento del volcán Popocatépetl y a los rituales que hacían sus antepasados. Incluso, ante la burla de las personas que han dejado de creer en estos rituales, estos campesinos del estado de Morelos continúan sus labores con una fe inquebrantable que los hace encaminarse cada domingo, durante la época de lluvias, a los calvarios sagrados para seguir realizando su misión.

Conclusiones

El hecho de que el chamán especializado en el manejo del tiempo—conocido ordinariamente como *granicero*—tenga que atravesar por una serie de etapas que apuntan hacia un despertar de su conciencia, lo vincula inexorablemente con el arquetipo mítico del héroe. Al experimentar el evidente llamado seguido por la iniciación, ya sea ésta física o espiritual, el granicero contacta con otro plano de la realidad diferente a la acostumbrada realidad cotidiana. A partir de ahí, tendrá que enfrentarse a las pruebas que le depara su destino, enfrentándose a enemigos que quieren apartarlo del camino, como puede ser la sombra de su propia persona, dejándose guiar por las figuras orientadoras del ánima y del *animus,* que le darán la fuerza necesaria para traspasar los umbrales necesarios y poder realizar su misión.

Arquetípicamente, durante el trayecto del granicero, al igual que en el trayecto mítico del héroe, la conciencia cambia de un enfoque meramente primario cotidiano, a uno en donde comienza a surgir la elaboración simbólica de lo percibido. Posteriormente, mediante los parámetros de la religión, la revelación primaria que recibió el granicero se modifica, adecuándose a los dictados de la religión en cuestión y a los mitos que de ésta emanan. Sin embargo, enfrentados a seguir su destino, los graniceros incluso traspasan los dogmas de la religión e integran nuevamente los símbolos interiores y exteriores vivenciados para avanzar hacia el ser transpersonal que inexorablemente sigue su destino y lo modifica, a pesar de los rígidos parámetros de conducta de la sociedad que lo rodea.

Vista del volcán Popocatépetl.
Foto: Yleana Acevedo Whitehouse.

Campesinos llevando ofrendas al volcán para la ceremonia de petición de lluvias. Foto: Yleana Acevedo Whitehouse.

Graniceros cantando alabanzas al volcán Popocatépetl.
Foto: Yleana Acevedo Whitehouse.

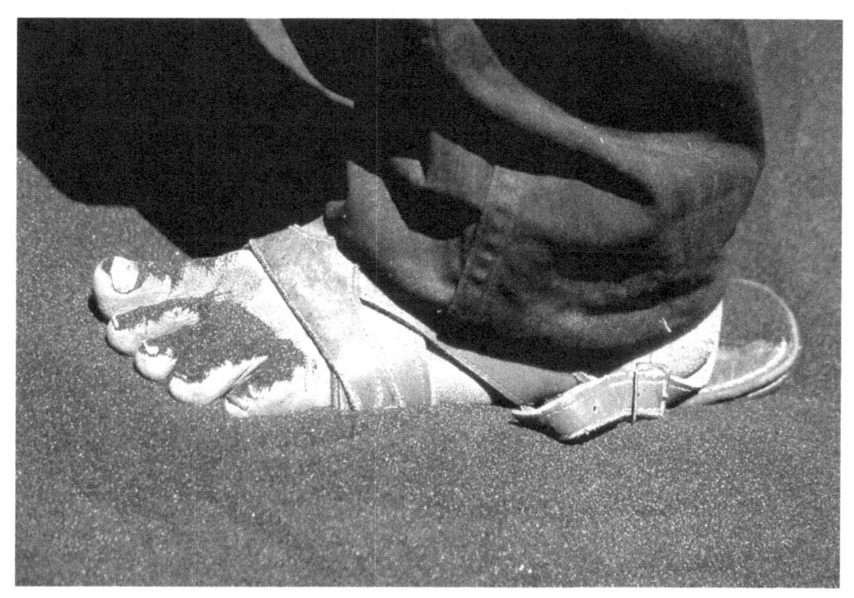

El peregrinar hacia Los Calvarios.
Foto: Yleana Acevedo Whitehouse.

Granicera ofreciendo copal al volcán, en calidad de ofrenda.
Foto: Yleana Acevedo Whitehouse.

Mujer descansando durante su peregrinación rumbo al Divino Rostro del volcán Popocatépetl. Foto: Yleana Acevedo Whitehouse.

Graniceros subiendo la empinada cuesta del volcán para llegar al Divino Rostro. Foto: Yleana Acevedo Whitehouse.

Don Epifanio ofreciendo su ofrenda a los espíritus. Foto: Yleana Acevedo Whitehouse.

Don Epifanio rezando ante uno de los sitios sagrados en el Cempoaltepec (donde soñó que tenía que tocar el timbre para pedir la lluvia).
Foto: Yleana Acevedo Whitehouse.

Graniceros entrando a las cruces en círculo que delimitan el espacio sagrado del Cempoaltepec.
Foto: Yleana Acevedo Whitehouse.

Graniceros ofreciendo comida a los espíritus.
Foto: Yleana Acevedo Whitehouse.

Graniceros rezando ante las cruces que delimitan los cuatro puntos cardinales. Foto: Yleana Acevedo Whitehouse.

Graniceros abriendo los canales con su vara de membrillo para que fluya el agua por los confines del mundo. Foto: Yleana Acevedo Whitehouse.

Graniceros rezando alabanzas ante las cruces en El Calvario, Cempoaltepec. Foto: Yleana Acevedo Whitehouse.

Campesinos sahumando el lugar para prevenir posibles trabajos negativos o maléficos. Foto: Yleana Acevedo Whitehouse.

Sitio que soñó don Epifanio, auxiliado por espíritus sobrenaturales, y que actualmente es considerado lugar sagrado de El Calvario. Foto: Yleana Acevedo Whitehouse.

CAPÍTULO CUATRO

DEL MITO AL SUEÑO, AL RITUAL

Justificación simbólica en la concepción y análisis de los sueños de los graniceros

El advenimiento de la psicología profunda, las concepciones del arte abstracto y el legado del surrealismo propiciaron que los estudiosos se familiarizaran con expresiones no figurativas y simbología onírica. Además, las propuestas teóricas que la antropología realizó sobre sociedades primitivas y sus mentalidades, más otros estudios que se realizaron en diferentes áreas del quehacer humano, comenzaron a enfatizar en el carácter simbólico de las expresiones y acontecimientos que se muestran en los sueños, los mitos y los rituales.

Al final de los años sesenta, Geertz comenzó a plantear conceptos de la antropología simbólica en los que reorientaba sus investigaciones hacia fines más humanistas, desplazando el marco rígido de las ciencias naturales.[490] A partir de estos conceptos surgieron

---

490 GEERTZ, Clifford. *The Interpretation of Cultures*, Basic Books, 1973.

diversas variantes que apoyaban la interpretación simbólica de los sucesos. Autores como Jung, Cassier, Eliade, Guénon, Lévi Strauss, Bachelard, Diel, entre otros, utilizaron las concepciones simbólicas en sus estudios.

Como plantea el propio Eliade, la investigación de las estructuras simbólicas no es un trabajo de reducción, sino de integración. "Se comparan y confrontan dos expresiones de un símbolo para no reducirlas a una expresión única preexistente, sino para descubrir el proceso gracias al cual una estructura es susceptible de enriquecer sus significaciones".[491] Por ello, el símbolo no es una copia objetiva de lo real, es algo que penetra mucho más profundo y que, por lo tanto, abarca lo trascendente, contemplando la psique subconsciente que incursiona en ámbitos más profundos que la simple experiencia humana cotidiana. Eliade sostiene que los símbolos permiten contactar con las fuentes profundas de la vida, ya que expresan la experiencia mística vivida. De hecho, muchas ideas religiosas o míticas que han surgido a lo largo de la historia se encuentran contenidas en símbolos arquetípicos repletos de un gran poder emocional que les llena de fuerza. Dentro del cúmulo de símbolos que enaltecen la vida del hombre se encuentran los de trascendencia. Estos símbolos son los que representan la lucha del hombre para obtener sus metas.[492]

Para poder realizar una interpretación simbólica del mundo onírico de los graniceros, es necesario considerar que existen muchas semejanzas entre el universo religioso que profesan y el inconsciente personal, en la medida en que aquél es precipitado por innumerables situaciones límites donde los sueños se encuentran repletos de símbolos que forman las imágenes posteriores de la mitología que

---

[491] ELIADE, Mircea. *Mefistófeles y el andrógino*, Barcelona: Kariós, 2001. p. 260.

[492] JUNG, Carl. "Approaching the Unconscious", in *Man and His Symbols*, London: Picador, 1978. p. 146.

se traduce en ritual. Por ello, para intentar comprender los sueños de un soñante, es menester entender la importancia de las creencias que tiene el individuo en cuestión, ya que aunque existen muchos símbolos arquetípicos colectivos en sus sueños, también influencia el contexto y la etapa en la vida en la cual se encuentra determinado individuo.

El sincretismo presente en la experiencia onírica

"El sincretismo se entiende como un fenómeno propio de la religiosidad popular que expresa articulaciones y contradicciones históricamente configuradas".[493] Actualmente, los cultos populares emergentes han adquirido vida como una alternativa ante las imposiciones cristianas. Por ello, estos cultos se expresan en el inconsciente de los individuos como mediadores simbólicos, en los que entidades de antaño se fusionaron con deidades católicas, forjando así su propia reelaboración simbólica.

Refiriéndose al imaginario colectivo presente en la idolatría prehispánica, Gruzinski afirma que "esta idolatría consciente o no, tejía una red densa y coherente implícita o explícita de prácticas y saberes en los que se situaba y se desplegaba la integridad de lo cotidiano" .[494] De hecho, todos los ámbitos de la realidad prehispánica se aferraban a una expresión simbólica de vital importancia, la cual aparecía en sus rituales y prácticas. Sin embargo, las creencias cristianas procedentes del viejo mundo también se encontraban repletas de símbolos y signos que complementaban la vida cotidiana de los creyentes.

---

493 BÁEZ, Félix. *La parentela de María*, Xalapa: Universidad Veracruzana, 1999. p. 30.

494 GRUZINSKI, Serge. *La colonización de lo imaginario*, México: FCE, 1991. p. 153.

Resulta entonces comprensible lo relativamente fácil que fue la conversión y el sincretismo emergente en respuesta de la cultura de antaño, ya que ambos mundos estaban fincados sobre un gran manifiesto simbólico que mostraba la creencia de un mundo por encima y otro por debajo del nuestro, dicho de otra manera, de un *supra* y un inframundo. Para ambos mundos, estos símbolos tenían un valor de realidad igual de importante al que los objetos cotidianos tenían. Entonces se produjo el sincretismo, el cual se desplegó con la misma intensidad que las culturas de las que había emergido. Sin embargo, una vez realizada la conquista, cuando la Iglesia vio el resultado de sus procesos de adoctrinamiento, de su cristianización impuesta donde los símbolos reelaborados seguían imperando con fuerza en la mentalidad indígena, se dedicó a prohibir lo que antes había promovido, ya que los frailes españoles afirmaban que se habían corrompido los conceptos verdaderamente cristianos. Por ende, la Iglesia prohibió y negó las formas que antaño los indios tenían para poder acceder al mundo simbólico que los rodeaba. Por ello, se excluían los estados de sueño, la alucinación y la embriaguez, a los cuales las culturas indígenas concedían una importancia decisiva, puesto que alentaban la producción y exploración de las imágenes que aquéllos suscitaban y de los contactos que permitían establecer con otras potencias. Mientras que las sociedades se mostraban ávidas por descifrar los sueños, la iglesia combatió su interpretación negándoles toda importancia.[495] Debido a estos hechos, las prácticas chamánicas con sus visiones, sueños y rituales simbólicos, pasaron a la clandestinidad. Los videntes y los soñadores conservaron su cúmulo de conocimientos usándolos solamente a la luz de sus hogares y sin la aprobación del clero.

Pero, a pesar de estas restricciones, la idolatría aún persiste como parte de la vida diaria y de la función integral en los campos que

[495] *Ibídem*, p. 187.

circundan los volcanes del centro de México y en las escarpadas montañas de Guerrero. De hecho, la idolatría se refugia en los espacios sagrados que rodean las poblaciones—cerros, montañas, grutas, ríos, manantiales y cuevas—.

Después del siglo XVI, bajo la influencia de alucinógenos, algunos indios decían que veían figuras tomadas del cristianismo, como santos, ángeles o Cristo. Estas alucinaciones, fantasías o símbolos producto del mundo onírico no tienen por qué explicarse desde un enfoque puramente racional. Lejos de ser legitimada o legitimarse, les basta con existir, ya que existen ante los ojos del visionario que los visualiza. Como parte de su realidad diaria, los graniceros que circundan los volcanes ingresan al mundo onírico en una base regular, tomando de sus sueños la simbología presente que se expresa en su mezcla sincrética, misma que se ha permeado hasta nuestros días, para seguirles aportando sabiduría ancestral, producto de su mente inconsciente.

Aunque en la onírica de los graniceros hay una gran diversidad de símbolos arquetípicos, sus sueños giran en torno al control estacional, de las trombas y granizadas y de cualquier fenómeno meteorológico que pudiera afectar radicalmente su tan precaria subsistencia.

Como afirma Andrés Medina, "hay una serie de prácticas y creencias en las que se observa el proceso de elaboración y reinterpretación de las tenaces influencias del cristianismo, desde la perspectiva de la cosmovisión mesoamericana en donde el elemento clave es la determinación que ejerce la especificada de la agricultura, centrada en el cultivo del maíz".[496]

---

[496] MEDINA,Andrés. *En las cuatro esquinas, en el centro*, México: UNAM, Instituto de InvestigacionesAntropológicas, 2003. p. 271.

Por ello, dice Báez: "el sincretismo y la idolatría producto de éste debe de estudiarse a nivel de las representaciones colectivas, pero sin descuidar las diversidades intraculturales".[497] Lo esencial del imaginario cristiano actual, con sus raíces profundas insertadas en la psique del mexicano, se muestra en sus conceptos de ángeles y demonios, de su *infra* y *supra* mundo, de las polaridades tan marcadas entre el bien y el mal.

La simbología onírica del granicero debe analizarse tomando en cuenta esta estructuración de creencias. "La visión cristiana obra de acuerdo con un esquema simple y simplificado, dualista en su estructura y que resume lo esencial de lo sobrenatural y del mensaje cristiano".[498] Es ésta la visión que posee el misionero del temporal de hoy, donde los conceptos de antaño se fundieron y reelaboraron, mostrándose arquetípicamente en sus sueños.

Del mito al sueño

A lo largo de la historia, la humanidad no sólo ha soñado sus mitos sino que, sin despertar del todo, ha representado las fantasías nocturnas hasta bien avanzado lo que pensábamos que era la luz del día.[499] Sin embargo, es a través del sueño que se remueve el tiempo histórico, para entonces poder recuperar el tiempo mítico en donde el soñante observa las imágenes primordiales que surgen de su inconsciente. De entre la gran variedad de sueños que se presentan, los que más se repiten son los que tienen significaciones más profundas. En ellos se muestran temas míticos—puesto que los acontecimientos cotidianos se convierten en un diario onírico

---

497 BÁEZ, *óp. cit.*, 1999. p. 31.

498 GRUZINSKI, *óp. cit.*, 1991. p 197.

499 LARSEN, Stephen. *La puerta del chamán*, España: Edit. Martínez Roca, 2001. p 25.

que porta imágenes simbólicas—representados a la luz de diversos disfraces que se repiten a lo largo del tiempo. Pero el sueño, como lo expresa Durand, "es más que una realidad ahistórica, ya que aparece como fenómeno simbólico, como hecho cultural que demanda estudio de la psicología histórica".[500]

En los sueños de los graniceros, los temas míticos se vivencian como ritual, haciendo que se revalorice el mito vivo. Como el mundo onírico es percibido como una experiencia de orden religiosa, se valoriza como tal, puesto que lo sagrado se manifiesta en ello. En la onírica de los graniceros el sueño se torna en el mito personalizado, mientras que, como afirmara Campbell, el mito es el sueño despersonalizado; tanto el mito como el sueño son simbólicos del mismo modo general que la dinámica de la psique.

Para interpretar los sueños míticos de los graniceros es importante que ellos mismos se hagan partícipes de la interpretación, como usualmente sucede cada vez que relatan un sueño. En esta interpretación se encuentran los significados primarios que acompañan a un símbolo o una imagen, pero este símbolo no necesariamente lo define; el símbolo se ha limitado a funcionar para evocar al significado o éste ha evocado al símbolo. Cuando empezamos a diferenciar y explicar más el símbolo, nos estamos refiriendo a un significado secundario. Es el orden de la significación primaria donde debemos referir los símbolos del mito y el sueño.[501]

Cuando un individuo sueña, las imágenes producidas por su inconsciente tienden a ser más vívidas que las experiencias que cursa al despertar, esto sucede porque los conceptos en sus sueños expresan su significado inconsciente. Además, durante el sueño, el

---

500 DURAND, Gilbert. *Ciencia del hombre y tradición.* Barcelona: Paidos, 1999. p. 74.

501 LARSEN, *óp. cit.*, 2002. p. 54.

soñante rompe con la terrenalidad del mundo cotidiano y profano, porque al alterarse la relación espacio tiempo surge la verdadera naturaleza de las cosas. Como afirma Jung, "el soñador sediento de las alturas tiene que descender a la profundidad del abismo, ya que ésta es la condición indispensable para escalar más alto".[502]

Los sueños que tienen los graniceros se pueden entender a través de las ampliaciones individuales provenientes del inconsciente, además de las ampliaciones arquetípicas simbólicas comunes al género humano. En las comunidades que habitan en torno al volcán, la experiencia colectiva del sueño es de vital importancia, porque cuando el granicero sueña, además de la experiencia personal que se suscita en su sueño, también son relevantes la experiencia colectiva y las imágenes que aparecen en ésta, porque apelan a un reconocimiento comunitario que hace hincapié en la memoria social de las tradiciones de antaño.

Los sueños de don Epifanio

El camino que conduce al encuentro del sentido del sueño es, al principio, caótico, oscuro e infinito y de ninguna manera es recto sino cíclico y en forma de espiral. Como afirma Jung, "el aspecto inconsciente de cualquier evento se nos revela en sueños, donde aparece no como pensamiento racional, sino como una imagen simbólica".[503] El hombre moderno ha sufrido una pérdida en su relación con la naturaleza; sin embargo, esta pérdida se traslapa a los sueños, en los que aparece en forma de símbolos, resaltando nuestros impulsos más primarios. En sus sueños, los graniceros encuentran un espacio propicio para que aparezca lo sagrado, para

---

502 JUNG, Carl. *The Archetypes and The Collective Unconscious*. New York: Princeton, 1990. p. 19.

503 JUNG, *óp. cit.*, 1978. p. 5.

reunirse con la naturaleza que es sostén de la vida humana, ya que es en el ámbito onírico donde se da el fenómeno de la atemporalidad. Al romper con lo cotidiano, con el estado de vigilia, se rompe también con el espacio profano.

Abordo los sueños de don Epifanio, puesto que él los contó libre y abiertamente, luego de asistir a rituales de petición de lluvia con su grupo y de platicar en varias ocasiones con él y su esposa, doña Margarita.

Como soñador y mayor de Xochitpec, uno de los pueblos que circundan el volcán Popocatépetl, él y el grupo de misioneros del temporal del cual procede le confieren gran importancia al mundo onírico, al grado de parecer que tanto los estados de vigilia como los de sueño son realidades igualmente válidas ante sus ojos. Sus vidas discurren entre dos realidades igual de lúcidas, repletos de símbolos y manifestaciones sagradas a los cuales se les debe prestar particular atención. Como si se tratase de un grupo terapéutico que escucha y profundiza en las experiencias de los soñantes, los misioneros del temporal relatan, escuchan e interpretan los designios de sus sueños. Como afirma Julio Glockner, "la revelación de los sueños no se mantiene en secreto, poco a poco se va socializando, va pasando la prueba de aceptación y reconocimiento de la colectividad, de los miembros que colaboran con el tiemperos como rezanderos o acompañantes".[504]

La función del granicero como intérprete de los sueños tiene una marcada connotación prehispánica. El *tonalli* del durmiente viajaba a otros planos y contactaba con deidades. "El *tonalli* podía comunicarse con dioses y muertos en la nebulosa vida de los sueños, de la que podía obtenerse, tras la intervención esclarecedora

[504] GLOCKNER, Julio. *Los volcanes sagrados*. México: Grijalbo, 1996. p. 34.

de sacerdotes especializados en la interpretación de las imágenes oníricas, la noticia que permitía al hombre estar en guardia frente a los virajes del destino".[505] Una vez despierto, el soñante recurría al intérprete onírico, conocido como *temiquizmiatl* por ser conocedor de los sueños. Su sabiduría residía en interpretar los sueños y eran, a su vez, poderosos temiquini, soñadores capaces de trasladarse al mundo sagrado y descifrar sus enigmas.[506]

Al escuchar los sueños de don Epifanio y la manera en que presta atención a la simbología codificada en ellos, me percaté de que contenían varios elementos mencionados en estudios sobre psicología profunda y antropología simbólica, siendo sueños con trazos profundamente arquetípicos. Tomando en cuenta la observación de Jung, quien afirma que cuando se analiza e interpreta la psique o el inconsciente se debe de dejar de lado cualquier tipo de opiniones preconcebidas y juicios, me enfoqué en escuchar e interpretar los sueños basándome en los símbolos primordiales que aparecen en ellos, pero sin apartar el elemento contextual y el porcentaje de subjetividad que existe en una narración onírica. Además, las manifestaciones de la psique subjetiva o de la conciencia sólo se pueden predecir en un grado muy pequeño.

Cuando se analizan las palabras o las experiencias tenidas conscientemente, podemos reconocer casi siempre el propósito y el objetivo encontrado en ellas, pero con las manifestaciones inconscientes no hay lenguaje directo y adaptado a los sentidos de nuestro mundo cotidiano. Si las expresiones de la mente consciente son incomprensibles, siempre podemos preguntar qué es lo que quieren decir. Pero la mente inconsciente es algo ajeno incluso a la mente consciente a través de la cual se expresa. Por ello, se debe usar el método que se utilizaría para descifrar un texto que contiene

---

505 LÓPEZ AUSTIN. *óp. cit.*, 1996. p. 411.
506 GLOCKNER, *óp. cit.*, 1996. p. 37.

palabras desconocidas: se examina el contexto. El significado de la palabra desconocida se vuelve evidente cuando se comparan las series de pasajes en donde ocurre. Por ello, el contenido psicológico del sueño consiste en la red de asociaciones en la cual el sueño está embebido.

Como reflexión general acerca de los sueños de don Epifanio, es importante decir que al ir haciendo el relato, al ir contando lo sucedido, el soñante le da cierta ilación y secuela lineal que no tiene un acontecimiento onírico. Al platicar el sueño, don Epifanio modifica su esencia, ya que no se puede poner en frases la intensidad prácticamente sacra de una experiencia onírica. Como chamán y visionario en sus sueños, don Epifanio es instruido de la misma manera en que otros graniceros lo han sido. Como afirma Paulo Maya, "un sueño es una de las vías para alcanzar la forma espiritual y emprender el viaje a los dominios de los señores del temporal".[507] Don Epifanio lo loga en sus incursiones oníricas.

A continuación, describo seis sueños de don Epifanio y la interpretación simbólica y arquetípica que hago de ellas:

Sueño 1[508]

Cuando yo tuve el sueño me encontraba yo amarrado en un lugar como ladera, ahí estaba yo amarrado así, como con un gabán, estaba yo amarrado y un hombre grande, así, a un ladito, me estaba cuidando. Pero para eso estaba bajando un río, mucha agua estaba bajando, hacia abajo en un como canal estaba amarrado... de aquí [de la cintura].

---

507 MAYA, Alfredo Paulo. "Clalcasquis o aguadores de la región del volcán de Morelos". En: *Graniceros: cosmovisión y meteorología indígenas de Mesoamérica.* México: El Colegio Mexiquense, UNAM, 1997. p. 274.

508 Entrevista realizada a don Epifanio sobre su sueño en febrero de 2006.

Interpretación

Don Epifanio está amarrado, es decir, no puede hacer nada para ayudarse a él mismo o a su prójimo. Cerca de donde se encuentra hay un río bajando con mucho agua. El agua implica la fecundidad; además, su fluir incesante simboliza el tiempo y lo efímero del momento, pero también implica el concepto de la eterna renovación. En el judaísmo y el cristianismo, el río que desciende por la montaña es símbolo de la gracia divina. Por ello, desde una connotación simbólica colectiva, el río presente implica que don Epifanio se encuentra con posibilidad de acceder a la gracia divina. Pero tomando en cuenta el contexto en el cual habita y la ocupación predominante que tiene, que es sembrar la tierra, su preocupación por el exceso o la falta de agua es una constante en su vivir. El río cargado de agua remonta al periodo de lluvias que data desde tiempos prehispánicos, en donde una descarga abundante podía destruir el sustento de los habitantes de determinada comunidad.

—¿Estaba en medio del canal?

—No, al ladito, y el hombre ahí estaba cuidándome, estaba bien armado y todo. Así me vi en el sueño... No podía yo quitarme de ahí. En eso, cuando yo vi que estaba yo amarrado, estaba yo como atontando, no supe cómo me amarraron, no supe por qué me amarraron. Total, cuando yo vi el sueño, yo digo no... entonces sólo Dios sabe cómo me da el entendimiento con esta mano y le doy tres cortadas así, como si fuera machete, al gabán donde estaba amarrado, porque estaba amarrado como de un árbol y que me tuerzo, cuando logro desamarrarme ya iba yo volando, luego, luego me aventé a volar... yo no puedo volar, ¿cómo voy volando?

Ya en el sueño yo lo vi cuando quiso agarrarme y manosear... ¡ya qué me va alcanzar! ¡Ahí iba yo volando!...

Interpretación: Aunque don Epifanio se encuentra sin posibilidad de soltarse, utiliza su mano a manera de machete dándole tres cortadas a las cuerdas que lo amarraban. El número tres en los campos de lo sagrado es muy simbólico. Dentro del sueño, el elemento del tres es el agua y la figura que le corresponde es el triángulo. Además, tomando como referencia el contexto cristiano del cual procede don Epifanio, el tres implica las tres virtudes teologales: fe, esperanza y caridad; sin embargo, no sólo el cristianismo sino muchas religiones giran en torno a este número. En los cuentos y las mitologías populares el tres aparece como la cantidad de pruebas a superar. El hecho de que al soltarse vuela, remite a la concepción chamánica del vuelo de liberación, de la mente que se traspasa a sí mismo y se libera.

Así, como si fuera vida, como si fuera cierto, realidad, agarré y me fui volando, pasé unos árboles, en medio de los cerros, había harto árbol de ocote, el que tiene harta barba, se me perdió, ya no lo vi. Me seguí. Pasé a ver unas casas bien pobres, familias muy humildes, unas casitas como de madera o de cartón, humilde pues... por ahí pasé, me paré un rato en una casita de ésas y nomás oía... y sigo volando, y ahí llego y de un cerro que está así, como peña... pero alto, o sea, estaba el cerro o la peña y de este lado estaba el voladero, ¿sabe qué es voladero? La profundidad. Arriba estaba un lugarcito adonde había espacio para descansar... ahí llegué, ahí me paré, y ahí estaba una señora, estaba recargada en la peña. La señora... se llamaba María, "que bueno que veniste", me dijo.

Interpretación: Don Epifanio pasa por encima de la pobreza, de la miseria, hasta que llega a encontrarse en lo alto con María, postrada en un lugar de la peña. El encontrarse con ella es muy significativo, ya que María es el simbolismo de la Madre Todopoderosa, figura primigenia que llena todo el mundo sensible desde los comienzos de los comienzos. Su función principal es la maternidad, arquetípicamente de ella nacieron los dioses; ella fue la nodriza de los reyes y deidades y les confirió su divinidad y su inmortalidad. Deificada en el cristianismo, surge arquetípica en su concepción universal, la Magna Mater sigue siendo objeto de culto bajo los rasgos de la Madona, la Theotokos, madre de Dios y madre de todos los hombres. Y María también fue reelaborada por encerrar en sí misma las deidades femeninas del mundo polar prehispánico como Tonantzin, como la diosa acuática Chalchiutlicue, consorte de Tlaloc. María le dice a don Epifanio que es bueno que haya venido, es decir, acudió al llamado de la diosa cuando fue solicitado.

"Vine a dar la vuelta", cuando yo llegué ahí con la señora, ella estaba recargada en la peña. Hacia un ladito estaba un pedazo de la peña que ya estaba a punto de caerse al voladero, de desplomarse... "Ayúdame, ayúdame", yo nomás así oí, cuando me dijo "ayúdame", ese pedazo de peña que yo le nombro terremoto, estaba a punto de desplomarse...

Yo el significado, ahora sí descubrí el significado del sueño, yo lo interpreto que es un terremoto...

Y cuando yo llego ahí, y estoy con la señora que se llama María, que veo una culebra negra, una víbora grande que volaba. Se iba. Yo en el sueño lo interpreto que se iba a otro país, pero eso no lo dije, nomás yo lo sabía, yo presentí que se iba a otro país, lo dije allá en Oaxaca, que iba a haber un terremoto, que estaba apunto de caer. De vuelta me aventé a volar...

Interpretación: María le pide a don Epifanio que la ayude. Además de simbolizar la Madre todopoderosa, María también funge como ánima en el inconsciente de don Epifanio. El ánima funge como los genes femeninos dentro del cuerpo masculino. El contactar con ella es una prueba de coraje que se fusiona con las fuerzas espirituales del hombre. El ánima engloba al arquetipo que abarca las manifestaciones del espíritu primitivo, de lo intuitivo que aún alberga el inconsciente del hombre. El hecho de que el ánima le solicite ayuda a don Epifanio muestra la necesidad de que lo escuche, de que le preste atención, de que le haga caso a su parte intuitiva que a veces queda en el abandono. Si no la ayuda, si no la escucha, entonces se va a ir, ya no va a estar presente y él, en consecuencia, no se ayudará a sí mismo.

Como afirman Jung y Kerenyi, en los productos de la actividad subconsciente el ánima aparece tanto como virgen cuanto como madre. Es bipolar y puede, por lo tanto, presentarse positiva un momento y negativa al siguiente; ahora virgen, ahora hada benéfica, ahora una bruja. Además de esta ambivalencia, el ánima tiene conexiones ocultas con el mundo de las tinieblas en general y, por esta razón, es con frecuencia una complexión religiosa.[509] Desde esta perspectiva, la deidad acuática Chalchiutlicue, o la misma Tonantzin, pueden fungir como ánima de su contraparte masculina, además de ser ellas mismas deidades de carácter dual. Resimbolizadas en un contexto cristiano, estas deidades se transforman en María.

Otro elemento que llama la atención de este sueño es que don Epifanio menciona que cuando está con María (con su ánima arquetípica) él ve una culebra negra voladora, explicando que ésta era un terremoto que se iba a otro país. Dentro de la variada simbología que se encuentra en la figura de la serpiente o culebra está el hecho de mostrarse como adversaria del hombre en algunas ocasiones, pero también como guardiana de recintos sagrados o del mundo subterráneo, guía de ánimas y símbolo sexual ambiguo (por su forma fálica, y femenino por su vientre que todo lo devora) y símbolo de la energía capaz de

[509] JUNG / KERENYI. *Essays on A Science of Mythology*, Panteón, 1949. p. 241.

renovarse incesantemente (por su cambio de piel). Aquí aparece simbolizando su conexión con la naturaleza y la tierra, la cual se mueve, se desplaza para renovarse (como un terremoto). Cabe recordar que Durán hace alusión a la deidad Tlaloc, llamándolo "camino debajo de la tierra", y haciendo referencia al camino subterráneo que conduce al Tlalocan.[510] Este nombre, más la referencia física que se le hace a Tlaloc en el periodo clásico, "en donde se le representa con una máscara formada por dos serpientes entrelazadas que forman un cerco alrededor de los ojos y juntan sus fauces sobre la boca",[511] relacionan el concepto de la fuerza de una deidad telúrica con el símbolo de la serpiente que representa el terremoto.

Sueño 2[512]

(Este sueño don Epifanio se lo platicó anteriormente al antropólogo Julio Glockner y, posteriormente, a mí).

Tuve un sueño... me visitó Don Julio... primero realidad. Vino, platicamos... así que le platico del sueño; que me decía un hombre que se escondía, estaba un cerro y el hombre se escondía y él me decía... Mire yo lo vi. Así, en el cerro había un hombre, pero atrás del cerro, pero se escondía y que me decía, lo oía yo entre sueños, "ahí te va un sismo" y yo que lo alcanzo a ver que era una estufa de esas antiguas, viejas, venía bajando del cerro, yo decía "estoy lejos, no me llega" y que veo al hombre y aparece y lo conozco y sé su nombre y que era un sismo que venía, y le platiqué a don Julio en realidad. Pero yo lo vi, era una estufa vieja, pero que era un sismo venía.

---

510 ANZURES Y BOLAñOS, María del Carmen. "Tlaloc, señor del monte y dueño de los animales". En: *Historia de la religión en Mesoamérica y área afines*. II Coloquio, México: UNAM, 1990. p. 126.

511 CASO, Alfonso. *El pueblo del sol*. México: FCE, 2000. p. 60.

512 Entrevista realizada a don Epifanio acerca de un sueño que tuvo en marzo de 2006.

Interpretación

Don Epifanio accede a su inconsciente, en su condición de vidente y granicero para anticipar un evento futuro que va a suceder en forma de sismo. Don Epifanio ve un hombre escondido atrás de un cerro. Como afirma López Austín, "los cerros son refugio de los dioses, su retiro en el mundo. En el cerro todo está lleno de peligrosas fuerzas invisibles".[513] La fuerza invisible peligrosa la simboliza el hombre, el señor del monte, la deidad que habita en los cerros, la energía capaz de desencadenar los elementos de la naturaleza cuando ésta se encuentra fuera de armonía en su relación con el ser humano.

Como granicero, don Epifanio sostiene la creencia de que se necesita una relación recíproca con la naturaleza, la cual se consigue mediante la ofrenda y el peregrinar a los santuarios. Si se descuida a la naturaleza, en retribución ésta descuida al hombre, mandándole castigos. El simbolizar el sismo como una estufa vieja es la manera de su inconsciente de representar algo antiguo, más viejo que la presencia del hombre en el mundo, cuando la tierra misma era movimiento, trepidaciones y caos.

Sueño 3[514]

Pero bien bonito sueño, me demostraron un avión que venía y a donde bajaba salpicaba el agua hasta mis pies y que fue cuando llego allá, estaba pegando allá, la fuerza que estaba dándole al agua llegó acá, a mi campo... hasta ahí llegó gracias a Dios. Ya me espantaba yo... Tengo campo por aquí y venía el agua de esa parte... Y esa fue la señal, el avión que bajó y cuando bajó salpicó el agua.

---

[513] LÓPEZ AUSTIN, Alfredo. *óp. cit.*, 1998. p. 182.

[514] Entrevista realizada a don Epifanio acerca de un sueño que tuvo en marzo de 2006.

Interpretación

Un avión, derivación simbólica de ave, de algo que vuela, simboliza la mediación entre el cielo y la tierra, representando lo inmaterial o el alma. El ave (en este caso avión) baja y salpica agua que llega hasta los pies del granicero, traspasándolo e, incluso, llegando hasta su campo. Y el agua que trae el "ave" tiene variadas connotaciones arquetípicas por ser un elemento de vital importancia para el sustento de la vida. En una de sus connotaciones positivas implica la fecundidad y la vida, pero en la negativa puede simbolizar la potencia destructora, por ejemplo en forma de diluvio, aunque también es símbolo de lo femenino y de la potencialidad latente del inconsciente.

Y en mi sueño estaban las abejas alborotadas, se subían arriba a los carros. ¿Qué son las abejas? Pues la gente... Estaba el huracán allá dando duro y las abejas estaban alborotadas, las abejas estaban subiendo a los microbuses, saliendo, corriendo y eso eran la gente tratando de salir. Eso me demostraron en sueños que ya estaba el huracán. Estaba lloviendo en exceso, ese avión ya había bajado allá; cuando baja un avión de esos, Dios nos libre, es exceso de agua...

Interpretación: Don Epifanio explica que las abejas son las personas que suben a los carros tratando de salir. La connotación arquetípica simbólica de la abeja es la esperanza por su infatigable trabajo, y la gente que representa está tratando de salir de ahí. La lucha para poder salir adelante, para poder subsistir a pesar de las difíciles condiciones en las cuales viven don Epifanio y su comunidad, misma condición que se aplicaba a sus antepasados, persiste en la psique colectiva y se representa en su preocupación por ayudar a su comunidad y a otras. Posteriormente, don Epifanio interpreta que el avión que baja es el símbolo del huracán, del exceso de agua, refiriéndose al agua en su connotación negativa destructora, polarizada hacia el mal. El huracán es el agua titánica, devoradora, que presagia la ruina y la muerte.

Sueño 4[515]

Yo tuve un sueño que, la verdad, ya eran como las cuatro o las cinco de la mañana y yo vi. Que yo estaba yo cantándole a Dios, yo le estoy cantando a Dios, pero que me vi solo.

Y de ahí oigo otro, pero muy lejos, oigo que también le está cantando...

—¿En el sueño?

—En el sueño... Que somos como dos, pero yo le estoy cantando y estoy como solito, y el otro se oye lejecitos. De ahí, entre sueño y entre ya despierto, el otro que lo oía yo lejos, cuando despierto lo ando oyendo que era un perro, en su ladrido bien que se distinguía lo que estaba diciendo...

[Comentarios de don Epifanio respecto de su sueño].

Jíjole Dios mío, porqué está pasando esto, un animal está pidiendo, está cantando, por medio de sus cantos está pidiendo que comer. Digo, y porque los demás habiendo... Por eso yo a veces digo, tengo como tentación de mis compañeros.

Un día le dedicamos, un día de cada ocho días. Y luego, todo lo que Dios nos da no lo valoramos. Se imagina eso, lo que acaba de decir, viene siendo como coro. Es un animal, es el ejemplo que nos dan los animales. Que nosotros que decimos que es un animal y no entiende y según nosotros no valoramos que entendemos.

---

[515] Entrevista realizada a don Epifanio acerca de un sueño que tuvo en abril 2006.

—¡Qué bonito sueño! ¿Cuándo tuvo ese sueño?

—Ese ya tendrá más de seis meses...

Interpretación

El hecho de que don Epifanio le cante a Dios, acompañado de un animal, simboliza la representación simbólica de fuerzas sobrenaturales, divinas o cósmicas. El animal representa al poder de lo inconsciente y de lo instintivo. También simboliza la doble naturaleza del hombre: su parte corpórea y su lado espiritual. Además, como símbolo arquetípico colectivo, el perro en muchas culturas actúa como guía o mediador entre el mundo de las ánimas y los vivos (Anubis, Cerbero); así, don Epifanio y su alter ego en comunión trascienden el mundo cotidiano para contactar con lo sobrenatural. De hecho, la guía y aparición de seres sobrenaturales, es elemento común en los viajes chamánicos, puesto que fungen como espíritus tutelares y guías. Como afirma Eliade, "usualmente estos animales aparecen en forma humana o se comunican con el soñante o visionario si se percatan de que tiene talento".[516] Por ello, don Epifanio comprende el canto del perro, ya que en el mundo onírico se habla un mismo idioma.

Sueño 5[517]

—¿Sueña muy, muy seguido?

—Por lo regular hay sueños que no me acuerdo de todo... Por ejemplo, estamos preocupados por lo del volcán también. Me

516 ELIADE, Mircea. *Shamanism: Archaic Techniques of Ecstasy*. Princeton, 1974. p. 90.

517 Entrevista realizada a don Epifanio acerca de un sueño que tuvo en abril de 2006.

enseñó, me dijo el volcán, de un lugar bien sagrado... bien sagrado, todo lo que yo pida se va a conceder. Arriba de la peña...

—¿No dónde está el rostro?

—Lo vi. La parte de atrás... está una como mesita y así enfrente tiene una... Ahí tiene la puerta donde se debe de pedir. Se ve bonito.

—¿Cuál es su preocupación del volcán?

—Mi preocupación es lo mismo que estamos desabandonando todo el universo. Mucha gente va de excursión, no tienen cuidado de lo sagrado, va a divertirse, no respetan... y eso es malo.

Porque nosotros en el volcán todo lo que es arena, para nosotros, nos han enseñado en sueños son sembradíos de haba, de chícharos, de tomate, jitomate, milpa, toda clase de alimentos, todo así como lo vemos de arena en sueños, son surcos de harto alimento...

—¿Y si se ven como surcos?

—Sí, sí se ven, por eso nosotros lo vemos como lugar sagrado, que allí se pide el pan de cada día. Ellos no lo ven, pero nosotros en sueños sí lo vemos.

Interpretación

En sus sueños, don Epifanio se transforma en intermediario de la gente de su pueblo y la naturaleza deificada. De hecho, la aparición onírica de los volcanes y sus requerimientos o indicaciones simbolizan el compromiso y la voluntad para lograr buenas lluvias, ya que toda revelación es el anuncio de una relación recíproca entre el granicero y el volcán o las fuerzas sobrenaturales. En su sueño, se le muestra una puerta dónde pedir (en el Divino Rostro del volcán) y, entonces, don Epifanio expresa su preocupación hacia el volcán, ya que se encuentra en una relación de mutua dependencia con éste y conoce sus necesidades. Por ello, presiente que el volcán está siendo desabandonado. Afirma que incluso en sueños, los surcos de arena que se hacen en el Divino Rostro del volcán, son realmente sembradíos de frutas y legumbres. Esta aseveración se asemeja a la concepción prehispánica cuya reelaboración simbólica con el paraíso cristiano se funde en una creencia particular entre los habitantes de la zona. Es el concepto del Tlalocan, lugar de los muertos y paraíso de vegetación perenne que se encontraba dentro de los volcanes o montes sagrados, y la creencia en el paraíso primordial donde no hace falta trabajar y hay alimento en abundancia que yace en el inconsciente de la colectividad.

Otro elemento que destaca de este sueño es la expresión arquetípica del héroe que se muestra en don Epifanio, ya que se le enseña dónde peticionar, indicándole el lugar sagrado o el umbral al cual ha de acudir. El hecho de que el volcán se dirija al granicero se interpreta como una relación divina y otorga al donante la posibilidad de asumir un destino que implica el cumplimiento de una función social: controlar el temporal en beneficio de su comunidad.

Sueño 6 [518]

Yo vi tres huracanes que salieron del mar y mi preocupación era: yo quería que viniera, pero, lamentablemente, no sabíamos cómo se encontraba en los recursos, digo mejor no, no le menciono nada. Yo quería mencionarle... antes de que pasara lo de Chiapas. Yo sentía muchas ganas de venir, como si me estuviera llamando... Yo me rete urgía, en primera por las fotos, en segunda por el sueño. Porque vi

---

[518] Entrevista realizada a don Epifanio acerca de un sueño que tuvo en febrero de 2006.

en sueños algo peligroso antes de que pasaran los huracanes. Yo lo vi que salí, que llegué junto al mar. Para eso vi que corría sangre en el mar. Pero cuando corría la sangre en el mar, pero primero antes de que fuera sangre lo vi que eran como cosas de alimentos.

Interpretación

Don Epifanio ve sangre corriendo en el mar. La sangre simbólicamente se identifica con la fuerza vital. Los sacrificios humanos o de animales son ritos de sangre que liberan estas fuerzas. Sin embargo, el concepto de sangre visto desde una connotación sincrética implica el sacrificio. Por ello, don Epifanio intuye que un sacrificio se va a llevar a cabo...

Para eso, después vi tres huracanes. Tres. Fueron tres, pero entre los tres salió una huracana, hembra... De estos tres huracanes, nomás salieron en la orillita, no vaya a pensar que anduvieron lejos, ¡en la orilla de mar! Para eso, sale la huracana y los dos huracanes. Uno de ellos que es huracán quiere fecundar a la huracana. Brinca el huracán a la huracana y fecunda a la huracana. Y el otro quiere también fecundarla, ahora sí, y no alcanza a fecundarla. Va para atrás! La verdad, la verdad yo lo entendí, ¡sí quedó fecundada la huracana!, sí quedó, eso quiere decir que de los tres huracanes ahora el que viene va a ser peor...

—¿Viene peor?

—Viene uno, pero va a ser peor, yo lo vi en sueños que esa fecundación que dio el huracán y lo vi como cuando fui a Oaxaca vi la culebra, le platiqué... Yo llegaba, volaba, lo que pasó en otros países...

—¿La culebra es la tierra?

—Pues es una cosa mala... no es cosa buena. La verdad yo lo quise volver a decir. Por eso, pienso que el próximo año puede ser malo.

—¿Qué vio de Acapulco?

—Puede estar entre Acapulco y Oaxaca, porque esa parte de abajo... Yo no entiendo bien, bien el sur, ¿dónde está? Yo me encontré la parte de abajo, la parte del sur. Yo estuve ahí en el mar... porque esa parte lo conozco. Yo no sé esos tres huracanes de dónde a dónde pegó, no sé hasta dónde alcanzó todo lo malo. Pero vi esta vez... ¡Ajá! Y fecundaron a la huracana y se volvieron a meter al mar.

—¿Cuándo soñó eso?

—Un mes antes de que hubiera pasado eso... Me rete urgía, y yo estaba ansioso que viniera.

Interpretación: Este sueño, en particular, remite a una concepción arquetípica de lo más interesante, ya que don Epifanio habla de dos huracanes (machos) y una huracana (hembra), la cual es fecundada. Es decir, la fuerza de lo masculino se funde con la fuerza femenina, dándole más poder a la unión de contrarios. El acto de la fecundación confiere la creación de vida y de fuerza. Como fuerza latente del inconsciente del individuo, don Epifanio accede a su ánima, recobrando la sabiduría visionaria intuitiva. Según M.L von Franz y Jung, estas predicciones intuitivas corresponden a la tercera etapa del ánima que simboliza la sabiduría que trasciende, ya que don Epifanio predice que va a haber un desastre natural inminente, mismo que sucede poco tiempo después de haber relatado este sueño.[519]

---

[519] Sueño soñado antes del huracán Stan que azotó a Chiapas en octubre de 2005.

Concepción del espacio sagrado

El entorno en el que se encuentra determinada sociedad funge siempre como mapa. De hecho, "los rasgos topográficos materiales (tanto artificiales como naturales) del espacio en el que tienen lugar las celebraciones rituales, constituyen un conjunto de indicadores de distinciones metafísicas".[520] La topografía en donde se expresa un ritual siempre tiene la característica de poseer una acepción sacra de naturaleza simbólica. Como afirma Durand, "en la perspectiva simbólica, el espacio no es nunca el vacío geométrico euclidiano, es un conjunto de lugares análogos, homólogos, según sus cualidades. Es una extensión vital con un arriba y un abajo, un interior y un exterior, un delante y un detrás, una derecha y una izquierda, un cenit y un nadir, un norte, un oriente y esta extensión se homologa en series que captan todas la extensiones concretas posibles".[521] Por ello, el espacio utilizado para la representación de un ritual es considerado un espacio geográfico sagrado, mientras que el espacio en donde transcurren las acciones cotidianas forma parte de una geografía profana. La geografía sagrada es el umbral en el que suceden las acciones míticas. Como afirma Eliade, "en la geografía mítica, el espacio sagrado es esencialmente un espacio real, porque en el mundo arcaico el mito mismo es real. Habla de las manifestaciones de la única realidad incuestionable: la sagrada".[522] Dentro del espacio sagrado, nos encontramos con límites que marcan el adentro y el afuera. A veces el espacio es delimitado por límites claros, sin embargo, otras tantas resulta difícil delimitar qué es adentro y qué es afuera, ya que ambos, al ojo no experimentado, se funden en un solo continuo. Pero el corte de los límites es

---

[520] LEACH, Edmund. *La lógica de la conexión de los símbolos*. Madrid: Siglo XXI, 1978. p. 69.

[521] DURAND, *óp. cit.*, 1999. p. 50.

[522] ELIADE, Mircea. *Images and Symbols*. Mitos, Princeton University Press, 1999. p. 40.

parte de nuestra construcción del objeto de conocimiento. Todo y partes significa relaciones. La relación es también otro dispositivo conceptual, un instrumento de símbolo, con cuya ayuda hacemos inteligible la experiencia hasta cierto grado y por medio del cual efectuamos nuestros ajustes con el medio ambiente.[523]

La referencia a un espacio sagrado determinado afecta a los seres que se encuentran en él. En el lugar sagrado, todo lo ahí presente se vuelve sacro, desde los hombres que entran a conducir algún ritual hasta los árboles, ríos, rocas, aves, insectos que ahí cohabitan. Es por esto que el espacio no es un término vacío, carente de significado sino un símbolo vivo que se regula a través del imaginario colectivo, cuya concordancia le confiere las dimensiones religiosas necesarias. El espacio sagrado consta de su propio lenguaje que le habla al hombre, a través de los signos y señales contenidos en él. La respuesta del hombre se da a través del ritual. La comunión entre el espacio y el ritual elaborado en el mismo promueve el vínculo sagrado. Los chamanes y, por ende los graniceros, mantienen este vínculo abierto mediante el sueño, la oración, los rezos y las súplicas. Al entonar sus plegarias a los espíritus contenidos en el espacio sagrado, obtienen su respuesta al observar en los fenómenos meteorológicos: el lenguaje del mundo.

Por ello, al delimitar los límites de lo sagrado, el hombre construye su territorio, usa su espacio y los accidentes geográficos como cerros, cuevas y manantiales para realizar ritos y ofrendas, en donde está involucrada la naturaleza, el ciclo anual, la agricultura, la lluvia o la fertilidad.[524]

---

523 LÓPEZ AUSTIN, *óp. cit.*, 1998. p.108.

524 ROBLES, Alejandro. "Noticias históricas actuales sobre lugares de culto en la zona del Ajusco y en el Pedregal de San Ángel". En: *Graniceros, cosmovisión y meteorología indígenas de Mesoamérica*. México: El Colegio Mexiquense, UNAM, 1997. p. 160.

Como afirma Leach, "el cruce de fronteras y umbrales siempre se rodea de un ritual."[525] Como muestra de este hecho se tiene la delimitación de los espacios sagrados de los misioneros del temporal, quienes aún recurren a cerros, montes y volcanes como sitio de transposición de un mundo a otro.

"Los misioneros del temporal consideran que el mundo está formado por cinco espacios que en conjunto dan origen a una especie de cruz; es decir, se constituyen por un centro que es donde habitan los hombres, el cual es rodeado por cuatro puntos cardinales. Desde esta perspectiva, toma importancia la concepción de los cuatro cabos y los cuatro caños de la tierra; es decir, cuatro orientaciones y cuatro vías por donde se cree que se distribuye la fuerza divina de Dios hacia todos los rincones de la tierra".[526]

Tomando en cuenta que el mundo se conforma por estos cinco espacios, los graniceros conciben a su mundo de una forma bastante simétrica y ordenada, ya que los cerros donde están los calvarios de mayor[527] importancia conforman una cruz. En esta cruz los calvarios de la Mina y el Encinal están en la parte central, mientras que el Popocatépetl, que se orienta hacia el norte geográfico, simboliza la parte superior; al contrario del calvario del Potrero, el cual se orienta hacia el sur y representa la parte inferior. Por otro lado, el calvario de Cempoaltepec, el cual está orientado hacia el

---

525 LEACH, *óp. cit.*, 1978. p. 48.

526 PAULO MAYA, *óp. cit.*, inédito. p. 40.

527 Los misioneros del temporal llaman *calvarios* a una serie de cerros distribuidos en las laderas del volcán Popocatépetl (señalando al norte), donde se realizan las ceremonias religiosas. Consideran que, en la tierra, los calvarios tienen una doble condición: la forma material y la forma espiritual, que marca la existencia de una "iglesia espiritual". En relación con el volcán, estos cerros tienen un rango inferior jerárquico como iglesia espiritual. Sin embargo, su importancia radica en que en ellos hay un espíritu que vela por los misioneros, al que se retribuye con ofrendas.

poniente, simboliza el lado izquierdo, siendo su contraparte derecha el calvario de la Campana, que se orienta hacia el oriente.

Como las creencias de los graniceros están intrínsecamente ligadas al volcán Popocatépetl, éste funge como eje o marcador. Por ello, el Divino Rostro, el calvario más importante para los misioneros del temporal que está en la ladera del volcán, marca el norte geográfico para el resto de los calvarios y es considerado el espacio sagrado más importante, ya que en el mundo onírico se le ha visto como punto esencial donde realizar las peticiones y entrada a las plantaciones y sembradíos espirituales que le dará a la comunidad su sustento.

Concepción del ritual

El ritual es la manera de honrar a las deidades y los espíritus. En algunas ocasiones, mediante el ritual se recuerda un suceso mítico. En el ritual surge la necesidad inmediata de contactar con la divinidad presente, ya que por medio de él se entra en contacto con Dios o las deidades en cuestión, a través de ciertas acciones y comportamientos. Por ello, el celebrante del ritual debe esperar a que se den las pautas específicas, las señales que le manda la naturaleza para hacerse presente. Con el rito se paga y con el rito se pide, por ende, el rito auxilia y alimenta a las deidades siempre hambrientas. La omisión del rito es una ofensa a los espíritus. Además, la preparación ritual incompleta coloca a los creyentes en una situación de riesgo, de debilidad; es la posibilidad de un peligroso contacto con la fuerza, sin que el fiel tenga el vigor necesario para afrontar la experiencia. En el ritual, la fiesta es la culminación del diálogo o del intercambio.[528]

[528] LÓPEZ AUSTIN, *óp. cit.*, 1998. p. 199.

Leach afirma que los rituales son procesos en los cuales se almacena y se transmite determinada información. La información se almacena en ritos verbales o ritos no verbales, que son comportamientos establecidos que propician el drama ceremonial. A veces, un mismo ritual contiene tanto procesos verbales como comportamientos secuenciados. Para Leach, la realización de un ritual ayuda a que los conocimientos que se necesitan para que sobreviva determinada cultura continúen. Por otro lado, como afirma Olivera desde una postura funcionalista, "los rituales en los países en vías de desarrollo justifican una manera de ver el mundo, a la gente y al universo que está perfectamente articulada a la realidad cultural, económica y social, donde la inseguridad y la pobreza de una economía simple de autoconsumo sumergido en el régimen capitalista hacen que las ofrendas para su dios sean absolutamente indispensables para seguir viviendo".[529]

Actualmente, los rituales de antaño han sido incorporados al cristianismo y sus diversas vertientes. Se han modificado los elementos contenidos en ellos, aunque continúen encausados hacia el mismo fin, el cual es atestiguar y celebrarle a la deidad, espíritu o dios. De hecho, cada vez que se ejecuta el ritual en sincretismo se recrean las categorías con que se percibe la realidad y se reafirman los términos en que se deben actuar recíprocamente para que haya una vida social coherente.[530] Asimismo, al repetir el ritual recurriendo a la plegaria, el canto, o la secuenciación de movimientos se valida la información en ella contenida. Además de la repetición de los términos del ritual para que se afiance la información, los símbolos contenidos en éste están llenos de poder. Este poder se manifiesta por la fe y la emotividad que le confieren

[529] OLIVERA M. "Huemitl de mayo en Citlala. Ofrenda para Chicomecóatl o para la Santa Cruz". En: *Mesoamérica. Homenaje al Dr. Paul Kirchhoff.* México: SEP-INAH, 1979. p. 158.

[530] Z. VOGT, Evon. *Ofrendas para los dioses.* México, FCE, 1988. p. 25.

los participantes; por ende, el ritual se carga de simbología mágica para alcanzar su cometido de interceder por el bien de los hombres ante los espíritus. Los símbolos rituales a menudo muestran una bipolaridad de significación: por un lado ideológica de transmisión de normas y valores que rigen la conducta; por el otro, sensorial, de transmisión de significados emocionales.[531] Dadas sus múltiples acepciones, el ritual puede ser entendido como un momento repleto de símbolos que tendrán significado entendiendo la ideología colectiva y la emotividad implícita de los participantes. Estos símbolos se tornan la mayoría de las veces en metáforas que expresan simbólicamente la intermediación entre los hombres y los dioses. Además de los significados simbólicos contenidos en los rituales, se debe de tomar en cuenta el momento en que se ejecuta el ritual, ya que éste también tiene su propia importancia simbólica. Como afirma Vogt, la capacidad de enmarcamiento que produce el ritual sirve para enfocar la atención. El marco puede ser un lapso de tiempo, como las horas de una ceremonia curativa, los días del calendario ceremonial, el momento de plantar, escardar o cosechar el maíz, las horas del sol naciente o poniente o el comienzo y el fin de las lluvias. Por otro lado, puede ser una secuencia especificada de hechos en el tiempo. Además, los marcos pueden servir ritualmente de espacio.[532] En el marco ritual se expresa lo sagrado y lo sagrado es visto ante los ojos de los creyentes en la expresión mágica de la naturaleza. Ya que la magia es una expresión ritual de un punto de vista del mundo y, como tal, una contribución al equilibrio cósmico que incluye a la humanidad y a su entorno natural.[533]

---

531 *Ibídem*, p. 25.

532 *Ibídem*, p. 29.

533 HULTKRANTZ, Ake. "El chamanismo, un fenómeno religioso". En: *El viaje del chamán*. Barcelona: Kairos, 1993. p. 62.

Objetivo del ritual

Anteriormente, cuando los primeros hombres habitaban la tierra, la comunicación del hombre con el cielo y los espíritus era un proceso natural y de relativa facilidad. Sin embargo, un día se olvidaron los rituales de antaño y la comunicación quedó en el olvido, relegando a las deidades y espíritus a lares mucho más lejanos. Pero cuando el hombre en su búsqueda por esta comunicación perdida trata de vincularse nuevamente con lo trascendente y, por ende, con lo dioses dentro del él, es penetrado por la experiencia numinosa, que surge mediante imágenes arquetípicas esenciales, por lo que se encuentra con un mundo transfigurado, repleto de lo sobrenatural nuevamente. El vivenciar un ritual transforma las creencias y las emociones, ya que se recurre al universo mítico que impera en la mente colectiva. De hecho, el objetivo fundamental del ritual es mostrarle al hombre cuáles son sus límites. Una situación límite es aquella en la cual el hombre se percata de su lugar en el universo.[534] A través de la participación en el ritual se transmiten los mensajes colectivos que marcan el destino de los hombres que se reúnen en él. La función del ritual es la construcción de un microcosmos que emule el macrocosmos del cual proviene. En los límites del microcosmos surge el macrocosmos y lo desconocido, a lo cual el hombre accede a través de sus mitos y rituales. Como afirma Kerenyi, mediante la construcción de un mundo nuevo en miniatura (microcosmos), una imagen del macrocosmos surge y el fundamentalismo mitológico se traduce en acción, se vuelve un cimiento...[535] Por ende, el ritual es el mito llevado a la acción.

Actualmente, los graniceros siguen llevando a cabo rituales para asegurar las lluvias y el buen temporal. Estos rituales son procesos colectivos que involucran a varios miembros de la comunidad.

---

[534] ELIADE, *óp. cit.*, 1999. p. 34.
[535] KERENYI, *óp. cit.*, 1949. p. 10.

Cuando las lluvias escasean y la siembra se encuentra en peligro acuden aún más personas, movidas por la creencia que la acción específica ejercida determinado día ayudará a que haya un buen temporal. Este hecho recuerda a los rituales que se hacían antaño, que también eran colectivos. La creencia en la presencia constante sobre la superficie de la tierra de fuerzas divinas favorables o perjudiciales hacía que el hombre luchara en forma ininterrumpida para aprovecharse o para protegerse del destino. Y la lucha se libraba a favor de toda la comunidad.[536] En el campo mexicano, el granicero aún lucha por la comunidad, ya que no puede desligar sus servicios del resto de ella. El granicero, en su connotación arquetípica de héroe, realiza su viaje interno solo, aunque es acompañado por muchos que esperan obtener algo de su peregrinar. De hecho, en el ritual, la repetición y el alabo de determinados eventos interpretados por música, himnos, rezos y ofrendas hace surgir en la audiencia emociones colectivas en las que todos, a su vez, tienen algo heroico dentro de sí.

Al observar los rituales y ceremonias de los graniceros es importante verlos como un todo sistémico, ya que, aunque los rituales parecen estar separados por intervalos de tiempo, todo forma parte de un mensaje mucho mayor.

Los participantes en los rituales de los graniceros muestran secuencias comunicativas a través del uso de diversos canales sensoriales: la vista, el oído, el tacto y el gusto. "Todos estos canales están representando una secuencia ordenada de sucesos metafóricos en un espacio territorial que ha sido ordenado para proporcionar un contexto metafórico a los rituales mediante la acción".[537]

---

536 LÓPEZ AUSTIN, *óp. cit.*, 1996. p. 74.
537 LEACH, *óp. cit.*, 1978. p. 57.

Concepto de *ofrenda* y *sacrificio*

La ofrenda puede ser conceptualizada tanto como don como intención mágica. Su efectividad radica en la correcta integración y manipulación de los elementos que la comprenden. Como lo sabían los habitantes del México prehispánico, un desequilibrio entre el reino humano, natural y espiritual reclamaría la puesta de una ofrenda. La ofrenda es exigida por los dioses, espíritus o deidades, quienes mandan su petición a través de una enfermedad, lluvia excesiva, sequía o una cosecha mala a los que hayan desequilibrado su mundo. Para poder reestablecer el equilibrio se necesita ofrendar y realizar varios sacrificios. La comprensión del desequilibrio y la restauración de las fuerzas espirituales es llevado a cabo por el granicero, quien mediante sueños comprende lo que se necesitará hacer.

Durante las fechas indicadas en el ciclo temporal, los graniceros realizan una serie de ceremonias o rituales llamados "ceremonias de petición de lluvias". Al celebrar una ceremonia de petición de lluvias a las entidades "espirituales" que habitan en los espacios materiales, se les ofrenda el olor de las flores, alimentos y cantos (por su carácter espiritual) a fin de solicitarles su mediación. Puesto que se cree que las entidades espirituales son las encargadas de enlazar las peticiones de los hombres en la tierra con el reino espiritual de Dios, así como de distribuir en la tierra la fuerza divina que Dios nuestro señor otorga. De allí que se considere a las ceremonias de petición de lluvia como un trabajo de "ofrecimiento y petición".[538]

Las ofrendas en las ceremonias de petición de lluvias tienen la función de agradecer a los espíritus y a los señores del temporal, así como a los ángeles, santos y volcanes de regular el temporal y propiciar buena siembra.

[538] PAULO MAYA, *óp. cit.*, inédito. p. 39.

Las ofrendas actualmente incluyen, además de abundante comida y bebida, prendas de vestir. Éstas se depositan como sacrificio, ya que a veces escasean los medios para adquirirlas. Se espera que los volcanes y espíritus acepten el sacrificio, es decir, que lo merezcan. Por ende, en el ofrecimiento de la comida, bebida y demás artículos se tiene que esperar el suficiente tiempo para dejar que los espíritus reciban la ofrenda y, en consecuencia, estén dispuestos a sacrificarse ellos también en beneficio de los hombres. El concepto de sacrificio va aunado al concepto de ofrenda, ya que el sacrificio significa la consagración, es un intercambio entre los reinos espiritual y material.[539]

En las culturas que aún están en contacto con la naturaleza, el sacrifico es un acto de substitución en el que se ofrece algo del reino animal, vegetal o mineral a los espíritus capaces de proveer el bienestar a los seres humanos.

Cuando los graniceros acuden a realizar el sacrificio y la ofrenda, independientemente del tiempo y los recursos que esto les signifique, hacen un acto de restitución en el que dejan a un lado sus tareas cotidianas para experimentar el triple mundo de lo espiritual, lo humano y lo natural.

Interpretación arquetípica de rituales de petición de lluvias

Antaño, el intercambio predominaba en las relaciones con los dioses. Se le pagaba al dios por la lluvia, la salud y la abundante cosecha. Además, se sabía que se tenía que retribuir a las deidades por generar basura a la tierra, porque todo estaba interconectado y el no ofrendar era despreciar lo que los dioses y la tierra hacían por

539 PATTEE KRYDER, Rowena. *Éxtasis y sacrificio. El viaje del chamán.* Barcelona: Kairos, 1993. p. 44.

el individuo. El pago simbólico se hacía a través del rito. Al llevar a cabo el ritual, los hombres unían su espíritu con todos los artefactos que estaban presentes en la ofrenda, armonizando el cosmos con la tierra. En los rituales de petición de lluvias realizados por los graniceros, la función del granicero más antiguo, el mayordomo, el árbol,[540] es de despertar periódicamente la conciencia de lo sagrado en los miembros de la comunidad.

Durante la ausencia prolongada de lluvias o el exceso de granizo y heladas que ponen en riesgo las siembras, los campesinos que habitan en torno al volcán Popocatépetl—específicamente aquellos que habitan los pueblos de Metepc, Xochicalco y Tetela del Volcán—acuden ante los graniceros para solicitarles que realicen ceremonias de petición de lluvias. Los graniceros o misioneros del temporal las realizan ante las peticiones de la comunidad, pero, sobre todo, ante la petición del volcán o de los espíritus que se manifiesta en sus sueños. Sin embargo, es durante la temporada de lluvias cuando más ceremonias se realizan por necesitar de las lluvias constantes en sus tierras.

Las ceremonias de petición se ejecutan en una serie de calvarios. Para los misioneros del temporal, la visita a los calvarios se realiza de acuerdo con las fechas marcadas en el santoral católico y con la cercanía del temporal y los sueños (avisos) del árbol.[541]

Para el grupo de los misioneros del temporal con el cual se ha estado en contacto, los días de ceremonial son los que siguen: el viernes de Dolores, ya que en este día se conmemora la muerte de Jesucristo y

---

[540] Como afirma Paulo Maya, la población campesina se mantiene expectante ante los sueños del "árbol", que es una "persona" elegida por Dios, pues se cree que a través de éstos es posible "recibir los avisos"; es decir, los designios de Dios sobre la Tierra.

[541] PAULO MAYA, *óp. cit.*, inédito. p. 45.

su calvario en la cruz. Es en esta fecha cuando comienzan los rituales de petición de lluvias. Cerca de ese día los graniceros acuden al Divino Rostro, el cual es un calvario que se encuentra en una ladera del volcán Popocatépetl. Una vez realizada esta visita, se comienza a acudir cada domingo a los demás calvarios, ya que se tienen que preparar, limpiándolos de los estragos del invierno, para poder albergar al temporal. El día de la Santa Cruz, la cual se celebra el 3 de mayo, también tiene un valor muy importante en la concepción cíclica del granicero. Simboliza la muerte de Jesús en un madero sagrado y el comienzo oficial de la temporada de lluvias. Llegado el 15 de mayo se le celebra a San Isidro Labrador, el cual es considerado el señor de la tierra, pudiendo haber un sincretismo con la antigua deidad Tlaloc, ya que San Isidro bendice las semillas antes de que se les siembre. Posteriormente, el 28 de septiembre, día de San Miguel Arcángel, jefe de las milicias celestiales, se agradece el temporal y los favores concedidos, ya que el hambre ha desaparecido. Como don Epifanio afirma en entrevista con el antropólogo Paulo Maya respecto a esta celebración, se denota que San Miguel Arcángel está relacionado también con el sustento del hombre:

“Con ese pericón que es la flor amarilla es el desprecio del hambre. O sea que nosotros lo despreciamos, no queremos el hambre, porque San Miguel Arcángel da bendición con eso, con eso se desprecian las cosas malas, el hambre más que nada. Porque en ese tiempo ya se da en abundancia todo lo que Dios nos dio. Ya se ve qué es lo que va a haber, qué es lo que no va a haber. Se da gracias a Dios con la enflorada, con la seña de cruces, se da la bendición el señor San Miguel Arcángel, mal no estamos”.

Durante la temporada de lluvias, es decir, de mayo a septiembre, los misioneros del temporal acuden prácticamente cada domingo a los diferentes calvarios. El orden en el cual se visitan los calvarios es el que sigue: se abre el temporal con una peregrinación al volcán

Popocatépetl. Después, se comienzan a visitar los demás calvarios, dependiendo de la cercanía de éstos con el volcán, el cual funge como eje o punto de partida. Primero se visita el Cempoaltepec, después Las Campanas, Las Minas, Las Clavellinas, El Encinal, Metepetzin, El Capulín, Picacho, Mahoma y, finalmente, el Potrero. El Potrero es el calvario que se encuentra ubicado más lejos del eje del volcán.

Como se mencionó con anterioridad, la ubicación del calvario juega un papel importante en la interpretación del espacio sagrado que hacen los misioneros del temporal. Como espacio protegido y sacro, los calvarios que se encuentran más cerca al volcán—el cual arquetípicamente es el eje o centro cosmogónico—son los primeros en ser visitados. Todo lo que se desprende del centro, las ramas que se despliegan del tronco del árbol, albergan casi la misma sacralidad que el centro en cuanto más cercanas están al tronco; por ello, los calvarios más cercanos al volcán son vistos como espacios sagrados casi igual de importantes que el Divino Rostro y a donde se debe de acudir en momentos de dificultad o cuando escasea la lluvia; mientras que los lugares más lejanos son complementos del centro, espacios numinosos a los cuales hay que acudir porque en sueños le fueron enseñados al granicero como puntos de poder complementarios.

Durante el ritual de petición de lluvias se llevan a cabo acciones y plegarias que son iguales en cada uno de los calvarios. La diferencia no radica en la forma de acción y la plegaria, sino en la intención con la cual se acude al lugar y la ubicación espacial y sacra que tienen de ella los graniceros en su trazo mental. Las plegarias que se dicen en los calvarios asemejan el intento de oficiar una misa. La idea de la misa es usada como símbolo y significa un acto de sacrificio en donde la divinidad está presente para que el hombre se pueda comunicar con él.[542] Al celebrar una ceremonia de petición

[542] JUNG, *óp. cit.*, 1978. p. 194.

de lluvia o "misa espiritual", los graniceros ubican al Divino Rostro o Santo Rostro del volcán Popocatépetl como el eje central del cual todo parte. Para los misioneros del temporal, el Santo Rostro es el reflejo simbólico de Jesucristo el cual es, así mismo, el volcán. Por ello se invocan las plegarias de la siguiente forma:

(Mirando hacia el norte) "Santo espíritu de Dios que vives en el Santo Rostro, que abres las puertas del cielo. Trabajas en el alto cielo. Señor Dios Padre. Señor Dios de los ejércitos".

(Caminan hacia el oriente) En el oriente habitan los espíritus del Pico de Orizaba y el Volcán de la Malinche a los cuales se implora: "Santo espíritu de Dios que trabajas en el Oriente. Santo espíritu de Dios que trabajas en los mares de Veracruz. Santo espíritu de Dios que trabajas en el Pico de Orizaba. Santo Espíritu de Dios que trabajas en la Malinche".

(Caminan hacia el sur) En el sur habitan los espíritus del volcán de Chilapancingo y el volcán de Salina Cruz, a los cuales se les ruega: "Santo espíritu de Dios que trabajas en Chilapancingo, Santo espíritu de Dios que trabajas en el volcán de Salina Cruz, Santo Espíritu de Dios que trabajas en los mares de Veracruz, San José Patriarca".

(Caminan hacia el poniente) En tanto que en el poniente habita el espíritu del Iztlaccíhuatl y el Nevado de Toluca a los que se invoca diciendo: "Señor Sacro monte de Amecameca, El espíritu que trabaja en la volcana del Iztlaccíhuatl, Santo espíritu de Dios que trabajas en el Nevado de Toluca, Santo espíritu de Dios que trabajas en Chalma y lagunas de Zempoala".

Mientras se invoca a los volcanes, mares, espíritus y santos, don Epifanio formaba en el aire con el humo del copal una cruz, al igual que trazaba otra en el aire con agua bendita, además de trazar una más en la tierra, auxiliado por la punta de su vara.

El momento de mayor importancia de la ceremonia de petición de lluvias es la apertura de los caños. A través de oraciones, los graniceros en el espacio sagrado que conforma el calvario, el cual es visto como una iglesia espiritual, son auxiliados por ángeles y Dios para que el agua brote y fluya por todos los sitios del mundo; ya que los graniceros no ofician su ceremonia con la intención de ayudarse únicamente a sí mismos, sino que orientan sus servicios a toda la humanidad, por lo que el arquetipo del héroe emerge en sus acciones. Como explica Glockner, "la importancia de los pedidores de lluvia es que ellos abren ritualmente los canales por los cuales el agua fluirá para bañar los cuatro rumbos del universo."[543]

Al respecto, don Epifanio en entrevista con Paulo Maya, afirma:

"Nosotros, como andamos aquí en la tierra, no alcanzamos, pues, ora sí a recorrer todo. Pero Dios sí. Dios recorre de principio a fin, o sea lo que todo que es sagrado, por eso cuando bendice, bendice todo lo que es sagrado, toda la tierra sagrada de él. Nosotros lo hacemos aquí porque no podemos, pero él multiplica la bendición. La bendición es la fuerza, nosotros abrimos los caños y él desde el cielo los abre: ahí va la lluvia y la fuerza. La fuerza de Dios".

Aunado a sus plegarias, los misioneros del temporal ejecutan el ritual de la apertura de los caños en dirección de norte a sur y de oriente a poniente. Cuando se encuentran en cada uno de estos puntos, marcan con una vara de membrillo una línea sobre la tierra, ofreciendo su visión del microcosmos, la cual es replicada por Dios en el macrocosmos, ya que en el cielo Dios orienta las lluvias en

[543] GLOCKNER, Julio. *Así en el cielo como en la tierra.* México: Grijalbo, 2000. p.16.

las cuatro direcciones, mientras que los ángeles—modernos apodos para la connotación sincrética de los tlaloques—son los encargados de hacer fluir y distribuir el agua en la misma dirección norte-sur oriente-poniente.

La ubicación del flujo del agua se asemeja al esparcimiento del maíz, el cual era distribuido en rituales de siembra realizados por los indígenas prehispánicos, en las mismas direcciones. Se esparcía el maíz primero al oriente-poniente, hacia los signos caña-casa, después al norte-sur hacia los signos pedernal-conejo. Esta concepción arquetípica del cuatro es ejemplificada en las acciones de los graniceros, ya que para ellos los cuatro cabos de la tierra, más los cuatro vientos cardinales, simbolizan la orientación y la fuerza del agua que fluye por el canal aéreo, el cual bendecirá con su presencia a toda la tierra.

La apertura de los caños es la expresión ritual de una revelación onírica en la que Dios les muestra a los misioneros, a través de sus mensajes, que en el cielo existen esos canales. "Y para que esos conductos estén limpios y el agua pueda fluir libremente, necesitan hacer un acto de magia imitativa aquí en la tierra, en los calvarios, a fin de propiciar el desazolve de esos apancles celestiales".[544]

Actualmente, cuando los misioneros del temporal realizan su pedimento ya no invocan a Tlaloc. Sin embargo, su ofrenda consta de elementos que remiten a la simbología arquetípica original. En un recipiente de plástico rojo se colocan los símbolos de la lluvia, el rayo, las nubes, además de algunas hachas de piedra, varios espejos redondos que denotan la presencia de la luz que emite el relámpago, al tiempo que se cubre toda la ofrenda con algodón, sinónimo simbólico de las nubes. Además de la ofrenda dirigida a Jesucristo y

[544] *bídem*, p. 37.

los volcanes, en las ceremonias se utiliza una pala tallada en madera. Ésta debe permanecer enterrada, bajo la arena y boca arriba para que la utilicen los seres espirituales que trabajan con el temporal allá arriba, en el cielo. La pala sirve para abrir los caños o apancles, para desazolvarlos, mantenerlos limpios y permitir que el agua fluya por los cuatro cabos de la tierra y los cuatro vientos cardinales...[545]

El concepto de la "limpieza" es de suma importancia para los misioneros del temporal. Antes de entrar al espacio sagrado, es decir antes de penetrar en cualquiera de los calvarios a realizar su petición, llevan a cabo una limpieza espiritual. Como afirma don Epifanio al respecto, cuando se le preguntó acerca del ritual de limpia que efectúan antes de entrar al calvario:

—¿Por eso se limpian antes de entrar al Cempoaltepec?

—Antes de entrar y después...

—¿Qué pasa si entran así nada más? ¿Se les pegaría la mala energía?

—La entrada es importante... porque, lamentablemente, a veces vamos como hasta de mala gana o fe... lo que vamos a hacer... hay que hacerlo bien. Cuando salimos por si hubo algo mal, si recogimos algo mal, hacer una oración y una curación y aventarlo lejos. Hacemos el aseo espiritual y físico del lugar.

En el calvario del Cempoaltepec se encuentra una piedra dispuesta de manera muy singular, como asemejando una especie de dolmen. En una parte de la piedra, producto de la lluvia, se forma un pequeño orificio repleto de agua. A esta formación de la naturaleza, don Epifanio le llama "el timbre". Es la parte de este calvario en

[545] *bídem*, p. 29.

particular al cual se le concede mucha importancia y al cual se acude cuando aún no ha habido buen temporal. Don Epifanio supo de la importancia de este lugar a través de una revelación onírica.

—¿Por qué le dice "el timbre"?

—Es que tiene su misterio. Por ejemplo, yo lo que le entiendo cuando escasea el tiempo... les voy a confiar lo que se me ha demostrado en el sueño... Yo en el sueño he visto que levanto "trailes" cargados de agua, están volteados, pero luego yo voy con mi varita de membrillo, la bendecida, voy y les pico así, las traigo y se vienen enderezando, le doy otro y se enderezan, tres veces. Nomás así, los toco como si tuviera electricidad, se van enderezando, enderezándose empieza a caminar ese "traile"... eso es el ritual. Eso lo he visto en sueños. Yo que lo que hago en ese lugar sagrado cuando escasea el tiempo, cuando no quiere llover, cuando estará perturbado por otro lado, estarán muy retiradas las nubes. En medio de la oración, yo voy y hago la oración ahí con la varita. Eso es lo que me han enseñando...

—¿A tocar "el timbre"?

—Tocar el timbre... Cuando luego el cielo se oye, truena y ahí se viene, pero con fuerza. Yo lo entiendo que es la fuerza de Dios, que Dios nos da fuerza a cada uno de nosotros...

—¿Para jalar la lluvia?

—En medio de la oración... le pedimos a Dios. La verdad que nosotros tenemos el pan de cada día, de las lluvias... es lo que más nos preocupa.[546]

---

546 Entrevista realizada a don Epifanio en diciembre de 2005.

Después de los rezos y la apertura de los caños para que fluya el agua, los misioneros del temporal ofrecen comida y bebida a los volcanes, espíritus, deidades y ángeles que se encuentra en el calvario.

Los graniceros sueñan con los volcanes que les solicitan atenciones. Las peticiones de los volcanes solicitando alimentos, ropas o bebidas tienen un efecto que provoca remordimiento en los graniceros, pues sienten que sus atenciones hacia ellos son insuficientes.[547] Por ello, se trae comida en abundancia, como retribución al hecho de haber relegado a los volcanes. Parte de la ofrenda consta de mole, tortillas, pollo, frutas como plátanos, sandías, mandarinas, además de cacahuates, aguardiente y refresco. Esta ofrenda es colocada a los pies de las cruces quc se encuentran dispuestas en todos los calvarios y se aguarda un rato para que los espíritus merezcan. Como afirma Leach, "cualquier clase de ceremonial en cualquier lugar implica comer y o beber en algún momento de la ceremonia y la clase de comida y bebidas exigidas nunca es casual. Animales que se comen vivos, animales que se comen muertos, alimentos preparados sin cocinar, alimentos preparados cocinados, son componentes importantes en casi todo sistema de intercambio de bienes determinado ritualmente".[548]

Los alimentos que se ofrendan a los espíritus tienen relevancia en el ámbito espiritual, por el aroma que desprenden. El aroma es el símbolo de lo sagrado que sube al cielo y es degustado por los seres sobrenaturales. El aroma pertenece a lo alto, atrae a lo que pertenece a lo alto y ahuyenta a lo que es del mundo bajo, lo hediondo pertenece a lo bajo y, posiblemente, tenga efectos diametralmente opuestos a lo aromático.[549] Por ello, los graniceros utilizan comida en perfecto estado y copal en sus rituales para atraer a los espíritus,

---

[547] GLOCKNER, *óp. cit.*, 1996. p. 105.

[548] LEACH, *óp. cit.*, 1978. p. 83.

[549] LÓPEZ AUSTIN, *óp. cit.*, 1996. p. 410.

atacando con ello a seres maléficos de la tierra o maldades puestas por otros grupos de graniceros. Una vez que los espíritus hayan degustado los alimentos, los misioneros del temporal comen, a su vez, afuera del espacio sagrado del calvario.

Existen varias agrupaciones de graniceros, siendo la mayoría campesinos que han tenido contacto con algún rayo y que, apoyados por la fuerza que éste les confiere, más las revelaciones oníricas en donde establecen contacto con los señores del tiempo, suben a peticionar para su comunidad. La mayoría de estos graniceros son buenos; es decir, no usan sus conocimientos para dañar al prójimo, aunque saben cómo deshacerse del granizo o el mal temporal. Por ejemplo, algunos graniceros soplan meneando la cabeza de norte a sur y santiguándose mientras invocan a los señores Ahuaque y Tlaloque, que quiere decir truenos y relámpagos. A veces espantan el granizo utilizando machetes, varas de membrillo o la mano para hacer la señal de la cruz con dirección a las nubes de granizo.[550] Otros graniceros utilizan una serpiente que enroscan en un palo, la cual dirigen hacia las nubes profiriendo palabras secretas.

Sin embargo, entre los grupos de graniceros existentes, hay diferencias que pueden ocasionar problemas. Estas diferencias derivan de las plegarias dichas y la parafernalia utilizada en el ritual, aunque la intención final sea la misma: alejar el mal temporal y traer la buena lluvia a la cosecha. Cuando un granicero llega a un calvario y ve un trabajo diferente al suyo, sabe que es un grupo que trabaja distinto a él o es un grupo que quiere perjudicarlo a él y a los suyos directamente, como comenta don Epifanio:

—Hay que ir previniendo, porque si nomás nos pasamos así o bien tropezamos o bien nos hunden.

---

[550] PAULO MAYA, *óp. cit.*, 1997. p. 266.

—¿Porque no está limpio?

—Porque no está limpio, no está como debe de estar... O fracasamos con alguna trampa que nos puedan poner.

—¿Quién les pone eso?

—Los demás grupos...

—¿Entre los grupos se ponen trampas?

—Aquí en el pueblo de Tetela hay muchos señores que tienen plantas de duraznos... Hay señores que suben a hacer oración, pero para que no llueva, para que no llueva porque, si llueve, el durazno se echa a perder... y pierden."[551]

Asimismo, don Epifanio no concuerda con la parafernalia utilizada al hacer la petición. Dice que hay que ofrendar agua pura y limpia a los espíritus, porque es importante que los espíritus retribuyan con esa misma agua a los hombres; pero que otros grupos no entienden y les ponen sustancias que dañan la pureza de los espíritus.

—Nosotros agarramos y ponemos los vasos con agua limpia, ¿por qué agua limpia? Un ejemplo, usted viene a mi casa y "de favor regáleme un vaso de agua"... Yo no le voy a dar agua sucia, le voy a dar la que yo tomo: la limpia. ¿Por qué?, porque así debe ser: limpia. ¿Y qué es lo que está pasando aquí?

Mire cómo están ofreciendo a Dios... este vaso ¿de qué color es?

—Es amarillo.

---

[551] Entrevista realizada a don Epifanio en diciembre de 2005.

—¿Qué tendrá? ¿Usted cree que los ángeles van a llegar a tomar así? En ningún lugar sagrado van a llegar a tomar así. A ver, se imagina... no sé qué tiene, es lo que no entendemos: qué cosa ponen... Ya don Julio ha visto, Yleana, na, Alfredo, los que han andado... Nosotros no nos da vergüenza decir lo que hacemos ni esconder lo que vamos a hacer, nosotros lo que es... ¡Y esto es lo que perturba las lluvias! De que va a haber, va a haber, pero, ¿sabe qué pasa si aquí iba a entrar el agua bien porque nos han demostrado en sueños? Primero entran del oriente para acá para que agarre su nivel... Pero qué es lo que pasa, si no entra... Ahí es donde se producen las tormentas y las inundaciones.[552]

Los calvarios son espacios sagrados en donde se va a peticionar; sin embargo, don Epifanio afirma que a veces son utilizados para sepultar a los muertos. Para los misioneros del temporal, la cruz tiene una connotación positiva. No se le usa en los calvarios para indicar la muerte, sino para indicar la renovación y la alabanza. Por ello, las cruces de muertos llevadas a los calvarios le parecen mal augurio.

(Hablando del calvario: Cempoaltepec)—En esta región, cuando mueren, se les pone una cruz y allá van a dejar la cruz allá. Todo eso yo lo veo mal... Porque allá no es un camposanto o cementerio, es un lugar sagrado, ellos llevan las cruces a los difuntos, para que al rato ya les piden de comer de beber y de tantas cosas, pero qué bueno que les piden, pero comer lo que es normal, pero lamentablemente, llevan cerveza, aguardiente, lo riegan y eso les piden, ¿se imagina? Y ¡eso no está bien! ¡En un lugar sagrado eso no está bien! A la iglesia yo le hago las comparaciones... a gente que no me puede entender. En la iglesia, ¿a poco hay vino, hay cerveza, hay aguardiente? No, es un lugar sagrado. Nosotros allá también. En la iglesia todavía pasan los difuntos, allí no. Allí,

[552] Entrevista realizada a don Epifanio en enero de 2006.

si le ponen su cruz, allí los difuntos para nosotros se puede decir que estorban.

—¿Cómo que se quedarían allí?

—*Estorbarían. Yo, por ejemplo, trabajo en lo material. Yo no quisiera que dejaran mi cruz allá, ¡si fuera yo un santo dijera yo hay razón, no! Podían poner mi cruz allá, pero ¡no!, todos somos pecadores y, si voy a estar allá, va a llegar mi espíritu. Voy a querer comer y beber como aquí en la tierra, porque es un lugar sagrado. Aquí solamente los ángeles de Dios, así nosotros lo detectamos de esa manera. Lo hemos visto y comprobado. Porque aquí, gracias a Dios, a uno le ha concedido las lluvias. Ahorita nos ponemos a trabajar, en tres o cuatro veces que vayamos... A veces, aunque no pidamos. Ya lo tenemos comprobado de muchos años.*[553]

En su conjunto, el arquetipo del ritual de petición de lluvias es un proceso interno de sacrificio y purificación. El peregrinar a cada uno de los calvarios representa un sacrificio, no sólo por el hecho de la adquisición y preparación de la comida que se utilizará, sino por el día destinado a la ceremonia, en el cual se desatienden otras obligaciones y el largo, y a veces sinuoso, trayecto para llegar al calvario. La peregrinación al calvario recuerda al camino por el laberinto, en donde después de enfrentarse a numerosos obstáculos se llega al centro, donde se encuentra un espacio sagrado o una prueba mayor a la cual enfrentar. Paul Diel afirma que el laberinto simboliza el inconsciente, el error y el alejamiento de la fuente de vida. El laberinto es la representación de la vida interior humana, la inseguridad del hombre en el mundo y sus intentos por apropiarse de los poderes que podrían decidir su destino.

553 Entrevista realizada a don Epifanio en enero de 2006.

El centro designa el centro del mundo y su posesión entraña la participación humana en los actos de la divinidad. Al igual que al penetrar el centro del laberinto, el ritual de entrada al calvario tiene una doble connotación, ya que puede permitir o prohibir el acceso. De hecho, no todos pueden entrar, sólo después de que se haya ejecutado una limpia, después de estar puro de cuerpo y mente, se entra guiado por el granicero mayor o el árbol. Por ello, al igual que en el proceso iniciático de un laberinto, en el ritual de petición de lluvias, hay un proceso de selectividad en donde sólo los elegidos y preparados pueden penetrar al recinto. Metafóricamente, el peregrinar al calvario es una representación simbólica de pruebas iniciativas donde el difícil camino hacia el centro o calvario es una etapa del ritual. De hecho, el ritual de petición de lluvias es en sí un ritual litúrgico sincrético. La procesión en un ritual litúrgico es análogo a la peregrinación y simboliza el constante avance, el devenir, el desprendimiento de las cosas terrestres. Es un rito en el que se plasma la vivencia del ciclo y del transcurso.[554] El peregrinar hacia el calvario es comprender el camino y superarlo hasta llegar a su centro, igual que se llega al centro de un laberinto.

Interpretación arquetípica de los rituales de sanación

Una de las actividades que realiza un granicero es la sanación. Sin embargo, ésta se relaciona con enfermedades procedentes de los malos aires que tienden a encontrarse en barrancos, cuevas, manantiales y demás parajes naturales. Al realizar sus rituales de petición de lluvias es cuando existe mayor riesgo de contraer estas enfermedades, ya que en los lugares sagrados cualquier desequilibrio puede afectarlos. Para los misioneros del temporal, los calvarios son zonas que se encuentran repletas de poder, tanto

[554] RUBINO, Vicente. *Símbolos, mitos y laberintos.* Buenos Aires: Editorial Lumen, 1994. p. 99.

benéfico como maléfico. Por ello, antes de comenzar un ritual, los graniceros limpian el lugar para despojarlo de cualquier mal que pudiera haber en él. A veces, aunque se limpie el espacio sagrado, los individuos ahí presentes pueden contraer algún mal que se manifiesta después. En estos casos, se efectúa una limpia. Las limpias de aire se hacen con jarilla, tulipán, estafiate, ruda, pirul, alacle, coachalalate, hierba rasposa, chipil, yerba de la golondrina, tlalizque y un huevo. Su función es terapéutica al eliminar el mal mágicamente por medio de sacudidas y barridas.

Según Paulo Maya, los graniceros o claclasquis realizan el siguiente tipo de limpias cuando hay un enfermo de mal de aire:

"Cuando un enfermo de aires se presenta en la casa del claclasqui, le indica que ha sufrido el ataque de un aire maligno que se manifiesta en forma de cansancio, ronchas en la piel, ojos rojos o parálisis en alguna parte del cuerpo. El claclasqui lleva al paciente ante su altar (una mesa rodeada de flores y retratos de santos), donde se da inicio a las oraciones. Son sacados dos huevos y hierbas de "tendencia caliente"; un huevo es colocado a la salida de la casa, puesto que ahí se concentrarán los aires malignos; el otro es combinado con las hierbas para hacer la limpia sobre el cuerpo del enfermo. El claclasqui se dirige al altar para encomendarse a los santos y pedirles su ayuda en la salvación del alma del paciente, luego toma el huevo con las hierbas y, al momento que reza oraciones, lo pasa por el cuerpo del enfermo haciendo la señal de la cruz: los puntos principales son las rodillas, antebrazos, estómago, cuello, cabeza y cerebelo. Al terminar la limpia, el huevo que se encuentra a la salida de la casa es recogido para vaciarlo en un vaso y darle lectura, de esta manera se puede saber el tipo de aire, dónde fue adquirido y la gravedad del paciente."[555]

---

[555] PAULO MAYA. *óp. cit.*, 1997. p. 268.

Otro procedimiento para realizar una limpia es la relatada por Baytelman, quien dice que después de que el granicero la efectúa, éste lleva su ofrenda a un hormiguero donde generalmente hay una culebra al fondo.[556] Este hecho posee connotaciones arquetípicas colectivas importantes, ya que la serpiente es un ser de la tierra, con simbología ambivalente, relacionada con la concepción cristiana pecaminosa y seductora que se tiene de ella y con los antiguos relatos prehispánicos donde la serpiente simboliza a Quetzalcóatl, dios del viento y de los aires, quien auxilia a los hombres robándoles los granos de maíz a las hormigas.

Una clara muestra de un ritual de limpia y curación efectuado por un granicero, donde también se le lleva una ofrenda a la culebra, es la narrada por Carmen Cook de Leonard, en donde ella y la fotógrafa Bodil Christensen presenciaron una limpia hecha a Roberto Weitlaner, quien estaba enfermo de gota, enfermedad considerada, también, como una afección producida por el mal de aire. Los procedimientos efectuados para la curación de Weitlaner muestran cómo perdura la creencia de que un padecimiento como la gota está relacionado con fuerzas naturales, como el aire frío, el relámpago y el viento. Por ello, se le puede curar mediante una limpia y una ofrenda, ya que el mal del paciente se pasa a los objetos que se ofrendan.

A continuación, Carmen Cook describe el procedimiento de doña Marina, la granicera que le realiza la curación a Roberto:

"Doña Marina prepara dos vasos de agua medio llenos que pone en el suelo. Comenta la tlamacasque Marina que 'hay reuma de bueno y hay de aire'. Después de haberle pasado los blanquillos

---

[556] BAYTELMAN, Bernardo. "Acerca de plantas y de curanderos". En: *Etnobotánica y antropología médica en el estado de Morelos*. México: INAH, Colección Divulgación, 1993. p. 330.

por todo el frente del cuerpo, se levanta y hace los mismos movimientos en la espalda del paciente, pasando hacia el frente por los brazos. Coloca los dos vasos en el suelo y en cada uno rompe un huevo, después de tocar ligeramente la orilla del vaso en las cuatro direcciones, doña Marina mira otra vez los vasos con los huevos que había colocado en una alacena alta y dice: 'Tiene usted un relámpago'. Marina se refiere a Roberto y dice 'a este señor lo va a exigir el cielo. Por eso la enfermedad va y viene. Lo exige como trabajador'".[557]

Posteriormente, doña Marina le ofrenda a la culebra, poniendo la comida en pequeñas ollitas.

Este ofrecimiento aún se practica en algunos lugares del estado de Morelos. De hecho, algunos graniceros todavía ponen un juego de aire que acompaña las ollitas con comida. Los juegos de aire se fabrican en Tlayacapan, pero están despareciendo. Son hechos a petición de los graniceros para usarse en las ceremonias y constan de varias piezas que sirven para ofrendar y curar al enfermo. En Tlayacapan, don Ángel R., conocido como "el Diablo" me refirió con la mujer que hace los juegos de aire para hacer las limpias. Don Ángel explicó que hay una simbiosis entre las hormigas que alimentan a la culebra y la culebra que ayuda a las hormigas. Por ello se hacen limpias en el hormiguero, poniendo juguetes ahí.[558]

Una de las pocas personas que todavía hace juegos de aire, es una señora de 90 años que habita en Tlayacapan. Doña Jerónima explicó que esos juegos son los que usan los graniceros cuando van a hacer la limpia. Éstos constan de doce objetos: el curandero, el enfermo,

---

[557] COOK DE LEONARD, Carmen. "Roberto Weitlaner y los graniceros". En: *Summa antropológica en homenaje a Roberto Weitlaner*, México: INAH, 1996. pp. 291-295.

[558] Entrevista a don Ángel en Tlayacapan. Octubre de 2002.

la huilota, la araña, el alacrán, la culebra, la serpiente, la rana, el toro, el burro, el cangrejo y la iguana.

Para hacer la limpia, se amarra un cigarro a un listón rojo y éste a las figurillas. A todas menos al curandero, al paciente y a la huilota porque ése es para curar el mal del aire. Después se ponen todos en una canasta y se lleva a los hormigueros (de hormigas rojas-cuatalatas). Ahí se va pasando cada figura por el cuerpo del enfermo. La canasta va adornada con un listón de estambre rojo y, adentro, forrado con papel de china del mismo color.

Una vez que se llega al hormiguero, se junta la tierra que sacan las hormigas, se aplana y se hace una especie de mesa. Encima de la mesa de tierra se pone otro papel de china rojo. Se colocan todas las figuras y se rocían con alcohol del 96 con un gran buche. Después se llama a los señores del aire con la huilota y se deja la ofrenda. Muchas veces el curandero sueña qué tipo de ofrenda requieren los señores del aire. Se pone la comida en ollitas (mole, tamalitos verdes o rojos, frutas, yerbas de aire, albahaca, romero, ruda).[559]

Al entrevistar a doña Jerónima sobre las hormigas, ella cuenta las siguientes anécdotas referentes al mal de aire y su curación:

"Un niño andaba tratando de tapar el lugar donde salían las cuatalatas y su mano se le hincho. Le trataron de *diagnosticar* con medicina normal, pero le dijeron que tenía mal de aire. Que había ofendido a la cuatalatas y que le habían hecho mal. Con una limpia se le quito. La señora Cuca se cegó porque le puso veneno a las cuatalatas para quitarlas de las rosas. Ellas se ofendieron y la cegaron. Entonces fue a la barranca con unos huevos, se hizo la limpia y le dijo a los aires que la dejaran en paz."[560]

559 Entrevista a doña Jerónima en Tlayacapan. Octubre de 2002.
560 Relato de doña Jerónima. Tlayacapan. Octubre de 2002.

Otro granicero que realiza limpias por afectaciones producidas por mal de aire, es el conocido don Lucio, al cual tuve la fortuna de conocer, aunque ya es un hombre de noventa y tantos años con padecimientos cardiacos y un poco de sordera. Sin embargo, su gran corpulencia física y energía me dejaron asombrada. Como menciona Jacobo Grinberg referente a las técnicas de sanación de don Lucio:

"Don Lucio les pide a sus pacientes que le traigan velas para ser encendidas durante las ceremonias. A través de ellas se pone en contacto con los trabajadores del tiempo. Estos objetos (chocolate, puros, alcohol, tequila, galletas y mole) sirven para complacer a los trabajadores del tiempo y las velas para conocer el nivel espiritual del candidato y su mayor o menor aceptación por parte de los seres invisibles.

Él realiza una serie de movimientos frotando los huevos en el cuerpo del candidato desde la cabeza hasta los pies. Después, el chamán toma dos vasos de agua y en ellos vierte los huevos, los que dejan en el interior del agua sus trazos proteicos. El chamán observa los trazos, las burbujas que aparecen, la forma y disposición de la yema, su coloración y altura respecto al vaso y, a partir de estas informaciones, hace un diagnóstico de la persona".[561]

Para don Lucio, su altar es un microcosmos que revela todo el universo. Pedir el alivio de la persona con los implementos que se encuentran en el altar es equiparable a pedirle al universo. A través de la limpia con los huevos absorbe los malos aires que quedaron atrapados en el cuerpo. De hecho, el fuego es un elemento muy importante para este granicero. Usa en sus limpias veladoras encendidas, ya que son la manera de asegurar el flujo ininterrumpido del mundo visible y el supra mundo.

---

[561] GRINBERG-ZYLBERBAUM, Jacobo. *Los chamanes de México*. Vol. 2. México: UNAM. p. 66.

Al igual que don Lucio y los demás graniceros, don Epifanio y los misioneros del temporal de su grupo realizan limpias cuando existe algún problema causado por un mal de aire o cuando un calvario se encuentre dañado o desequilibrado. Al ser misionero del temporal, don Epifanio relata que su misión principal es cuidar al temporal; sin embargo, también se ocupa de lo que se desprende de ahí. Al respecto, don Epifanio explica sobre las limpias que se tuvieron que realizar en una ocasión cuando hubo un desequilibrio en un calvario:

—Nosotros llegamos ese día, hicimos la oración. Mire, unos remolinos que estaban adentro no nos dejaban hacer la oración bien.

Que vamos y quitamos esto y se quita todo.

No nos habíamos dado cuenta, sino que por uno de los muchachos... Se fue a enflorar la cruz de fierro, fueron a enflorar esta cruz y dieron la vuelta por ahí y ahí fue cuando vieron, dijo "vengan vamos a ver arriba qué cosa hay".

Y quitándolo, mire, se quita todo; el remolino que estaba no nos dejaba pero ni hacer la oración, ve que hay mucha arena, se nos metía la arena a los ojos...

Esto es lo que ponemos de ofrenda nosotros.

Hay lugares muy sagrados.

Aquí en Cempoaltepec lo hallamos una camisa de culebra, bajo de unas piedras en el calvario ¿no se alcanza a ver?

—Sí, ¿qué significa?

—Es malo ese aigre.

Porque lo hacen... sólo Dios sabe, porqué lo harán...

Ya no nos confiamos, también nosotros en los lugares sagrados...

—¿Tiene que checar antes?

—*Una vez uno de los muchachos fue y no lo creía, aquí en La Mina y estaba una cruz colgada arriba del árbol, la colgaron, hicieron burla no sabemos con qué fin lo hicieron y el muchacho fue con nosotros a acompañarno.... ¿Ahora quien sube?, Yo no puedo subir, esta re-alto el palo.*

"Yo me subo" dice, "jíijole te vaya a pasar algo".

"Órale pues".

Donde no pudo dormir en la noche, no pudo dormir, hasta al otro día en la mañana viene a ver a don Silvano que lo curara...

Agarró como fuerte aigre... quién sabe...

—¿Estaba agitado?

—*Dice que se acostó en su cama y su cama daba vueltas, no durmió... Estaba como enviciado.*

—¿Y don Silvano? ¿Usted lo curó?

—*Sí, le hicimos una limpia con huevos y hierbas y se quitó el mal aire.*

Como sanador y misionero del temporal, don Epifanio también vigila por la integridad de su comunidad. Tiene conocimiento de las fuerzas que rigen tanto el mundo visible como el invisible.

Este conocimiento primario, ancestral, es equiparable al hombre de sabiduría, al chamán, al "medicine man", ya que tiene su ánima suspendida en la cuarta etapa, cuando la revelación del conocimiento hacen que el hombre ya no vele únicamente por sí mismo, sino también por el bienestar físico y espiritual los demás.

Conclusiones

Los sueños de los graniceros suelen ser arquetípicos, en ellos se manifiesta variada simbología que muestra su naturaleza universal. En el caso de los sueños expuestos por don Epifanio, donde se denota su constante preocupación para con sus semejantes y su necesidad de ayudar a su comunidad, se expresa su condición arquetípica de héroe. Al narrar sus sueños se exponen los contenidos inconscientes de su psique, el cual guarda reductos de creencias legados por generaciones que trabajan la tierra.

Percibiendo los sueños y los rituales como expresiones de creencias ancestrales, los graniceros que todavía se relacionan cercanamente con la naturaleza viven con mayor intensidad el mundo de los fenómenos naturales. Esto provoca que su realidad, como su sueño, se convierta en un mismo fondo primario que los atrae con tanta fuerza que vuelve su correspondencia con el mundo cotidiano que los rodea, en algo tan relativo que a menudo resulta incomprensible por el hombre moderno que está atado a su yo y no tiene conciencia de las profundas raíces del ser. A través del análisis de los símbolos oníricos se manifiesta el aspecto que asumen las vivencias de los graniceros, los cuales toman los mensajes del mundo onírico, así como los formalismos de sus rituales, en complementos fundamentales para realizar adecuadamente sus labores como controladores del temporal.

Todo arquetipo es capaz de diferenciación y desarrollo infinitos. Es pues posible que se hallen en un grado mayor o menor de desarrollo.[562] De hecho, al escuchar los sueños de don Epifanio, la interpretación que hace, además del análisis simbólico de las figuras arquetípicas contenidas en él, se denota que los vastos acontecimientos que suceden en nuestro mundo, en donde son requeridas ciertas condiciones para que se dé la supervivencia, no contienen el espíritu únicamente del cristianismo sino de concepciones sincréticas que muestran todavía elementos de la simbología prehispánica.

Esos acontecimientos derivan de condiciones psíquicas que permanecen en un estado arcaico y que ni siquiera fueron remotamente tocados por el cristianismo, por lo que la esencia de los rituales y los conjuros pronunciados en ellos queda intacto. Por ello, el estado del alma no corresponde a lo que se cree exteriormente, porque en el interior del hombre gobiernan divinidades arcaicas; esto significa que la correspondencia interior de la imagen exterior de Dios quedó plasmada en imágenes colectivas primarias que siguen gestándose cada vez que se ejecuta un ritual guiado por seres sobrenaturales o por sus incursiones al mundo onírico.

---

[562] JUNG, Carl. *Psicología y alquimia.* México: Grupo Editorial Tomo, 2002. p. 18.

CAPÍTULO CINCO

DIVERSOS ELEMENTOS EN EL CONTEXTO DE LOS GRANICEROS Y SU CORRESPONDENCIA ARQUETÍPICA

Elementos del arriba (supra mundo-cielo) y del abajo (inframundo-infierno)

Todo grupo social se sostiene por su cosmovisión, la cual contiene los diferentes sistemas ideológicos con los que comprende su universo. Independientemente de la creencia religiosa que profesa, el ser humano creyente atribuye tanto la bondad como la maldad a la naturaleza y a los demonios y dioses que la controlan. Apoyados en los sistemas de creencias religiosos imperantes, no hay movimiento sobre la tierra que se sostenga sin la atribución hacia alguna divinidad.

Mediante el sincretismo actualizado en el contexto de creencias de los graniceros, la oposición binaria puede explicar con exactitud su ideología. Ésta origina una clasificación holística que remite su explicación al mito en toda su amplitud, como orden de creencias en torno al origen del mundo y al curso permanente de las influencias divinas sobre la tierra.[563] Por ello, tanto el mundo divino como el humano sólo pueden ser descritos como muy distintos el uno del otro, donde la oposición exacta del concepto de un plano complemente a su par entendiéndose, por ende, la conceptualización total.

Antaño, imperaba la creencia de que había una división dual del mundo, separado el cielo de la tierra. Con el cristianismo se refuerza la idea de la separación metafórica donde también existen un cielo y un infierno; es decir, un arriba y un abajo, separados el uno del otro. Proveniente de la creencia original mesoamericana, la cual explica López Austin, el espacio ocupado por el abajo, es decir la tierra, contenía en sí mismo el agua del cual emanaban los grandes y pequeños ríos que, a su vez, provocaban la formación de nubes y lluvia que salían de los montes y volcanes. A través de las laderas de estos volcanes fluían manantiales, y de las cavernas y oquedades emanaba el viento y se producían las nubes que llegaban hasta el cielo, donde se unían con el arriba.

Actualmente, los campesinos que circundan los volcanes conceptualizan la tierra y los ríos como espacios que son vigilados por entidades y espíritus que fungen como los dueños de tales lugares. En los rituales y en las visitas efectuadas a los diversos calvarios, los graniceros saben que estos lugares son también portales de comunicación entre el mundo de los hombres y el supra e infra-mundo.

"En la antigüedad, el mundo inferior era un mundo pletórico de riquezas (agua, semillas, metales); pero concebido como avaro y cruel por los agricultores, dependientes del inseguro régimen

[563] LÓPEZ AUSTIN, Alfredo. *óp. cit.*, 1998. p. 227.

pluvial".[564] Hoy en día, debido al sincretismo emergente, el mundo inferior o inframundo es el infierno, donde los hombres de mal corazón que quieren toda el agua para ellos o toda la cosecha para sus necesidades[565] son tentados por el diablo que habita este mundo inferior y se le aparece en sueños al hombre para tentarlo.[566]

Además de la división arriba-abajo, reducto del sincretismo, los misioneros del temporal saben que hay otra división que conforma su mundo. En un plano está su casa con sus árboles y animales domésticos. Pero cuando acuden a sembrar la tierra, se encuentran en otro plano, en el dominio del señor del monte (mezcla sincrética de Tlaloc-Jesucristo-Santo) y de los espíritus que ahí se encuentran, a los cuales se les debe retribuir. En este plano los graniceros saben que deben de cuidarse de los "trabajos" y de los "males de aire" que son causados por los seres del inframundo. Por otro lado, es en el sobre mundo, supra mundo o cielo donde los graniceros obtienen su poder y conocimiento. Para ellos, en el sobre mundo están los seres que forman el mundo superior, el "arriba" que les otorga poder y les dispensa favores especiales. En el arriba se perciben símbolos y entidades que proceden de la religión católica, del mundo prehispánico y del mundo mágico y brujeril de Europa medieval.[567] Para los graniceros, el supra mundo y el inframundo constantemente se encuentran en disputa. De hecho, "la lucha entre el dios católico (Sol, lumbre, fuego y calor) y el padre eterno (trueno, lluvia, agua) debe entenderse como la representación simbólica de la lucha entre la sequía y la lluvia o lo caliente y lo frío".[568]

---

[564] LÓPEZ AUSTIN, Alfredo. *óp. cit.*, 1996. p. 64.

[565] Véase la referencia que hace don Epifanio respecto a los graniceros que no quieren que llueva porque les afectaría a sus cosechas de duraznos, las cuales requieren sequía.

[566] Don Beto relata cómo el Diablo se les aparece a unos en forma de charro, para ofrecerles favores.

[567] BONFIL, Guillermo. *óp. cit.*, notas etnográficas. p. 253.

[568] BÁEZ, Félix, *Los oficios de las diosas*. Xalapa: Universidad Veracruzana,

El arriba del mundo de los graniceros está repleto de santos patronos, vírgenes y deidades celestiales, como los ángeles. Para los graniceros, los santos patronos tienen requerimientos tan humanos como ellos mismos, lo cual procede de las creencias mesoamericanas. Como explica López Austin, esto se debe a que los dioses mesoamericanos fueron tan humanos como para mostrar las peculiaridades individuales que hicieron previsibles su conducta y su acción, acción limitada espacialmente a sus dominios territoriales y temporalmente a sus oportunidades de intervención en el mundo.[569] Estos santos humanizados se reflejan en las plegarias de los graniceros, en las que se invoca, implora o amenaza al santo en cuestión para pedirle sustento y ayuda. Báez afirma al respecto que "los santos cristianos, después de ser reinterpretados por los indígenas insuficientemente cristianizados, muestran debilidades humanas, resultado de la orientación del pensamiento religioso autóctono que no perseguía ideales de santidad".[570] Por ello, al estar más humanizados, los santos muestran una faceta oscura si no se les presta la debida atención.

En la actualidad, los graniceros invocan a diversos santos, espíritus y a la virgen misma en sus rituales de petición de lluvias. Sus creencias derivan de la diversidad simbólica de las diferentes deidades prehispánicas, donde una sola deidad se manifiesta a través de diferentes advocaciones. Este hecho se vio reflejado en la gran diversidad de santos y vírgenes que conlleva el cristianismo, entendiéndose entonces como diversas advocaciones de una sola idea del Bien. Por la necesidad de seguir depositando su fe en algo, debido a las precarias condiciones de vida que sostienen los graniceros y sus familias, se comenzaron a incorporar a los santos cristianos características de los dioses prehispánicos, desplazando

---

2000. p. 315.

569 LÓPEZ AUSTIN. *óp. cit.*, 1998. p. 187.

570 BÁEZ. *óp. cit.*, 2000. p. 181.

su concepción de lo sagrado y de lo numinoso hacia nuevos elementos de fe.

Al respecto, bien decía Hernando Ruiz de Alarcón en su *Tratado de las supersticiones y costumbres gentilicias* acerca de las acciones idolátricas que se hallaban, puesto que seguían siendo las mismas que acostumbraban sus antepasados:

"Tiene su raíz y fundamento formal en tener en ello fe en que las nubes son ángeles y dioses capaces de adoración y lo mesmo juzgan de los vientos, por lo cual creen que en todas la partes de la tierra habitan como en las lomas, montes, valles y quebradas. Lo mismo creen de los ríos, lagunas y manantiales, pues a todo lo dicho ofrecen cera e incienso ya los que más veneración dan y casi todos tiene por dios es el fuego".

Estas creencias y estos procederes siguen formando parte del mundo de los graniceros, ya que en sus rituales continúan invocando a los dioses y ángeles, volcanes y nubes, sabiendo que existe un mundo por encima de ellos donde habitan estos seres, y un mundo debajo de ellos donde habitan otros de otra naturaleza y que a ambos se les debe ofrenda y respeto.

Análisis del arquetipo de Tlaloc

Una parte de los elementos que conforman el supra mundo y el inframundo son las deidades que en el imaginario colectivo habitan en él. Aunque los misioneros del temporal de la actualidad ya no le rezan directamente a Tlaloc ni a Chalchiutlicue, la concepción simbólica de ellos sigue presente en la memoria colectiva por tratarse de entidades relacionadas con la tierra y el agua, mismos que se presentan en diversas culturas a lo largo del mundo. En la mente arquetípica de los graniceros y de los campesinos que aún trabajan con sus propias manos la tierra, sigue existiendo el impulso primario instintivo que venera a ciertas deidades, ya que de ellos depende su sustento.

En Mesoamérica, Tlaloc y sus diversos nombres, dependiendo de la cultura en cuestión, siempre se presentaba como una deidad fecundante, mientras que su contraparte simbolizaba la portadora del líquido vital.

Para los antiguos mexicanos, Tlaloc figura como una de las deidades más importantes, por los diversos factores que lo conformaban. Como creador, Tlaloc lo fue de la Luna, del agua y de la lluvia. Fue, también, uno de los cuatro soles cosmogónicos que precedieron al actual y participó en la creación del Sol y la Luna en Teotihuacán, ordenando a Nahui Técpatl que se arrojara a la hoguera en la que se transformaron éste y Nanáhuatl. "Se le ha visto como dios de la estructura del cosmos, en su carácter de columna que separa la tierra de los cielos. Fue el donador de la lluvia, dios de la vegetación. Fue la parte invisible de enfermedades que atacó el mago en su conjuro".[571]

Tlaloc se visualiza como un dios celeste que habita tanto el supra mundo como el inframundo. Por ello, dentro de sí se hallan la luz y la oscuridad, fungiendo como ser y sombra a la vez. Es dueño del octavo cielo, dios del inframundo y de los muertos, señor del monte, amo de la riqueza de los cerros y protector de las milpas y cultivos. Como la polarización entre el Bien y el Mal es idea procedente del cristianismo y no de las creencias prehispánicas, actualmente el arquetipo de Tlaloc simboliza lo que de bueno hay en la fertilidad, la siembra y la cosecha, traspasando su nombre a diversos santos

---

[571] LÓPEZ AUSTIN. *óp. cit.*, 1998. p. 196.

cristianos y lo que de malo hay en la idea del infierno y de la muerte, traspasando su nombre al demonio y las fuerzas del mal.

Algunos graniceros, como los kiaklaske a los que se refiere Paulo Maya, continúan venerando a Tlaloc hoy en día en su acepción positiva. A mediados de la década de los ochenta, la compañía de los tres pueblos y los kiaklaske reconocían la existencia del "señor de la tierra", incluso esta entidad recibió una especial veneración por parte de los grupos espiritualistas.[572] Sin embargo, los misioneros del temporal con los cuales se conversó para efectos del presente trabajo, no lo reconocen. Este grupo, a diferencia de los kiaklaske de Hueyapan, niegan explícitamente que en sus ceremonias se le invoque o se le brinde ofrenda alguna, ya que consideran que se trata de un "ídolo de piedra que se adoraba antes de que se conociera la palabra de Jesucristo; por lo tanto, se considera como un ser maléfico relacionado con la tierra".

La llegada del cristianismo modificó los misterios de antaño. La enseñanza de los elementos del imaginario cristiano mostraron a Cristo como un ser prominentemente bueno. Esto promovió nuevas creencias que modificaban las dualistas de antes. El sincretismo que se produjo en la concepción de los campesinos en México recuerda al resultante de la creencia greco-romana antigua donde figuraba Dionisio, quien, al igual que Tlaloc, sufrió una transformación con la llegada de Cristo. Dionisio—al igual que Tlaloc—manifiesta los símbolos arquetípicos de una deidad dual y andrógina que entendía y era amo de lo vegetal y animal. Tanto Dionisio como Tlaloc eran poseedores de un lado oscuro que podía infligir daño cuando sus seguidores traspasaban ciertos límites o los incautos se introducían en su territorio. Además de Dionisio en su polaridad negativa, el arcádico dios Pan es el ejemplo clásico más conocido de

---

[572] PAULO MAYA, *óp. cit.*, inédito. p. 39.

una peligrosa presencia que vive fuera de la zona protegida de los límites de la aldea. Silvano y Fauno eran sus equivalentes latinos. Dionisio es la contraparte tracia de Pan,[573] quien también tenía una polaridad dual dependiendo del trato que se le diera: era bondadoso con aquellos que lo honraban, confiriéndoles abundancia y salud a sus seguidores.

Así como Dionisio y Pan podrían sumarse al concepto arquetípico colectivo transcultural de Taloc como agentes portadores de la naturaleza terrenal, dueños de doble faceta, Orfeo, que le sigue a Dionisio, podría asemejare a Cristo fungiendo como arquetipos paralelos del hombre y de la naturaleza. Sin embargo, hay una gran diferencia entre la religión de Orfeo y la de Cristo: aunque viva la antigua religión dionisiaca.[574] Pero la llegada de Cristo a Mesoamérica resignificó los dioses antiguos, tratando de suprimir las expresiones de fidelidad que se ofrecían al antiguo dios Tlaloc, en lugar de incorporarlos a la nueva deidad de Cristo.

Cabe mencionar que, aunque estos dioses poseen connotaciones similares, en sus funciones específicas existen diferencias. Por ejemplo, Dionisio y Tlaloc expresan una concepción religiosa cíclica del mundo de las deidades, mientras que Cristo es más bien celestial y lineal. Por otro lado, todos—Dionisio, Orfeo y Tlaloc—, en su connotación arquetípica colectiva, simbolizan las funciones de un semi dios que se basa en la naturaleza y es, al mismo tiempo, la naturaleza misma, donde se recrea la fertilidad a través del eterno y recurrente ciclo de la naturaleza, madurez y muerte.

---

[573] CAMPBELL, Joseph. *El héroe de las mil máscaras*, México: FCE, 1997. p. 80.

[574] JUNG, Carl. "Aproaching the Unconscious". En: *Man and His Symbols*. London: Picador, 1978. p. 135.

Análisis del arquetipo de los santos y su relación con Tlaloc

El imaginario cristiano se fue incorporando a los procedimientos y rituales de los graniceros, de modo que las advocaciones pasadas de Tlaloc—quien fungía como deidad que se desdoblaba en varias acepciones—fueron reemplazadas por diferentes nombres del santoral católico, haciendo énfasis, sobre todo, en los santos que se desenvuelven alrededor del ciclo agrario de la tierra. Actualmente, los misioneros del temporal le rinden culto sobre todo a Jesucristo, a la Virgen de Guadalupe, a San Miguel Arcángel, a Santiago Apóstol, a San Isidro Labrador, a San Pedro, a San Pablo y a San Antonio Abad.

Para los graniceros, estos santos también se desempeñan como los santos patronos de sus tierras, comunidades y de las zonas aledañas a éstas. Están relacionados con los pueblos, los volcanes, los montes y las tierras que circundan al pueblo. Como afirma López Austin, son dioses de origen, proceden de otro espacio-tiempo; pero, a partir de su llegada y debido a la liga y trato con la gente que se encuentra bajo su patronazgo, la brega del grupo los comprende, los individualiza como dioses patronos y los hace propios de sus protegidos.[575]

Estos santos y espíritus habitan y forman parte de los elementos naturales que rodean a los misioneros del temporal, por lo que son invocados en los lugares sagrados de petición de lluvia, como las montañas y los arroyos. Algunos de estos santos son percibidos por los graniceros cuando ingieren algún alucinógeno o cuando tienen sueños de naturaleza colectiva.

[575] LÓPEZ AUSTIN. *óp. cit.*, 1998. p. 176.

Como afirma Gruzinski, "mediante la cristianización, los indígenas descubrieron uno tras otro a Cristo, a la Virgen, a los ángeles, a los santos, a los religiosos sacrificados, al diablo en persona que se manifestaron a varios de ellos. Producidas en general a las puertas de la muerte, aquellas visiones expresaban una reprimenda, una advertencia, un consuelo o un mensaje dirigido al visionario o a los vivos".[576]

En las ceremonias que se continuaron practicando después de la Conquista y en las que se practican hoy en día, lo sobrenatural sigue jugando un papel primordial.

En el día del ritual o en la ceremonia de petición de lluvias lo sobrenatural se fortalece, puesto que los misioneros del temporal creen que las deidades y los santos patronos son más susceptibles a las ofrendas que se hacen cuando se peticiona basados en determinados momentos del ciclo agrario.

Producto de su formación católica, la mayoría de los santos son importantes para los graniceros; sin embargo, San Miguel Arcángel es uno de los más significativos. Los misioneros del temporal perciben a este santo como el guardián y protector de su siembra y cosecha. Además, es el protector de las guardias celestiales. Con sus poderes de guerrero es capaz de destruir a los seres malhechores del temporal (granizo, culebras de agua, aires que atacan al cuerpo), a quienes extermina mediante un rayo benéfico que se desprende de sus espadas de fuego.[577] A San Miguel se le reza como "capitán del

---

576 GRUZINSKI, Serge. *La colonización de lo imaginario.* México: FCE, 1991. p. 192.

577 PAULO MAYA, Alfredo. "Clalcasquis o aguadores de la región del volcán de Morelos". En: *Graniceros: Cosmovisión y meteorología mexicana.* México: El Colegio Mexiquense, UNAM, 1997. p. 78.

cielo, príncipe del cielo, de las nubes promovidas", con lo que se denota su relación con la lluvia.[578]

San Miguel también quiere decir "quién como Dios". En un plano simbólico, Miguel combate contra el dragón en un encuentro frente a frente; es decir que el arcángel se enfrenta al ángel caído de la luz. Ambas figuras tienen a sus órdenes un ejército de ángeles. Vence Miguel y el dragón es sepultado en los infiernos. De hecho, toda la vida de la iglesia militante fluye bajo el signo de la batalla, incorporando la lucha entre Jesucristo y Satanás, es decir, entre el redentor y el pecado. La iglesia le concede el nombre de "defensor de las huestes" o le llama "ángel del paraíso", "príncipe de las milicias celestiales". La devoción popular lo considera como un pesador de las almas y así se aprecia en curiosas miniaturas de la Edad Media: con la balanza de la justicia divina en las manos, indiciando felizmente un platillo hacia la gloria del cielo. "Entre las creencias actuales de los graniceros, San Miguel pasó de ser acompañante y protector de los conquistadores a elemento protector contra el mal, el diablo y los malos aires."[579]

Simbólicamente, San Miguel, en su aspecto de guardián, reemplazó la creencia en Tlaloc y los tlaloques que cuidaban la siembra y proporcionaban sustento. Arquetípicamente, lucha contra el mal, que puede ser un aspecto de sí mismo que hace que impere el bien.

Otro santo importante en el imaginario de los graniceros es San Isidro Labrador, a quien se le conoce como el patrono de los agricultores del mundo. Simboliza la honrada laboriosidad y la

---

[578] BONFIL, *óp. cit.*, p. 255.

[579] MORATAYA MENDOZA, L. Miguel. "La tradición de los aires en una comunidad del norte del estado de Morelos: Ocotepec". En: *Graniceros: Cosmovisión y meteorología indígena mexicana.* México: El Colegio Mexiquense, UNAM, 1997. p. 224.

piedad sencilla. Gracias a su fe inquebrantable, aun las tierras más reacias a crecer florecen a su paso, ya que tiene oración y semillas para todo, compartiendo su siembra tanto con personas como con animales. Arquetípicamente, simboliza al hombre de la naturaleza, ya que se encuentra en estrecho contacto con ella y, por ende, le responde.

Al igual que San Miguel Arcángel, Santiago Apóstol es invocado para proteger al alma de los pacientes cuando son curados. Es el protector de los católicos ante las amenazas del maligno. En las ceremonias de petición de lluvias se le llega a nombrar como "el señor de los cuatro vientos": el que guía las nubes cargadas de la lluvia por los cuatro puntos cardinales de la tierra.[580] Su nombramiento remite a la antigua concepción de Tlaloc, quien, a su vez, se desdoblaba en los cuatro tlaloques que controlaban los cuatro rumbos del cielo.

San Pedro también tiene una connotación simbólica en el mundo de los graniceros, puesto que es el encargado de cuidar la entrada al cielo. Se cuenta que está hecho de piedra y se localiza junto a la puerta que comunica al cielo. Se le conoce también como "San Pedro de las aguas": el que domina las corrientes de las aguas en los ríos y cavernas.[581] También en San Pedro se encuentra implícito otro aspecto del antiguo dios de la lluvia, señor del agua.

Al igual que San Pedro, San Marcos es uno de los santos más celebrados por los graniceros, puesto que se le asocia con las primeras precipitaciones del ciclo agrario.

Además de pedir por su sustento, a algunos santos se les invoca para obtener protección contra el maligno. El granicero invoca al Señor

---

580 PAULO MAYA. *óp. cit.*, 1997, p. 279.
581 *Ibídem*, p. 278.

de Chalma, Tepalcingo y Amecameca para que lo ayuden a erradicar los malos trabajos que han puesto los emisarios del maligno y para que tenga fuerza el temporal. El hecho de que se invoque protección contra el maligno proviene de la idea arquetípica de la polaridad del mal que también habita la tierra. De hecho, el cristianismo sustituyó a Tlaloc—señor del inframundo y de la muerte—con el demonio, aventurando sus características del polo negativo. La concepción del enemigo como un ser demoniaco, una encarnación de los poderes del mal, ha sobrevivido hasta nuestros días,[582] ya que "en Mesoamérica, al igual que como había ocurrido en la Europa de los primeros tiempos cristianos, el demonio se formó de las cenizas de los dioses de la gentilidad amasado con las singularidades de Tezcatlipoca, Huitzilopochtli, Micantecuhtli y muchos otros".[583]

Los graniceros consideran peligrosos a los agentes del mal que amenazan su microcosmos, ya que son entidades que encarnan poderes hostiles y de destrucción y que pueden afectar sus cosechas y lluvia.

Desde una concepción sincrética, integrando la cosmovisión del misionero del temporal, el calor, la luz y la pobreza engloban el arquetipo colectivo de dios y de los santos, mientras que el frío, la oscuridad y la riqueza son elementos simbólicos relacionados con el diablo. Por ello, algunos misioneros del temporal se niegan incluso a obtener riquezas para sí por su creencia de que el diablo les quitaría sus poderes y perderían su contacto con el arriba y con dios.

---

[582] ELIADE, Mircea. *Images and Symbols.* London: Mitos, Princeton University Press, 1999. p. 38.

[583] GARCíA DE LEóN, Antonio. "El diablo entre nosotros o el ángel de los sentidos". En: *Arqueología Mexicana*, vol. XII, núm. 69, México. p. 56.

Análisis del arquetipo de Chalchiutlicue

Para comprender la unidad, es necesario entender también los polos; es decir, los opuestos. Sin embargo, es importante recalcar que estos opuestos, estos polos, suelen ser complementarios. No se puede asir uno sin el otro, así como no se puede visualizar al ego del hombre sin su sombra, ni al ánima sin el *animus*. El concepto de polarización lo conocían los antiguos habitantes de Mesoamérica, ya que sus dioses contenían dentro de sí los dos polos de una sola ecuación.

Centrándonos en la deidad del agua, Tlaloc, en particular, se denota que contiene dentro de sí un aspecto dual y cuádruple, simultáneamente. Tlaloc funge como deidad fecundante al tiempo que Chalchiutlicue simboliza el líquido que fluye por las oquedades de la tierra, llenando los ríos y lagos y desbordándose en las vistosas cascadas que adornan la tierra. A su vez, Tlaloc y su contraparte se desdoblan en otras avocaciones, representado las variaciones del mundo acuático.

Tanto Tlaloc como Chalchiutlicue parecen sostener una relación de unión entre contrarios, la cual produce la creación y la fecundación. Como afirma Báez: "En la cosmovisión de los aztecas se distinguía entre el agua celeste (Tlaloc) y el agua terrestre (Chalchiuhtlicue). Tlaloc, la entidad masculina, se asociaba con una perspectiva lineal descendente (el agua que cae del cielo), en tanto que Chalchiuhtlicue se identificaba con el plano horizontal (agua de la tierra, lagos mares, cuevas), visión geométrica que parece implicar el simbolismo hierogámico, la unión sexual Cielo-Tierra".[584]

---

584 BÁEZ, Félix. *Las voces del agua*. Xalapa: Universidad Veracruzana. 1992. p. 138

El acto de la siembra, el crecimiento y la cosecha implican la participación de las dos polaridades, ya que, como afirma Medina: "Sembrando se establece una relación de pareja con la tierra".[585] Por eso, analizar simbólicamente la imagen de Tlaloc y su correspondiente sincretización no se puede hacer sin hablar de su contraparte femenina, que posteriormente es confundida con la virgen y sus múltiples advocaciones.

Desde la cosmovisión mesoamericana se explican las propiedades naturales inherentes a la Tierra, las determinantes de su sacralización, las razones de su identificación analógica con la mujer, su asociación con seres monstruosos y su carácter de Madre Telúrica de cuya matriz nacen los dioses celestes, los hombres y las plantas y a donde retornan al morir, así como la función que su cuerpo tiene como depositaria del agua.[586]

La visión mesoamericanista visualizaba a la madre tierra como una esencia numinosa, que por sí sola no era comprensible, sino que tenía que ser considerada en su relación con las diversas facetas sagradas que la componían. A la polaridad femenina de Tlaloc, expresada en Chalchiuhtlicue, se le imputaban el mantenimiento y control de las aguas terrestres, la predominancia del ciclo de vida de los humanos y la explicación de los dioses ancestrales, denotando, como menciona Báez, su carácter telúrico y su concepción agraria.

La concepción de la naturaleza en su faceta femenina arquetípicamente es común a diversas figuras. La figura mitológica de la Madre Universal imputa al cosmos los atributos femeninos de la primera presencia femenina, nutritiva y protectora.[587] Ejemplos

---

[585] MEDINA, Andrés. *En las cuatro esquinas, en el centro.* México: UNAM, Instituto de Investigaciones Antropológicas, 2003. p. 280

[586] BÁEZ. *óp. cit.*, 1992. p. 155.

[587] CAMPBELL. *óp. cit.*, 1997. p. 107.

de la presencia arquetípica femenina plasmada en la naturaleza se tienen en diversos sistemas religiosos. Ejemplo de ella es Amatseratsu, quien es una hermana oriental de la gran Innana, la suprema diosa aparecida en las antiguas tablillas cuneiformes de los templos sumerios, cuyos descendientes se encuentran en el mundo subterráneo. Inanna, Ishtar, Astarté, Afrodita y Venus fueron los nombres que llevó en los periodos sucesivos de cultura occidental, asociados no con el sol, sino con el planeta que lleva su nombre y, al mismo tiempo, con la luna, los cielos y la tierra fructífera.[588] En Mesoamérica, Chalchiuhtlicue y algunas de sus advocaciones la representan. Sahagún equipara a Chicomecóatl, advocación de la diosa, con Ceres y la define como la diosa de los mantenimientos, de lo que se come así como de lo que se bebe.[589] Además, Sahagún compara a Chalchiuhtlicue con Juno, ya que esta diosa poseía el poder de domar el agua y, por ende, a los que cerca de ella habitaban, provocando tempestades e inundaciones en su faceta bélica. Durante estas facetas bélicas e iracundas, estas diosas se asemejan a Kali, la negra, diosa hindú que le confiere fuerza al universo. Kali es la armonía de todas las parejas de contrarios, combina maravillosamente el terror de la destrucción absoluta con una seguridad impersonal, pero materna. Se le conoce como el río del tiempo, la fluidez de la vida, la diosa que al mismo tiempo crea, protege y destruye.[590] En conjunto, la tiplicidad de estas diosas se sintetiza en una sola, quien encarna la vida y la muerte, el acto fecundante y el acto destructivo.

Confirmado el concepto de la presencia de diversas diosas relacionadas con la procreación y la vida, entre la cultura nahua, en las celebraciones de los 18 meses del año ritual se advierte que en

---

588 *Ibídem*, p. 198.

589 BÁEZ. *óp. cit.*, 2000. p. 140.

590 CAMPBELL. *óp. cit.*, 1997. p. 109.

más de la mitad de ellas se rendía culto a las deidades femeninas.[591] Este hecho resalta la importancia del aspecto femenino como contraparte de lo masculino, asegurando la continuación del mundo. En la cosmovisión prehispánica, el arquetipo colectivo que funge como necesidad primaria de los hombres por comprender a la naturaleza, se simboliza en Chalchiuhtlicue por estar relacionada con el movimiento de las aguas, desempeñándose como agente creadora y dadora de vida. Su identificación con las montañas la relaciona con su consorte que aguarda espiándola entre las elevaciones terrestres y las nubes.

Análisis del arquetipo de la Virgen y su relación con Chalchiuhtlicue

Así como Tlaloc fue desplazado con la llegada del cristianismo, también la diosa, su ánima, se perdió en el inconsciente de los habitantes de Mesoamérica. Pero el hecho de perderse no implica que haya desaparecido. Sigue manifestándose transformada, re-actualizada, re-elaborada en la psique de los actuales mexicanos. Se le conoce ahora en la gran multiplicidad de símbolos marianos existentes, amalgamándose en la mente de los mexicanos como "la Virgen".

Definida como madre de los mexicanos, la Guadalupana se constituye en la expresión nacional más evidente de uno de los arquetipos de mayor extensión en la historia de la humanidad, como lo advierte Roger Bartra, quien explica el culto a la Virgen asociado a la sombra que lo acompaña, las diosas indias, la madre indígena, la Malinche.[592] De hecho, fue a finales del siglo XVII cuando se

591 BÁEZ. *óp. cit.*, 2000. p. 162.

592 BARTRA, Roger. *La jaula de la melancolía. Identidad y metamorfosis del mexicano.* Grijalbo, 1987. p. 205.

integraron las diosas antiguas, siendo en particular Tonantzin la que contribuye a la re-integración sincrética, en donde, después de un largo proceso de reinterpretación simbólica, desaparecen gradualmente las connotaciones prehispánicas, fundiéndose en la numinosidad de la Virgen y quedando el imaginario prehispánico en el inconsciente. Sin embargo, hay que tomar en cuenta que la Virgen no surge únicamente a partir de Tonantzin, sino de una serie de deidades de esencia numinosa de connotaciones telúricas, conocidas en el pensamiento prehispánico como Ilamatecuhtli, Cihualcóatl, Coatlicuye, Tlazoletéotl y Xochiquetzal. Por ello, "las diversas advocaciones de la madre tierra serían desplazadas por las vírgenes católicas y se continuarían adorando en el ritual cristiano y en las figuras de las nuevas Madonas o compartirían con ella ámbitos numinosos, en una solución idolátrica renovada y adecuado a los fines de la política colonial".[593]

Actualmente, en las diferentes manifestaciones marianas surgen arcaicas diosas de la fertilidad, señoras de agua y de los mantenimientos, así como imponentes madres telúricas. Este proceso gradual de sincretización no pudo ser regulado por el clero. De hecho, los primeros sacerdotes franciscanos en la Nueva España se dieron cuenta de los peligros a los que se enfrentaba la Iglesia Católica al fomentar el culto a la Virgen: sabían muy bien que la tierna y consoladora mediación de la madre de dios, que intercede ante la cólera divina, podía conectarse fácilmente en la imaginación popular con las antiguas diosas profanas, como sucedió con Afrodita, Cibeles o Artemisa.[594]

En los rituales de petición de lluvia realizados en los diversos santuarios se revitalizan las imágenes míticas en donde se propicia un acercamiento a la tierra y a la lluvia creyendo en ellos como

---

[593] BÁEZ. *óp. cit.*, 2000. p. 196.
[594] *Ibídem*, p. 73.

importantes generadores de vida. Estos rituales, hechos al abrigo de un nuevo esquema religioso, implican la apropiación de la actividad creadora de la memoria colectiva que convierte en arquetipo lo que alberga su inconsciente.

Actualmente, la Virgen es invocada en las ceremonias de los misioneros del temporal. Es como si la memoria colectiva de dos culturas entrelazadas se mostrara plenamente cuando se acude a pedir por el sustento. Tal vez la incorporación actual se haya dado gracias a la suma del imaginario indígena y el legado europeo preponderante entre el siglo XIII y el XV, en donde también se utilizaba un crucifijo o la imagen de la Virgen y de los santos para que lloviera o dejara de llover. Lo cierto es que la petición a la Virgen es la petición a las diversas advocaciones de las diosas indígenas que fueron absorbidas por la misma. Esta fácil integración es comprensible si se observa la tendencia plurinominativa que parece ser un fenómeno característico del pensamiento religioso mesoamericano, que en tal caso derivaría de los atributos múltiples de las divinidades y no del énfasis en sus funciones.[595]

Este hecho también lo encontramos en el cristianismo con la concepción de la existencia de muchas imágenes de la Virgen, pero sólo una Virgen que las engloba a todas y que funge como arquetipo de ellas. Como menciona Alejo Carpentier en *El recurso del método*: se tiene La Virgen de Guadalupe (México); La Virgen de la Caridad del Cobre (Cuba); la Virgen de Chiquinquirá y Nuestra Señora de los Remedios de Cali (Colombia); Nuestra Señora de Copacaban (Bolivia); la Virgen de Caacupé (Paraguay); Nuestra Señora del Perpetuo Socorro (Haití); Nuestra Señora del Quinche (Ecuador); Nuestra Señora de Coromoto (Venezuela); Nuestra Señora de Luján (Argentina); Nuestra Señora de la Aparecida (Brasil); la Virgen de

[595] *Ibídem*, p. 320.

Suyapa (Honduras); la Virgen del Rosario (Guatemala); la Virgen de las Mercedes.

Además de esta multiplicidad de vírgenes se deben recordar las madonas negras que Guillen Quispe vincula al culto antiguo a la madre tierra, en tanto que ambas son adoradas en grutas cercanas al agua corriente. En la cueva en la que en cierta época se veneró alguna deidad de la Madre Tierra, más tarde se rindió culto a la Madona negra. Entre las más famosas de estas imágenes destacan la de Einsiedeln (Suiza), Montserrat (Cataluña) y la de Czestochowa (Polonia).[596] Sin embargo, esta diversidad de apelaciones sigue simbolizando a la misma, la única madre de Dios.

Por ello, dado la multiplicidad de manifestaciones de la diosa, aunque se le venere a través de diversas religiones, el arquetipo primario es el mismo. Así, también los graniceros invocan a la Virgen, apelando, muchas veces, a las diversas manifestaciones de la misma y recordando, asimismo, a las diversas advocaciones de la diosa Chalchiuthtlicue, cuando también a ella se le invocaba.

Paulo Maya menciona que los graniceros invocan a la Virgen de la Candelaria, Pascuala, Mariana, quien es una Virgen que encarna a tres personalidades. Se le asocia con el poder de atraer las lluvias en época de sequía. También tiene el atributo de conceder gran fertilidad a la tierra. Además, se le relaciona con las corrientes del agua. El día de su celebración le son ofrendados los granos que serán utilizados en la siembra. Algunos claclasqui la consideran nuestra madre santísima.[597] También la Virgen de Guadalupe es invocada. Se le considera la madre de dios, así como la protectora de los hombres en la tierra.

---

[596] BÁEZ, Félix. *La parentela de María.* México: Universidad Veracruzana, 1999. p. 28.

[597] PAULO MAYA. *óp. cit.*, 1997. p. 279.

Elementos del centro

Cada ser humano tiende, muchas veces inconscientemente, hacia el centro, su propio centro, donde puede encontrar la realidad integral, lo sagrado.[598] En los rituales y ceremonias, el ser humano recrea lo necesario para contactar con su centro, despejándose de las incertidumbres de los lados. Por ello, los lugares sagrados son espacios donde se aparta lo profano y se penetra a lo sagrado, completando la búsqueda del centro. Pero no sólo los lugares sagrados son centros. Cada comunidad constituye un centro cósmico, su especificidad se centra en el paisaje.[599] Cuando los graniceros peregrinan hacia los lugares sagrados, ya sean éstos montes o volcanes, están persiguiendo el simbolismo arquetípico que conecta al ser humano con su sabiduría más profunda, la que lo guía hacia lo interior, hacia su corazón. De hecho, si el simbolismo es en esencia estrictamente conforme al plan divino y, si el sagrado corazón es el centro del ser de modo real y simbólico, este símbolo del corazón debe ocupar en todas las tradiciones emanadas de la tradición primordial, un lugar propiamente central.[600] Por ello, el corazón contemplado en la tradición prehispánica como el centro de las cosas sugiere la idea metafórica de compararse con el ombligo del mundo, el que, a su vez, produce la plenitud mundial donde surge tanto la maldad como la bondad.

Es sorprendente que los graniceros, quienes han vivido en un ambiente aislado, trabajando la tierra año con año, alejados de culturas y tradiciones lejanas tanto geográficamente como temporalmente, sueñan sueños arquetípicos en los que parecen conectarse con la mente universal. En sus incursiones al mundo

---

[598] ELIADE. *óp. cit.*, 1999. p. 54.

[599] MEDINA. *óp. cit.*, 2003. p. 280.

[600] GUÉNON, René. *Símbolos fundamentales de la ciencia sagrada*. Buenos Aires: Editorial Universitaria, 1969. p. 12.

onírico, el campesino, quien regularmente no sabe nada de los misterios de oriente, sueña con círculos o lugares sagrados como calvarios o centros de volcanes o montes, recordando a las figuras de tipo mandala, como expresaría Jung, en donde se busca reconciliar opuestos en sí mismo. En oriente, el torrente de una fuente invisible y su punto de entrada representan el centro del círculo simbólico del universo, el Punto Inmóvil de la leyenda del Buda, alrededor del cual puede decirse que el mundo gira. El árbol de la vida, por ejemplo, el universo mismo, crece en este punto. La figura puede ser también la de una montaña cósmica. El héroe como encarnación de Dios es el ombligo del mundo, el centro umbilical a través del cual las energías de la eternidad irrumpen en el tiempo.[601] Tanto en el adepto de la mitología budista como el individuo que experimenta sueños arquetípicos donde se muestra un centro, se manifiesta el concepto de la imagen central del sí mismo, representado como la montaña de los dioses o los calvarios a donde se acude a rezar, fungiendo el simbolismo del centro como el eje central de la propia psique de la persona.

Símbolo colectivo que no proviene sólo de oriente, el centro es representado por los templos y edificaciones que representan el macrocosmos y el microcosmos, además de mostrar al ser humano que se planta en él.

La simbología del centro cósmico, como analogía formal, puede darse en la rueda de las transformaciones de la India, en los mandalas tibetanos, incas y aztecas; en la montaña sagrada, donde se reúnen el cielo y la tierra; en todo templo o palacio—como *axis mundi*—considerado como punto de encuentro del cielo con la tierra y el infierno.[602]

---

601 CAMPBELL. *óp. cit.*, 1997. p. 45.

602 RUBINO, Vicente. *Símbolos, mitos y laberintos*. Buenos Aires: Editorial Lumen, 1994. p. 35.

El simbolismo del centro se manifiesta en las obras de arte modernas, en la oniria del hombre común y en las culturas arcaicas también. Lo encontramos en las culturas de los indios del ártico y de norteamérica, con el poste central de su hogar que representa el eje cósmico.[603] Se le encuentra en la mente de los graniceros que acuden al centro para invocar la lluvia a las deidades.

Del centro surge la concepción del círculo, del mandala que calma y enfoca la mente, alejando el caos a lo profano y la concentración a lo sagrado. Por eso, el rito se da en el centro. Tanto en la religión prehispánica como dentro de su sincretización cristiana existe la concepción de las tres regiones cósmicas: el cielo o supra-mundo, el infierno o infra-mundo y la tierra o mundo medio, donde el centro es el punto de intersección de estos tres lugares. Los misioneros del temporal acuden al centro de su microcosmos para atender el macrocosmos que enmarca sus creencias. De hecho, cada microcosmos, cada región deshabitada tiene un centro, es decir, un lugar sagrado por encima de cualquier otro. En este centro, lo sagrado se manifiesta en su totalidad.[604]

El monte como centro arquetípico

Los cerros son refugios de los dioses, su retiro en el mundo. En ellos todo está lleno de peligrosas fuerzas invisibles. Como refugios de los dioses, los montes han sido depósitos de futuras creaciones, recipientes de gérmenes de pueblos en que su patrono produce el parto y los conduce hacia la luz y la historia.[605] Los montes eran vistos por los antiguos habitantes de Mesoamérica como depósitos de agua, por lo que estaban relacionados con las deidades que

---

603 ELIADE. *óp. cit.*, 1999. p. 47.
604 *Ibídem*, p. 39.
605 LÓPEZ AUSTIN. *óp. cit.*, 1998. p. 183.

regulaban la lluvia. Del centro del monte fluía el líquido benéfico para los hombres, así como los torrentes de agua dañinos que arrasaban cosechas enteras. El interior del monte era la casa de los dioses, era cielo e infierno y, por ende, un lugar sagrado.

El interior y el centro de una montaña representan simbólicamente un lugar sagrado y *axis mundi*; es decir, "el eje del mundo".

Pero también la cima de la montaña funge como centro, ya que es el punto desde donde se regulan todas las cosas. La cima de la montaña cósmica no sólo es el lugar más alto de la tierra, es su ombligo, el punto donde comenzó la creación.[606] De hecho, las ciudades, templos o palacios emulan el centro del mundo, provenientes del imaginario simbólico que visualizaba el monte como centro. Por ello, los templos y palacios son legado de la montaña cósmica, del monte del mundo, del árbol que sostiene todos los estratos del cosmos. En el imaginario colectivo de las mitologías mundiales, el héroe casi siempre se aventura a montañas de cristal o cerros encantados para poder rescatar a alguien, es decir, rescatarse a sí mismo. La llegada a estos montes constituye también un encuentro con el centro, con lo sagrado.

El volcán como centro arquetípico

El volcán es el monte que ha despertado, el centro activado del sí mismo. Por eso los graniceros lo consideran el centro desde el cual realizan sus invocaciones. Sobre todo, los graniceros de mayor edad que conocían las tradiciones de antaño. Los soñadores saben, también, que el centro del volcán alberga sustento para los hombres, por ello le conceden una importancia primordial dentro de sus

[606] ELIADE. *óp .cit.*, 1999. p. 43.

peticiones. Como refiere Paulo Maya, para algunos sectores de la población aledaña al volcán, en especial los ancianos, el Popocatépetl es un lugar sagrado cuyo "misterio" ha estado al alcance de algunos *kiatlaskes*, quienes al penetrar en cuevas ubicadas a sus faldas se encontraron en el interior con grandes sembradíos de maíz, fríjol, calabaza y frutas de todo tipo. En dicho lugar el tiempo no transcurre, ya que permanentemente hay cosechas y frutas; sin embargo, son resguardadas por el "señor de la tierra" o por Jesucristo mismo.[607] Esta alusión al centro del volcán repleto de sustento es una reminiscencia arquetípica de la creencia original del Talocan y sus frutos. En sus ceremonias, los graniceros invocan a Dios para que les imbuya de fuerza divina, mediante peticiones y ofrendas a los espíritus que habitan los volcanes que están en concordancia con el Popocatépetl, el cual es el volcán mayor, puesto que se cree que su interior alberga a Jesucristo, es decir, al señor de la tierra. Por ende, desde su concepción central se invoca al Popocatépetl como centro y, posteriormente, se le pide al Iztaccíhuatl, al Pico de Orizaba, a la Malinche y al volcán de Salina Cruz. Como símbolos colectivos, las iglesias y templos han sido considerados centros de poder. Esto resalta con el hecho de que los misioneros del temporal consideran a los volcanes una iglesia espiritual; es más, sueñan[608] con el interior del volcán y lo visualizan como una iglesia en donde habitan los espíritus. El volcán Popocatépetl es concebido como la principal iglesia espiritual de la tierra, ya que en este lugar descansa y trabaja "nuestro señor Jesucristo"; también se le refiere como una "oficina federal" o un palacio de gobierno, debido a su importancia. En tanto que al resto de los volcanes (Iztaccihuatl, Pico de Orizaba, La Malinche y Salina Cruz) se les considera "iglesias menores" que se encuentran bajo las órdenes del Popocatépetl.[609] El simbolismo del centro es fundamental en el imaginario de los graniceros, ya

---

[607] PAULO MAYA. *óp. cit.*, inédito. p. 29.
[608] Don Epifanio sueña con el Popocatépetl como iglesia.
[609] PAULO MAYA. *óp. cit.*, inédito. p. 37.

que al considerar al Popocatépetl como el centro de la tierra y a los demás volcanes como símbolos de los puntos cardinales en los que se aloja una "iglesia espiritual", se está confirmando la existencia del centro sagrado en su mundo alrededor del cual todo gira.

Aunque los volcanes sean considerados símbolos centrales de poder, los graniceros afirman que éstos tienen las dos polaridades dentro de sí, ya que pueden provocar la gracia de dios o la desgracia también, puesto que del centro sale la bondad, pero también puede estar irrumpiendo la maldad que pretende llegar al centro.

El árbol y el calvario como centros arquetípicos

Una de las variantes del simbolismo del centro es el árbol cósmico, situado en medio del universo y sosteniendo los tres mundos en un solo eje.[610] En el imaginario colectivo, los árboles cósmicos son proyectados al centro del mundo. El árbol desde su concepción simbólica de centro se puede asemejar en su forma a la cruz de la cual salen los ejes de la vida; sin embargo, la parte central de la cruz es igual al centro del árbol. Por ello, el árbol chamánico es sólo una réplica del árbol del mundo, que se alza en medio del universo y en cuya cima se encuentra el dios supremo o solar. Las siete o nueve ramas del árbol chamánico simbolizan los siete o nueve cielos.[611]

Galinier hace referencia al árbol en el imaginario mesoamericano, diciendo que éste se identifica con los elementos de la siembra, ya que desde su tronco, como elemento central, surgen las raíces que penetran la tierra que, a su vez, permiten que brote la vida. La figura del árbol sintetiza un complejo sistema de alusiones simbólicas que remiten al núcleo de la cosmovisión; así, al evocar

610 ELIADE. *óp. cit.*, 1999. p. 44.
611 *Ibídem*, p. 46.

la imagen de árboles frondosos y altos como la ceiba, se transmite algo más que el cobijo y protección de la sombra, pues los árboles no sólo juegan un papel importante en la arquitectura cósmica, en la que aparecen como columnas y marcadores de los rumbos del universo, sino también como la expresión de fertilidad e, incluso, de totalidad de la vida.[612]

Desde una concepción prehispánica, López Austin afirma que "los cuatro árboles cósmicos no eran sólo soportes del cielo. Con el eje central del cosmos, el que atravesaba el ombligo universal, eran los caminos por los que viajaban los dioses y sus fuerzas para llegar a la superficie de la tierra. De los cuatro árboles irradiaban hacia el punto central las influencias de los dioses de los mundos superiores e inferiores, el fuego del destino y el tiempo, transformando todo lo existente según el turno de dominio de los númenes".[613]

El árbol como elemento simbólico que implica la conexión con el centro se encuentra muy ligado al fenómeno chamánico, ya que el chamanismo, a su vez, está estrechamente relacionado con la concepción de dios, ya sea éste una entidad externa o la esencia interna del ser humano. De hecho, hay una simbología compleja que gira en torno a un ser celestial y la idea de un vuelo mágico al Centro del Mundo (árbol del mundo).[614] Mircea Eliade narra cómo un chamán siberiano trepa al árbol para poder ascender al cielo. Así como hay chamanes que ascienden al árbol o al centro del sí mismo, otros chamanes tienen sueños iniciativos en los que son llevados al gran árbol cósmico del mundo.

---

[612] MEDINA. *óp. cit.*, 2003. p. 263.

[613] LÓPEZ AUSTIN. *óp. cit.*, 1996. p 66.

[614] ELIADE, Mircea. *Shamanism: Archaic Techniques of Ecstasy.* London: Princeton, 1974. p. 71.

Los graniceros ven como "Mayor de su corporación" a una persona elegida por Dios que puede comunicarse con su reino. Saben que éste tiene la facultad de establecer convenios entre los hombres que habitan en la tierra y el reino de Dios. Dicho "elegido" es nombrado "árbol", ya que asciende al mundo divino y posteriormente desciende con los hombres de nuevo.

Este especialista establece contacto con el reino de Dios por diferentes vías: al rezar u ofrendar en las ceremonias de petición de lluvia o adquiriendo una condición espiritual; es decir, el experimentar un "viaje" a través de los sueños o del consumo de los remedios (hongos), en donde se abandona el mundo humano.[615]

Los campesinos que habitan en torno al volcán esperan constantemente los avisos del árbol; es decir, sus sueños, porque saben que a través de estos avisos sabrán cuál es la voluntad de Dios. Una vez que son contados los sueños del árbol, los graniceros acuden a los calvarios que fungen como símbolos centrales para ofrendarle a Dios. Desde la perspectiva cristiana que actualmente contienen sus ceremonias, los graniceros consideran que al hacer una ceremonia de petición en los diversos calvarios que fungen como centros sagrados, están siguiendo firmemente los pasos que siguió Jesucristo al llegar al centro y ahí morir y renacer.

Elementos de los lados

Todo parte del centro y se proyecta hacia los lados, de ahí que los lados sostengan al centro, ya que sin ellos el centro perdería toda importancia.

---

615 PAULO MAYA. *óp. cit.*, inédito. p. 43.

Cuentan algunos mitos que el reino del cielo se apoya en las cuatro esquinas de la tierra, sostenida por elefantes, gigantes, enanos, cariátides o árboles. Este hecho recalca la importancia de los lados para sostener y mantener el centro.

La importancia de los lados se visualiza en la concepción prehispánica del mundo. Ruiz de Alarcón descubre en un conjuro registrado por él, que los elementos que conforman los cuatro postes del mundo, así como los cuatros dioses de la lluvia son lo mismo. "Ustedes, los sacerdotes; ustedes, los tlaloques, los que están colocados en los cuatro lados, los que están puestos en los cuatro lados, ustedes, los que sostienen el mundo."[616] Estos cuatro puntos cardinales que se encuentran en cada lado de la tierra, eran vistos con colores diferentes que resaltaba claramente sus atributos. Sin embargo, la distribución de colores no era uniforme en toda Mesoamérica. También los símbolos de pedernal al norte, casa al occidente, conejo al sur y caña al oriente, implicaban la designación y la creencia en las cuatro esquinas del mundo. Con la introducción del cristianismo se fusionaron los dioses cuádruples que estaban distribuidos en los puntos cardinales con sus respectivos colores y funciones para nacer de ellos el dios único y central cristiano; sin embargo, las advocaciones de antaño no se olvidaron por completo.

La concepción de los lados divididos en cuatro proviene de una simbología arcaica que se gesta en cada ser humano. Platón mismo hablaba de la transformación del tres hacia el cuatro; para él, el ternario es el número de la Idea (*eidos*), el cuaternario es

---

[616] RUIZ DE ALARCÓN, "Tratado de las supersticiones y costumbres gentilitas que hoy viven entre los indios naturales de esta Nueva España, escrito en México, año de 1692". En: *Tratado de las supersticiones*, Jacinto de la Serna *et. al.*; *Tratado de las idolatrías, supersticiones, dioses, ritos, hechicerías y otras costumbres gentilitas de las razas aborígenes de México.* Notas, comentarios y estudio de Francisco del Paso y Troncoso, t. II. 2 vols., Ediciones Fuente Cultural, México, p. 80

el número de la realización de la Idea. El ternario se halla en un espacio vertical: tres mundos (cielo, tierra, infierno); tres instancias humanas (cuerpo, alma, espíritu). El cuaternario, en cambio, se halla dispuesto horizontalmente: es el mundo fenoménico de lo manifestado.[617]

Mientras el ternario representa el orden moral y espiritual, el cuaternario corresponde a la tierra, al orden material.

La importancia del cuatro, plasmado en los cuatro lados, se evidencia con las divisiones que el hombre ha hecho en los diversos ámbitos de la vida; como los cuatro elementos combinados con los cuatro puntos cardinales. Esta división refuerza la idea central, haciendo que tanto los lados dependan del centro como el centro de los lados.

Cuando los graniceros realizan sus ceremonias aluden a los cuatro puntos cardinales, partiendo siempre desde el centro. Como afirma Bonfil, "la alusión a los cuatro vientos es muy importante en sus rituales, ya que se invoca al viento y a los cuatro puntos cardinales durante muchos momentos de la ceremonia, al brindar las ofrendas, al hacer limpias, etcétera".[618]

La cruz como arquetipo de los lados

La cruz contiene un centro simbólico que está basado en los lados que le proporcionan vida. Por ello se le visualiza como símbolo de movimiento y figura en muchas religiones como representación del fuego, el sol o, incluso, la fertilidad. Pero, sobre todo, simboliza los cuatro puntos cardinales y los cuatro elementos que dan

617 RUBINO. *óp. cit.*, 1994. p. 99.
618 BONFIL. *óp. cit.,* 1968. p. 255.

coherencia y mantienen integrada la tierra. En el mundo onírico, la cruz representa la conjunción; al utilizarla, el soñante prolonga su conciencia a través de su instrumentalidad sirviéndole para su propia sobrevivencia.

La simbología implícita en la cruz cristiana proviene de culturas mucho más antiguas en donde no tenía nada que ver con la acepción de elemento de sacrificio con la que se le asociara posteriormente. En la cosmovisión mesoamericana precolombina el símbolo cruciforme refiere al espacio numinoso de la fertilidad agraria y de la transformación hombre-vegetal; así lo sugieren los datos correspondientes al México central y a la región maya.[619] Producto del sincretismo, la cruz comenzó a desplegarse en los rituales de petición de lluvia, vinculada al ciclo agrario y a los simbolismos religiosos de la nueva religión. El fenómeno del sincretismo que se produjo a partir de las figuras cruciformes terminó expresando el contenido de los rituales agrarios, más allá de la ideación cristocéntrica. Por lo mismo, la Santa Cruz se identifica como deidad femenina, es decir, se le relaciona con las diosas terrestres o, en última instancia, con la versión masculina del ámbito sagrado telúrico.[620]

Actualmente, la cruz sintetiza las antiguas representaciones de las deidades agrarias que proveían de lo necesario para el sustento de los hombres. Un nuevo símbolo que conjuga en el inconsciente los dioses de antaño con la concepción de la nueva Santa Cruz que también provee de mantenimientos, ha surgido reintegrando las creencias antiguas. Los nahuas llaman a la Santa Cruz "nuestra santísima Virgen", "nuestra señora de lo que comemos", "nuestra señora de la tierra que sembramos", conceptos que no tienen relación aparente con la cruz cristiana, ni con los muertos, ni con la

619 BÁEZ. *óp. cit.*, 2000. p. 337.

620 *Ibídem*, p. 338.

crucifixión; es una cruz de agua, por eso la pintan de azul y le dan de comer para que traiga la lluvia y proteja los cultivos.[621]

Para los campesinos que circundan los volcanes del centro de México y que mantienen una relación estrecha con la tierra, la cruz es símbolo de lo sagrado, ya que encierra en sí al dios supremo. La simbología implícita en los cuatro puntos cardinales está intrínsecamente ligada con la cruz. En sus rituales, los graniceros utilizan cruces de madera que orientan hacia el sur, puesto que allá están sus tierras, ubicando al norte al volcán Popocatépetl, visto como el que contiene y provee de agua. Es de conocimiento común entre los graniceros que toda cruz tiene un anverso y un reverso que se pueden usar mágicamente para proyectar o bloquear, para conducir y orientar o desviar y extraviar al temporal.[622] Por ello, la cruz es una de las herramientas más importantes dentro del mundo de los graniceros. Además de ayudar a conducir las lluvias, las cruces fungen como estructuras de poder donde acuden las deidades que ayudan a los chamanes. Si los graniceros las encuentran dispuestas en la dirección correcta y con las ofrendas adecuadas, las deidades los ayudan, pero si las cruces han sido profanadas, entonces se puede bloquear la lluvia y estropear el temporal.[623]

En los rituales de los graniceros del estado de Morelos hay dos círculos de cruces que tienen una connotación simbólica de vital importancia. Uno funge como el interno y el otro, como el externo. Como afirma Glockner, "todo lo que se encuentre y ocurra en el interior de este primer círculo adquiere una particular significación, objeto de una minuciosa interpretación. El circulo exterior de cruces delimita el espacio sagrado del profano, cuenta con una entrada

621 *Ibídem*, p. 323.

622 GLOCKNER, Julio. *Así en el cielo como en la tierra.* México: Grijalbo, 2000. p. 106.

623 Lo relatado por don Epifanio acerca de las maldades.

donde se hacen las primeras oraciones, se pide permiso para pasar, se sahuma y se bendice a los asistentes".[624]

Las cruces se encuentran en estrecha relación con el centro y, por ende, con los montes y los volcanes, ya que se les encuentra asociados con éstos. En Zinacantán hay cruces de madera al pie y en la cumbre de las montañas que, según se cree, alojan a los dioses ancestrales. "Estas cruces representan más de lo implicado por los símbolos católico-cristianos: se describe a las cruces como puertas hacia las casas de los dioses ancestrales".[625] Al igual que las creencias sostenidas en torno a las cruces en Zinacantán, para los graniceros la Santa Cruz es de vital importancia, ya que su presencia se relaciona con la lluvia y la fertilidad. El 3 de mayo se le celebra con rezos y alabanzas. En el imaginario de los graniceros, la Santa Cruz se relaciona con el calvario de Jesucristo por haber dejado ligada su alma a un madero, además de la simbólica conexión con la tierra a través de la madera. Por ello, todas las cruces que utilizan los graniceros están dispuestas en formación sagrada en todos los calvarios, ya sea que estén al pie de algún monte o en el centro de una montaña, de cualquier forma, todas son de madera y no de metal o cemento, ya que de lo contrario no habría conexión con la tierra y se ahuyentaría la lluvia.[626]

El nexo de la cruz con la tierra muestra que, a través de la Santa Cruz, en el inconsciente siguen vigentes hasta nuestros días los ritos de siembra, lluvia y bendición a los cerros. En la fiesta dedicada a ella se bendice al maíz para que comience bien el ciclo agrario y, además, se invoca a los espíritus y santos relacionados con la tierra y la lluvia. Simbólicamente, como afirma Broda, "la diosa prehispánica del maíz, Chicomecóatl, se fusiona con la deidad de la

---

624 GLOCKNER. *óp. cit.*, 2000. p. 107.
625 VOGT, Evon Z. *Ofrendas para los dioses*. México: FCE, 1988. p. 19.
626 Comentario de don Epifanio.

tierra y ambas llegan a ser personificadas en el símbolo católico de la Santa Cruz".[627]

Bonfil afirma que la cruz es uno de los elementos fundamentales en el trabajo de los graniceros; representa su fuerza y su nexo con la divinidad. Es importante recordar que cada vez que se corona un nuevo granicero una cruz de nubes se forma en el cielo. También hay que hacer referencia a las cruces bendecidas en el ritual católico, así como la expresión "Santísimas cruces" usada en las alabanzas de los graniceros.[628]

Los graniceros apelan a la cruz en todas sus ceremonias, ya que ésta se encuentra relacionada con su cosmovisión. Para ellos simboliza el centro donde habitan los hombres, mientras que los lados son símbolos de los puntos cardinales que le dan movimiento a las cosas. En las limpias que hace el claclasqui, la cruz siempre es representada en los puntos principales del cuerpo, incluso en las curaciones de mayor importancia el paciente forma una cruz con su cuerpo para ofrendarlo a los cuatro puntos cardinales.[629] Por ende, la cruz es centro y cuerpo a la vez, contenedor de los elementos vitales para el hombre.

Los rayos y el arcoiris como elementos arquetípicos del lado fuego

El rayo es el fuego condensado, es la voluntad de las divinidades expresada en luz. Como si el rayo fuera una espada, se vierte con

---

627 BRODA, Johanna. "Ciclos agrícolas en el culto: un problema de la correlación del calendario mexica". En: AVENI y BOTHERSTON (eds.). *Calendars in Mesoamerica and Peru. Native American Computations of Time.* Manchester: BAR Internacional Series 174, 1983. p. 153.

628 BONFIL. *óp. cit.*, p. 254.

629 PAULO MAYA. *óp. cit.*, 1997. p. 280.

fuerza hacia aquello que quiere conquistar. Pero el rayo no viaja solo, es manipulado por las deidades del aire que lo sostienen entre sus manos y lo tiran con fuerza hacia la tierra. Los graniceros dicen que hay ángeles o señores del tiempo que envían rayos a la tierra para que el calor del fuego esté presente, mientras que otros se encargan de transportar el agua de un extremo a otro del mundo y con esto regar los campos.[630]

Pero el rayo, como elemento de luz, no sólo tiene un lado positivo; también castiga al individuo que no quiere verlo, o a aquel que no hace caso al mandato de su destino. Cuando un rayo desciende, su esencia permanece por un rato donde cayó como fuego en la tierra. Entonces, los graniceros saben que deben tomar precauciones porque el caminante incauto puede levantar el espíritu del rayo y enfermar, pues ya lleva el fuego dentro.[631]

Los graniceros de mayor edad dicen que el rayo es el símbolo de la llamada de los señores del tiempo, que a través del fuego exigen que se trabaje para ellos. El fenómeno del llamado a través del rayo se suscita en diversas culturas que todavía dependen íntimamente de la tierra. Los chamanes, en general, así como los graniceros en específico, consideran a los rayos y otros fenómenos meteorológicos como avisos o designios de la naturaleza que deben de ser interpretados con cuidado. Estos fenómenos fungen como símbolos que permiten un mayor acercamiento o entrada a otros mundos, otras veces son símbolos que impiden el desenvolvimiento del ciclo natural.

Relacionado con el fuego y la luz e impulsado por el agua, se encuentra el arcoiris. Éste es el puente que conecta la tierra con el cielo, especialmente funge como el puente de los dioses. Por ello,

---

[630] Relato de don Epifanio.
[631] Relato de don Epifanio.

su aparición después de una tormenta es vista como una señal de Dios.[632] Simbólicamente, el arcoiris refleja un tiempo en el que el hombre todavía se podía comunicar con los seres del supra mundo. Actualmente, se ha perdido esa conexión y sólo los chamanes lo pueden restaurar. En algunas culturas el arcoiris se considera como una puerta que impide la entrada del agua, la cual sólo puede ser abierta por el chamán. Aunque el arcoiris—al igual que el rayo como fenómeno natural—es benéfico para el hombre por relacionarse con la llegada de la lluvia, también goza de una polaridad dual que lo relaciona con los embrujos y maleficios. Como afirma Morayta, "en los montes o en los pueblos hay pequeñas barrancas donde hay respiraderos. De éstos surgían chorros de vapor con los cuales se formaban arcoiris, donde hervía la tierra por la presencia de los señores".[633] Entre los habitantes de algunos poblados alrededor del volcán Popocatépetl esta creencia sigue vigente, ya que las personas que se topaban con estos chorros de vapor solían enfermar sin curarse antes de ser atendidos por un granicero. El arcoiris, al igual que el rayo, funge como aviso de la realización de una actividad perjudicial para la naturaleza. También se le percibe como señal que se presenta cuando no se hace caso de la advertencia de los espíritus, lo cual produce enfermedades o la muerte misma, simbolizando el desequilibrio del lado fuego.

El aire como elemento arquetípico del lado aire

Percibido como una fuerza con voluntad propia, el aire ha figurado en diversas culturas como símbolo de energía. Al igual que otros elementos, el aire tiene una connotación polar que resalta aspectos benéficos y maléficos para el ser humano. "En la cosmovisión mesoamericana hay interesantes paralelismos con la antigua

[632] ELIADE. *óp. cit.*, 1974. p. 133.
[633] MORATAYA. *óp. cit.*, 1997. p. 225.

mitología y el pensamiento griego respecto a la relación del aire con las entidades malignas".[634] En ambas instancias el aire tiene vida, la cual es sustentada por deidades y demonios que la mantienen como tal. Como símbolo colectivo, el aire está repleto de esencias que se relacionan con los hombres a través de sus acciones. Los antiguos nahuas asociaban los aires malignos con los amores ilícitos, la enfermedad, la desobediencia, la temporada de lluvias, los cerros, las cuevas y la oscuridad. Imaginaban que las deidades del aire originaban los malos aires, por intermedio del frío.[635] Pero estas creencias no sólo se encontraban en el pensamiento mesoamericano, en 1489 Sprenger y Kramer afirmaron que el aire está relacionado con el diablo, por ser una materia que se podía comprimir y servir al mal.[636] El imaginario colectivo tanto de los pueblos mesoamericanos como del pópulo español cristiano hizo que el aire se asociara con los demonios y el mal, quienes reemplazaron a las deidades polares de antaño; sin embargo, persistió en el subconsciente la creencia de que el aire y el viento son elementos volátiles que se encuentran asociados a lo oscuro, a las cuevas, al agua y al inframundo. Como la simbología arcánica del aire persiste en el inconsciente de los campesinos contemporáneos, todavía se le hace ofrenda a este enigmático elemento, percibiéndolo como agente vivo.

Los pueblos que rodean a los volcanes están edificados sobre laderas y barrancas repletas de árboles. Estos pueblos creen que los aires aguardan a personas débiles de alma. Estas creencias provienen de aquéllas de los hombres que continúan trabajando personalmente la tierra, puesto que relacionan su progreso con la intermediación de fuerzas divinas. Las fuerzas divinas tienen tanta necesidad de los seres humanos como éstos de los dioses para que el mundo siga

---

[634] BÁEZ, Félix. *Los disfraces del Diablo.* Xalapa: Universidad Veracruzana, 2003. p. 522.

[635] *Ibídem*, p. 527.

[636] Inquisidores dominicos que escribieron el Malleus Maleficarum.

existiendo.[637] La psicología profunda dice que antes de que hubiera siquiera una conciencia moral, se creía que un espíritu habitaba los bosques y el agua, el campo, el monte y el aire. Estas creencias son inherentes al ser humano, porque se manifiestan una y otra vez en diferentes marcos religiosos.

En el pensamiento mesoamericano, a los aires se les ha denominado como tlaloques o chacobs, quienes recorren el cielo cargados de cántaros que vierten en las tierras para que llueva y crezca la cosecha. Sin embargo, los tlaloques y los chacobs también son los aires que castigan a los hombres que transgreden sus dominios. En las zonas aledañas a los volcanes, los aires son llamados "charros",[638] "los que hacen remolinitos" y los "tiahiztecos o quiahiztecos". Estos aires se relacionan con las cuevas, donde se les pueden encontrar, al igual que con los barrancos, los manantiales, la lluvia y los rayos. Desde la antigüedad existe una división entre "aires buenos" y "aires malos". También con los que tienen que ver con el manejo de la naturaleza y la agricultura, tales como aires de lluvia, de rayo, de los manantiales, de las tormentas, del granizo, de la milpa, entre otros.[639] Esta multiplicidad de funciones del aire muestra que encierra un símbolo muy variado que complementa a los demás lados con sus respectivos símbolos. Para los graniceros es muy importante mantener como aliados a los aires y evitar ofenderlos.

Algunos graniceros sueñan con ellos, sobre todo alrededor del 28 de septiembre, cuando se colocan las ofrendas de agradecimiento en las milpas. Los graniceros como don Epifanio, que sostiene

---

637 GRUZINSKI. *óp. cit.*, 1991. p. 232.

638 ROBLES, Alejandro. "Noticias históricas actuales sobre lugares de culto en la zona del Ajusco y en el Pedregal de San Ángel". En: *Graniceros: cosmovisión y meteorología indígenas de Mesoamérica*. México: El Colegio Mexiquense, UNAM, 1997. p. 160.

639 MORATAYA. *óp. cit.*, 1997. p. 222.

creencias cristianas muy sólidas, dicen que cuando sueñan con ángeles, éstos son los aires buenos que les enseñan cómo ofrendar. Cuando el aire es maléfico puede producir ojos rojos, vómitos y mareos,[640] además de erupciones en la piel, boca chueca, gota, tumores y hasta la muerte. Los graniceros le llevan ofrendas a los aires en sus peticiones y también como parte de sus ceremonias de curación. Como comenta Robles, si alguien tenía una enfermedad provocada por un aire, el brujo le pedía a los tiahuiztecos que lo sanaran. Durante el sueño al brujo se le revelaba a cuál cueva había que acudir y qué es lo que pedían los aires como ofrenda a cambio de la cura del enfermo.[641]

La creencia en el elemento del aire y sus derivaciones está basada en las proyecciones inconscientes que predican que cada elemento de la naturaleza se relaciona con los demás, siguiendo su propio curso, pero sin obstruir el destino de los otros. Como afirma Levi Strauss, "cada cosa sagrada debe de estar en su lugar, esto es lo que la hace sagrada, puesto que al suprimirla aunque sea en el pensamiento, el orden entero del universo quedaría destruido; así pues, contribuye a mantenerlo al ocupar el lugar que le corresponde".[642] Por ello, en vez de luchar en contra de los aires, los graniceros se alían a ellos, puesto que saben que juegan un papel de equilibrio con los demás elementos de la naturaleza. Este conocimiento permite que aborden el aire y lo canalicen a su beneficio, respetando siempre su lugar en la tierra.

---

640 BAYTELMAN, Bernardo. "Acerca de plantas y curanderos". En: *Etnobotánica y antropología médica en el estado de Morelos*. México: INAH, Colección Divulgación, 1993. p. 330.

641 ROBLES. *óp. cit.*, 1997. p. 160.

642 LEVI-STRAUSS, Claude. *El pensamiento salvaje*. México: FCE, 1984. p. 26.

La lluvia y los manantiales como elementos arquetípicos del lado agua

El agua, en cualquiera de sus formas, simboliza la totalidad del universo. Es el flujo que encierra cada forma y que promueve la creación del mundo. El simbolismo del agua incluye tanto la muerte como el renacimiento. El contacto con el agua siempre se acompaña de regeneración, porque de la disolución le sigue el renacimiento y porque la inmersión fertiliza y multiplica las potencialidades de la vida.[643]

El agua tiene la propiedad de purificar lo que toca, manifestando y llenando todo lo que tiene forma y, a la vez, separándose de ello. Simbólicamente, el agua es terrenal y tangible, también es el fluido del cuerpo instintivo, el agua y el flujo del agua ardiente de pasión, la sangre.[644] Como expresión del inconsciente, el agua es el símbolo más común, por ello, sumergirse en agua simboliza un acto de conversión, un bautismo con el todo que genera purificación y regeneración, un regreso a la esencia del sí mismo.

Los graniceros sueñan con el agua con frecuencia. Al tener incursiones al mundo onírico con símbolos acuáticos están regresando a una existencia que los reintegra con la divinidad latente en ellos, es decir con los dioses.

El descenso del hombre al agua es necesario para evocar el milagro del nacimiento.[645] Pero también el descenso del agua del hombre es necesario para mantener el equilibrio de la existencia. En ambos casos, el acto de evocar al agua implica adentrarse en sus múltiples

643 ELIADE. *óp. cit.*, 1999. p. 151.

644 JUNG, Carl. *The Archetypes and the Collective Unconscious*. New York: Princeton, 1990. p. 19.

645 *Ibídem*, p.17

manifestaciones. Bachelard afirma que el agua es un elemento de esencia femenina, que se manifiesta en una multiplicidad de seres fantásticos. En Mesoamérica el agua tenía una importante acepción femenina, por ser la diosa la que encerraba las aguas terrestres del mundo. La comparación que Sahagún hace de Chalchiuhtlicue con Juno enfatiza el hecho de que, colectivamente, el agua tiene una acepción femenina en la mente de los seres humanos, manifestándose como ánima que guía, engendra, nutre pero que también castiga. Un ejemplo del ánima relacionada con el agua que se proyecta en las mentes de los hombres es la sirena. Posteriormente, con la conquista, "los atributos simbólicos de las sirenas se adicionaron a los de las antiguas deidades acuáticas mesoamericanas o se desarrollaron en epifanías sincréticas".[646]

Como sustancia de naturaleza femenina, las deidades del agua se manifiestan en las diferentes culturas a lo largo de Mesoamérica. Por ejemplo, como explica Ichón, para los totonacas el agua es nuestro padre y nuestra madre; es decir, ánima y *animus*, lo polar integrado. Afirma que la bebemos todos los días; todos los días la utilizamos para lavar nuestra ropa y nuestro maíz. Ella es quien nos emblanquece, quien nos purifica en el curso de las ceremonias llamadas limpias... debemos, pues, gratificarla con ofrendas, huevos, alcohol, pollitos y pedirle que nos excuse por ensuciarla.[647] También la sirena de los tepehuas (Ixpayinatixkán) y la diosa acuática venerada en el México antiguo tienen muchos paralelismos asociados a la deidad masculina del agua; se vinculan al color verde; se identifican con la provisión de mantenimientos, las montañas o cerros; con el ahogamiento de los hombres, las inundaciones, el mar, los lagos, ríos, pozos, su luminosidad se coaliga con el trueno, los rayos, el viento.[648]

---

646 BÁEZ. *óp. cit.*, 1992. p. 140.
647 BÁEZ. *óp. cit.*, 1992. p. 310.
648 BÁEZ. *óp. cit.*, 1992. p. 140.

Guiteras Holmes afirma que "las lagunas y la Virgen María se asocian simbólicamente en la cosmovisión tzotzil, hablándole a la santa tierra por el agua."[649] La relación de la tierra con el agua que proviene de ella, que a su vez se asocia con la Virgen, denota nuevamente la concepción femenina sincrética que se tiene del agua. Como elemento integrador colectivo, la psicología profunda es fundamental en el análisis simbólico que encierra el agua y sus advocaciones:

"La ondina es un grado más instintivo de un ser femenino que denominamos *ánima*. Hay también sirenas, melusinas, triades, gracias e hijas del rey de los alisios, lamias y súcubos que seducen a los jóvenes y les quitan hasta la última gota de vida. El crítico moralista dirá que esas figuras son proyecciones de estados sentimentales de ansiedad y de fantasías de carácter repudiable. Evidentemente esta apreciación encierra cierta verdad. Pero ¿es toda la verdad? ¿En la verdad la ondina es sólo un producto de una atonía moral? ¿No se dan esos seres desde hace mucho en una época en que la conciencia humana apenas despuntaba y estaba todavía ligada por completo a lo natural?".[650]

Dentro de la mente de los hombres que mantienen contacto con la naturaleza y consigo mismos, el agua simboliza a la madre prenatal, manifiesta de muchas formas.

Actualmente, por su acepción tanto masculina como femenina, relacionado con el agua terrestre y celeste, el culto a las aguas continúa gestándose. La incorporación del catolicismo no pudo suprimirlo, ya que el pueblo intuía que el agua era la fuente primaria de su sustento. Al agua se le debía de agradecer si se

---

[649] GUITERAS HOLMES, C. *Los peligros del alma*. México: FCE, 1965. p. 159 y 211.
[650] JUNG. *óp. cit.*, 1990. pp. 30-32.

quería seguir obteniéndola. Buscando la integración, se visualiza la serie simbólica tierra, agua y lluvia como la trinidad de la fertilidad y los mantenimientos en la cosmovisión mesoamericana, quedando el sol y el viento como la condición de fuerzas fecundantes que ponen en movimiento el acto creativo.[651] Por ello, conscientes de la trinidad que brinda lo fértil, los graniceros le rezan a los dueños del agua, quienes traen la lluvia o la detienen. Ellos están íntimamente entrelazados con el viento, confundiendo sus nombres y acepciones con los seres que habitan el aire; sin embargo, se les propicia con rezos, alabanzas y ofrendas, porque en el inconsciente todos los símbolos son, finalmente, el mismo.

La serpiente como elemento arquetípico del lado tierra

Las fuerzas telúricas que mecen la tierra y generan la energía que pone en movimiento al mundo están simbólicamente relacionadas con la serpiente. Más allá de conceptualizarse como un animal cualquiera, la serpiente es un símbolo alquímico de transformación y renovación. Desde tiempos remotos, el imaginario colectivo ha hecho que las serpientes, los dragones y los grandes reptiles como los dinosaurios, se relacionen íntimamente unos con otros. La palabra *dragón* viene del griego *drakon,* que quiere decir "serpiente". La serpiente con cuernos aparece en la alquímica del latín del siglo XVI como una serpiente de cuatro cuernos, la cual es símbolo de Mercurio y una antagonista de la trinidad cristiana.[652]

Además de esta simbología, en la rueda de la vida se aprecian símbolos gnósticos en los que resalta el ouroboros, es decir, la serpiente que se come su propia cola. Éste es el símbolo colectivo que implica la totalidad primordial, la cual encierra dentro de sí todas

---

[651] BÁEZ. *óp. cit.*, 2000. p. 332.
[652] JUNG. *óp. cit.*, 1978. p. 62.

las potencialidades en un círculo eterno sin principio ni fin, como esfera autosuficiente y renovadora. En el símbolo de la serpiente se ve el poder de la transformación, donde la trascendencia menor del mundo subterráneo de la consciencia de la serpiente pasa por el plano terrenal y finalmente consigue la trascendencia sobrehumana con su vuelo alado.[653]

Como símbolo telúrico, la tierra en movimiento también es un símbolo polar; muestra de ello son las dos serpientes entrelazadas, representadas en el bastón de Hermes, al igual que las serpientes de Naga de la India antigua. El símbolo de la serpiente y su carácter dual se encuentran en muchos lugares del mundo, como en la antigua China, donde dos figuras híbridas representaban el matrimonio ancestral mostrando el dualismo yin-yang. En diversas culturas, la serpiente ha representado deidades femeninas, quienes muestran su relación con el ofidio al llevarlo en la mano. Muestra de ello la encontramos en Perséfone y Hécate.

Las serpientes y las sirenas también detentan cierta similitud: ambas están cargadas de una fuerza erótica que puede conducir hacia la destrucción. De hecho, cualquier símbolo se encuentra cargado de energía, pero la serpiente es un símbolo que representa la energía pura.

Esta energía pura, trasladada a la tierra misma, sirve para crear o destruir. Como símbolo positivo de ascensión, la serpiente representa la fuerza interior que anida como anillo energético en una región del cuerpo etérico de los hombres y del planeta como símbolo cósmico.

En el pensamiento prehispánico los indios no asociaban necesariamente a la serpiente con el mal, por ello fue preciso

[653] *Ibídem*, p. 155.

explicarles que el diablo tomó del cuerpo de la serpiente para corromper a Eva.[654] La noción del bien y del mal era muy distinta a la que actualmente se tiene. Existían deidades regularmente benéficas para los hombres, pero que, de ser necesario, tenían el aspecto opuesto.

En la *Historia de los mexicanos* por sus pinturas, se le concibe a Cihualcóatl como la mujer culebra, quien también era la mujer del dios del infierno, o la mujer blanca, aquella que hacía germinar la conexión entre la vida y la muerte. En Torquemada, leemos que Cihualcótal-Quilaztli era una poderosa hechicera que tenía el poder de transformarse en imágenes femeninas ofídicas de guerrero, de águila o de infernales.[655] Por ello, para los antiguos mexicanos la serpiente simbolizaba el rayo, la tempestad, la lluvia, la procreación y su sustento en la tierra: el maíz.

Producto de las creencias mesoamericanas, la simbología implícita en la serpiente agrupa tres aspectos fundamentales y los elementos significantes remiten a tres planos también fundamentales: la mujer, el cielo y la tierra, que se sintetizaron en la imagen ofídica. De ahí su triple connotación sagrada que implica dimensiones celestes, telúricas y humanas.[656] Desde la perspectiva de la psicología profunda, la connotación humana y en este caso femenina, le confiere al ofidio el carácter de ánima, es decir, de guía espiritual, de devoradora, de instinto primitivo, dependiendo de la polaridad con la cual se exprese. Pero la serpiente, en su representación telúrica, se conecta también con los demás elementos. La serpiente como símbolo de tierra también se relaciona con la lluvia y

---

[654] BÁEZ. *óp. cit.*, 1999. p. 72.

[655] DE TORQUEMADA, J. Fray. *Monarquía indiana.* Introducción de Miguel León Portilla. 3 Tomos. México, Porrúa, 1975. T1. pp. 80-81.

[656] BÁEZ. *óp. cit.*, 1992. p. 143.

las nubes. De hecho, en el códice Borgia, lámina 9, la lluvia se representa como una serpiente herida por una flecha.

La serpiente también se relaciona con el símbolo del viento, como menciona Bachelard al referir a las víboras aladas que simbolizan a Ehécatl-Quetzalcóatl. Con la llegada del cristianismo a Mesoamérica, la serpiente se vinculó a la oscuridad, a la muerte, al sexo y a la mujer, modificando su connotación propiamente telúrica como agente dual. Sin embargo, en varios grupos indígenas que se encuentran en contacto con la tierra, la serpiente sigue teniendo acepciones telúricas; por ejemplo, en el mitote de los huicholes "se expresa la analogía entre los venados y las serpientes de lluvia, los cuales se entregan a los hombres ante la pureza lograda a través del autosacrificio".[657] Entre los zoques, la representación de Piowacwe, mujer-volcán, mujer-serpiente y mujer con cola de pez, muestra la simbología implícita que une al fuego, la tierra y el agua. También entre la religión maya, de la Garza afirma que la serpiente tiene una simbología de carácter telúrico:

"Como la principal significación de la mujer en el mundo maya era la de generadora de la vida, también se le relaciona con la serpiente, que aparece vinculada con la luna, regente del ciclo menstrual y de las actividades femeninas... en tanto que fuerzas de fertilidad, principio engendrador y generador, la serpiente-cielo y la serpiente-tierra están vinculadas al agua. Una de las funciones principales de la serpiente es contener el agua de lagos, ríos y mares que por la acción de seres divinos, también ofídicos, suben al cielo transformados en nubes y desde ahí descienden, convertida en lluvia".[658]

---

[657] MEDINA. *óp. cit.*, 2003. p. 282.

[658] DE LA GARZA, M. *El universo sagrado de las serpientes entre los mayas.* México, UNAM, Instituto de Investigaciones Filosóficas, Centro de Estudios Mayas, 1984. p. 314 y pp. 318-319.

El hecho de que la serpiente sea mencionada en las diversas expresiones religiosas de Mesoamérica, integrándose después con la ideología cristiana, muestra porqué hoy en día los campesinos siguen considerándola como un símbolo de agua, lluvia y fertilidad.

Entre los graniceros, quienes guardan tradiciones de observación atmosférica, se encuentran las "culebras de agua". Cuando se ven las nubes bien negras y se ve que algo cuelga de ellas, está remolineando y es negra, es una culebra de agua y, cuando lo que cuelga es una nube blanca, es una culebra de granizo.[659]

Como afirma Robles, los graniceros también leen los símbolos telúricos en las rocas de los santuarios.[660] Si la roca donde se realiza la petición de lluvia en la cueva—como en el Divino Rostro—estaba cacariza, quería decir que venía la serpiente de granizo y, si la roca era lisa, venía la serpiente de lluvia. Otra acepción que mantiene la serpiente como elemento telúrico relacionado con el aire es aquella que se presenta cuando los graniceros realizan sus ofrendas, ya que reportan haber visto cómo las víboras acuden a comer parte de estas ofrendas; estas víboras son vistas como los aires que cuidan de las siembras en agradecimiento. Son víboras de tierra y aire.

Elementos del adentro (utensilios y parafernalia del granicero)

Simbólicamente, toda forma tiene un fondo que la contraponga. Todo arriba tiene su abajo para poderse entender como un todo. Por ello, no se podría concebir un esquema que constara de lados y centro sin darle la tercera dimensión, donde existe un adentro y un afuera. Este adentro contiene lo esencialmente sacro: aquello que alberga lo

[659] ROBLES. *óp. cit.*, 1997. p. 163.
[660] *Ibídem*, p. 162.

vital está en el adentro. El adentro contiene lo que cada granicero requiere para poder funcionar como tal. Para poder realizar su labor, fungiendo como extensión de sí mismo, el adentro confiere poder y direcciona la fuerza para poder exigir, posteriormente, la acción. Aunque cada elemento del cual se conforma el adentro tiene su propia individualidad y valor característico, es el conjunto de todos en comunión con el granicero lo que le proporciona la fuerza y la característica de totalidad.

Altar

El altar funge como dimensión microcósmica del templo que, a su vez, funge como dimensión microcósmica del centro del mundo. El altar es una condensación a pequeña escala de la energía a gran escala que se acumula en un punto específico de la tierra. Para el granicero, el altar es el adentro, ya que concentra la energía del universo. Simbólicamente, es un centro místico que tiene relación con la cima del monte, lugar de intersección entre el cielo y la tierra. El chamán que llega al altar es similar al hombre que conquista la cima de la montaña, ya que para hacerlo tiene que estar alineado consigo mismo.

Con la introducción de los nuevos esquemas de creencias de corte cristiano, como afirma Gruzinski, los altares de las casas de los indígenas se abrieron a las imágenes cristianas, pero la adopción se hacía dentro de marcos autóctonos, sin una redefinición de lo adoptado.[661] El resultado se tradujo en el altar actual de los graniceros, el cual se manifiesta en un fuerte sincretismo legado del inconsciente de generaciones. Éste se encuentra en el cuarto principal de la casa. Se le conoce como la "santa mesa", la cual, a

[661] GRUZINSKI. *óp. cit.*, 1991. p. 155.

manera de altar, ocupa una pared. Una descripción de la mesa de un granicero es la que realizó Bonfil:

"En la mesa se colocan una cruz de madera bendita, con la fecha de la coronación,[662] pintada siempre en color azul; unos toritos de barro; algunos candeleros con la figura de un angelito policromado; sahumadores; imágenes católicas en bulto; flores diversas puestas sobre el mantel o en recipientes especiales. Atrás de la mesa cuelgan estampas y crucifijos. En el techo pende una tira de tela bordada que enmarca el altar. Junto a la cruz hay una escoba sin mangos y una palma".[663]

El altar de don Epifanio es similar al que narra Bonfil; encima de su mesa hay una gran cantidad de objetos, entre ellos varias imágenes de la Virgen y de Cristo. También hay una gran cruz de madera que tiene insertada varias peticiones del granicero. Además, hay varias veladoras y figuras hechas de papel periódico e imágenes católicas de diversos santos.

Para los graniceros, el altar es un espacio sagrado que contiene estructuras de orden y orientación que representan su mundo uniendo el cielo, la tierra y el infierno. Funciona como la síntesis de los ejes del mundo que alberga un espacio numinoso, propicio para la invocación.

Varas de membrillo

Dentro de los rituales de las ceremonias de petición de lluvias, el de mayor importancia es aquel en el que se abren los canales para que el agua fluya y se distribuya por todo el universo. La acción de abrir

[662] Momento en que el granicero se vuelve tal ante el resto de su estirpe.
[663] BONFIL. *óp. cit.*, p. 256.

los cabos de la tierra, como se refieren a esta acción los misioneros del temporal, se realiza con la ayuda de unas varas de membrillo. Estas varas simbólicamente fungen como espadas y son un elemento de gran poder por conjuntar la fuerza y la palabra de Dios. En la alquimia, la espada es un símbolo del fuego purificador y tiene la misión de combatir las fuerzas de las tinieblas: por eso, los arcángeles o santos guerreros como San Miguel o San Jorge luchan contra dragones con sus respectivas espadas.[664] Usar la vara de membrillo como espada para abrir los caños es un acto ritual religioso que implica la realización de un momento primordial en el que el hombre se pone en contacto con los aspectos celestes y telúricos del mundo.

Hachas de piedra

Las hachas de piedra son rocas que han sido labradas desde tiempos prehispánicos y que los graniceros asocian con los rayos. Su aparición implica que se han materializado los presagios enviados desde el supra-mundo para que se haga la voluntad de los espíritus o señores del temporal. Como afirma Mircea Eliade, encontrar estas piedras denota que siempre hay una piedra mágica o de cristal que cae del cielo y que continúa proporcionando sacralidad y sabiduría.[665] Simbólicamente, la piedra implica la fuerza y la idea de la permanencia divina; el ser y estar conforme con uno mismo y, por ende, con todo el universo.

El cuexcomate

Cuando el granicero hace un ritual "siempre se fija en el cuexcomate, el cual es una masa de arena que se hace en el umbral de la cueva,

[664] RUBINO. *óp. cit.*, 1994. p.124.
[665] ELIADE. *óp. cit.*, 1974. p. 139.

parecida al volcán y ubicada al pie de las cruces".[666] Éste funge como enlace en la relación simbólica entre el granicero y el lugar de petición, ya que el siguiente ciclo agrario se presagiará dependiendo de la disposición del cuexcomate.

Los hongos

Al finalizar el siglo XVI, la integración de los alucinógenos a las predicciones de los graniceros y de otros chamanes ayudó a que el imaginario de lo sobrenatural cristiano penetrara en el imaginario indígena. Sin embargo, para el siglo siguiente surgieron obstáculos que dificultaron la consulta de los alucinógenos; entre ellos, el temor que los propios indios sentían hacia la cólera de la potencia encerrada en la planta, debido a las prédicas de la iglesia y a sus propias creencias. La ira del alucinógeno es mortífera. Se puede revertir contra aquel que no observa las reglas y los ritos.[667] Este hecho hizo que varios graniceros dejaran de consultar con los alucinógenos y prefirieran confiar en sus sueños y estados de trance; sin embargo, algunos todavía continúan utilizándolos bajo un contexto ritual, ya que a través de los remedios se podía entablar comunicación con lo sobrenatural y saber los requerimientos de los espíritus. Pero recurrir al consumo de alucinógenos sólo se realiza en casos de urgencia, cuando no ha llegado el temporal y las peticiones no han brindado el resultado esperado.

Juego de aire

Como parte de los implementos utilizados para realizar limpias a individuos que adquirieron enfermedades relacionadas con el aire,

---

[666] GLOCKNER. *óp. cit.*, 2000. p. 27.
[667] GRUZINSKI. *óp. cit.*, 1991. p. 219.

algunos graniceros utilizan un "juego de aire". Éste está integrado por varias figurillas hechas de barro, entre las cuales figuran el curandero, el enfermo, la huilota, la araña, el alacrán, la culebra, la serpiente, la rana, el toro, el burro, el cangrejo y la iguana. Estos animales pueden ser vistos como símbolos de trascendencia, ya que, como afirma Jung, estas figuras surgen del seno de la madre tierra y son simbólicamente productos del inconsciente colectivo.[668] El granicero los utiliza como extensiones de sí mismo para poder atacar el mal que aqueja al enfermo pidiendo, a través de la huilota—que consta de un pequeño silbato en forma de pájaro—, auxilio a los espíritus del aire que en su connotación positiva pueden remediar al enfermo.

Elementos del afuera

El afuera es el intento o la fe que transita hasta detenerse en su destino final. Es la palabra cargada de fuerza que convoca al destino y determina la realización de determinadas acciones. Si sólo hubiera un adentro sin posibilidad de salida ni escape, todo se consumiría sobre sí mismo, ya que el afuera permite que el adentro exprese lo que hay dentro de él. El afuera es la vía que conduce, es el mecanismo hacia el cual se dirige la acción, es el recurso del conjurador, del mago, del granicero para poder tener una conexión con el mundo. El afuera es polar, puede atraer lo bajo o lo supremo, depende del adentro y de su comunión con todo lo demás. Es en el afuera donde se planta la esencia de la acción realizada.

---

[668] JUNG. *óp. cit.*, 1978. p. 153.

Invocaciones

Desde las ceremonias prehispánicas hasta las que se realizan actualmente, las invocaciones siempre han estado presentes, porque la invocación es el elemento que surge del seno sagrado, del centro, del altar desde donde nace la petición para viajar hacia afuera y hacer contacto con el mundo sobrenatural.

Al realizar una invocación, el chamán manipula su universo dirigiéndose a las fuerzas que lo ayudarán. A través de sus invocaciones el granicero apacigua o destruye, llama al sustento o aleja lo dañino buscando beneficiar a su comunidad.

Las invocaciones y alabanzas consisten en una serie de palabras específicas combinadas con el intento, con la fuerza del invocador. Estas palabras, cargadas de contenido emocional, recuerdan al nahualatolli, aquel lenguaje cifrado, ambiguo y metafórico que utilizaron los antiguos mexicanos para controlar su universo. Según Gruzinski, producto de la idolatría, la evocación de la realidad pasa por un saber y decir expresándose al hilo de los cánticos y de las invocaciones, los conjuros, el nahuallatoli (lenguaje de palabras encubiertas), una palabra litúrgica inseparable de una acción sobre los seres y las cosas, un decir que se confunde y se funde incansablemente con una práctica.[669]

Con el paso del tiempo, los conjuros e invocaciones integran símbolos cristianos, refiriéndose a ángeles, a la justicia y a Dios; sin embargo, en las ceremonias estas referencias siguen utilizándose para dirigir la lluvia, alejar el granizo y curar a los enfermos. De cualquier forma, hay que tomar en cuenta que los conjuros y las fórmulas mágicas que se continúan pronunciando actualmente no

---

[669] GRUZINSKI. *óp. cit.*, 1991. p. 161.

son el residuo de una creencia que conserva el humilde para obtener la esperanza en una situación difícil, no es la pétrea tradición que se desmorona en su anquilosis, pues se habla de los tlaloque nombrándolos "ángeles de Dios".[670]

Los conjuros nunca se pronuncian solos, siempre van acompañados de objetos comunes de connotación numinosa, los cuales son parte de los objetos rituales y, al igual que la gesticulación y el tono de voz con el cual se realiza el conjuro, sirven para enfatizar la petición. Al desconocer las limitaciones del tiempo humano y del espacio ordinario, el conjuro funda la polisemia de los fenómenos, plantea la fluidez de los reinos, establece la permeabilidad de los seres y de las cosas. El fuego, el agua, el viento, las nubes, el sol, pero también los animales y las plantas, los sitios y los parajes sagrados, los objetos, las enfermedades, las potencias divinas adquieren una esencia común y develan su realidad esencial en el marco del tiempo y del espacio que suscita la idolatría.[671] El fin último de la invocación de los graniceros es unir lo material con lo espiritual, las cosas y los hombres con los seres sobrenaturales, alineándose todo con el cosmos.

En los conjuros realizados para llamar a la lluvia y alejar el granizo, el granicero invoca desde su centro sagrado, desde su adentro hacia afuera de la siguiente forma:

"Señor, Tú que descansas en el divino rostro del Popocatépetl, en este glorioso día te venimos a pedir en esta bendita iglesia. Te venimos a pedir permiso para abrir los cuatro vientos 'cardenales'. Señor, que estos caños que se van a abrir, nosotros los vamos a abrir en esta Madre Tierra y Tú, desde el alto cielo, les darás su dirección para que

[670] *Ibídem*, p. 203.
[671] *Ibídem*, p. 167.

nos sigas bendiciendo por todo el universo entero y pasen tus lluvias de gracia, tus lluvias de bendiciones a recorrer la madre tierra".[672]

En este conjuro se percibe el nexo indisoluble que une lo interno con lo externo, los requerimientos de los hombres con los de la madre tierra y con las deidades de la naturaleza, ligando así lo de adentro con lo de afuera.

Maleficios

Aunque los conjuros suelen ser buenos, a veces respaldados por la tendencia polar en el ser humano surgen los maleficios, conjuros que quebrantan la noción del bienestar para toda la humanidad centrándose en el bienestar de un solo individuo.

Los graniceros entrevistados dicen jamás haber realizado un maleficio; sin embargo, es de común conocimiento que existen otros que dicen ser graniceros, quienes también controlan el temporal, pero que cobran un precio por ello. Si este precio no les es pagado, entonces mandan un maleficio. Los misioneros del temporal reconocen los maleficios y siempre revisan si en su lugar sagrado, si en el espacio que conforma el adentro hay alguna traza de ello. Son percibidos como maleficios el ofrendarle a los espíritus agua sucia, el poner pedazos de algodón en las ramas de algunos árboles, el ofrecer aguardiente o cerveza a las deidades, puesto que afirma don Epifanio que al hacer esto los espíritus se pueden confundir y marear y, por ende, no mandar el agua a donde se debe. También el ofrecer aromas fuertes, que no sean de copal o el encender fuego para atraer el calor, el tirar o atar las cruces o, incluso, el orientar las

[672] Alabanzas hechas por don Epifanio al abrir los caños en la compañía de otros misioneros del temporal, dentro de la ceremonia de petición de lluvias realizada durante el mes de mayo en el Calvario del Cempoaltepec.

cruces hacia puntos cardinales que no sean el sur, es visto como un maleficio. Por ello, los graniceros procuran no cometer ningún error cuando realizan sus peticiones y ofrendas a los espíritus, recordando pedir siempre por el bien de la humanidad y no sólo por ellos, para dirigir la energía del conjuro con la mayor pureza posible.

Aliados

Los "aliados" son personajes que, en la simbología externa inherente al mundo de los graniceros, pueden ayudar en su tarea al conjurador si son tratados o percibidos correctamente. Estas entidades sobrenaturales con las que comúnmente mantiene contacto el claclasqui a través de sus viajes al reino de los señores del temporal, son una combinación de concepciones prehispánicas con símbolos de la religión católica.[673] Luego de su presencia en las ceremonias de petición de lluvias efectuadas en las cuevas de los volcanes,[674] Guillermo Bonfil documenta la mención de algunas de estas entidades de las que los graniceros afirman que se encuentran en esos espacios mágicos, encargándose de proporcionar lluvia y buena cosecha. Entre éstas hallamos a: "*Culebrín de aire*, el cual es sensible bajo la forma de una tenue corriente de aire que se percibe al meter la mano en ciertas oquedades de la cueva. Es el que manda sobre la lluvia, sobre las aguas lluvedizas necesarias para el trabajo agrícola. Puede o no estar presente en la cueva, es necesario constatar su presencia antes de hacer una ceremonia en su honor.

Los *granizos*, también llamados perlas y granicillo, son los espíritus del granizo. Denotan su presencia en el templo bajo la forma de un humito como de cigarro.

---

673 PAULO MAYA. *óp. cit.*, 1997. p. 278.

674 En la cueva del Alcaleca.

Los niños, son frijoles pequeños, redondos, colorados con una mancha negra, llamados niños o pipiltzitzintli, que se ingieren con la semilla de la marihuana y producen efectos alucinantes. Los niños hablan, quien los ingiere actúa como médium, presta su voz para que los niños se manifiesten. Ellos son espíritus sobrenaturales. Los graniceros los usan para conocer si alguien tocado por el rayo está o no exigido, cuales poderes tendrá y qué rango le corresponderá".[675]

Además de estos aliados, algunos misioneros del temporal dicen que también en sus tierras, en los frutos y en la siembra hay una fuerza divina que surge y que puede usarse para atraer más cosecha y lluvia. Porque, como afirma Campbell, una cosecha abundante es el signo de la gracia de Dios; la gracia de Dios es el alimento del alma; la luz del relámpago es el presagio de la lluvia fertilizante y, al mismo tiempo, la manifestación de la energía de Dios puesto en movimiento. Gracia, sustancia alimenticia, energía son derramadas sobre el mundo vivo y donde no caen la vida se descompone en muerte.[676]

El arquetipo universal granicero-chamán

Especialista en el control del temporal con conocimientos profundos sobre la naturaleza adquiridos a través del contacto con la tierra, capaz de entrar en trance o sueño profundo para descifrar las señales que le envía su subconsciente, el granicero es, además, un chamán; es decir un sabio, un *tlamatine*.

Como chamán, el granicero es un individuo que mantiene contacto con las tradiciones de antaño, fungiendo como guardián de los conocimientos colectivos que subyacen en el inconsciente del hombre. Además, se le percibe como intermediario de los dioses,

[675] BONFIL. *óp. cit.*, p. 253-255.
[676] CAMPELL. *óp. cit.*, 1997. p. 44.

ya que es un hombre instruido cósmicamente. "Su iniciación es apropiada a las formas exteriores de su existencia personal, pero lleva una estampa arquetípica".[677] En el chamanismo hay referencias claras tanto de la geografía local como de la cosmovisión de la cual procede; pero también colectivamente su esencia y proceder contienen una gran cantidad de simbolismos arquetípicos que se repiten sin importar de dónde procede dicho individuo. Como afirma Michael Harner: "el chamanismo no es una tradición espiritual exclusivamente oriental u occidental. Es simplemente nuestra tradición humana común, destruida con la aparición de las iglesias estatales, tanto en Oriente como en Occidente".[678] Sin embargo, aunque las iglesias modificaron muchas de las creencias que hacían hincapié en la importancia del chamán y despedazaron la concepción del hombre supremo, estos hombres emergieron de nuevo en los diversos grupos sociales, ya que hay una necesidad inherente al hombre de creer en algo divino procedente del ser humano; ya que lo divino y lo humano comparten ciertos aspectos, pues la fuerza de uno es la fuerza del otro.

El chamán en su aspecto de granicero, de intermediario de las entidades que controlan el clima, posee ciertos atributos que delimitan su esencia. La primera de estas características es una designación externa con tintes numinosos que vuelve al granicero como tal, haciéndolo vivir con mayor intensidad una experiencia sagrada en comparación con los demás de su comunidad. Tal designación se manifiesta a través de una señal procedente del supra-mundo o de la misma naturaleza en forma de una marca corporal o psíquica, designándolo como un individuo diferente del resto de los hombres.

---

[677] LARSEN, Stephen. *La puerta del chamán*, España: Edit. Martínez Roca, 2000. p. 110.

[678] HARNER, Michael. "¿Qué es un chamán?". En: *El viaje del chamán*, Barcelona: Kairos, 1993. p. 28.

Campbell afirma que el personaje sagrado o tabuado deberá ser cuidadoso y prevenido, no deberá tocar el suelo, debe estar aislado, de lo contrario se vaciará la preciosa sustancia o fluido del cual está impregnando.[679] Esto implica que en el liderazgo del granicero, estamos frente a un héroe con seguidores, de quienes, sin embargo, nunca forma parte, ya que de lo contrario perdería su designación particular.

En Mesoamérica, la concepción de chamán varía poco de un lugar a otro. Los nahuas, por ejemplo, concebían que hombres dotados de una fuerza vital, de un *tonalli* excepcional, pudiesen viajar a otros mundos, entrar en contacto con los dioses y con los muertos, obtener ahí revelaciones y regresar con secretos terapéuticos.[680] "Entre los popolucas de Veracruz, quienes nacen con dientes podrán hablar con los rayos y atraer y detener las lluvias".[681] Entre los nahuas, el tlamacazqui era el sacerdote o conjurador que podía relacionarse con seres sobrenaturales, vislumbrándose como el que ofrecía algo para obtener los favores de los dioses.

Inconscientemente, el tlamacazqui es el hombre que se ofrece a sí mismo para contactar con los dioses. Posteriormente, ya cristianizada, la población acude con los venerables,[682] quienes, como si fueran chamanes, controlaban los elementos sobrenaturales pudiendo cercar o alejar el granizo a voluntad. Estos venerables tenían trances extáticos mediante los cuales podían adivinar el futuro e, incluso, curar. De esta suma de manifestaciones chamánicas se deduce que la segunda característica que engloba

679 CAMPBELL. *óp. cit.*, 1997. p. 206.

680 GRUZINSKI. *óp. cit.*, 1991. p. 204.

681 LÓPEZ AUSTIN. *óp. cit.*, 1996. p. 414.

682 Uno de los primeros y más famosos "venerables" sigue siendo, sin discusión, el agustino Juan Baustista de Moya, quien fue el apóstol de Michoacán y de Guerrero, donde penetró en 1553. De 1550 a 1650, de Querétaro al obispado de Oaxaca, del valle de Puebla a Michoacán. GRUZINSKI. *óp. cit.*, 1991. p. 191.

el arquetipo del chamán-granicero es la ascensión. De hecho, la ascensión ritual extática a un supra-mundo o mundo celestial se describe en todas partes. Lo que se busca, según Mircea Eliade, es que el chamán en su ascensión se torne hacia la luz, volviéndose igual al cielo; es decir, despojándose de la incomodidad de lo material para internarse en lo espiritual.

Los graniceros entran en conjunción con dios o la deidad suprema; de hecho, su misión estriba en alinearse con la deidad suprema, en percibirla y realizar sus designios, lo que finalmente equivale—desde una postura arquetípica—a alinearse con su propio inconsciente y, guiado por éste, influenciar al mundo. Esta característica es esencial en los misioneros del temporal, ya que para ellos nada podría existir sobre la tierra sin el poder supremo de Dios, puesto que todos los acontecimientos en el mundo dependen de Su voluntad. De esta forma, el celebrar una ceremonia de petición de lluvia se hace con la esperanza de recibir la "fuerza divina de Dios nuestro señor", expresada en la lluvia, las nubes, las centellas y los relámpagos.[683]

La comunión de la divinidad externa con el yo interno es un factor visible entre los graniceros, como afirma López Austin respecto a la percepción de la divinidad única, sea esta externa o interna:

"Vemos en los dioses procesos cósmicos, movimientos astrales. Pero el fiel descubrirá sobre la tierra, en su hogar, en sus inmediaciones, dentro de su propio cuerpo, en su milpa, procesos semejantes, reductibles a uno y los creerá esencias de un mismo dios encargado de mover múltiples sectores del universo con un mismo tipo de movimiento que lo caracteriza".[684]

---

683 PAULO MAYA. *óp. cit.*, inédito. p. 35.
684 LÓPEZ AUSTIN. *óp. cit.*, 1998. p. 165.

Los seres sobrenaturales y las deidades diversas que figuran en el imaginario del hombre son incrementadas en el personaje del chamán, ya que a través de él los hombres intuyen que podrán descubrir los secretos que rigen su universo, encontrando leyes que lo vuelvan más predecible o accesible.

Sin importar la religión de la cual provenga, ni las creencias particulares que se tengan, el arquetipo universal del granicero puede definirse como alguien que se zambulle personalmente en lo transpersonal. Es el delegado de la tribu, el héroe que salva al hombre, el que convoca y pide de manera desinteresada y universal. Independientemente de las religiones en las cuales surge, el simbolismo que se encuentra allí es de carácter universal, aunque existan símbolos y ritos provenientes de la geografía particular en la cual se desenvuelve, una inspección más atenta suele revelar que son versiones locales de arquetipos universales. Es así como el granicero es y ha sido aquel que provee y sustenta, el sabio que contacta con su inconsciente.

Conclusiones generales

Como reflexiones finales a esta investigación expondremos que el mundo de los graniceros gira en torno a los cinco espacios primordiales del mundo prehispánico, manteniéndose algunos elementos de la cosmovisión de antaño. Parte de esta concepción del mundo está integrada por las diversas deidades y santos en los cuales creen los graniceros actualmente. Las deidades que habitan los espacios que integran la existencia del granicero contienen símbolos universales que se reconocen arquetípicamente, como los símbolos de la fertilidad, del agua, del fuego manifestado en rayo, y de la tierra que provee el sustento.

Dado el carácter de proveedor del granicero, esta investigación se apoyó en el arquetipo y mito del héroe, por haber mucha semejanza con el trayecto que realiza el granicero a lo largo de su vida. Muestra de ello es el periodo de iniciación que lleva a cabo el granicero al entrar en contacto con un rayo, ya sea de naturaleza física o espiritual. Una vez iniciado, el granicero penetra más profundo en su psique, relacionándose con aliados o seres de origen supranatural, como los tlaloques, chanes, chaneques o los diversos santos del pastoral católico. Estos seres muestran su presencia en sueños, fungiendo como intermediarios de Jesucristo o de Dios.

Característica trascendental del arquetipo del héroe es el símbolo del sacrificio, utilizado para obtener algo a cambio. Este sacrificio es realizado por el granicero ante las deidades proveedoras del sustento y la lluvia mediante rituales de petición, los cuales implican una profunda dedicación. En la mente del granicero, la comunión de la dedicación y una fuerte fe en los elementos, en los santos, en la Virgen y en Jesucristo, producen la lluvia.

Uno de los objetivos de esta obra era demostrar que no se puede vislumbrar al granicero en un solo espacio temporal, ni dividirlo en su quehacer cotidiano y ritual. El granicero vive constantemente en los diversos espacios temporales que integran su existencia, transitando de uno a otro para poder subsistir independientemente de lo agreste que puede ser su vida. El espacio superior o supra mundo contiene las deidades de Tlaloc/Chalchitlicue, los cuales en la psique modernizada reintegran los elementos de antaño, reinterpretando los dioses ancestrales en el Dios católico y en la Virgen como la polaridad femenina. Esta dualidad, con polaridad masculina y femenina, encarna el ánima y el *animus* jungiano, el cual es la psique que busca complementarse. Por el otro lado, se encuentra el espacio de abajo, integrado por deidades que han sido reinterpretadas con connotaciones negativas, pudiendo fungir en la psique como los mismos dioses antes mencionados, mostrándose en su aspecto sombrío, desempeñándose como la sombra, para así poder completar nuevamente la totalidad.

En el espacio central se encuentra el granicero, al igual que los instrumentos que utiliza, los cuales sirven para canalizar su intento y fe para pedir lluvia y bienestar.

En torno al centro simbólico de su mundo, los espacios que ocupan los lados fungen simbólicamente como la integración de los cuatro elementos que el hombre contiene y que, a su vez, contienen al hombre. Estos cuatro elementos le proporcionan coherencia al granicero. De hecho, el símbolo de la cruz, el cual tiene una connotación mucho más antigua que la católica, sigue estando presente en el mundo cotidiano y onírico del granicero, manifestándose como la integración de los lados.

El arquetipo del granicero reúne en sí diversas facetas de las deidades de la lluvia, del viento, de los rayos, de los mantos acuíferos y de los cerros sagrados, sincretizados actualmente con creencias cristianas. El arquetipo del granicero es una integración de polaridades emergentes del inconsciente, originadas al surgimiento del hombre agrícola, el cual depende absolutamente de los elementos naturales para su subsistencia. Como héroe, el papel del granicero se entiende como una fuerza que convoca y orienta el temporal, que proporciona salud y que alivia y guía a los miembros de la comunidad que requieren de sus servicios.

Centrándose en el hecho de que actualmente no hay una orientación religiosa definida que contenga aspectos católicos o prehispánicos puros en los elementos que conforman el mundo de los graniceros, el arquetipo religioso nato[685] sigue actuando, está disfrazado a través de elementos simbólicos que lo resguardan. Pero continúa presente como impulso primario en el inconsciente. Por ello, su poderosa valencia se ve atraída por cualquier actividad vital o creencia que asuma un papel central para el individuo, siendo en este caso el rol de granicero-chamán el que promueve la acción del arquetipo. Por ello, las funciones del arquetipo se infunden de modo inconsciente en ese sistema ritual al que dan una intensidad religiosa única, en donde los instintos primarios conectados con el consciente a través de sueños o trances, guían al conjurador-chamán-granicero a realizar su cometido.

Los sueños narrados por el granicero en esta investigación no son sueños comunes adscritos a lo sucedido cotidianamente, sino sueños que implican una profunda conexión con el inconsciente, un conocimiento de la interconectividad existente entre el hombre y aquello que lo rodea y una sabiduría ancestral de que cada cosa puede afectar a otra por la misma unión dispuesta entre todo. Aunado a ello, el cotidiano contacto con la tierra, el conocimiento legado de los antepasados y la observación propia de los ciclos naturales de su entorno, brindan al inconsciente del granicero la capacidad de transformar los conocimientos e intuiciones en manifestaciones conscientes plasmadas a través del lenguaje simbólico, en los rituales que se llevan a cabo con el fin de seguirse propiciando el conocimiento y, por ende, la subsistencia entre un periodo de lluvia y uno de secas.

[685] Por *nato* quiero decir que es un elemento inherente a todos los seres humanos, la necesidad de buscar algo más grande que sí mismos, lo cual puede estar inmerso en un contexto religioso determinado o fungir sin él; sin embargo, la experiencia de lo sagrado, de lo trascendental, supera al individuo y es un factor común en la especie, un elemento engranado en la psique de todos los hombres.

Por ello, en su calidad de chamán, delimitando las regiones que conforman su mundo, el granicero parece tener la facultad de ir más allá del universo visible y llegar al borde de otros mundos, donde, capacitado por su experiencia y su intuición, penetra para traer de vuelta a su mundo lo ahí aprendido. En sus incursiones al mundo onírico, ensueña sueños intemporales que se dirigen tanto al interior como al exterior de sí mismo. Su mundo ha dejado de ser una línea recta con un pasado, un presente y un futuro. A través de su legado arquetípico y su continua labor ritual, su mundo adquiere la plasticidad de moverse comenzado de un punto central, donde encuentra el arraigo, a las cuatro esquinas presentes cuyos elementos implican la consistencia de su universo, cuyo adentro sacraliza su hacer, cuyo afuera confiere a los demás lo que a él le sobra.

En su calidad de chamán, de hombre de la naturaleza, va penetrando los estratos que abarcan su mundo, como si de una cebolla se tratase, hasta aprehender por completo su realidad y dirigirla hacia el bien de su comunidad. Es por eso que los graniceros no sólo manipulan la realidad de su localidad sino que evocan lo que su comunidad busca encontrar.

Como afirma Irene Claremont sobre los graniceros-chamanes: "El que hace llover anda por el centro del camino, sin que lo frene el pasado y sin prisas para llegar al futuro, sin sentirse atraído hacia la derecha ni hacia la izquierda sino permitiendo que el pasado y el futuro, el mundo exterior de la derecha y las imágenes interiores de la izquierda, le afecten mientras él asiste, sólo asiste al momento vivo en el cual estas fuerzas se encuentran".[686]

Por ello, el arquetipo del granicero, sin importar su acepción en particular ni su procedencia, ni su espacio-territorialidad, llena el

---

[686] CLAREMONT DE CASTILLEJO, Irene. *Knowing Woman.* Nueva York: Harper and Row, Colophon Books, 1974.

arquetipo del héroe, del hombre en contacto con la naturaleza de carácter universal que habita el centro de su mundo para, desde ahí, moverse a los cuatro confines de la tierra, auxiliándose de los elementos contenidos en su adentro para impulsarlos hacia afuera y, con ellos, propiciar la lluvia...o detenerla también.

BIBLIOGRAFÍA

ANZURES Y BOLAÑOS, María del Carmen, "Tlaloc, Señor del Monte y dueño de los animales". En: *Historia de la religión en Mesoamérica y áreas afines.* México: II Coloquio, Edit. UNAM, 1990.

BACHELARD, Gastón, *Psicoanálisis del fuego.* Buenos Aires: Shapire, 1973.

BÁEZ-JORGE, Félix, *Las voces del agua.* Xalapa: Universidad Veracruzana, 1992.

BÁEZ-JORGE, Félix, *La parentela de María.* Xalapa: Universidad Veracruzana, 1999.

BÁEZ-JORGE, Félix, *Los oficios de las diosas.* Xalapa: Universidad Veracruzana, 2000.

BÁEZ-JORGE, Félix, *Los disfraces del Diablo.* Xalapa: Universidad Veracruzana, 2003.

BARTHES, Roland, *Mitologías.* México: Siglo XXI Editores, 1980.

BARTRA, Roger, *La jaula de la melancolía. Identidad y metamorfosis del mexicano.* México: Grijalbo, 1987.

BAYTELMAN, Bernardo, "Acerca de plantas y curanderos". En: *Etnobotánica y antropología médica en el estado de Morelos.* México: INAH, Colección Divulgación, 1993.

BONFIL, Guillermo, "Los que trabajan con el tiempo". En: *Notas etnográficas sobre los graniceros de la Sierra Nevada, México*". Obras escogidas de Guillermo Bonfil, Tomo 1. México: CONACULTA, INI, CIESAS, INAH, 1968.

BRODA, Johanna, "Ciclos agrícolas en el culto: un problema de la correlación del calendario mexica". En: Aveni y Botherston (eds.), *Calendars in Mesoamerica and Peru. Native American Computations of Time.* Manchester: BAR Internacional Series 174, 1983.

BRODA, Johanna, "El culto mexica de los cerros de la cuenca de México: Apuntes para la discusión sobre graniceros". En: *Graniceros: Cosmovisión y meteorología indígenas de Mesoamérica.* México: El Colegio Mexiquense-UNAM, 1997.

BRUNER, Jerome, "Myth and Identity". En: Henry A. Murray, *Myth and Mythmaking.* Boston: Beacon Press, 1969.

BURKE, Peter, "La historia cultural de los sueños". En: *Formas de historia cultural.* Madrid: Alianza Editorial, 1999.

CAMPBELL, Joseph, *Myths to Live By.* New York: Viking Press, 1972.

CAMPBELL, Joseph, *El héroe de las mil máscaras.* México: FCE, 1997.

CASO, Alfonso, *El pueblo del Sol.* México: FCE, 2000.

CASSIER, Ernst, *Antropología filosófica.* México: FCE, 1965.

CASSIER, Ernst, *Filosofía de las formas simbólicas.* México: FCE, 1972.

CLAREMONT DE CASTILLEJO, Irene, *Knowing Woman.* New York: Harper and Row, Colophon Books, 1974.

COHEN, P. H., "Theories of Myth". En: *Man*, v. 4, N. 3. *The Journal of the Royal Anthropological Institute,* 1969.

COOK DE LEONARD, Carmen, "Roberto Weitlaner y los graniceros". En: *Summa antropológica en homenaje a Roberto Weitlaner.* México: INAH, 1969.

DE LA GARZA, M., *El universo sagrado de las serpientes entre los mayas.* México: Instituto de Investigaciones Filosóficas, Centro de Estudios Mayas, UNAM, 1984.

DIEL, Paul, *El simbolismo en la mitología griega.* Barcelona: Labor, 1975.

DURÁN, Fray Diego, *Historia de las Indias de la Nueva España e islas de tierra firme.* México: Imprenta de J. M. Andrade, y F. Escalante, 1867.

DURAND, Gilbert, *Ciencia del hombre y tradición.* Barcelona: Paidos, 1999.

DURKHEIM, E., *Las formas elementales de la vida religiosa.* Buenos Aires: Editorial Schapire, 1968.

DURKHEIM, E., *Las reglas del método sociológico.* Buenos Aires: Editorial Schapire; ed. GARIBAY, Ángel Ma., 1968.

DURKHEIM, E., "Historia de los mexicanos por sus pinturas". En: *Teogonía e historia de los mexicanos. Tres opúsculos del siglo XVI.* México: K, Editorial Porrúa, 1965.

ELIADE, Mircea, *Mito y realidad.* Madrid: Ediciones Guadarrama, 1968.

ELIADE, Mircea, *Shamanism: Archaic Techniques of Ecstasy.* Princeton: Princeton University Press, 1974.

ELIADE, Mircea, *Mefistófeles y el andrógino.* Barcelona: Labor/ Punto Omega, 2ª ed., 1984.

ELIADE, Mircea, *Images and Symbols.* Princeton: Princeton University Press, Mitos, 1999.

ESPINOSA PINEDA, Gabriel, "Hacia una arqueoastronomía atmosférica". En: *Graniceros: cosmovisión y meteorología indígenas en Mesoamérica.* México: El Colegio Mexiquense-UNAM, 1997.

FRAZER, James, *La rama dorada.* México: FCE, 1994.

FREUD, Sigmund, *Collected Papers.* New York: Basic Books, 1959.

GALINIER, Jacques, *Pueblos de la Sierra Madre. Etnografía de la comunidad otomí.* México: Instituto Nacional Indigenista. Clásicos de la antropología 17, 1987.

GARCÍA DE LEÓN, Antonio, "El Diablo entre nosotros o el ángel de los sentidos". En: *Arqueología mexicana, magia y adivinación.* México: *Revista Arqueología Mexicana.* Septiembre-octubre, volumen XII, número 69, 2004.

GEERTZ, Cliford, *The Interpretation of Cultures.* New York: Basic Books, 1973.

GENDLIN, Eugène, *Experiencing and the Creation of Meaning.* Glencoe: The Free Press, 1962.

GLOCKNER, Julio, *Los volcanes sagrados.* México: Grijalbo, 1996.

GLOCKNER, Julio, *Así en el cielo como en la tierra.* México: Grijalbo, 2000.

GRAULICH, Michel, *Ritos aztecas.* México: INAH, 1999.

GRINBERG-ZYLBERBAUM, Jacobo, *Los chamanes de México.* México: Alpa Corral, vol. 1, 1987.

GRINBERG-ZYLBERBAUM, Jacobo, *Los chamanes de México.* México: Alpa Corral, vol. 2, 1988.

GROF, Stanislav, *Realms of the Human Unconscious.* New York: E.P. Dutton, 1976.

GRUZINSKI, Serge, *La colonización de lo imaginario.* México: FCE, 1991.

GUÉNON, René, *Símbolos fundamentales de la ciencia sagrada.* Buenos Aires: Editorial Universitaria de Buenos Aires, 1969.

GUITERAS, Homes C., *Los peligros del alma.* México: FCE, 1965.

HARNER, Michael, "¿Qué es un chamán?". En: *El viaje del chamán.* Barcelona: Kairos, 1993.

HULTKRANTZ, Ake, “El chamanismo, un fenómeno religioso”. En: *El viaje del chamán.* Barcelona: Kairos, 1993.

INIESTA Y CALLEJO, Jesús y José Antonio, “Los dueños de las tormentas”. En: *Testigos del prodigio.* Madrid: Edit. Oberon, 2001.

JUNG, C. G. y KERéNYI, C., *Essays on a Science of Mythology.* Princeton: University Press, 1978.

JUNG, Carl Gustav, *Symbols of Transformation.* New York: Bollingen Series V, Panteon Books, 1956.

JUNG, Carl Gustav, *Dreams.* Princeton: Princeton Bollington, 1974.

JUNG, Carl Gustav, “Approaching the Unconscious”. En: *Man and His Symbols.* London: Picador, 1978.

JUNG, Carl Gustav, “Ancient Myths and Modern Man”. En: *Man and His Symbols.* London: Picador, 1978.

JUNG, Carl Gustav, *The Archetypes and the Collective Unconscious.* New York: Princeton, 1990.

JUNG, Carl Gustav, *Four Archetypes.* London: Routledge Clasics, 2001.

JUNG, Carl Gustav, *Psicología y alquimia.* México: Grupo Editorial Tomo, 2002.

KING, Serge, “Ver es creer: los cuatro mundos del chamán”. En: *El viaje del chamán.* Barcelona: Kairos, 1993.

LARSEN, Stephen, *La puerta del chamán.* España: Edit. Martínez Roca, 2000.

LEACH, Edmund, *La lógica de la conexión de los símbolos.* Madrid: Siglo XXI, 1978.

LÉVI-STRAUSS, Claude, *Estructuralismo y ecología.* Barcelona: Anagrama, 1979.

LÉVI-STRAUSS, Claude, *El pensamiento `salvaje.* México: FCE, 1984.

LÉVY-BRUHL, Lucien, *La mentalidad primitiva.* Buenos Aires: La Pléyade, 1972.

LÓPEZ AUSTIN, Alfredo, *Tamoanchan y Tlalocan.* México: FCE, 1994.

LÓPEZ AUSTIN, Alfredo, *Cuerpo humano e ideología.* México: UNAM, 1996.

LÓPEZ AUSTIN, Alfredo, *Los mitos del tlacuache.* México: UNAM, 1998.

LÓPEZ AUSTIN, Alfredo, *Breve historia de la tradición religiosa mesoamericana.* México: UNAM, 2002.

MALINOWSKI, Bronislav, *Malinowski and the Work of Myth.* Princeton: Princeton University Press, 1992.

MEDINA, Andrés, *En las cuatro esquinas, en el centro.* México: UNAM, Instituto de Investigaciones Antropológicas, 2003.

MONTOYA BRIONES, José de Jesús, "Persistencia de un sistema religioso mesoamericano entre indios huastecos y serranos". En: *Historia de la religión en Mesoamérica y áreas afines.* México: UNAM-IIA, I coloquio, ed. Barbro Dahlgren, 1987.

MORATAYA MENDOZA, L. Miguel, "La tradición de los aires en una comunidad del norte del estado de Morelos: Ocotepec". En: *Graniceros: cosmovisión y meteorología indígenas de Mesoamérica.* México: UNAM, El Colegio Mexiquense, 1997.

NAVARRETE, Federico y OLIVER, Guillermo, *El héroe entre el mito y la historia.* México: UNAM, 2000.

OTTO, Rudolf, *The Idea of the Holy,* trad. John W Aarvey. New York: Oxford University Press, 1958.

PATTEE, Rowena, "Éxtasis y sacrificio". En: *El viaje del chamán.* Barcelona: Kairos, 1993.

PAULO MAYA, Alfredo, *Chicahualistle, la fuerza en el paisaje sagrado de Morelos.* México: INAH, inédito.

PAULO MAYA, Alfredo, "Clalcasquis o aguadores de la región del volcán de Morelos". En: *Graniceros: cosmovisión y meteorología indígenas de Mesoamérica.* México: UNAM, El Colegio Mexiquense, 1997.

PLATÓN, *Timeo.* Citado por Eggers Lan en *Platón, Timeo,* Colihue. Buenos Aires: Gilson, E., *El espíritu de la filosofía medieval*, Rialp, Madrid, 1981.

PONCE, Pedro, "Breve relación de los dioses y ritos de la gentilidad". En: Jacinto de la Serna y otros, *Tratado de las idolatrías, supersticiones, dioses, ritos, hechicerías y otras costumbres gentilicias de las razas aborígenes de México.* Notas, comentarios y un estudio de Francisco del Paso y Troncoso. México: Ediciones Fuente Cultural, 1953.

PROPP, Vladimir, *Las raíces históricas del cuento.* Madrid: Fundamentos, 1984.

QUEZADA, Noemí, *Enfermedad y maleficio.* México: UNAM-Antropológicas, 1989.

RADIN, Paul, *The World of the Primitive Man.* The Life of Science Library, no. 26. New York: H. Schuman, 1953.

ROBLES, Alejandro, "Noticias históricas actuales sobre lugares de culto en la zona del Ajusco y en el Pedregal de San Ángel". En: *Graniceros: cosmovisión y meteorología indígenas de Mesoamérica.* México: UNAM-El Colegio Mexiquense, 1997.

RUBINO, Vicente, *Símbolos, mitos y laberintos.* Buenos Aires: Editorial Lumen, 1994.

RUIZ DE ALARCÓN, H., "Tratado de las supersticiones y costumbres gentilitas que hoy viven entre los indios naturales de esta Nueva España, escrito en México, año de 1692". En: Jacinto de la Serna y otros, *Tratado de las idolatrías, supersticiones, dioses, ritos, hechicerías y otras costumbres gentilicias de las razas aborígenes de México.* Notas, comentarios y estudio de Francisco del Paso y Troncoso. México: Ediciones Fuente Cultural, 1953.

RUIZ RIVERA, César Augusto, *San Andrés de la Cal: culto a los señores del tiempo en rituales agrarios.* México: UAEM, 2001.

SAHAGÚN, Fray Bernardino, *Historia general de las cosas de Nueva España II.* Madrid: Ediciones Juan Carlos Temprano, 1988.

SÁNCHEZ RESÉNDIZ, Víctor Hugo, *De rebeldes fe.* México: FOECA, 1998.

SHARON, Douglas, *El chamán de los cuatro vientos.* México: Siglo XXI, 1998.

SHARP, Daryl, *Lexicón jungiano.* Chile: Cuatro Vientos, 1994.

SHORER, Mark, "The Necessity of Myth". En: Murria, *Myth and Mythmaking.* Boston: Ed. Henry A. Murray. Beacon Press, 1968.

SIERRA CARRILLO, Dora, "Los nahuas de Morelos: una ceremonia agrícola". En: *Estudios nahuas.* México: INAH, Colección Divulgación, 1989.

TALBOT, Michael, *The Holographic Universe.* New York: Harper Perennial, 1992.

TEZOZÓMOC, Hernando Alvarado, *Crónica mexicana.* México: Editorial Leyenda, 1994.

TORQUEMADA, Fray J. de, *Monarquía indiana.* Introducción de Miguel León Portilla. México: Ed. Porrúa, 1975.

ULLMAN, Montague, "Psi and Psychology", conferencia dada en la American Society for Psychical Research Conference on Psychic Factors in Psychotherapy, noviembre 8, 1986.

VOGT, Evon Z., *Ofrendas para los dioses.* México: FCE, 1988.

ÍNDICE

SOBRE LA AUTORA

Yleana Acevedo Whitehouse es comunicadora, antropóloga, psico-terapéuta e investigadora independiente. Desde una perspectiva humanista, basada en sus múltiples estudios de ésta índole, la autora combina la investigación con la prosa poética, permitiéndonos comprende el fascinante mundo onírico y arquetípico de los chamanes que viven en las faldas del volcán Popocatépetl. Si quiere ponerse en contacto con la autora visite el sitio: http://elcaminodelheroe.com.mx/